उजास की धरोहर

उजास की धरोहर

(अमृतलाल नागर की यादें)

संकलन एवं सम्पादन

डॉ. शरद नागर

वाणी प्रकाशन

प्रकाशन के उत्कृष्टतम 63 वर्ष

सजिल्द पहला संस्करण : 2003
सजिल्द दूसरा संस्करण : 2026

vaniprakashan.com

वाणी प्रकाशन

4695, 21-ए, दरियागंज, नयी दिल्ली-110 002

फ़ोन : + 91 11 23273167, 23275710

शाखाएँ

अशोक राजपथ, पटना-800 004, बिहार

कॉफ़ी हाउस कैम्पस, महात्मा गांधी मार्ग, प्रयागराज-211 001, उत्तर प्रदेश

महात्मा गांधी अन्तरराष्ट्रीय हिन्दी विश्वविद्यालय, वर्धा-442 001, महाराष्ट्र

sales@vaniprakashan.in
vaniprakashan@gmail.com

Ujaas Ki Dharohar
Edited by Dr. Sharad Nagar

ISBN : 978-81-8143-028-1
Memories

मूल्य : ₹450

जी.एस. ऑफ़सेट, दिल्ली-110 095 में मुद्रित

वाणी प्रकाशन का लोगो मक़बूल फ़िदा हुसैन की कूची से

अपनी 'बा' की याद में
जिनकी उजास मेरे मन को
सदैव आलोकित कर कर्मरत बनाये रहती है
सादर, सविनय

-शरद
ज्येष्ठ शुक्ल 9, वि. सं. 2059
(बा की 17वीं पुण्य तिथि)

भूमिका

कई लोगों ने अनेक अवसरों पर नागरजी से आत्मकथा लिखने का अनुरोध किया अथवा सुझाव दिए, किंतु आत्मकथा उन्होंने नहीं लिखी। जब मैंने उनके द्वारा समय-समय पर लिखे गए आत्मकथ्यों को कालक्रमानुसार 'टुकड़े-टुकड़े दास्तान' के रूप में सँजो कर उनसे भूमिका लिखने को कहा तो उन्होंने लिखा: "आत्मकथा के संबंध में मेरा यह मत रहा है कि उसे कोरी अहम्कथा बनाकर लिखने से बेहतर है न लिखना । हंस के आत्मकथांक के लिए अपने परम मित्र स्व. मुंशी प्रेमचन्द के आग्रह पर प्रसाद ने एक कविता लिखी थी जिसकी केवल अंतिम पंक्ति मुझे याद रह गई है, और शायद वही मेरे इस समय काम के लिए काफी है- 'क्या यह अच्छा नहीं कि औरों की सुनता मैं मौन रहूँ?"

आत्मकथा के संबंध में अपनी इस अवधारणा के चलते ये सच है कि वे अपनी अहमकथा नहीं लिख सकते थे क्योंकि उनका व्यक्तित्व इतना सहज और पारदर्शी रहा कि अहम्कथा लिखना उनके बस की बात नहीं थी। सच तो ये है कि उनके पास अपनी निजी व्यथाओं के अतिरिक्त गोपनीय कुछ था भी तो नहीं। दूसरों की व्यथा देखकर विगलित हो कर उन्होंने हमेशा संवेदना प्रकट की किंतु अपनी वेदना को, अपनी पीड़ा को उन्होंने अंतिम साँस तक उद्‌घाटित नहीं होने दिया। अपने आपको वे अपने आत्मकथ्यों (टुकड़े-टुकड़े दास्तान), साहित्यकारों के संस्मरणों (जिनके साथ जिया), साक्षात्कारों (अमृत मंथन) में उजागर कर चुके थे और अलावा इसके उनके व्यक्तित्व की चरित्रगत विशिष्टताओं का बहुलांश उनके अनेक औपन्यासिक चरित्रों में भी समाहित हो गया।

नागरजी जब भी किसी से मिलते थे अपने मन का आपा खोकर ही मिलते थे और मीठी बानी ही बोलते थे- अक्सर जब काम के वक्त कोई व्यक्ति बिना पूर्व सूचना के आ टपकता था तो एकबारगी तो वे खिन्न हो जाते थे किंतु यदि आने वाले

आगंतुक ने पूरा सम्मान देते हुए उनके मन को हल्के से भी छू लिया तो उनकी सारी खिन्नता काफूर हो जाती थी और प्यार से 'मेरा भैया!' संबोधित करके उसके हर प्रश्न का समाधान करने लगते, उन्मुक्त होकर अपने आपको पूर्णरूपेण उद्घाटित कर डालते थे।

मुझे इस बात का संतोष है कि नागरजी के संबंध में जो कुछ भी जहाँ कहीं भी छपा उसे मैं प्रायः अपने अभिलेखागार के लिए सुरक्षित, संरक्षित कर रख सका- चाहे किन्हीं विशिष्ट साहित्यिक पत्रिकाओं में प्रकाशित साक्षात्कार हों, चाहे छोटे-बड़े अखबारों में छपे टिकुलिया समाचार हों और चाहे उनकी कृतियों के संबंध में प्रकाशित समीक्षाएँ हों। नागरजी के संबंध में लिखी गई विशिष्ट पुस्तकों के अतिरिक्त उनके व्यक्तित्व एवं कृतित्व पर केंद्रित पत्रिकाओं के विशेषांक एवं स्मारिकाएँ, विभिन्न व्यक्तियों द्वारा समय-समय पर उनके बारे में लिखे गए साढ़े तीन सौ से अधिक लेख एवं संस्मरण तथा उनकी कृतियों के संबंध में प्रकाशित डेढ़ सौ से अधिक आलोचनात्मक एवं समीक्षात्मक लेख संगृहीत हैं - उनके कृतित्व के विभिन्न आयामों और व्यक्तित्व को लेकर विभिन्न विश्वविद्यालयों में स्वीकृत पी-एच.डी. के 50 से अधिक स्वीकृत शोध प्रबंधों तथा एम. ए., एम. फिल. के लिए लिखे गए लगभग इतने ही लघुशोध प्रबंधों में से भी कुछ उपलब्ध हैं।

बहुत दिनों से सोच रहा था कि अपने अभिलेखागार में संगृहीत संस्मरणों में से विशिष्ट विद्वानों, लेखकों एवं परिजनों द्वारा लिखे गए कुछ ऐसे अंतरंग संस्मरणों को चुनकर एक संकलन प्रकाशित किया जाए जिससे नागरजी के बहुआयामी व्यक्तित्व के बहुतेरे छुए अनछुए आयामों पर प्रकाश पड़ सके। इस संकलन का विचार 1984-85 से ही मन में घुमड़ रहा था।

मेरे अभिन्न, अग्रजसम-मित्र एवं प्रसिद्ध कथा पत्रिका सारिका के पूर्व संपादक अवधनारायण मुद्गल ने जब अगस्त 1985 में सारिका का अमृतलाल नागर विशेषांक प्रकाशित किया तब से उस अंक में प्रकाशित डॉ. धर्मवीर भारती का संस्मरणात्मक लेख और उसका शीर्षक 'उजास की धरोहर' मन को ऐसा भाया कि मैंने तभी सोच लिया था कि यदि कभी नागरजी पर केंद्रित संस्मरणों का संकलन प्रकाशित होने के बानक बने तो उसका शीर्षक उजास की धरोहर ही रखूँगा। इस संकलन में सँजोए गए लेखों को देखता हूँ तो अपने माता-पिता की स्वर्णिम आभा युक्त उजास की प्रतीति तो होती ही है-उसके साथ ही - स्व. डॉ. रामविलास शर्मा, स्व. डॉ. धर्मवीर भारती, स्व. बलराज साहनी, स्व. उपेन्द्रनाथ 'अश्क', स्व. अमृतराय, स्व. रघुवीर सहाय, स्व. केदारनाथ अग्रवाल, स्व. नरेश मेहता, स्व. डॉ. घनश्याम अस्थाना,

स्व. मनमोहन ठाकौर, स्व. ठाकुरप्रसाद सिंह, स्व. रामेश्वर शुक्ल 'अंचल', स्व. शंकरदयाल सिंह तथा अपने मित्र स्व. राजेश शर्मा - जिनके आलेख इस संकलन में हैं, की स्मृतियों की उजास भी मेरे मन को आलोकित कर रही है

अनेक संस्मरणों में कुछ तथ्यों एवं विवरणों का दोहराव होने की शिकायत कुछ पाठकों को हो सकती है और जो स्वाभाविक है किंतु विभिन्न लेखकों की शैलीगत विशिष्टता को बरकरार रखने के उद्‌देश्य से संपादन करते समय इन लेखों में किसी प्रकार की काटछाँट नहीं की गई, कदाचित ऐसा करना लेखकों के प्रति न्यायोचित भी न था।

विभिन्न लेखों में जहाँ कहीं नागरजी से संबंधित तिथियों, स्थान के नाम, उनकी कृतियों के शीर्षक आदि में त्रुटियाँ थीं उन्हें अवश्य ठीक कर दिया है अथवा सुसंगत तथ्य कोष्ठक में दे दिए हैं जिससे अध्येताओं को यथासंभव प्रामाणिक और तथ्यपरक जानकारी प्राप्त हो सके।

इस प्रकाशन संकल्प को मूर्त रूप देने में मेरे मार्गदर्शक और दिशावाहक नागरजी के बालसखा और मेरे बड़े-बुजुर्ग श्री ज्ञानचंद जैन रहे हैं - जो मुझे सदैव कुछ न कुछ रचनात्मक करते रहने के लिए प्रेरित करते रहते हैं। उत्तर प्रदेश के राज्यपाल महामहिम श्री विष्णुकान्त शास्त्रीजी ने न केवल अपना आशीर्वाद वरन् आशीर्वाद स्वरूप अपने संस्मरण 'समुद समाना बूँद में' को इस संकलन में शामिल करने की अनुमति प्रदान कर मेरा उत्साहवर्द्धन किया है। इस संकलन में सम्मिलित लेखों के लेखकों के प्रति मैं सविनय आभार व्यक्त करता हूँ।

मुझे विश्वास है कि यह संकलन जहाँ एक ओर नागरजी के बहुमुखी 'पारदर्शी' व्यक्तित्व के अनेक अनजाने आयामों को प्रस्तुत करने में सहायक होगा वहीं संस्मरण साहित्य की शैलीगत विशिष्टताओं की बहुआयामी छटा के दर्शन भी इसमें होंगे।

- शरद नागर

ज्येष्ठ शुक्ल 9, वि.सं. 2059
अमृत प्रतिभा, 5/530, विकास नगर
लखनऊ-226022

अनुक्रम

लोकमानस का हंस

श्रीलाल शुक्ल

मुझसे श्री अमृतलाल नागर पर एक संस्मरणात्मक टिप्पणी की प्रत्याशा की गई है। पर उस प्रसंग में मुझे इस अप्रत्याशित भय का अनुभव हो रहा है कि नागरजी के बहुरंगी व्यक्तित्व के बावजूद उनके संस्मरण लोगों को कहीं सपाट और बेजायका न जान पड़ें। यानी, जहाँ तक व्यवहार और आचरण के निरालेपन की बात है, वे निराला और भुवनेश्वर, या लखनऊ के ही मजाज़ और यहाँ तक कि भगवतीचरण वर्मा तक से काफी अलग हैं। नागार्जुन और त्रिलोचन जैसे व्यक्तित्व भी संस्मरणों के लिए जैसा माल सप्लाई करते हैं, नागरजी वैसा नहीं कर पाते।

हैरत की बात है कि इन्हीं नागरजी ने अपने कथा - संसार में एक से एक चित्र-विचित्र चरित्रों की सृष्टि की है। उन पात्रों को यदि वास्तविक व्यक्ति मानकर उनके संस्मरण लिखे जाएँ तो वह असामान्य रूप से रोचक साहित्य होगा। ' सेठ बाँकेमल' के सेठ बाँकेमल और चौबेजी, 'बूँद और समुद्र' की ताई, महिपाल और नवीनचन्द्र उर्फ कर्नल, 'अमृत और विष' के लाल साहब और उनकी रखैल, 'नाच्यौ बहुत गोपाल' की निर्गुनियाँ, मसुरियादीन और मोहन, 'बिखरे तिनके' के बाबू गुरसरनलाल और 'अग्निगर्भा' के रामेश्वर - इन और इनके जैसे अनेक पात्रों के प्रणेता नागरजी स्वयं अपने बारे में बहुत कम ऐसी सामग्री देते हैं जो संस्मरण की दृष्टि से चुटीली या चटखारेदार हो।

स्वच्छंद प्रवृत्ति के बावजूद उनके व्यक्तित्व में स्वेच्छाचारिता लगभग नहीं के बराबर थी। शराब से वे प्राय: परहेज करते थे; भंग का उन्हें शौक था पर बहकने का नहीं। रहन-सहन में दुर्व्यवस्था को वे नज़दीक नहीं आने देते थे। 'ये कोठेवालियाँ ' लिखने और कोठों की प्रत्यक्ष जानकारी पाने के बावजूद वे सभी मान्य अर्थों में एक आदर्श गृहस्थ थे। पत्नी, संतान और पूरे परिवार के प्रति जिम्मेदारी निभाना उनकी पहली प्राथमिकता थी। वे मस्तमौला दीखते थे पर 'बोहेमियनिज्म' से कोसों

दूर सामाजिक जीवन में उनकी छवि एक खुशमिजाज़, हर-दिल-अज़ीज़, विनम्र, सुसंस्कृत, साफ-सुथरे, सदाशयी और उसी के साथ एक बेतकल्लुफ़ और मिलनसार व्यक्ति की थी और भले ही उन्होंने कभी - कभी " आई मौज फ़कीर की, दिया झोपड़ा फूँक" वाली प्रवृत्ति दिखाई हो, इतना तय है कि उन्होंने सिर्फ अपना झोपड़ा फूँका, उसकी लपटों को दूसरों के झोपड़ों की ओर नहीं बढ़ने दिया।

आत्मसम्मान या अपने अहम् के सम्मान की रक्षा को लेकर साहित्य के अनेक महापुरुषों की अनेक गाथाएँ प्रसिद्ध हैं। वैसे, उन सबका निष्कर्ष यही है कि अमुक साहित्यकार ने ऐसा केवल दूसरे साहित्यकारों के सम्मान की रक्षा के ही लिए किया था। 1937-38 में फैजाबाद के हिंदी साहित्य सम्मेलन में निराला ने साहित्यकारों के पक्ष में किस तरह राजनीतिक नेताओं को लताड़ा, यह कई बार कई तरह से वर्णित किया जा चुका है। इधर कुछ दिन पहले का उदाहरण पंडित किशोरीदास वाजपेयी का है। उ. प्र. हिंदी संस्थान उत्तर प्रदेश का एक सरकारी इदारा है। उसके एक जलसे में हिंदी के अनेक विशिष्ट एवं वयोवृद्ध साहित्यकारों को पुरस्कार से सम्मानित किया जा रहा था। उनमें वाजपेयीजी भी थे। पुरस्कार तत्कालीन प्रधानमंत्री श्री मोरारजी देसाई के हाथों दिए जा रहे थे। वे मंच पर खड़े होकर पुरस्कार दे रहे थे और बुलाए जाने पर प्रत्येक साहित्यकार दो-तीन सीढ़ियाँ चढ़कर उनके सामने पुरस्कृत होने के लिए उपस्थित होता था। यहाँ के सरकारी आयोजनों के सामान्य फूहड़पन को देखते हुए इसमें कुछ भी अनोखा न था। बहरहाल, वाजपेयीजी को प्रधानमंत्री के सामने इस प्रकार पुरस्कार लेने जाना अपमानजनक जान पड़ा और अपना नाम पुकारे जाने पर वे अपनी जगह से नहीं हिले। इसे लेकर वहाँ के सुस्थिर जल में बहुत लहरें उठीं। अंत में प्रधानमंत्री अपनी जगह छोड़कर उन तक आए और उन्हें यथोचित रूप से पुरस्कृत किया। बाद में घटना के पक्ष-विपक्ष को लेकर साहित्यकारों में पर्याप्त चर्चा हुई पर एक बात पर सभी एकमत रहे कि घटना काफी नाटकीय थी।

नागरजी ने पंडित किशोरीदास वाजपेयी के व्यवहार की प्रशंसा की थी। कम से कम एक साहित्यकार तो ऐसा है जो सरकारी फूहड़पन के खिलाफ अपना विरोध प्रकट कर रहा है! पर मुझे मालूम था कि उनकी जगह खुद नागरजी होते और उन्हें प्रधानमंत्री के आगे स्कूली लड़कों की तरह इनाम के लिए जाकर खड़ा होना अटपटा लगता तो वे खामोशी से पहले ही वहाँ से खिसक लिए होते। नाटकों के लेखन, निर्देशन और प्रेक्षण में गहरी रुचि होने के बावजूद व्यक्तिगत व्यवहार में नाटकीयता से उन्हें तीव्र अरुचि थी।

मुझे याद है, शायद 1968 का वर्ष था, लखनऊ के रवीन्द्रालय में किसी नाटक का आयोजन था जिसे किसी सरकारी संस्था ने - शायद सूचना विभाग ने किया था। नागरजी मुख्य अतिथि के रूप में आमंत्रित थे। वे पहली पंक्ति में सातवीं या आठवीं सीट पर बैठे थे। हम लोग, जिनमें कुँवर नारायण और कृष्णनारायण कक्कड़ भी थे, उनके पीछे वाली पंक्ति में थे।

हाल में अँधेरा होते ही अचानक देहात की नौटंकियों का दृश्य सामने उभरने लगा। नाटक शुरू हो गया था। देहाती नौटंकियों में जैसे दरोगाओं के लड़के पहली क़तार में उम्दा जगहों पर बैठे हुए लोगों को ठेलते हुए उनकी जगह पर कब्ज़ा करते हैं, कुछ मिनिस्टरों की संतानों ने यहाँ पहली पंक्ति पर धावा मारा। कुछ फ़रमाबरदार मातहत, जो शायद उन्हीं के लिए सीटें घेरे बैठे थे, उठ उठकर उन्हें बैठालने लगे। इस धकापेल में नागरजी की सीट एक उत्साही लड़के और एक चहचहाती लड़की के बीच आ गई। लड़की ने शायस्ता अंग्रेजी में उन्हें उठकर बगल की सीट पर जाने को कहा ताकि लड़के और उसके बीच की बाधा दूर हो जाए। नागरजी ने वैसा ही किया। कुछ देर बाद दूसरी सीटों पर बैठे हुए दो लड़कों ने एक सरकारी आदमी को बुलाकर नागरजी की ओर इशारा किया। तात्पर्य यह था कि इस अजनबी आदमी को कहीं और रवाना कर दिया जाए। उस आदमी ने इस इशारेबाजी पर ध्यान नहीं दिया। पर चारों ओर कसमसाहट बनी रही। अचानक नागरजी उठे और बाहर की ओर चल दिए। हम लोगों को अभी तक कुछ असहज मालूम हो रहा था पर सारे तथ्यों का पता न था। जो भी हो, हम लोग भी नागरजी के पीछे-पीछे बाहर निकल आए। उनके बाहर आते ही आयोजकों ने - जिनका अब तक पता न था - उनसे वापस आने का अनुरोध किया पर नागरजी ज्यादा बात किए बिना वहाँ से चले गए। कुछ दिन बाद हम लोगों ने उनके साथ इस अशिष्ट प्रकरण की मीमांसा करनी चाही पर वे उसे टाल गए। अप्रिय विषयों पर बातें करना उनके स्वभाव में न था।

यह एक घटना या अघटना भर है जिसे नागरजी घटना बना सकते थे। पर अपने व्यक्तित्व को लेकर कोई मुद्दा खड़ा करना उनकी प्रकृति के विपरीत था।

ऐसा ही रुख़ उन्होंने आकाशवाणी की नौकरी छोड़ते समय अपनाया था। वे 1953 से 1956 तक, जब हिंदी के विख्यात साहित्यकारों को आकाशवाणी से कोशिश करके जोड़ा जा रहा था, प्रोड्यूसर के पद पर रहे। उनके काम के घंटे ऐसे थे कि उनका लेखन बाधित नहीं होता था। बाद में प्रोड्यूसरों से अपेक्षा की जाने लगी कि वे दफ्तर के घंटों में तो काम करें ही, कार्यक्रमों के प्रसारण के लिए देर शाम तक भी रुके रहें। यही नहीं, अपनी रचनात्मक प्रतिभा का प्रयोग करने के साथ ही वे सरकारी योजनाओं के प्रचार-प्रसार में भी हिस्सा बँटाएँ। नागरजी ने समझ

लिया कि आकाशवाणी से विदा लेने का समय आ गया है। बिना कोई नाटकीय वक्तव्य दिए या किसी प्रकार का आत्मप्रचार किए उन्होंने त्यागपत्र दे दिया। उनके हितैषियों ने उन्हें समझाया, श्री मैथिलीशरण गुप्त तक ने उन्हें विरत करना चाहा, पर साहित्यकारों का चिरपरिचित शहीदाना अंदाज़ दिखाए बिना वे खामोशी से अपने निर्णय पर अटल रहे।

इसके पहले भी यह फकीर बिना ढोल दमामे के चुपचाप अपना झोपड़ा फूँक चुका था। वे 1940 से 1947 तक बंबई में फिल्मी लेखन करते रहे थे। वहाँ वे आर्थिक दृष्टि से सुरक्षित थे, फिल्मी माहौल भी उनको प्रतिकूल नहीं जान पड़ता था क्योंकि वहाँ भी उन्हें भगवतीचरण वर्मा, नरेन्द्र शर्मा और डॉ. मोतीचन्द्र जैसे व्यक्तियों का सान्निध्य मिला हुआ था। फिर भी, देश को आजादी मिलने के बाद उन्हें लगा कि उन्हें भी आजाद होने की जरूरत है। अत: फिल्म उद्योग से विदा लेकर पूर्णकालीन लेखन के उस पेशे में वे फिर से दाखिल हुए जिसे वे खुद 'चप्पल चटकाऊ' मानते थे। ("मैं अपनी जन्म कुंडली में चप्पल चटकाऊ लेखक बनने के ग्रह-नक्षत्र जोड़ बटोरकर लाया हूँ।") उन्होंने एक समर्पित रचनाकार की प्रवृत्ति दिखाई जो सम्पन्नता के साथ नहीं, शांति, सार्थकता और सम्मान के साथ जीना चाहता था।

निजी जिंदगी में नाटकीयता के प्रदर्शन के खिलाफ होते हुए भी नागरजी का व्यक्तित्व इतना प्रभावशील था कि वे जहाँ भी होते, उनके साथ एक मंचीय उपस्थिति का सा आभास होता था। उन्हें युवावस्था से ही एक प्रौढ़ रचनाकार का सम्मान मिलने लगा था। मैंने उन्हें पहली बार - संभवत: 1942 में - एक घरेलू गोष्ठी में देखा था। तब मैं सोलह-सत्रह साल का था, नागरजी छब्बीस के। पर उनके आने के पहले वहाँ पर मौजूद कई बुजुर्ग साहित्यिक जिस उत्कण्ठा से उनकी राह देख रहे थे, वह सुविख्यात कृतिकारों के लिए ही दिखाई जाती है।

वास्तव में वे युवावस्था के पहले चरण ही में एक विशिष्ट लेखक के रूप में प्रतिष्ठित हो गए थे। बाईस - तेईस की उम्र में वे 'चकल्लस' के संपादक और 'तस्लीम लखनवी' की हैसियत से जाने जा चुके थे। उनकी 'नवाबी मसनद' भी उन्हीं दिनों 'चकल्लस' में प्रकाशित हुई। नरोत्तम नागर और रामविलास शर्मा उनके मित्र बन चुके थे। निराला के वे इतने निकट आ चुके थे कि उन्होंने 1941 में नागरजी को 'बिल्लेसुर बकरिहा' समर्पित की। साहित्य ही उनका जीवन था और उसकी दीर्घकालीन साधना से ही ऐसा हो सका कि उनका व्यक्तित्व साहित्य की गरिमा को और उनका साहित्य उनके व्यक्तित्व की गरिमा को प्रतिबिंबित करता रहा।

उनके साहित्य का मूल स्वर लोकधर्मी है और मूलभूत रूप से ऐसा किसी सैद्धांतिक आग्रह से नहीं, उनकी आंतरिक प्रवृत्ति और समूचे व्यक्तित्व की बुनावट के कारण है। समाज के वृहत्तर फलक से जुड़ने का संस्कार उन्हें बचपन ही से मिला था। अपने बाबा के संरक्षण में वे चौक की मुख्य सड़क पर एक हवेली में रहते थे। लखनऊ के इस पुराने मुहल्ले की आबादी सम्पन्न साहूकारों, मध्यवित्त परिवारों, सब्जी फरोश कबड़ियों, खोंचेवालों, इक्केवालों, छोटी हैसियत के कारीगरों आदि का अद्‌भुत मिश्रण है। विभिन्न व्यक्तियों और वर्गों की बोली, उनके लहजे, किसी स्थितिविशेष के प्रति उनकी अलग-अलग पर जानी - बूझी प्रतिक्रियाएँ - इन सबको आत्मसात् करने के साथ ही उनमें विभिन्न वर्गों की स्थिति को विश्लेषित करने की क्षमता भी वहाँ विकसित हुई। उनकी आरम्भिक रचना 'नवाबी मसनद' जहाँ चौक के बहिरंग की देन है, वहीं 'नाच्यौ बहुत गोपाल', 'पीढ़ियाँ' और 'करवट', 'बूँद और समुद्र' तथा 'अमृत और विष' का जटिलतापूर्ण समाज चौक को अपने अंतरंग में समाहित करने का परिणाम है। 1937 के दिनों के परिवेश के बारे में वे लिखते हैं :

"गुलज़ार सड़क के जिस मकान में मेरे 'चकल्लस' अखबार का दफ़्तर था, उसके नीचे ही खुदाबख्श तम्बाकू वाले, मौला पहलवान और उनके साझेदार प्यारे साहब ड्राइवर की बरफ़ की दूकान थी और कुछ सब्जीफरोश कबड़ियों की दूकानें भी थीं। खुदाबख़्श के बेटे कादिरबख़्श बड़ी रंगीन तबीयत के आदमी थे। (वहाँ) अवध अखबार की खबरों के परखचे उड़ाए जाते, आसपास की बातों पर होने वाली बहसों में लालबुझक्कड़ी लाजिक के ऐसे-ऐसे कमाल नज़र आते कि दिल बाग-बाग हो जाता।"

कथा लेखन का संस्कार भी उन्हें लोकधर्मिता से मिला। एक अफ़ीमची किस्सागो थे। 1936-37 में वह हफ़्ते में दो बार उन्हें किस्से सुनाने के लिए आने लगे। उनके मुँह से नागरजी ने अनेक प्रचलित किस्से ही नहीं, पुराने क्लासिक भी सुने। उनमें 'अलिफ लैला', 'तिलिस्मे होशरुबा' और 'सैरे कोहसार' ही नहीं सरशार का 'फिसानए आज़ाद' भी शामिल था। इनके कथ्य और शिल्प को नागरजी ने बड़े विवेक से ग्रहण किया और उस तत्त्व को पहचाना जो किस्सागो को श्रोता से और लेखक को पाठक से जोड़ता है। 'एक दिल हजार अफ़साने' की भूमिका में वे कहते हैं : "मेरा मालिक आम पाठक था जिसमें अमीर भी थे और ग़रीब भी, इसलिए किस्सागोई को मैंने जनरुचि और जनहित का किस्सा बनाकर ही पेश करने की कोशिश की है।" समाज के प्रति गहरे लगाव और कथा - साहित्य को मूलत: सामान्य पाठक की विधा मानने के कारण वे शुरू से ही इस निष्कर्ष पर पहुँच सके कि "कला का विकास उसके अपने मूल भूत गुण और सौंदर्य की दृष्टि से होना

चाहिए, पर ये सब बातें मिलकर जब तक मानव के सुख-दुख से नहीं जुड़तीं तब तक वे पत्थर की मूर्तियों की तरह सुंदर लगकर भी निष्प्राण ही रहती हैं।"

ऐसा नहीं है कि साधारण जनजीवन का अनुभव कथाकारों में अकेले नागरजी को ही उपलब्ध हुआ हो। पर एक दुर्लभ गुण जो उन्हें उपलब्ध था, वह था अपने आस-पास के व्यक्ति को भीड़ का अंग न मानकर उसको समझने की कोशिश करना, संवेदना के स्तर पर उससे जुड़ना। तभी लखनऊ के लिए वे कभी भी मात्र एक लेखक नहीं रहे, वे वहाँ के नागरिक वर्ग में, चाहे वह सब्जीफरोशों का हो या कलाकारों का, मेहतरों का हो या मिनिस्टरों का, एक घनिष्ठ आत्मीयता की सहज छाप छोड़ सके।

उनके लिए साधारण आदमी से जुड़ने का यह अर्थ कदापि नहीं था कि वे इस तरह अपने कहानी - उपन्यासों के लिए विषयवस्तु की खोज करें। उनके लिए यह सहज प्रवृत्ति की बात थी। उसमें किसी का आर्थिक या सांस्कृतिक स्तर आड़े नहीं आता था।

'टुकड़े-टुकड़े दास्तां' में नागरजी ने अपने आत्मकथात्मक संस्मरण लिखे हैं। उसमें उस यात्रा का ब्यौरा भी है जो लखनऊ से नागरजी ने नैमिषारण्य के लिए की थी। उसमें उनके साथ धर्मवीर भारती थे, सपत्नीक मैं भी था। इस वर्णन में नागरजी ने हम लोगों को बड़े स्नेह से याद किया है और उन छोटी-छोटी घटनाओं का जिक्र किया है जिन्हें कोई सामान्यत: याद नहीं रखता। पर इसी यात्रा में उनकी मानवीयता को प्रकाशित करने वाली एक छोटी-सी पर बड़े महत्त्व की स्थिति भी है जिसका उन्होंने ज़िक्र नहीं किया है।

दोपहर को हम लोग खाने की तलाश में उस छोटे से कस्बे के कई चक्कर काट चुके थे और कोई भी दूकान नहीं मिली थी जो हमें ढंग से खिला सकती। तभी स्वामी नारदानन्द के आश्रम के बाहर हमें एक दूकान दिखी जो, टूटे और धुआँए छप्पर के बावजूद, अपेक्षाकृत साफ थी। एक बुढ़िया दूकान की निगरानी कर रही थी। वह हमें पूड़ी-सब्जी और मिठाई का आहार कराने को तैयार हो गई। उधर हम लोगों का भोजन बनने लगा, इधर हम लोग 'स्निग्धच्छाया तरुषु' वाले मैदान में छोटे-छोटे गुट बनाकर टहलने लगे।

थोड़ी देर में हमें एहसास हुआ कि नागरजी कहीं और हैं। वे दरअसल दूकान पर रुक गए थे, छप्पर के नीचे बैठे हुए हलवाइन से बातचीत कर रहे थे। मैं भी वहीं जाकर उनसे कुछ दूरी पर बैठ गया। उस समय बुढ़िया अपनी आपबीती और जगबीती का विस्तार से वर्णन कर रही थी और नागरजी पूरे मनोयोग से उसकी विपत्ति-गाथा में डूबे हुए थे। उसे शायद पहली बार इतना सुशील और समझदार

श्रोता मिला था जिसके सामने उसे पूर्ण विश्वास के साथ आत्मप्रकाशन करने में पाँच मिनट भी नहीं लगे थे। मेरे लिए यह एक छोटा-सा अनुभव बड़ा कीमती है। जब हम सब खुशगवार मौसम में धूप-छाँव के बीच चहलकदमी करते हुए अपने पुराने अनुभवों को दोहरा रहे थे, उस समय नागरजी न मौसम में, न मैत्री विलास में, न भोजन में - किसी में भी रुचि न दिखाकर एक अजनबी व्यक्ति की विपत्ति - गाथा में प्रवेश कर रहे थे। साहित्य उनके लिए गौण था, महत्त्व का विषय केवल मनुष्य था।

अपने कथा-साहित्य में नागरजी ने इतने परिहासपूर्ण चरित्रों और स्थितियों की रचना की है कि सतही तौर पर उन्हें पढ़ने वाले उनके हास्य-व्यंग से ही अभिभूत होकर उनके साहित्य में गहराई से प्रवेश करना जरूरी नहीं मानते। ' बूँद और समुद्र' के आरंभिक पृष्ठों में मुहल्ले की स्त्रियों के बीच चलने वाली बातों से जो हास्य-निर्झर फूटता है वह उपन्यास की गंभीर प्रकृति का आभास नहीं देता। छद्मावरण - कैमोफ़्लाज की यह प्रवृत्ति उनके शिल्प का अंग है। पर हास-परिहास का ऊपरी आवरण उठाते ही उनके साहित्य की गम्भीरता का साक्षात्कार होने लगता है।

यही स्थिति उनके व्यक्तित्व की है। बराबर प्रसन्नचित्त और परिहासमयी मुद्रा के बावजूद वे गंभीर ही नहीं, अवसादपूर्ण मन:स्थिति की गिरफ्त में भी आते रहते थे। यह और बात है कि वे उसे छिपाने में दक्ष थे और यथासंभव किसी के भी आगे अपनी वास्तविक मनोदशा को उद्घाटित नहीं करते थे। जीवन के अंतिम दिनों में, जब उनके दोनों छोटे भाइयों और पत्नी का देहांत हो चुका था, वे एक भयानक खालीपन का अनुभव करते थे पर वह उनके सामान्य आचरण और व्यवहार में प्रकट नहीं होता था।

अंतिम दिनों में वे मृत्यु-बोध से ग्रस्त थे पर वे उसे एक अनिवार्य तथ्य भर मानते थे, उसके आतंक से कभी आक्रांत नहीं हुए। ' पीढ़ियाँ' की रचना करते समय मुझसे ही नहीं वे अनेक मित्रों से कह चुके थे कि यह उनका आखिरी उपन्यास है। और उसे समाप्त करके वे पत्नी प्रतिभा के मार्ग पर निकल जाएँगे। अवसाद का यह बीज उनमें कहीं बहुत गहरे जाकर बैठा हुआ था। संयोगवश हुआ भी ऐसा ही। 3 फरवरी, 1990 को उन्होंने 'पीढ़ियाँ' की पाण्डुलिपि में अंतिम संशोधन किया और 23 फरवरी की शाम, महाशिवरात्रि के दिन, उनका देहांत हुआ।

वास्तव में मृत्यु की भावना - अपनी मृत्यु का भय और आतंक नहीं- उनके अंतर्मन को काफी मजबूती से पकड़े हुए थी। उनके इष्टमित्र उनकी खुशमिजाजी से भले ही आश्वस्त रहे हों, अपने अवचेतन की अँधेरी गुफाओं में वे संभवत: कहीं बहुत असुरिक्षत महसूस करते थे। तभी उनके कथा - संसार में आत्महत्याएँ, और मौतें बार-बार एक अभिप्राय की भाँति प्रकट होती हैं। 'बूँद और समुद्र' में

कथालेखक महिपाल आत्महत्या करता है; 'अमृत और विष' में उसके प्रमुख पात्र अरविन्द शंकर के पिता ही नहीं, उनका पुत्र उमेश भी आत्महत्या करता है। 'एकदा नैमिषारण्ये ' में नागेश्वर राज आत्महत्या करते हैं। दूसरे उपन्यासों में भी ऐसे अनेक चरित्र हैं जो परिस्थिति का मुकाबला करने के बजाय आत्मघात का मार्ग अपनाते हैं।

मृत्यु उनके उपन्यासों में एक महत्त्वपूर्ण उपसंहारक पात्र की तरह आती है। 'मानस का हंस', 'खंजन नयन', 'करवट', 'पीढ़ियाँ', 'नाच्यौ बहुत गोपाल' आदि के मुख्य पात्रों का कथात्मक समाधान उनकी मृत्यु में होता है

उनके पिता पं. राजाराम नागर ने अड़तीस वर्ष की आयु में आत्महत्या कर ली थी। यह 1935 की बात है। तब नागरजी उन्नीस वर्ष के थे। निश्चय ही उनकी मानसिकता के निर्माण में इस भयावह घटना का भी हाथ है। पर यह आश्चर्य की, और नागरजी के हक में असाधारण संयम की बात है कि अपने दैनंदिन जीवन में वे अपने निकटतम व्यक्तियों को भी इस मानसिकता में झाँकने का अवसर नहीं देते थे।

उससे भी ज्यादा आश्चर्य की बात यह है कि मृत्यु और आत्महत्याओं से भरे हुए इस कथा - साहित्य का मूल स्वर जीवन के उत्सव का है। उसमें पग-पग पर हमें ऐसी स्थितियाँ मिलती हैं जहाँ विपन्नता और अभावों में भी ऊर्जा और जीवनशक्ति के स्रोत फूटते हैं। हर हालत में उनका लेखन कुण्ठा पर आशा की, अधोगति पर उत्थान की और पराभव पर ऊर्ध्वगामिता की विजय का उद्घोष करता है।

जिन्होंने नागरजी को निकट से देखा है, वे जानते हैं कि यह बात उतनी ही सच्चाई से उनके व्यक्तित्व पर भी लागू होती है।

सर्वनाम, जनवरी, फरवरी मार्च 1995, पृ. 7-14

उजास की धरोहर

धर्मवीर भारती

भाभी चली गईं। इस साल उन्हें अपनी सालगिरह बिना भाभी के कैसी सूनी-सूनी लगेगी। पहले तो बधाई की मेरी हिम्मत नहीं होगी, अगर दी भी तो बधाई उस सूने आँगन में भटककर लौट आएगी। भाभी के बिना उस पुरानी हवेली का वह विशाल आँगन कितना वीरान कितना अँधेरा होगा।

भाभी की मिसाल किससे दूँ! कभी आपने जंगल की सुनसान रात के बाद पौ फटने की उजास देखी है। कितनी दबी-दबी, मगर किस कदर आश्वासन देती हुई। वैसी ही थीं भाभी।

और इस उजास से पहले पहल मेरी भेंट हुई थी एक पुरानी चाल के मकान की सीढ़ियों के नीम अँधेरे में। वह भी मजेदार घटना है।

मैं इलाहाबाद में था उस समय, शायद शोधछात्र। एक दो किताबें छप चुकी थीं। लेखक होने का ठप्पा लग चुका था। गया था लखनऊ किसी काम से। साथ थे केशव यानी केशवचंद्र वर्मा। हजरतगंज में घूमते-घूमते तय हुआ कि क्यों न अमृतलाल नागरजी के घर चला जाए। शाम ढलने लगी थी। चौक पहुँचे। कई गलियों की खाक छानी। सब उन्हें जानते थे, खोमचेवाले, हलवाई, फूलवाले, पानज़र्दावाले। सभी ने इतने उत्साह से रास्ता बताया कि हम गुमराह होते-होते बचे। पहुँचे। एक पुराने ढर्रे का मकान (वह नहीं, जहाँ अब रहते हैं) वे रहते थे तब ऊपर वाली मंज़िल में, बाहर से ही जीना था।

सीढ़ियाँ चढ़ते दिल धड़क रहा था। क्या बताएँगे कि क्यों आए हैं? क्या बातें करेंगे? नागरजी बातें करेंगे भी या नहीं? अगर कहीं न मिले तो?

जीने पर खड़ी सीढ़ियाँ थीं और गली के मकान के बंद जीने जैसी सीलन और अँधेरा। ऊपर दरवाज़ा बंद था। घंटी -वंटी का रिवाज तो तब था नहीं। पहुँचकर कुंडी खड़कायी। क्षण भर बाद दरवाजा खुला और भाभी की पहली झलक मिली। लंबी,

तन्वंगी, बादामी रंग की साड़ी और अजब-सा उजास फैलाता हुआ रंग।

"कहिए।" उन्होंने थोड़ी रुखाई से पूछा। "नागरजी हैं क्या?"

"नहीं," वे बोली, बड़ी गंभीरता से, "वो तो कानपुर गए हैं!"

हम दोनों हतप्रभ! इतनी हिम्मत करके आए भी और नागरजी हैं नहीं। अब क्या करें हम लोग? वे प्रतीक्षा में खड़ी रहीं कि हम लोग या तो जाएँ या कुछ कहें। मैंने हिम्मत करके कहा, "नमस्कार! नामस्जी कानपुर से आएँ तो कह दीजिएगा, इलाहाबाद से भारती और केशव आए थे?"

"भारती और केशव ..." उन्होंने जैसे याद करने के लिए दोहराया... और सहसा घर के अंदर से जोर से आवाज़ आई -

" अरे चले आओ भइया भारती, केशव आ जाओ... मैं यहीं हूँ!" नागरजी अंदर से पुकार रहे थे। दरवाज़ा पूरा खुल गया। भाभी कुछ खीज कर झटके से अंदर चली गईं।

हम दोनों चमत्कृत, अंदर गए, दूर पर दीवार के सहारे एक ऊँचे से तख्त पर नागरजी बैठे थे। हाथ में तख्ती थी, जिस पर कागज लगे थे, देखकर हँसे ज़ोर से -

"भइया, ऐसा है कि यही तखत जो है न, हमारा कानपुर है। जब लिखते-पढ़ते हैं यहाँ बैठकर तो तुम्हारी भाभी से कह देते हैं कि आने-जाने वालों से कह देना, कानपुर गए हैं। आओ भारती, केशव भी यहीं आ जाओ, कानपुर में!"

हम दोनों चौक लखनऊ के उस कानपुर में बैठने की जगह बना ही रहे थे कि भाभी दो गिलास पानी लेकर आईं। बिना किसी को संबोधित किए बुदबुदा रही थीं, "बाहरवालों के सामने हमारी हँसी उड़ती है, खुद ही तो ..."

"अरे, ये बाहरवाले कहाँ हैं," नागरजी कुछ मनुहार के - से स्वर में बोले - "और तुमने झूठ क्या कहा... यह कानपुर तो है ही!"

" रहने दो।" भाभी की आवाज में मनुहार के प्रभाव से थोड़ी खनक आ गई थी... " हरदम नाच नचाते रहते हैं! "

" अरे खाली पानी?" नागरजी ने टोका।

"आ रहा है, आप ये कुरसी ले लीजिए..."

भाभी ने टीन की कुरसी मेरी ओर बढ़ाई और चली गईं। हम लोग बातों में मशगूल हो गए। सेठ बांकेमल (नागरजी की प्रख्यात कृति) का जिक्र आया और लो लखनऊ के उस कानपुर में आगरा प्रकट हो गया और किनारी बाज़ार की रौनक छाने लगी। थोड़ी देर में लखनऊ फिर लौटा, जब भाभी दो तश्तरियों में चौक लखनऊ की मिठाइयाँ रखकर लायीं-हरे चने की बर्फी, पिश्ते का लड्डू, लाल पेड़े और मलाई की गिलौरियाँ। फिर नागरजी की ओर देखा और हँस पड़ी। पल्ले से मुँह

ढँककर हँसी दबाई और चली गईं। फिर नहीं आईं।

हम लोग लौटे तो हमारे साथ थी नागरजी की निश्छल हँसी, लच्छेदार बातें, लाल पेड़ों का सोंधा - सोंधा स्वाद, और भाभी के व्यक्तित्व की दीप्त उजास - जैसे धुँधलके में नाक की लौंग का हीरा छवि मारता है न, कुछ-कुछ वैसा।

उसके बाद बरस पर बरस बीतते गए, नागरजी के दर्शन होते रहे। कभी इलाहाबाद में गजदर के लान पर, कभी वाचस्पति पाठक की बैठक में, कभी रुद्रनारायण शुक्ल के साथ कॉफीहाउस में, कभी रेडियो स्टेशन पर। धीरे-धीरे हम लोग उनके मुरीद होते गए। लखनऊ से उनके और भगवती बाबू के आने का व्यग्रता से इंतज़ार करते रहते थे हम लोग। कितना सुकून, कितना उत्साह मिलता था जब वे आते, हमारे बीच बैठते, गपशप करते, शाबाशी देते या कुछ बातों पर डाँटते। भगवती बाबू काफी छानबीन कर स्नेह देते थे। मसलन परिमल ग्रुप में वे मुझे और रमानाथ अवस्थी को काफी प्यार करने लगे थे। विजयदेव नारायण साही और गंगाप्रसाद पांडेय से कुछ अप्रसन्न ही रहते... लेकिन नागरजी का स्नेह मुक्त था। उदार भाव से सबके लिए। क्या गजब की शख्सियत पाई है उन्होंने कि एक ओर परिमल वाले उनके दीवाने थे, दूसरी ओर प्रगतिशील लेखक संघ का काम भी उनके बिना नहीं चल पाता था। उस वक्त परिमल और प्रगतिशील लेखक संघ में काफी संगीन महाभारत छिड़ा हुआ था विचार - स्वातंत्र्य और पार्टी प्रतिबद्धता को लेकर।

नागरजी इस संग्राम के बीच अपने ठहाकों के ब्रह्मास्त्र दोनों ओर छोड़ते रहते थे, दोनों की ओर से। विचार - स्वातंत्र्य तो उन्हें खुद ही हासिल हो गया था, रही प्रतिबद्धता की बात तो वहाँ भी वे पक्के थे। उनकी प्रतिबद्धता थी मानव मन के सहज प्यार से। हाँ, एक चीज़ और थी, उनकी प्रतिबद्धता खूब गहरी थी, शाम को विजया भवानी की एक बड़ी-सी गोली से। वह तो चाहिए ही चाहिए। अब यूँ समझिए कि प्रेम का रंग तो हुआ लाल, भांग का रंग हुआ हरा और खुद पहनते थे हमेशा सफेद कुर्ता-धोती। हुआ न तिरंगा व्यक्तित्व, बिल्कुल बनारस की मशहूर तिरंगी बर्फी जैसा... और यकीन मानिए, उतना ही स्वादिष्ट, उतना ही मीठा।

भगवती बाबू और नागरजी धीरे-धीरे मेरे जीवन में कितने गहरे उतरते गए, इसका आभास खुद मुझे भी पूरी तरह नहीं हुआ, जब तक मेरे जीवन का एक भयानक, अंधकार भरा आपात्काल नहीं आया। अपने प्यारे इलाहाबाद से उखड़ा, जिंदगी भर की गहरी दोस्तियों में अवांछित दरारें पड़ीं, बंबई में बिल्कुल अकेला शुरू-शुरू के दिनों में, धर्मयुग के रूप में परिवर्तन और संस्कार- परिवर्तन के काम का गहरा बोझ और एक गहरी निराशा। उन दिनों मुझे और पुष्पा को नागरजी और भगवती बाबू का जो गहरा प्यार और संरक्षण मिला, उससे क्या कभी हम लोग

उऋण हो पाएँगे। भगवती बाबू बंबई आए, स्वयं अपने निकटतम संबंधियों को छोड़कर हम दोनों के पास टिके, लगभग महीने भर रहे और घर के बड़े-बुजुर्ग की तरह हमारी हर समस्या का दायित्व अपने मत्थे लिया और तमाम असत्यों और पाखंडों से लड़ने की एक नयी ताकत दे गए। नागरजी आए, शिवाजी पार्क के पास अपने भाई के घर टिके, लेकिन सुबह टहलने के लिए निकलते, आठ-नौ बजे हमारे घर पहुँचते, छड़ी लिए धीरे-धीरे सीढ़ियाँ चढ़ते, चाय पीते, नाश्ता करते और अपनी मनमोहनी बातों से हमारे सारे दुख-दर्द पर ठंडक बरसाते और बीच-बीच में घर परिवार के बारे में को पुष्पा तमाम हिदायतें देते जैसे, अपनी बेटी को गहरे संस्कार दे रहे हों। कैसा गया था वह दुखद दौर। हमें बिना बताए नागरजी और भगवती बाबू ने हम लोगों के लिए कितना कुछ किया था, यह तो धीरे-धीरे बरसों बाद पता लगा।

हाँ, भाभी की तो बात ही रह गई। बंबई से लखनऊ जाना बहुत कम हो गया था। एक बार गया तो पता चला, नागरजी कलकत्ते गए हुए हैं। फिर तय हुई शादी मेरे अंतरंग मित्र गिरधारीलाल वैद की बड़ी लड़की की, कुंवरनारायण के परिवार में। बारात में शामिल हुए हम तीन दोस्त - मैं, कमलेश्वर और राज बेदी। मजा आएगा। बारात का माहौल और लखनऊ में नागरजी की छाया। पहुँचते ही हम लोगों की हरकतें शुरू हो गईं। गिरधर को कुंभकर्णी निद्रा से जगाया और गालियाँ खाईं, ठाकुर प्रसाद सिंह का नाटकीय भाषण सुना, श्रीलाल शुक्ल की कुर्सी का मुआयना किया और फिर नागरजी के पास चल दिए। कमलेश्वर हस्बमामूल बीच में ही से कहाँ, कब, कैसे गायब हो गए, पता नहीं चला। रह गए - मैं और राज बेदी।

उनके वर्तमान घर का फाटक और आँगन लाँघकर पहुँचे बरामदे के पीछे उनके कमरे में, जहाँ किताबों, पुरातात्विक मूर्तियों, पुराने चित्रों के बीच गद्दे पर बैठे नागरजी खिल उठे। फिर जो बातें शुरू हुईं कि न उनका आर न पार। इमामबाड़े की रवायतें, पास के लक्ष्मण टीले का इतिहास (लखनऊ लक्ष्मणजी ने बसाया था।), नीमसार - मिसरिख की कथाएँ और उनके उस समय प्रकाशित नए उपन्यास 'नाच्यौ बहुत गोपाल' की सामग्री मेहतरों के बीच जाकर उन्होंने कैसे जुटायी - इसका रोमांचक विवरण । राज बेदी (अब नहीं रहे) आदर्श श्रोता थे। खोदकर पूछते गए और नागरजी के पास तो कुबेर का खज़ाना...

मैं इस चर्चा के बीच से उठकर जाने किस काम से बाहर आँगन में आया तो देखा, भाभी तश्तरियों में नाश्ता लगा रही थीं। पता नहीं, उम्र के साथ मैं बदल गया था या भाभी बदल गई थीं... या हम अवधवासियों में सीताजी और लक्ष्मणजी के समय से ही भाभी को माँ मानने का संस्कार है... कि उस दिन भाभी एक भरे-पूरे घर की गृहस्वामिनी कुलमाता जैसी लगीं। माथे पर बड़ा-सा लाल टीका... उसी

मातृत्वभरे अधिकार से उन्होंने सहसा मुझसे पूछा, "देवरानी को क्यों नहीं लाए? बरात में अकेले आए हैं? क्यों?" मैं उनसे बताता रहा कि तीनों बच्चों के स्कूल चल रहे हैं... पर वे इस तर्क को मानने को राजी नहीं थीं।

मैं तब तक नागरजी के अलावा केवल मदनलाल नागरजी से परिचित था, उनके चित्रों के संदर्भ में, बच्चों में से किसी से कभी परिचय ही नहीं हुआ था, पर भाभी की भाव भंगिमा, बातचीत का लहजा ऐसा था जैसे सारे घर पर एकछत्र शासन करती हों... नागरजी की सारी देखभाल के अलावा उनका एक अलग व्यक्तित्व है... नितांत घरेलू होते हुए भी अत्यंत तेजोमय। एक तेवर ही अलग था उनका!

उसका शायद एक और रहस्य था और वह रहस्य मुझे मालूम हुआ बरसों बाद, लखनऊ से हजार मील दूर गुजरात के सूरत नगर की एक जनसंकुल रौनकदार गली में। सूरत में मैं और पुष्पा घूम रहे थे और हमारे साथ थे बड़ौदा के दो युवा गुजराती समीक्षक-प्राध्यापक। दोनों बड़े मस्त और प्रेमी जीव। वे हम दोनों को गुजरात के नागर ब्राह्मणों का इतिहास बता रहे थे। कैसे वे सबसे सुसंस्कृत, राज्यैश्वर्य वाले, विद्वान, सभाकुशल और आभिजात्य होते हैं। और फिर बात चली नागरानी (यानी नागर कन्याओं) पर। उनका कहना था कि उनका सौंदर्य, उनके संस्कार, उनके तेवर सबसे अलग ही होते हैं। जब वे नागर कन्याओं के रूप और तेवर का बखान कर रहे थे, मुझे बार-बार भाभी की याद आ रही थी यानी उनका तेवर कुलीन तेवर था, हजारों वर्षों की नागर परंपरा का संचित वैभव। भाभी की याद आने का एक कारण और था। मैं अपने जीवन का स्वर्णिम अवसर उन्हीं दिनों चूक गया था। भाभी के विवाह में नागरजी का सहबाला बनने का।

मतलब? आप पूछेंगे कि जब नागरजी का विवाह हुआ होगा, तब तो मैं कहीं अतरसूइया की गली में खेलता बच्चा रहा होऊँगा या शायद पैदा ही न हुआ होऊँ तब तक! फिर विवाह में सहबाला बनने का क्या मतलब!

मतलब है जनाब! मैं बताता हूँ। उस बार जब लखनऊ गया तो काफी सैलानी मूड में था। श्रीलाल (शुक्ल) के घर पहुँचकर केशवचंद्र वर्मा को इलाहाबाद में फोन करके बुलाया। फिर हम श्रीलाल, केशव, गिरधर गोपाल सभी एक गाड़ी लेकर चले... नीमसार मिसरिख। नागरजी हमारे नेता थे 'एकदा नैमिषारण्ये' की कथा - भूमि थी यही नीमसार (नैमिषारण्य) और इरादा था कि उस उपन्यास की कथाभूमि में विचरण किया जाए नागरजी के साथ। उनसे एक-एक स्थल का पूरा ऐतिहासिक पौराणिक संदर्भ समझते हुए। वह स्थल देखा, जहाँ अस्सी हजार ऋषियों का विराट सम्मेलन हुआ था। संहिताएँ बनी थीं, स्मृतियों का पुनर्गठन हुआ था, वह स्थल देखा, जहाँ से सृष्टि का प्रारंभ होना बताया जाता है, गोमती का वह ऊँचा कगार

देखा, जिसके विवरण से नागरजी का उपन्यास शुरू होता है... और छड़ी टेककर धीरे-धीरे चलते हुए, कथाएँ कहते हुए नागरजी, बीच-बीच में ठहाके लगाते हुए नागरजी, बरगद और पीपल के पास रुक-रुक यादों में खो जाते हुए नागरजी - जीवन के बड़े खूबसूरत दिनों में से एक दिन वह भी था।

मिसरिख तक पहुँचते-पहुँचते भूख लग आई थी। स्वामी नारदानंद तो थे नहीं, उनके आश्रम में कोई यात्रियों के लिए विशेष आर्डर पर पूड़ियाँ बनाता है । देहात से मटकी का दही आया, पूड़ियाँ बनीं, आलू की सब्ज़ी छौंकी गई। हम लोग खाने बैठे। जाने कैसे घर की बात चल आई तो नागरजी ने बताया कि दो वर्ष बाद ही उनके विवाह को 50 साल पूरे हो जाएँगे।

मुझे यह बात याद रही। संयोग से कुछ ही दिन बाद लखनऊ जाना हुआ। जाड़े की दोपहर थी। भाभी खाना खाकर एक बीड़ा मुँह में दबाए निकल रही थीं, तभी मैंने नागरजी से प्रस्ताव रखा, स्वर्ण जयंती पर एक बार फिर भाभी से ब्याह रचाएँ नागरजी। भाभी तो मुस्कराकर और कुछ-कुछ झल्लाकर चली गईं, पर नागरजी को प्रस्ताव भा गया। मैंने तुरंत अपना दावा पेश किया, "इस विवाह में सहबाला कोई और नहीं बनेगा, सहबाला (वर का छोटा भाई) बनने का हक केवल मेरा होगा।" नागरजी ने ठहाका लगाया, "मंजूर! फिर हो जाए!" "हो जाए!" मैंने कहा, "मैं सब काम छोड़कर आऊँगा!"

उनके आँगन में एक लतर है। ऊपर झरोखे तक चढ़ी है। जब मैं चलने लगा तो, अब तक याद है... भाभी लोटे का बचा पानी लतर के थाले में डाल रही थीं। मैंने कहा " सहबाला बनने आ रहा हूँ भाभी!" उनके मुँह में पान था। कुछ बोलीं नहीं, पर गर्दन झटकाकर जो मुद्रा बनायी, उसका अर्थ था, "ठीक है लाला देखूँगी, आना तुम!" अगली बार अचला आई तो भाभी ने अपनी देवरानी (पुष्पा) के लिए एक अंगूरी रंग की बेहद खूबसूरत चिकन की साड़ी और मेरे लिए चिकन का कुर्ता भिजवाया था, और अचला ने बताया कि उन्होंने घर भर को बता रखा है, भारती बंबई से सहबाला बनकर आएँगे।

दुर्भाग्य कि जब वह दिन आया, उन दिनों याद नहीं कि कौन-सी परिस्थितियाँ आ गईं कि मैं छुट्टी नहीं ले पाया, पर हम और पुष्पा कालबा देवी जाकर सुहाग पिटारी की सारी चीजें खरीद कर लाए, आलता, बिंदी, सिंदूर, टीका, बिछिया, मुंदरी, आरसी और उसके साथ (वे जाड़े के दिन थे) काठियावाड़ का एक कलात्मक ऊनी शाल। सब अचला के हाथ भाभी को भेजा, नागरजी को एक लंबा पत्र।

न जाने का बेहद दुख रहा। लखनऊ से जब उस समारोह का छपा हुआ आमंत्रण आया तो दुख और भी दूना हो गया। फिर बेहद आतुरता यह जानने की कि

इस स्वर्ण जयंती विवाह में क्या-क्या हुआ?

अचला लौटकर आई... सारा आँखों देखा हाल बताया, फिर हम लोगों ने पूछा, "भाभी को शाल पसंद आया?" "पसंद आया? वो तो समारोह में वही ओढ़कर बैठी रहीं और बाद में भी वही ओढ़े इतराती घूमती रहीं। सबको बार-बार बताती थीं... मेरे देवर-देवरानी ने बंबई से भेजा है।" अचला ने बताया।

मन भर आया सुनकर! छोटी-सी चीज़ को इतना बड़ा मान तो माँ ही दे सकती है। हम अवधवासियों ने बड़ी भाभी को माँ ठीक ही माना है!

इस साल, अभी कुछ महीनों पहले, अकस्मात भाभी चली गईं। हफ़्ता तक तो यह खबर मिली ही नहीं। जब मिली तो स्तब्ध रह गया। कितनी बार नागरजी को खत लिखने बैठा तो समझ में ही न आए कि लिखूँ तो क्या लिखूँ। कितने अकेले पड़ गए होंगे वे। कितना सुनसान होगा वह धूपभरा लतर सजा आँगन, लगता होगा रसोई से अब वे निकलीं, अब धूप में उनका लाल टीका चमका। वह रौनक अफरोज़ हवेली कैसी उदास, श्रीहीन होगी....

पर फिर नागरजी को जन्मदिन की बधाई हिम्मत कर भेज ही रहा हूँ। आखिर हमारी उस उजासभरी भाभी की धरोहर है उनकी कलम। वह चलती रहेगी तो हमारी भाभी के माथे का टीका जगमगाता रहेगा, आँगन की लतर हरी-भरी रहेगी, वह लतर जिसके पास भाभी को आखिरी बार देखा था!

सारिका : अमृतलाल नागर विशेषांक : 16-31 अगस्त, 85 पृ. 9-11

अमृत रस बरसै

पद्‌मा सचदेव

शहर में चौक का बड़ा महत्त्व होता है। चौक मिली-जुली संस्कृति का गवाह है। अगर यह मौन तोड़े, तो कितने ही अनकहे दृश्य मुखर हो उठें। चौक पर लोग मिलते हैं, बिछुड़ते हैं और खो जाते हैं। चौक पर जुलूस रुकते हैं, नेता भाषण देते हैं और लाठी चार्ज भी होता है। चौक चारों तरफ से खुला रहता है। इसको बातें सुनने और देखने का शौक है, बातें करने का नहीं। इधर चौक कुछ छोटे होते जा रहे हैं। अक्सर लोगों के पास मिल-बैठने का शौक कम होता जा रहा है। पर चौक आज भी बाँहें खोले, आँखे बिछाये, उनकी प्रतीक्षा में अपनी जगह खड़ा है।

बरसों पहले के लखनऊ के पुराने चौक का दृश्य चाहने पर हम आज भी देख सकते हैं। चौक के पास इलाहाबाद बैंक की बहुत बड़ी इमारत है। सामने वाले हिस्से में एक परिवार रहता है और सुरक्षा को मद्‌देनजर रखते हुए, बैंक इमारत की पिछली तरफ है। सड़क के सामने बाग है, दाहिने हाथ की ओर सभी दरवाजों की मेहराबें नज़र आती हैं। बायें हाथ की तरफ घंटाघर दिखाई देता है। छत के आगे के हिस्से में गोटे की तरह रुपहली गोमती पसरी नज़र आती है, जैसे बच्चों के सपनों का दरिया हो, चौक में से गुज़रती हैं घोड़ागाड़ियाँ, शिकरमें, ऊँटगाड़ियाँ, और कोई-कोई मोटर। नीचे सब्ज़ी बेचती औरतें। सुबह से उनकी एक न समझ आने वाली बात। वहीं चौक में ख़यालगोई के दंगल होते हैं, तीतर - बटेर व भैंसों की लड़ाई होती है, नाटक भी होते हैं, कभी-कभार कविता - प्रतिस्पर्द्धाएँ भी होती हैं। गोया चौक एक भव्य मंच है, जिस पर अपना-अपना खेल दिखाता हर कोई गुज़र रहा है। जिंदगी से बड़ा न कोई मंच है, न नाटक। जिंदगी से जुड़े हुए इन हलके - गहराते रंगों को देखते-देखते एक बालक अपने छज्जे पर खड़ा, सुबह से दोपहर, दोपहर से शाम करता है। बड़ा मोह है उसे इन दृश्यों को देखने का। बीसवीं सदी की शुरुआत है।

अच्छे घरों में लड़कों को भी आम लोगों के साथ उठने-बैठने नहीं दिया जाता

है। ललचाई रूह में यह बालक चौक के दृश्य आत्मसात करता है। रात को दादी से लगकर सोता है, तो कई कहानियाँ दादी सुनाती हैं। गुज़रे हुए कल के दृश्य एक-एक करके आँखों के सामने से चलचित्र की तरह गुजरने लगते हैं। फिर धीरे-धीरे आज हो जाते हैं। सोने से पहले, बालक अपनी निंदियाई आँखों में ये दृश्य बंद कर लेता है। फिर ये दृश्य ख्वाबों के साथ-साथ दिखाई देते हैं। सुबह की पहली किरण के साथ मद्धम सुर में आवाजें आनी शुरू होती हैं। बैल के गले की घंटियों की आवाज़ें, उघड़ते पटों का शोर, सड़क पर चलते कदमों की आहटें, बालक प्रसन्नचित्त हो उठता है।

दिन चढ़ आया है। कहानियाँ जग गई हैं, वही कलवाली कहानियाँ, पर उनके प्रति कितना मोह, कितना आकर्षण।

कल और आज में कुछ तो अंतर है, जिसे जाँचने के लिए यह बच्चा छज्जे पर आ जाता है। वैसे ही, जैसे आसमान पर सूरज, आज चौक में से गुजरने वाली घोड़ागाड़ी में कोई और बैठा होगा। सब्जीवालियों ने अपने जूड़ों में ताजे फूल टाँके होंगे। तंबोलिन की धोती का रंग बदला हुआ होगा। फलवाला खरबूजे को पानी से धो कर जमा रहा होगा। सब्जीवालियों के झगड़े की वजह भी आज दूसरी हो सकती है। खरीद-फरोख्त करनेवाले लोग और भी अंदाज़ में होंगे पर चौक उसी स्थान पर बैठा हुआ है।

बालक की सारी दुनिया चौक में समा गई है। रंग बदलते लम्हे, सोना बिखेरते क्षण, लोगों की मिली-जुली आवाजों में रंगीन होते जा रहे हैं। ढलती दोपहर में उठती, बंद होती दूकानें शांत हो गई हैं, मानो सुबह का कलरव छलावा था, जिसे वक्त ने समेट लिया।

शाम की खूबसूरती पर हलका सुरमई घूँघट डाले, लखनऊ चाँदनी में रोज़ ही तो नहाता है। उसके छींटे जहाँ-जहाँ गोमती के आँचल पर पड़ते हैं, वहीं सितारे टँक जाते हैं। रात के अँधेरे आगोश में दादी के सीने से लिपट कर ममता में नहाता यह बालक बड़ा हो रहा है।

अब दोस्तों की ज़रूरत महसूसने लगा है। पहले दोस्त बनते हैं छापे के अक्षर। सात वर्ष का होते-होते छापे से अच्छी-खासी दोस्ती हो गई। दोनों एक-दूसरे को देख कर पहचान लेते हैं। छापे के अक्षरों के माध्यम से कितने ही संसार सामने खुलते चले गए। अक्षरों में घर, आँगन, बाग, जंगल, शहर, गाँव, सब नज़र आने लगे। अक्षरों में ही अबरक लगा कर, वारवनिताएँ किनारी - लगे मलमली दुपट्टे लिए उड़ने लगीं। अक्षरों में ही विष, उन्हीं में अमृत नज़र आया। इन्हीं में जन्म लेती अग्निगर्भा, शतरंज की चालें, बाढ़ में बहते लोग, महलों में बढ़ती राजनीति, बाढ़ के

पानी के कण-कण में ये मोती, छापे के अक्षर होकर उभर आए।

अवध की शाम का खूनी रंग इन अक्षरों से और रंगीन हो उठा। चाँदनी का आलोक और उजला हो गया। चित्रलिखित-से लोग, यादों के चौखटों में से निकल कर चलने-फिरने लगे, बाहर आ गए। छापे के अक्षरों के मोतियों के हारों की लड़ियाँ, लखनऊ के चौकवाले उस घर में बंदनवार की तरह सज कर झिलमिलाने लगीं।

उस बालक के शिशु-रूप को देखने के लिए अगर मुझे पिछले जन्म में छलाँग लगा कर जाना पड़ता, तो भी मैं गुरेज़ न करती, पर वह बालक आज के उस भव्य व्यक्तित्व में ही कहीं छिपा हुआ था। धन्य हैं वे लोग, जो दुनिया की रंगीनी, कालिमा, गहमागहमी और छिपे हुए वारों में भी अंत तक अपना शिशु बचा ले जाते हैं। उस शिशु की किलकारियाँ, उसकी स्वच्छता को धूमिल नहीं होने देतीं। उनके बोलों में बालक मिलता है और उनकी सादगी में आप बचपन खेलता हुआ पा जाते हैं। बचपन में दोस्तों के अभाव से अंतर की जो खान खुल गई, उसकी जगमगाहट के उजालों को मुट्ठी में बाँध कर, इस बालक ने, होली के गुलाल की तरह छापे के प्रेमियों के मुँह पर मल दिया। उस खान का बेशुमार खजाना आज भी निरंतर निकलता जा रहा है।

एक साथ जिस व्यक्ति में शिशु, बालक, पिता, दादा व दोस्त के दर्शन किए, वे रहे अमृतलाल नागर। सादगी, स्नेह और निश्छलता की मूर्ति। अगले वक्तों में ऐसे ही तो लोग मिला करते थे । वो साँचे क्या भगवान ने तोड़ दिए? सब पर समान रूप से स्नेह बरसातीं ममतामयी आँखें, भंग की तरंग की लहरों में डूबते-उतराते शब्द, तरावट में भीगे, तुले हुए बोल और छापे के अक्खरों- जैसे झालर - झालर सच्चे मोतियों-से विचार।

अपने घर के ऊँचे पलँग पर, हिंदी के गद्य-सम्राट विराजमान थे। सफेद पलंगपोश पर पड़ी चद्दर में लगी लेस, किसी सुकुमारी के सुघड़ हाथों की कारीगरी का परिचय दे रही थी। मुझे देख कर बोले, "आओ-आओ, पद्मा, मैं तो खाली ही बैठा हूँ।" समय तो मैंने कल ही ले लिया था, जब डॉ. भारती के यहाँ उनके सम्मान में कुछ आत्मीय आ जुड़े थे। पुराने लखनऊ की छनाई डट कर हो रही थी। चूँकि पुष्पा भारती भी लखनऊ की हैं, इसलिए वातावरण में उनके मैके की यादें घुल रही थीं। गली-कूचों का ज़िक्र अंतरंग मित्रों की तरह हो रहा था। अचानक ही सब चुपके से अतीत में चले गए थे।

क्या होता है ये अपना शहर? सारा परिवार संग लिए घूमो, तो भी हमारा कितना कुछ शहर में ही रह जाता है। पता नहीं, अपनी गोद में ले लेने को क्यों आतुर रहता

है यह? न यह माँ होता है, न बाप पर इसका आकर्षण उनसे कहीं ज्यादा होता है। शहर कहीं नहीं जाता, पुराने बरगद की तरह एक ही स्थान पर खड़ा होकर आपकी प्रतीक्षा करता है। यह कितना मीठा एहसास है कि कोई आपकी प्रतीक्षा कर रहा है।

नागरजी बता रहे थे - "मेरे पितामह इलाहाबाद बैंक से जुड़े हुए थे। उसकी शाखाएँ खोलते हुए लखनऊ में आ बसे थे। तब से हम यहीं हैं, वो ज़माना, नवाबी का ज़माना था। उठने-बैठने के आदाब, घुटने मोड़ कर कैसे बैठें, सलाम कैसे करें, बड़ों का अदब कैसे करें, ये सब चार-पाँच बरस की आयु से ही सिखाया जाता था।"

जरासा अतीत में खो कर नागरजी फिर कहने लगे, "बड़ा भव्य व्यक्तित्व था हमारे दादा का। उनके रटाए अनेक श्लोक अब तक कंठस्थ हैं। दादी बताती थीं कि दादा, पंडित मदनमोहन मालवीय के साथ इलाहाबाद में रुद्रपाठ किया करते थे। एक नकद पैसा मिलता, जिसका मूल्य बहुत था। अक्सर ज्यादा बातें दादी की ही बताई हुई हैं।" नागरजी ज़रा-सा रुककर मीठे से हो गए। अपनी दादी उन्हें बहुत प्रिय रहीं। बोले, " वे एक चरित्र थीं। गरीब परिवार की थीं। 19वीं सदी में दादी के दादा गदर के दिनों में पत्नी से लड़ कर चले गए थे। दादी के पिता उन्हें ढूँढ़ने निकले। सुनी-सुनाई गदर की कई बातें दादी को याद थीं। उन्हें भी शायद बचपन में जो न मिला, वह सखा अब पोते के रूप में मिल गया था। जब वे बातें सुनातीं, तो एक-एक सीन यों सँवारतीं कि आँखों के आगे जी उठता। 'गदर के फूल' की प्रेरणा यहीं से मिली। एक हमारा चौकीदार था - ठाकुर। गदर की कई कहानियाँ वह भी सुनाया करता था। हम अकेले उसके पास बैठे रहते। गदर के दौरान हमारे चौक में जो अत्याचार हुए, उनके किस्से सुन कर बदन काँपने लगता। दादी हमारी प्रेरणा रही हैं। बचपन में उन्हीं से चिपका रहता था। दादी परियों की कहानी की नायिका - सी लगती थीं। हमारी दादी पाँच वर्ष की आयु तक गूँगी रहीं, फिर वाचा खुली, तो, दादी की माँ ने तुरंत काम में लगा दिया कि कहीं खप जाएगी। उस वक्त लड़की के पैदा होते ही उसके कहीं खप जाने की चिंता माँ-बाप को लग जाती थी। दादी बताती रहीं, उनके घर वाले बड़े गरीब थे। पिता ठंड में भी मलमल के कुर्ते पर कुछ मोटा ओढ़े घूमते रहते थे।

"हमारी पड़दादी का देहांत हुआ, तो घर में खाना बनानेवाला कोई न था, घर सँभालने के लिए हमारे दादा का ब्याह सात बरस की दुधमुँही बच्ची के साथ कर दिया गया। गरीब की कामकाजी लड़की बड़े काम की होती थी। आते ही दादी चूल्हा-चौका सँभाल लिया। उनकी माँ ने सब सिखा दिया होगा। दादी बताती थीं, सवेरे छोटी-सी लुटिया से चार-पाँच बजे उठ कर काक-स्नान कर लेतीं, फिर अपने

छोटे-छोटे हाथों से आठ बजे तक खाना तैयार कर लेतीं। हमारे पड़दादा आठ बजे ऑफिस जाते थे। घर से माँ ने इस सब के लिए दादी को तैयार किया था।

"हमारे दादा अंग्रेजी पढ़नेवाले पहले बैच में से थे, अवध- रुहेलखंड में जब रेलवे खुली, तब उसका दफ़्तर झाँसी में था। दादी बताती थीं कि ज़िंदगी में पहली बार उन्होंने ऊँटगाड़ी देखी, ट्रेन में सफर किया। बड़ा रोमांचक अनुभव था। दादी के चौदह संतानें हुईं। बचे हमारे पिता और बुआ। उस ज़माने में अजीब मान्यताएँ थीं। हमारी बुआ के एक जेठ विलायत से हो आए थे, इसलिए उन्हें अपने इकलौते भाई की शादी में नहीं बुलाया गया। उस समय छोटी-छोटी बातों में बड़े-से-बड़ा सुख गर्क हो जाता था।

"जिस लखनऊ में हमने होश पाया, उसकी साफ स्मृतियाँ मानस पटल पर अंकित हैं। दादा-दादी के लाड़ और पिता के अनुशासन में हम बड़े हुए। 1921 से हमें सब याद है। उन दिनों नवाबी तो नहीं थी, पर चलन वही था। अदबो - आदाब, महफिलें, गोष्ठियाँ खूब चलतीं। जन्माष्टमी है, होली है, वसंतपंचमी है, तो रईसों के घरों में घंटों महफिलें जमतीं। तवायफ़, भाँड़, नाटकवाले - सब बुलाए जाते। समस्यापूर्ति चलती। हमें याद आ रहा है, उन दिनों एक नवाब ने अंग्रेज़ साईस रख छोड़ा था। खुली बग्घी में टहलने निकलता, पीछे दो सिपाही खड़े रहते। बग्घी पर नवाब साहब अकड़ कर बैठे रहते। अंग्रेज़ साईस द्वारा नव्वाबी की पूँछ पकड़ कर चलने का अनूठा तरीका था।

"हमारे घर के सामने पार्क था। पार्क के सामने लड़के खेलते रहते। जवान लोग फुटबाल, क्रिकेट, हॉकी, सब खेलते। बेंचों पर बैठे बूढ़े एक-दूसरे को अपनी जवानी के किस्से सुनाते रहते। पार्क एकदम साफ़-सुथरा रहता। 1887 में वहाँ विक्टोरिया की मूर्ति लगी थी। हमारे घर के नीचे चौक में तरकारी बेचनेवालियाँ गाली बकती रहतीं। सुन-सुन कर हम भी गाली देने लगे। एक दिन पिता ने सुना, पकड़ कर खूब मारा। तब पता चला, ये सब बाहर कहने की बातें नहीं हैं। पिताजी चाहते थे कि शाम को लड़का फुटबाल खेले, पर दादा-दादी कहें, इसे कहीं लग जाएगी। सो हम लड़कों को खेलते हुए देखते रहते।

"दादाजी का प्रसाद हमारे पास संस्कृत के श्लोक हैं। हम उनके चिर-ऋणी हैं। बड़े-बड़े लोगों के दर्शन उन्हीं की बदौलत हुए। आचार्य श्यामसुंदरदास, जिन्होंने नागरी प्रचारिणी सभा की स्थापना की थी, रोज सवेरे सैर करके दादाजी के पास घर आते। दातुन के बाद कुल्ला वहीं करते। छापे के अक्षरों में उनका नाम पढ़कर हमें बड़ा गर्व होता। पितामह रिटायर हुए, तो बैंक का घर खाली किया। वहीं अंदर गली में घर ले लिया। मेरी और गली के लड़कों की दूरी उतनी ही रही, जितनी मेरी

और सड़क की, बचपन में ताश नहीं खेला, पतंग नहीं उड़ायी, डोर नहीं लूटी, लट्टू नहीं घुमाया, सड़क अपरिचित -सी लगती रही। अपरिचित भी और रहस्यमय भी। अकेले मन में कितने ही दोस्त और दुश्मन पैदा होते हैं, जो आने वाले दिनों में उसके भीतर की सृष्टि को बढ़ने में सहायता देते हैं। तब की सृष्टि के चित्र आज मेरे मन पर हैं, दीवारों पर नहीं। मन तो कभी मैला नहीं हुआ चित्र भी वैसे ही नए-नए बने रहे। बचपन में गली में न खेल पाने का दुख आज भी सालता है। बस, ललचाए से खेलते हुए लड़कों को देखते रहते थे । दादाजी के ज़माने में टोपी पहन कर निकलने का हुक्म था। सातवें दर्जे तक नौकर स्कूल छोड़ने जाता था। हमारा एक नौकर था - मातादीन । बड़ा रोब था उसका। मेरी माँ को भी डाँट लेता था। माँ का नाम विद्यावती था। दादा-दादी की लाडली दुलहन थीं मेरी माँ। दादा, माँ से घूँघट नहीं निकलवाते थे। बाजार जाने से पहले हमेशा पूछते, "बिट्टो, कुछ लाना है?" माँ को हमने खाली पान लगाते देखा है। माँ सुंदर थीं। मैं तो बचपन में ज्यादा दादी से चिपका रहा, माँ से कभी-कभी बहुत झगड़ा होता था। पिताजी दिन में एक ढोली पान खा जाते थे। पान का उन्हें बड़ा शौक था। माँ सारा दिन पान लगातीं। पिताजी उन्हीं के हाथ का पान खाते थे। माँ की सहेलियों का जमावड़ा रहता। गप्पबाजी होती रहती। हम अपनी दादी के आँचल तले दुबके रहते। चार बजे सफाई के वक्त मातादीन उनको और उनकी सहेलियों को हटा देता, खिड़की पर खड़ा नहीं रहने देता था। डाँट भी लेता था। हमें याद है, हम छोटे थे तो ताजियों के नीचे से वह हमें निकाल लाता। मुहर्रम के ताजियों का जुलूस शानदार होता। कितने अच्छे दिन थे। आपस में कई-कई तारों से जुड़े हुए थे लोग। अब तो वह साँचा ही टूट गया।

"उस समय हिंदू-मुसलमान आचार-विचार के कट्टर पाबंद होते हुए भी एक-दूसरे में जितनी आत्मीयता रखते थे, वो अब नहीं है। अब राजनीति ही सबसे बड़ा धर्म हो गया है। तब होली - दीवाली में मुसलमान सौगातें भेजते। ईद पर ईदी देते। दोनों एक-दूसरे के धर्म का एहतराम करते थे। होली में हिदायत रहती कि रंग का कोई छींटा मुसलमान भाई पर न पड़े। अगर गलती से पड़ जाए तो भी वो कहते - लो बेटा, और डालो।..." बहुत ही डूबकर नागरजी कहने लगे- " सचिवालय की कुरसी की लड़ाई से सांप्रदायिकता आई। पहले यह सब नहीं था। अब मुखौटे दूसरे हो गए हैं। मन में कुछ ज़बान पर कुछ हो गया है। हमारा समाज ऐसा न था, बैंक में दादाजी के पास हिंदू, मुसलमान सब आते थे। कलकत्तावाली प्रसिद्ध गायिका गौहरजान जब कभी बैंक में आतीं, दादाजी कुरसी से उठकर खड़े हो जाते। उन दिनों सम्मान करना जानते थे लोग।"

नागरजी अपने बचपन की छोटी-सी दुनिया में लौट गए थे। उसी बहाव में कह रहे थे, "पढ़ने का हमारा अभ्यास सात वर्ष की आयु से ही था। माँ के लिए गृहलक्ष्मी पत्रिका आती थी, सरस्वती घर के लिए। मैं दोनों पत्रिकाएँ चट कर जाता था। उस समय का लखनऊ पतनशील और विलासी कमजोरियों में बँधा हुआ था, लड़कों पर कई तरह की पाबंदियाँ थीं। इन पाबंदियों से निकलकर कई लड़के एकदम बहाव में बह जाते हैं, पर हमें तो छापे ने बाँध लिया था। हम वहीं के वहीं रहे।" जब दादा की मृत्यु हुई, हम तेरह बरस के थे। पिताजी ने थोड़ी आज़ादी दी। इंदरसभा में जा सकते थे। उसमें क्लासिकी गायकी रहती थी। हमारी गली के नीचे खयालगोई के दंगल होते। समस्यापूर्ति होती। खयालगोई जरूर लावणी से निकली होगी। 'कलगी' और 'तुर्रा' दो पार्टियाँ रहतीं। पेशवा किसी को कलगी देते, किसी को तुर्रा। खयालगोई में चंग और डफ रहते। सिगड़ी पर चंग के दोनों पुड़ गरमाए जाते। तुक से तुक भिड़ाई जाती। हाफिज शाह और नानकशाह खत्री के दो कैंप, ये साधारण लोग थे। पान की दूकान और तारकशी की दूकान के मालिक। पर दंगल में खूब शौक, खयालगोई का चस्का। खयालगोई में संस्कृत भी होती, फारसी भी जो कोई भाषा शुद्ध न बोले, उसे टोक दिया जाता था। जब यह खयालगोई हमारे चौक में होती, तो हम बड़ी उत्सुकता से उसका इंतजार करते। तुक से तुक, भाव से भाव, भाषा से भाषा का अखाड़ा चलता। दादा की मृत्यु के बाद हमने बटेर, तीतर, भैंसे, सबकी लड़ाई देखी। उन दिनों यह सब जीवन में शामिल था। हाँ नौटंकी सुनने की इजाजत न थी, सो हम चोरी से जाने लगे। तेरह - चौदह बरस की उम्र में चोरी न की, तो क्या जवान हुए! जब पहली बार नौटंकी देखी, तब चित हो गए। कभी कुछ जाना न था। बड़ी अश्लील नौटंकियाँ होतीं। भीड़ उसी से खुश रहती थी। हमारा किशोर मन भी गुदगुदा जाता था। पर धीरे-धीरे झटका लगने लगा। नफ़रत होने लगी।

"हमारा जनेऊ नौ वर्ष की उम्र में हो गया था। तभी बाहर का खाना-पीना बंद हो गया था।"

मैंने पूछा- पंडितजी, आपने तो स्वतंत्रता की लड़ाई बचपन से देखी होगी? कहने लगे - हाँ, सब कुछ याद है। पाँच-छह बरस के थे, तभी से राष्ट्रीय आंदोलन की लहर देखने लगे। लोग जेल में जाते थे। बड़ी चर्चा होती थी। हमारे पिताजी के मित्र जेल गए। हम बड़े गर्व से कहते फिरे, महेश चाचा जेल गए हैं! जलियाँवाला बाग कांड का हमें पूरा होश है। सड़क पर लोग गाते थे-

बोली अम्मा यूँ शौकत अली की
जान बेटा खिलाफत में दे दो।

जान देने को तो हम भी फिरते थे। पर जान किस पर देनी है, यह पता न था। एक लहर थी, जिसमें सब भीग गए थे। उन दिनों यह गाना भी खूब चलता था-

हम तो चरखे ते लइबै सुराज
हमार कोई का करिबै

सब कहते थे, देश के लिए जेल जाओ। अब यह देश क्या है, समझ में नहीं आता था। पर यह लगता था कि देश कुछ है ज़रूर, जिसके लिए कुछ भी किया जा सकता है।

उन्हीं दिनों हमारी दादी, हमारे रिश्ते के ताऊ के लिए पत्नी खोजने गईं। हम उनके मुख्य चमचे थे। साथ हो लिए। रास्ते में टोपियाँ बिकती थीं। गोल-गोल टोपियाँ बड़ी अच्छी लगीं। सभी खरीद रहे थे, दादी ने एक हमें भी ले दी। टोपी के एक हिस्से पर यह कविता लिखी रहती थी-

जो भरा नहीं है भावों से, बहती जिसमें रसधार नहीं
वो हृदय नहीं है पत्थर है, जिसमें स्वदेश का प्यार नहीं

टोपी खरीद कर पहनी, तो लगा, हम भी आंदोलन में शामिल हो गए हैं। हमें गुजरात जाने का बड़ा शौक था। बरसों पहले जो पूर्वजों का घर गुजरात में था, वही खींचता रहा होगा। घर में हम अभी भी गुजराती बोल लेते हैं।

और हाँ - यह कह कर पंडितजी मुस्कुराए - सात बरस की उम्र में हम ननिहाल गए। आगरा में हमारी ननिहाल थी। अपनी मौसी के ब्याह में गए थे। घर में रोगन - पानी हो रहा था। पुराने कीलोंवाले दरवाजों पर कोलतार मला हुआ था। घर सुंदर बनाया जा रहा था। वहीं एक पाँच बरस की लड़की खेल रही थी। दरवाज़े के पास आई, तो उसके हाथों में कोलतार लग गया। वह रोने लगी। हमने उसे चुप कराया। उसके छोटे-छोटे हाथों में कोलतार लग गया था। हमने साबुन से उसके हाथ धुलवाए। अब हमें क्या पता कि कुछ औरतें छिप कर देख रही हैं। उन औरतों में उस छोटी लड़की की दादी भी थीं। वे हमें देखकर रीझ गईं, कह बैठीं, 'मैं इसी से अपनी पोती का ब्याह करूँगी।' बस सगाई हो गई। वो ज़माना आडंबर का नहीं था। सात साल के हम और पाँच साल की वे। तब से आज तक हमें गुड्डा ही समझती हैं, चाहती हैं, उन्हीं के अनुसार खेलूँ। यह कह कर नागर जी ठहाका लगा कर हँसे।

अब लोग उसे छेड़ें, तुम्हारा होने वाला दूल्हा है। हमें बड़ी शर्म आए। सगाई हो गई थी। हमारे मन में भी था कि यही हमारी दुलहन है। उसे भी सबने कह दिया था। लहक कर अपने छज्जे से आवाज दे - जानीजी!

हमारी अल्ल याज्ञिक है। ननिहाल में हमें सब जानी कहें। पर जब उसने कहा, तो मेरे शिशु में जो पुरुष था, उसने रोब दिखला कर डाँट दिया। वह बहुत छोटी थी।

आवाज़ दे, तो हमें गुस्सा आए।

फिर धीरे-धीरे उसे भी समझ आ गई। हम जब भी आगरा जाते, ससुराल बुला लिए जाते। उनके घर में हमारी ददिया सास और सास, दो विधवाएँ थीं। बड़ा सम्मान होता। फिर तो ननिहाल जाने का बहाना रहता। हम, हमारे भाई, सभी ससुराल में खातिर करवाते रहते। पढ़ने का बेहद शौक था। उनके पड़ोस में नागरी प्रचारिणी सभा के एक सदस्य थे। उनके मार्फत किताबें आतीं। बस, सारा दिन पढ़ते रहते। हमारी पत्नी ने धीरे-धीरे सामने आना बंद कर दिया। शरमाने लगी। उम्र के साथ-साथ पतित्व की चेतना बढ़ती गई। हमें भी एहसास होता, ये हमारी पत्नी है। जब शादी हुई, हम सोलह वर्ष के थे और वे चौदह की। बस, तब से साथ हैं।

फिर नागरजी जैसे कुछ याद करते हुए बोले- उन दिनों की फराखदिली अब कहाँ? अब सब दिखावटी हो रहा है। बुराइयाँ तो तब भी थीं। पर अब बुराइयों के रूप बदले हैं और मिकदार भी बढ़ गई है। पुरानी मुहल्लेदारी अकेलापन मिटाती थी। आज इंसान कितना अकेला हो गया है।

मुहल्लेदारी की कई कड़वी स्मृतियाँ भी हैं। जो आज तक नहीं भूलतीं। हमारी गली में कई जादू-टोने -वालियाँ रहती थीं। वहीं सामनेवाले घर में एक बहू निपूती थी। मेरा एक छोटा-सा भाई था, घर का खिलौना। एक दिन उस औरत ने मेरे भाई के चंदोवे पर कुछ खुशबूदार चीज़ मली। उसी दिन से उसे महीना भर दस्त लगते रहे। और वह मर गया। ऐसे लोगों के प्रति मन में जिज्ञासा के साथ भय भी होता था।

गली में एक मास्टर खत्तरी थे। वे बहुत पान खाते थे। गली की आठ-दस बहुओं के हाथजोड़े नौकर थे। हर घर उन्हें पान खिलाता। खाना भी कहीं-न-कहीं खा लेते। नींद का समय हो, तो किसी-न-किसी की दहलीज पर पड़े रहते। सभी बहुओं का हुक्म बजा लाते। उनका अपना कहने को कोई न था, पर सारी गली अपनी थी। जब बूढ़े होकर मरे तो लोगों ने उनकी छाती पर कई ठो पान रख दिए।

एक और साहब याद आ रहे हैं। मलमल का कुर्ता, पतली छड़ी। नाम था नानकचंद नानक। उर्दू के प्रसिद्ध मर्सियागो थे। उर्दू के इतिहास में उनका नाम दर्ज है। वे अपने पत्र मेरे पिताजी के नाम से मँगवाया करते थे। पढ़े अलिफ - बे भी न थे। बही-खाते की लिपि में लिखते थे। बहुत उम्दा उर्दू बोलते थे। उर्दू में बड़े सम्मानित व्यक्ति थे।

धीरे-धीरे मंद गति से बहने वाली नदी की तरह जीवन बह रहा था। हम उन्नीस बरस के हुए, तो अचानक पिता का स्वर्गवास हो गया। जैसे गहरी नींद में सोये व्यक्ति पर कोई अचानक ठंडे पानी की बाल्टी उलट दे! हमारे ऊपर दो-दो छाते थे। आँधी, पानी या धूप का हमें कोई डर न लगता था। इस तुषारापात से हम सहम से

गए। दो छोटे भाई भी थे। लोग अफ़सोस करने आएँ, तो पूछें- भैया क्या करते हो? यह बात हमें आज तक सूझी न थी कि कुछ करना भी होता है। लोग कहें- भैया तुम पर गाज गिरी है। उसकी जलन का अनुभव तो हमें हो ही रहा था। यह सुनकर हम एकदम हताश हो जाएँ, पर ये समझ न आए कि हम करें क्या!

हमारे पिता के ही एक मित्र थे - पं. महेशदत्त वाजपेयी। वे डाकखाने के सुपरिंटेंडेंट थे। उन्हीं दिनों डाकखाने में भर्ती का इम्तहान होने वाला था। उन्होंने हमें घर बुला कर आदेश दिया कि इम्तहान के पाँच मिनट पहले हाल में दिखाई पड़ो। हम गायब हो गए। नौकरी-चाकरी करने का मन न था। हमने मन में तय कर लिया था कि लेखक बनेंगे, पर उस दिन हमारे लिए पाँच मिनट इम्तहान रुका रहा। हम धर-पकड़ लाए गए। सर झुका कर बुत हो लिए, डाँट पड़नी ही थी, खाई। और कुछ दिन नौकरी भी की।

पंडितजी जब बोलते हैं, तब एक-एक जुमला सुनने को मन करता है। उनकी धाराप्रवाह, अतीत की खुलती पोटलियाँ खजाने से भरपूर थीं। बीच में कौन बोल सकता था! जब चाय आई, तो कहने लगे-सब खाओ। मैंने कहा - पंडितजी, ब्राह्मण की लड़की जरूर हूँ, पर पेटू नहीं। इस पर वे खूब ठहाका लगा कर हँसे। मैंने मौका ताड़ कर पूछा- पंडितजी, लेखक को पहले कविता पकड़ती है या गद्य? कहने लगे- हमने भी पहले कविता ही की। जरा सोचो, साइमन कमीशन के विरोध में जुलूस निकला था। उसकी दोहरी - तिहरी लहरों में डूबता - उतराता एक बालक। समंदर जितना लंबा-चौड़ा जुलूस, जिसकी कोई थाह नहीं। यह कोई किराए का जुलूस नहीं था। यह तो भावना का समंदर था, जिसका कोई आदि - अंत नहीं होता। खबरों पर खबरें लहरों की तरह आ-जा रही थीं। सारी जनता उसमें डूबने को तैयार थी।

जवाहरलाल, गोविंदबल्लभ पंत पर लाठी चार्ज हो चुका है
आगे गोरों ने रास्ता बंद कर दिया है।
घायलों को उठाया जा रहा है।
स्त्रियाँ बेहोश हो गईं।

एक बालक को भीड़ का एक रेला इधर लाता, तो दूसरा धकेल कर उधर ले जाता। जैसे लहरों पर नारियल की दशा होती है, वैसे ही उस बालक का हाल था। बालक घिर गया। चप्पल पाँवों से निकल गई। कुर्ते की बाँह गायब हो गई। आधा बेहोश जब किनारे पर आ कर लगा, तो राहत मिली, इसी हंगामे ने एक कविता लिखवा दी। यह बालक मैं ही था। बाद में यह कविता महेश चाचा ने भूमिका के साथ अपने दैनिक पत्र आनंद में छाप दी। बड़ा प्रोत्साहन मिला। खुशी की सीमा न रही। फिर एक कविता मोतीलाल नेहरू की मृत्यु पर लिखी। खुली कार में उनका

शव ले जाया जा रहा था। एक लंबा शोक - जुलूस, जो उनकी शान में आया था। वही जुलूस, जैसे क़दम क़दम जमा कर मस्तिष्क में चलता रहा, बड़े-बड़े नेता साथ थे। गाँधीजी थे, और कई लोग थे। बस कविता हो गई।

उन दिनों का साहित्यिक वातावरण यह था कि रसिक हिंदुओं के घर में छोटी-छोटी कवि - गोष्ठियाँ होती थीं। बस, मुहल्ले के लोग चले आते थे। ऐसी ही एक गोष्ठी में हमने यह कविता सुना दी। लोगों को पंसद आई, तो वाहवाही हुई। बड़ा रोमांच हुआ। हम खाते-पीते घर के चिंतामुक्त युवक थे। शुरू में अभाव जाना ही नहीं। फिर भी दूसरे का दुःख अपना समझ कर भोगना तो लेखक को पड़ता ही है।

हाई स्कूल पास करने के बाद पिता से पहली और अंतिम बार बात हुई। उन्होंने ही पूछा था :

तुम क्या करोगे?

मैंने बिना हिचकिचाए कहा था - लेखक बनूँगा।

पिताजी ने कहा था कि लेखन जीविका नहीं हो सकता। पर उन्होंने फिर किसी बात के लिए नहीं टोका।

शरत् बाबू से मिलने की बड़ी लगन थी। लगता था, उन्हें देखते ही कोई शक्ति भीतर आ कर बैठ जाएगी। वही मेरे लेखक को बल देगी। पिता के गुस्से से डर लगता था। पता नहीं क्या कहेंगे। वे शायद सोचते होंगे, बच्चा खेलने को चाँद माँगता है। पर प्रोत्साहन वही देते थे। कलकत्ता में हमारे रिश्तेदार थे। पिता के मित्र भी थे। हम कलकत्ता चले गए। लगन थी। शरत् बाबू को मिलना ही था। उन्हें देखा तो लगा, जैसे कुंजी हाथ लग गई हो। शरत् बाबू पूछने लगे, लेखक बनोगे क्या? कॉलेज में, स्कूल में, लड़के यही ख्वाब देखते हैं। साहित्यकार बनना चाहते हैं, फिर भूल जाते हैं।

मैंने कहा- मैं लेखक ही बनूँगा।

पूछा- बनेगा?

मैंने कहा- हाँ।

उन दिनों शरत् बाबू बर्मा से आए ही आए थे। उनके एक अध्यापक पंचकौड़ी बाबू हमारे बैठे ही मिलने आए। आते ही कहने लगे- क्यों रे शरत्, सुना है बहुत है बड़ा लेखक हो गया है। लोग आ कर खूब पाँव की धूल- वूल लेते हैं। क्यों रे? यह कह कर वे हँसे। शरत् बाबू ने झट झुक कर पाँव की धूल ली, देखादेखी हमने भी ली। पंचकौड़ी बाबू प्रसन्न हो कर बोले- लेखक बन कर दूसरे की निंदा न करना। जो तुम लिखो, तीन महीने तक ड्रॉअर में रखो। निकाल कर पढ़ो। सात-आठ दिन बाद फिर पढ़ो। जब तसल्ली हो जाए, तो किसी दूसरे को दिखाओ।

जिस प्यार और सम्मान से नागरजी शरत् बाबू का जिक्र कर रहे थे, मैं कल्पना कर रही थी कि कैसे नागरजी शरत् बाबू के पास बैठे होंगे! कैसे शरत् बाबू बातें करते होंगे! कैसे होंगे वे! कौन ऐसा अभागा लेखक होगा, जिसने कभी शरत् बाबू के पास बैठने की कल्पना न की होगी! उनकी कहानियाँ जब चलती हैं, तो पूरा रास्ता शरत् बाबू को भी आप देख सकते हैं। मेरी जिज्ञासा बढ़ रही थी। मुझे यह भी लग रहा था, जैसे नागरजी श्रद्धा से शरत् बाबू से मिलने गए होंगे, वैसे ही आज मैं नागरजी के पास बैठकर प्रफुल्लित हो उठी हूँ।

नागरजी कह रहे थे - शरत् बाबू ने हमसे कहा था, जो लिखो, कल्पना से मत लिखो, अनुभव से लिखो। हमने यह बात गाँठ बाँध ली है। कल्पना, हवा में उड़ा सकती है पर धरातल पर तो स्वयं ही चलना पड़ता है। एक बात शरत् बाबू और कही थी, चार पैसे पास में हों तो तीन जमा करो एक खर्च करो। बहुत खर्च हो, तो दो खर्च करो, दो जमा करो। और खर्च बढ़ जाए, तो तीन खर्च करो एक जमा करो। बहुत खर्च आ जाए, तो चारों खर्च कर लो, पर पाँचवाँ पैसा उधार न लो। पाँचवाँ पैसा अपने पास रहना चाहिए...

भक्तिभाव से नागरजी थोड़ा रुक कर कहने लगे- वहीं पर शरत् बाबू का राइटिंग पैड पड़ा था। वे बैठे-बैठे उस पर कई बार अपना और हमारा नाम लिखते रहे। हमने वह कागज उनसे माँग लिया। वह कागज अब तक हमारे पास है। बड़े विलक्षण पुरुष थे। सन् 1930 से 1937 तक, प्रतिवर्ष घर बनवाते रहे। अपने गाँव के घर में आराम कुर्सी पर बैठे रहते। आसपास दोनों ओर छोटी-छोटी मेजें रहतीं। मेज पर रहते 555 सिगरेट के टिन। दोनों ओर कलम व पेंसिलें करीने से सजी रहतीं। फिर लेटर - पैड और चाँदी की एक गोल छोटी सी डिबिया, डिबिया में अफीम रहती और पास में ही अफ़ीम खुरचने के लिए एक चाकू भी रहता। चाकू से अफीम खुरच कर गोली बनाई और पानी से निगल ली। वे फिर बोले, देखो, साहित्यिक को नशा नहीं करना चाहिए। हुक्के की नली तो हमेशा उनके हाथ में रहती थी। जब हुक्का ठंडा होता, तब सिगरेट चलते। धूनी निरंतर गर्म रहती। बुझती नहीं।

जिस स्नेह से नागरजी शरत् बाबू की बातें सुना रहे थे, वैसा अब कितना दुर्लभ होता जा रहा है।

नागरजी कह रहे थे - आज साहित्य में एक वर्ग ऐसा आ गया है, जो बड़ों की पगड़ी उतारने को तैयार है। आज जो मैं लिख रहा हूँ वह कल नई शैली व नए चिंतन में पीछे पड़ सकता है, पर यह नहीं हो सकता कि मुझमें कोई खूबी नहीं है। देखो पद्मा, सबकी अच्छाई लो, बुराई मत लो। प्रेमचंद लेखन को जीवन के निकट लाए। जहाँ हमारी दृष्टि नहीं जाती थी, वहाँ उनकी गई। 1935 में जब हमारा पहला

कहानी - संग्रह छपा, तब उनका पत्र आया था, लिखा था - वाटिका के फूल सूँघे। अच्छी खुशबू है। मैं तुमसे यथार्थवादी कहानियाँ चाहता हूँ।

वाटिका हमारी किताब का नाम था। बड़ी खुशी हुई। निरालाजी ने भी कहानियाँ सराहीं। अरे भई, याद आया कभी-कभी मौज में निराला कहा करते थे, निकम्मा तुम्हारा हिंदीवाला...

यह कह कर नागरजी खूब ज़ोर से हँसे। सच तो यह है कि अब दिल खोल कर हँसनेवाले भी कहाँ रह गए हैं? हर चीज की तरह हँसी में भी मिलावट हो गई है। वक्त और मौका देख कर लोग तरह-तरह से हँसने लगे हैं।

उन दिनों लखनऊ से माधुरी निकला करती थी। संपादक थे पंडित रूपनारायण पांडेय, उन्होंने एक बार कोई लेख लिखने को कहा। हमने कोश देश - देख कर विद्धत्ता भरी। पढ़ कर उन्होंने कहा, 'भैया अब तुम बिलकुल विद्धान हो गए हो। तुम्हारे लेखन के नीचे अब फुटनोट देना पड़ेगा।' यह सुन कर हमारे सोचने का ढंग बदल गया। जब ठीक किया हुआ लेख पढ़ा तो उसमें हमारी बोलचाल की भाषा थी। बड़े शर्मिंदा हुए हम। फिर उसके बाद पंडित और लेखक में फर्क न रहा। वह आम आदमी की बात कहने के लिए आम आदमी हो गया।

बनारस में हम प्रसादजी से मिलने जाया करते थे। बड़ा स्नेह करते थे। वे बनिए थे, हम ब्राह्मण, सो हमें पाँव नहीं छूने देते थे। पिता की मृत्यु के बाद हम गए। हमें वही सब सुनने की आदत थी जो लोग कहते थे - भैया, तुम पर गाज गिरी है! पर प्रसादजी ने कहा- जब तक तुम्हारे भाई नाबालिग हैं, हिसाब-किताब माँ को समझा दिया करो। यह सुन कर हमारा हौसला बढ़ा।

हमारे दादा, जो महाजनी लेन-देन करते थे, उसमें हमारा काफी पैसा डूब चुका था। मन बड़ा असंतुष्ट रहता था। हमारे भी दो संतानें हो चुकी थीं। घर भरा-पूरा था। जो भी संवेदना जताने आता, वही कहता - 'नौकरी करो।' नौकरी के नाम से हम बिदकें। उन्हीं दिनों रामविलास ने कहा - पत्र निकालो, बहुत-से सवालों से बच जाओगे। उनका सुझाव हमें पसंद आ गया। तब चकल्लस पत्र शुरू किया। अलग-अलग नामों से खुद ही लिखने लगे। कभी-कभी पूरा का पूरा पत्र हम ही भर लेते थे। यह पत्र बड़ा सफल हुआ। इसकी तारीफ में निरालाजी के लिखे पत्र अब तक हमारे पास हैं। पत्र में नुकसान यह हुआ कि पत्र एजेंसी से जाता था। लोग लेते थे, पर पैसा नहीं देते थे। हमारे रजिस्टर में पैसा था, पर बिक्री का हिसाब-किताब न था। नकली विज्ञापन छप जाते थे, इससे घाटा बहुत हुआ।

पर चकल्लस की वजह से हमारी प्रतिभा का खूब विकास हुआ। कलम चल निकली। लिखने में ताज़गी और नयापन आया। पर घाटा इतना हो चुका था कि पत्र बंद करना पड़ा।

मेरे मन में यह जानने की बड़ी उत्सुकता थी कि उन दिनों जो माहौल था और पंडितजी का जैसा मन था, वे स्वतंत्रता आंदोलन में क्यों नहीं शामिल हुए?

पंडितजी बोले - 1921 के आंदोलन में हम छह-सात बरस के थे। कुछ पता न चले कि देश क्या चीज है। हर कोई सिर हथेली पर लिए क्यों घूम रहा है। पर 1925 के दंगों ने हमें थोड़ा-बहुत हिला दिया। बड़े लोग घर में बातें करते थे। दंगों की खबरें शिवनाथजी की आनंद पत्रिका में छपती थीं। पढ़ कर बड़ा दुःख होता था। साइमन कमीशन के समय 'वानर सेना' में हम थे। जब कांग्रेस को अवैध घोषित कर दिया गया, तब लड़कों ने मिल कर सब घरों के आगे 'कांग्रेस दफ्तर' लिख दिया। ये शब्द किसने दिए, कहाँ से आए, यह कोई न जानता था, पर दरवाज़ों पर लिखा कांग्रेस दफ्तर एक सामूहिक विद्रोह की सूचना देता था। उन दिनों वालंटियर जेल गए थे, उनके बच्चों के लिए 'चुटकी भंडार' शुरू हुआ। इसमें भी हम जाते थे। झोला ले कर आटा, दालें व कपड़े माँगते थे। औरतों को चाची, दादी, बुआ, जिज्जी कह कर लड़-झगड़ कर ज्यादा ले लेते थे। स्त्रियों से रिश्ता कायम कर लो, तो उनका वात्सल्य भाव जग जाता है। वैसे 'चुटकी भंडार' के भिखारियों को कोई 'ना' नहीं कहता था। उन्हीं दिनों माँ ने चर्खा कातना शुरू किया। मैंने भी उनसे सीखा। हमारे पिता सरकारी नौकर थे। पर हमें उन्होंने कभी मना नहीं किया। हम प्रभात-फेरियों में भी जाते थे। गला फाड़-फाड़कर राष्ट्रीय गीत गाया करते थे, क्या वक्त था ...!

उन्हीं दिनों दो संस्थाएँ खुलीं। एक थी यंग मैन्स एसोसिएशन और दूसरी यूथ्स यूनियन। इनमें भी हम शामिल थे।

लोगों के मन में जोश भरने के लिए लोग स्वतंत्रता संबंधी नाटक भी करने लगे। कानपुर के श्रीकृष्ण खत्री पहलवान की राष्ट्रीय नौटंकी थी।

नौटंकी चल रही है। बल्लम टेरनी धरना दे रही है। गोरों के सिपाही आते हैं; कोतवाल दारोगा आते हैं पर उसे पकड़ नहीं पाते। अंत में लाट साहब खुद पकड़ने आते हैं। पर वे बल्लम टेरनी (स्वयंसेविका) के सौंदर्य पर मर मिटते हैं। उनके गश खाते ही पण्डाल तालियों से गूंज उठता है। बल्लम टेरनी तेजस्विनी रहीं।

नौटंकी आंदोलनों ने सामाजिक आंदोलनों की लहर को बल दिया। साहित्य के साथ-साथ लोक-साहित्य ने भी राष्ट्रीय स्वतंत्रता को बल दिया।

इसमें (यूथ्स यूनियन क्लब में) रविवार के रोज़ हम गाँव-गाँव जाया करते थे। गाँवों में लोगों को आजादी के बारे में बताया करते थे। बच्चों को पढ़ाते भी थे। होमियोपैथी के एक डॉक्टर भी जुट गए थे। उन्हें संग ले कर जाते। पुड़िया के लालच में लोग-बाग इकट्ठे हो जाते। फिर उन्हें राष्ट्रीय चेतना के बारे में बताते। उस समय कोई भी इस चेतना से बचा न था। हम पूरी तरह से आंदोलन से नहीं जुड़ पाए,

क्योंकि पिताजी ने कह दिया था तुम्हारे दो छोटे भाई हैं, इसका खयाल रखना। फिर कलम का आंदोलन तो चल ही रहा था।

1934 में हमने सुनीति पत्रिका निकाली। उन्हीं दिनों हमारे छोटे भाई के पाँव की हड्डी बढ़ गई थी। उसका आपरेशन होना जरूरी था। उसे अस्पताल में भरती करवा दिया गया। अस्पताल में पुरुषों के वार्ड के साथ ही महिलाओं का वार्ड भी था। उन्हीं दिनों हमें पता चला कि स्वरूपरानीजी बीमार हो कर आई हैं। हम उन्हें देखने को उत्सुक थे। उन दिनों जवाहरलालजी जेल में थे। बस एक-दो कश्मीरी परिवार उन्हें देखने को आता। स्कूल के बाद हमें जो समय मिलता, उसमें हम उनकी सेवा में लगे रहते। बड़ा स्नेह करने लगीं। फिर जवाहरलालजी जेल से छूटे, तो रोज़ शाम को माँ से मिलने आने लगे। हम तो अब जम गए थे। वहीं हमने डॉ. विधानचंद्र राय, मौलाना शौकत अली आदि कई नेताओं को करीब से देखा।

तुम्हें एक दृश्य बताते हैं। अगर हम चित्रकार होते, तो इसे बाँध लेते। अब भी, इतने वर्षों बाद भी, यह दृश्य उतना ही सजीव है - स्वरूपरानीजी का पलंग शाम के समय बालकनी में लगा दिया जाता था। इस बदलाव से उनका जी खुश रहता था। पंडितजी उनके सिरहाने बैठे रहते। बड़े प्यार से वे पंडितजी से बातें करती रहतीं। वहीं पास में शाहमीना की दरगाह भी थी। वहाँ से कव्वाली की आवाज निरंतर आती रहती। पंडितजी कान लगा कर सुनते।

एक दिन पंडितजी पूछने लगे-यह आवाज़ कहाँ से आती है? हमने जो कहानी सुनी थी, वो उन्हें सुना दी। कहते हैं शाहमीना से मिलने कोई सूफी संत आए, तो शाहमीना कच्ची दीवार पर बैठे जौ की रोटी खा रहे थे। किसी ने हड़बड़ाकर कहा, एक संत शेर पर बैठ कर आ रहे हैं, शाहमीना ने दीवार से कहा, चल भई चल। दीवार चलने लगी। पंडित जवाहरलाल सुन कर खुश हो गए। उन्हीं दिनों अपनी पत्रिका सुनीति के लिए मैंने एक लेख भी पंडितजी से लिखवा लिया। पंडितजी ने सामाजिक आंदोलन पर लिखा था कि लोगों को इन हालात में क्या करना चाहिए। वो लेख अब तक हमारे पास था। फिर नेहरू संग्रहालय में रखने के लिए श्रीमती गाँधी को दे दिया।

नागरजी गद्गद होकर बता रहे थे- मैंने जवाहरलालजी को शेव करते भी देखा है, वे स्टेशन रोड के पास श्रीमती धनराज बख्शी के यहाँ ठहरते थे। बिजली की - सी फुर्ती के साथ पंडितजी चला करते थे। उनके हर ऐक्शन में चेतना होती। अरे हाँ, अब वो दिव्य कथा सुनो, जो हमारे मस्तिष्क में आज भी ज्यों-की-त्यों है।

बालकनी में श्रीमती स्वरूपरानी का पलंग है। पंडितजी माँ से बातें कर रहे हैं। हम उस वक्त छज्जे पर खड़े थे। हमने देखा, श्रीमती बख्शी की कार आ कर रुकी,

उसमें से श्रीमती कमला नेहरू के भाई कैलाशनाथ कौल उतरे। वे अपनी बहन को लेकर आए थे। कमला नेहरू का स्वास्थ्य ठीक नहीं चल रहा था, पर हमने देखा, उनके चेहरे पर दिव्यता थी। हमने घबराकर नेहरूजी से कहा, माताजी आई हैं, पंडितजी ने पूछा, कौन माताजी?

शरमाते हुए हमने कहा, आपकी बहू!

यह सुनकर पंडितजी कब उठ कर गए, कब सीढ़ियाँ उतरे कुछ पता नहीं चला। हमने देखा, पंडितजी और कैलाशनाथजी ने अपने हाथ कस कर पकड़े। उस दिव्य रथ पर बैठ कर कमलाजी ऊपर आईं! मुस्कुराती हुई, जैसे कोई आलोक हो। आकर उन्होंने सास के पाँव छुए। सास के पास ही बैठ गईं।

यह दृश्य मैं कभी भूल नहीं सकता। कितनी ही बातें मानस पटल पर अंकित हैं।

बचपन में हम अपनी दादी से जुड़े, उनकी बातें सुनते थे। उनकी एक सहेली थीं बेबे बुढ़िया। घंटों बतियाती रहतीं। हम सुनते रहते। दादी कहतीं, इसे बड़ा कनरस है। उनकी बातें बड़ी रहस्यमयी लगतीं। एक-एक तिलस्मी दरवाज़ा खुलता चला जाता। उसमें पैठने का लालच होता। बड़ों के पास बैठने और उन्हें सुनने का जो शौक था, उसकी वजह से जो रंगीनियाँ देखीं, जो रस ग्रहण किया, उसने मेरे लेखक को बड़ी सहायता दी।

बचपन में कविताएँ रटने का बड़ा शौक था। आज भी कोई अच्छी कविता सुनता हूँ, तो रट लेता हूँ। बंगला में रवि बाबू को पढ़ने का सुख पाया है। मेरे गद्य में इसीलिए कहीं-कहीं पद्य की झलक मिलेगी।

मैंने पूछा, आप रवि बाबू से भी मिले होंगे? कहने लगे - हाँ मिला हूँ। बहुत कुंठाग्रस्त था, जब उनके दर्शन किए। हमें शरत् बाबू ने कहा था, रवि बाबू से तुम्हें हम मिलाएगा। काफी देर इंतजार में रहे, फिर खुद ही उनके दर्शन किए। भव्य पुरुष थे।

पंडितजी पान लगाने लगे। इतनी कुशलता और स्नेह से पान लपेट रहे थे कि देखते ही बनता था। पान खा कर मेरी तरफ मुखातिब हुए, तो थोड़ा विराम के बाद मैंने एक सवाल सोच लिया था। मैंने पूछा, पंडितजी यह जो दूसरी औरत पुरुष को आकर्षित करती रही, इसके बारे में कुछ कहेंगे? खासतौर पर लेखकों- कलाकारों-शायरों की इस विषय पर खूब बदनामी होती है!

नागरजी कहने लगे, शुरू में हिंदीवाला भाँग पीता था और उर्दूवाला दारू। कामजनित शौकों में भी ये आगे ही आगे थे। अलग-अलग बाबू तो इस तरह तैयार हो गए, पर बबुआइन तैयार न हुईं। महफिलों - पार्टियों में बाबू के साथ बबुआइन तो जाती न थी, जाती थी तवायफ़। तवायफ़ रखने का रिवाज जोरों पर हुआ था।

ये तवायफ़ें भी कमाल होती थीं। एक रईसजादे तवायफ के चक्कर में आ गए। नई उम्र थी। गायिका का उनके बाप से संबंध था। उसने एक दिन देख लिया तो कहा, जाइए साहबजादे घर जाइए, ऐसा लिहाज़ भी इनमें होता था। जिसके घर बैठ गईं, पूरी लगन से निबाहती थीं। प्रतिष्ठित गायिकाओं का पूरा आदर होता था।

स्कूल में हमारे एक साथी थे। उनके पिता ने एक तवायफ़ घर में रखी थी। उससे एक लड़का था। वो भी हमारे साथ स्कूल में पढ़ता था। हमने एक दिन देखा कि तवायफ का लड़का मौलवी के घर पानी पी लेता है। हमें तो भेदभाव पता न था। हमने अपने दोस्त से पूछ लिया, तुम्हारा भाई मौलवी के घर पानी कैसे पी लेता है? उसने कहा, यह हमारे पिताजी की तवायफ़ का लड़का है। उसके चेहरे पर जो भाव थे, वो हम भूल नहीं सकते। हमने देखा है, उनके घर में तवायफ़ की खूब खातिर होती थी। उनका घर अलग था, पर उनके ठाट निराले थे। घर की स्त्री तो खूँटे से बँधी गाय होती है। कहाँ जाएगी बिचारी! उन दिनों तवायफ़ रखना बड़ी प्रतिष्ठा की बात समझी जाती थी। वक्त का मापदंड था वह। तवायफ़ें भी खूब निबाहती थीं। पर कई ऐसी भी थीं, कि माल खत्म हुआ और बाबू को भगा दिया।

हमें याद है, एक सुंदर खत्तरी थे। उनका बाप बूढ़ा था। व्यवसाय बेटे को ही दे दिया था। बेटा किसी तवायफ़ के रंग में ऐसा रंग गया कि व्यवसाय धीरे-धीरे डूबने लगा। पैसे कम होने लगे। वे रात-दिन तवायफ़ के कोठे पर पड़े रहें। तवायफ ने कई बार भगाया, पर वे न माने। आखिर तवायफ़ ने अपने गुंडों से उनके मुँह पर तेजाब फिंकवा दिया। वे हाय-हाय करते थे। उनकी हाय-हाय अब तक कानों में गूँजती है।

स्त्री-पुरुष के संबंध में इधर कुछ परिवर्तन हो रहा है। पर विवाह का साँचा टूट नहीं सकता। इसे सदियों ने मजबूत किया है। और फिर दोनों की गति भी यही है। अगर अनब्याही, तलाकशुदा या त्यागी गई स्त्री का समाज में कोई स्थान नहीं है, तो पुरुष का कहाँ है?

पुरुष तो अक्सर स्त्री को छोड़ कर भाग जाता रहा, लेकिन 'इसकी स्त्री इसे छोड़कर चली गई है', यह सुनना भी कितना लज्जास्पद है!

हमारी पत्नी जब ब्याही आईं, तो बच्ची थीं। खाते-पीते घर में आई थीं। पत्रिकाओं में घाटा हो रहा है या कैसे चलता है यह सब, वे कुछ न जानती थीं। पर मेरे विकास में वे सदा सहायक रहीं। दादा के महाजनी लेन-देन में लाखों डूब चुके थे। तभी हमने बंबई आने की सोची। पत्नी ने कहा, तुम जो ठीक समझो, करो...।

नागरजी कहने लगे- मैं सब स्त्रियों का आदर करता हूँ, पर अपनी स्त्री की तो नौकरी करता हूँ। वह मेरी बहुत अच्छी साथी है। फिर मुस्कराकर बोले, तुम्हारे पति भी हमें बहुत अच्छे लगे।

मैंने कहा, बाबूजी, थोड़े लड़ाका हैं।

ठहाका लगा कर नागरजी बोले-अरे लड़ाका होना बड़ा अच्छा गुण है। मैं तो जब तक अपनी पत्नी से लड़ता नहीं, खाना हज़म नहीं होता। मेरी बेटी जब ससुराल जाने लगी, तब मैंने आँगन में रोक कर यही कहा था, रोज लड़ना, ताकि लड़ाई कभी असली न हो। तुम्हें भी यही कहता हूँ। मेरी पत्नी पढ़ी-लिखी नहीं हैं, पर मेरा कागज़ खो जाए, तो वही ढूँढ़ सकती हैं। हम घर के पिछवाड़े में लिखते-पढ़ते हैं, पर उन्हें रसोई में बैठे-बैठे पता चल जाता है कि हमारा पान खत्म हो गया या हमें चाय की तलब लगी होगी। 'तलब' कह कर नागरजी हँसे, फिर बोले, हाँ भाई, भाँग के लिए तो हम बदनाम हैं ही। अपनी भाँग वैसे हमीं घोंटते हैं, पर कभी आने में देर हो जाए, तो पत्नी घोंट देती हैं। फिर उनके हाथ की छानी हुई भंग की तरंग दूसरी ही होती है खूब मन से तर माल डालती हैं।

मैंने पूछा- क्या आपकी किताबें भी पढ़ती हैं?

कहने लगे- कृपा करके कभी कुछ पढ़ लेती हैं, फिर कह देती हैं यह अच्छी थी या समझ में नहीं आई। उनको हमारी खुशामद की जरूरत तो है नहीं। मैं लिख रहा होता हूँ, तो किसी को आने नहीं देतीं। मैं छेड़ता हूँ, भई टका तो तुम्हारे पास ही आएगा। अगर रचनात्मक मूड में कभी उलझन होती है, तो वह भी उसे ही देता हूँ उसे न दूँ तो किसे दूँ? झगड़े के लिए पति-पत्नी के बीच कोई बात नहीं होती। बात हो, तो झगड़ा सच्चा हो जाता है।

मैंने कहा, पंडितजी, स्वतंत्रता संग्राम में स्त्री ने आदमी के कंधे से कंधा मिलाकर काम किया। इसके बावजूद वह गुलामी से नहीं उबर पाई, बल्कि मुझे तो लगता है, ज्यादा गुलाम हो गई है।

नागरजी दु:खी होकर बोले- यह सही है। दहेज की समस्या भी सही है। ज्यादा मुसीबत इसी से हुई है। पहले बहुत सी जातें ऐसी भी होती थीं, जिनमें दहेज नहीं चलता था। आज तो सब में चल रहा है। जब सौदे की बात हो, तो स्त्री का क्या मूल्य रहेगा? स्त्री-पुरुष के स्वाभिमान के बीच जो दीवार खड़ी हो गई है, उसमें भी स्त्री ही पिस रही है। तुमने मेरा अग्निगर्भा उपन्यास तो पढ़ा ही होगा। उसमें ऐसी ही एक स्त्री की बात है।

एक बहुत पुरानी बात याद आ गई- नागरजी बोले- जब हम छोटे थे, तब अच्छी सब्राह्मण लड़कियाँ बंद ठेलों में आती-जाती थीं। ठेले परदेदार होते थे, पर कहीं-न-कहीं सूराख तो होता ही है। इसी सूराख से एक लड़की झाँकती रही, एक लड़का देखता रहा, तो प्रेम हो गया। प्रेम तो परदों में भी हो जाता है। यहाँ एक सूराख भी था। अब कुछ-न-कुछ खुराफात हुई। लड़की गर्भवती हो गई। जिस लड़के से

गर्भ पाया, वह तो कन्नी काट गया। पंचायत बैठी, तो लड़की और उसके परिवार को जाति से निकाल देने का फैसला हो गया। तभी विस्फोट हुआ। मजमे में से एक लड़का उठ खड़ा हुआ। उसने कहा मैं इससे ब्याह करूँगा, सभा में सन्नाटा छा गया। तमाशबीन निराश हुए। इस घटना पर हमने कहानी लिखी थी प्रायश्चित्त। छपने भेजी, तो वह छपी ही नहीं। पर इस घटना ने हम पर बहुत असर किया। हमारे मन के भीतर चौबीस घंटे लहरें चलती रहती हैं। दिमाग खाली नहीं रहता। यह चक्की हमने बड़ी तपस्या से चलाई है। दिमाग में चरित्र पकते रहते हैं। विचार भी चलता रहता है। उपन्यास लिखते समय खोयापन अधिक हो जाता है। हम सब को कह देते हैं, हम 'सौरी' में हैं।

अपनी गद्दी पर बैठे नागरजी कह रहे थे- कई बार एक उपन्यास खत्म हो जाता है, तो खाली - से हो जाते हैं। सोचते हैं, अगला कैसे लिखेंगे! कई बार एक किताब में उलझ जाते हैं, फिर थक कर कहते हैं, नहीं भई, अब न लिखूँगा। फिर चार-छः महीने बेकार रहूँ, अल्लम - गल्लम पढ़ लूँ, बच्चों से खेल लूँ, घूम-फिर लूँ, बस, फिर तैयार हो जाता हूँ, वो चक्की, जो मस्तिष्क में चलती रहती है, परेशान करती है।

अब सुनो सूरदास का किस्सा । हमारे भाई के यज्ञोपवीत में हमारी दादी अन्धी हो गई थीं। यह अचानक ही हुआ। उनसे हमारा स्नेह बड़ा प्रगाढ़ था। इस घटना ने हम पर बड़ा असर किया। कभी-कभी गली में आँखें मींच कर चलता। दादी की व्यथा को भोगने का यत्न। उस व्यथा को कम करने की नाकारा कोशिश। फिर इतने बरसों बाद जब खंजन नयन की चक्की चल रही थी, तो दादी को सपने में देखा। बहुत आनंद हुआ। जब जागे, तब खंजन नयन की सृष्टि हो चुकी थी। कहानी-उपन्यास लिखने के लिए घूमना जरूरी है। राजदरबार, वेश्या का घर, मंदिर, तीर्थस्थान, मेला - इसके अनुभव रचनाकार की रचनाशक्ति को बढ़ाते हैं। जिस समाज का चित्रण करने के लिए प्रेरणा हुई हो, उस समाज का चित्रण करने में चूको नहीं। अगर सही चित्रण न होगा, तो कोई टोक भी सकता है। जहाँ तक हो सके, यथार्थ को भाँपो। फिर आगे कल्पना उँगली पकड़ कर ले जाती है

पुराना सामाजिक ढाँचा अब अर्थहीन हो चुका है। नए, बदलते तेवरों के साथ-साथ लेखक को भी चलना चाहिए।

इतने दिनों से नागरजी से बात हो रही थी। मैंने कहा - बाबूजी मैं इतने दिन थोड़े ही बातचीत करती हूँ! जितने दिन आप यहाँ हैं, आपसे बातें सुनने का लालच होता है। खुश होकर नागरजी कहने लगे- इस बार बंबई आकर तुम दोनों से मिलने का फायदा हो गया।

मैं बड़े दिनों से भाँग की बात टाल रही थी। संकोच - सा होता था। पर आज पूछ ही लिया, ये भाँग आपको कैसे लग गई?

अरे भाँग! उसकी आदत तो पंडित विनोदशंकर व्यास ने लगायी। बड़ी अच्छी कहानी लिखते थे। पंद्रह बरस तक हम इतने बंधनों में रहे, फिर वाचा खुली तो खूब खुली। हमारे नाना धत्त भँगेड़ी थे। औघड़ आदमी। हमको चुल्लू में देते। कभी हम छोटी कटोरी में पी जाते। फिर सो जाते। तांबे में औटाकर पीने से भाँग ज़हर हो जाती है। बड़ी खुश्क भी होती है। नाना ने कहा, ले बे, पी जा। हमने ज़रा सा आचमन कर लिया। दो दिन सोये रहे। हमारे छोटे नाना, नाना पर बहुत बिगड़े, ये आपने क्या किया? पर जैसे-तैसे उतर गई। हमारे ददिहाल में भाँग का चलन नहीं था। होली के दिन ठंडाई घुटती थी। उसमें थोड़ी भाँग रहती थी। हमारे पिता पान खाते थे। हमें पान-तंबाकू का कोई शौक न था। बस भाँग लग गई। उग्रजी भी धत्त थे। बड़ा गोला छान कर, सात गोले सुरों की तरह बना कर कतार में रख लेते थे। व्यासजी भी तगड़ी भाँग पीते थे। पर अकेले कभी न पीते थे। मान मंदिर घाट के किनारे (काशी में) व्यासजी का मकान था। घाट पर एक पंडितजी नाव में भाँग तैयार करते थे। आधी घुटे तो आवाज़ देते थे। तब हम सभी नाव में चले जाते। गंगा के बीचों-बीच नाव खड़ी कर देते। व्यासजी छाननी के ऊपर गोला घुमाते। छाननी पर कपड़ा बँधा होता। अब उस पर व्यासजी गोला घुमा रहे हैं। ऊपर से एक आदमी दूध व गंगाजल डाल रहा है।

मुनक्का, इलायची, बादाम-मिली भाँग का एक-एक गिलास सब चढ़ा जाते। गंगा के पार गए, नहाये, निपटे, हा-हा-हू-हू किया, कविता की। भाँग में मैं सोचता हूँ, पर लिखता नहीं। अगर लिखूँ, तो भाँग का नशा उतर जाता है। भीतर जो एक नशा है, वो बहुत बड़ा है। जब हम रेडियो में थे, तो गोली हमें पाँच बजे वहीं पहुँच जाती थी। साढ़े नौ बजे अगर ड्रामा है, तो नौ बजे ही नशा उतर जाता था। काम का नशा है, तो भाँग का नशा गायब। भाँग एक बार आठ दिन छोड़ दी। बस अलसाहट रहती है। भाँग से शाम को अच्छी, हल्की लहर में उतर आते हैं। ताज़गी आ जाती है।

मैंने कहा- रेडियो के कुछ अनुभव सुनाइए।

नागरजी थोड़ा दुखी होकर बोले- काम तो हमारे मन का ही था, पर ढाई बरस ही काटे। उन दिनों एडवाइज़री बोर्ड में बड़े-बड़े साहित्यिक थे। भगवती बाबू, सुमित्रानंदन पंत, उदयशंकर भट्ट, पंडित नरेन्द्र शर्मा - जैसे विद्वान थे। उन दिनों डाइरेक्टर जनरल जगदीशचंद्र माथुर थे। हम ड्रामा प्रोड्यूसर हुए। हम ही सब करते थे। प्रोड्यूसरों की कॉन्फ्रेंस में कहा गया स्क्रिप्ट लिख कर केंद्र निदेशक को दिखाइए। हमने कहा, यह क्लर्क का काम हम नहीं करेंगे। हम काफी बिदक गए। माथुर के कान में किसी ने फूँक दिया। वे कहने लगे, स्क्रिप्ट दिखाने में क्या हर्ज

है? बस, हम और चिढ़ गए। उन्हें भी हमने कह दिया, हम क्लर्क का काम नहीं करेंगे। पी. एल. देशपांडे कहने लगे, क्लर्क भी आदमी है। हमने कहा, बाहर मोची बैठा है, वो भी आदमी है। क्या तुम वो काम कर सकते हो? बस त्यागपत्र दे दिया। माथुर साहब ने बाद में कहा, ठीक है, आप स्क्रिप्ट मत दिखाइए, इस्तीफा वापस ले लीजिए।

हमने कहा, नहीं। अब तो छूट गए। सारी उम्र कलम चलाते रहे। अब कोई क्लर्क देखेगा कि नागरजी ने ठीक लिखा है या नहीं?

रेडियो की व्यवस्था अब बदल गई है। आज भी याद आता है, तब रेडियो से सीधा प्रसारण होता था। कलाकार खूब मेहनत करते थे। हमने एक नाटक किया, उसका नाम 'गूँगी' था। हीरोइन गूँगी थी, पर दूसरों के डॉयलॉग से उसकी पूरी तस्वीर सामने आ जाती थी। आज भी रेडियो अधिक सुना जाता है। टी.वी. हर किसी के पास तो है नहीं।

रेडियो का आकर्षण काफी रहता है। एक घटना याद आ रही है। बेगम अख्तर का लखनऊ रेडियो से गाना होने वाला था। उसके पहले हमारा नाटक था। यह नाटक पाँच मिनट ज्यादा हो रहा था। इससे कम होने से उसके मायने ही बदल जाते। जब बेगम अख्तर आईं, नाटक आधा हो चुका था। इंतज़ाम के मुताबिक हमें इशारा हुआ कि वे आ गई हैं। हम प्रसारण से उठ कर गए। बेगम को कहा- बेगम साहिबा, एक मुसीबत में फँस गया हूँ। हमें बड़ी तकलीफ हो रही है, पर क्या करें! अगर आप पाँच मिनट बाद अपना गाना शुरू करें, तो मुश्किल हल हो सकती है।

बेगम मुस्करा कर बोलीं, ये आप क्या कह रहे हैं पंडितजी? आप जाइए? नाटक करवाइए। हम खुशी से पाँच मिनट बाद गाएँगे। हमें उनकी यह उदारता आज तक नहीं भूलती। क्या औरत थीं! अब देखो, यह बात वही औरत कर सकती है, जिसमें तमीज़ हो, लिहाज़दारी हो। बेगम का सोने मोती का पानदान होता था। हमने देखा है। एक बार हम लखनऊ से बंबई तक एक ही ट्रेन में आए। सारे रास्ते पान खिलाती रहीं। बहुत बड़ी गाने वाली थीं। और सुनो, सबसे मीठी तब लगती थीं, जब थोड़ी बेसुरी हो जाती थीं। अक्सर हारमोनियम पर गाती थीं, जब रेडियो से हारमोनियम बंद हुआ, तब उन्होंने कह दिया था, मैं तो नहीं गाऊँगी। सिर्फ उनके लिए हारमोनियम बजाने की इजाजत थी।

लता की आवाज़ सुन कर बड़ी खुशी होती हैं। बहुत अच्छी लड़की है। सुब्बुलक्ष्मी भी बड़ी सीधी-सादी स्त्री हैं। उनकी मीरा मैंने डब की थी। अब समय कितना बदल गया है!

मैंने पूछा- पंडितजी, कभी कोठे पर गाना सुनने गए हैं?

बोले - हाँ भई जाते थे। एक बार बीवी ने नौकर को जासूसी पर लगा दिया। खूब झगड़ा हुआ। हमने नौकर को निकाल दिया। बस यही कर सकते थे। फिर हँस कर बोले, पद्मा, काजल की कोठरी में गया हूँ। थोड़ी कालिख लगी है, पर कपड़े और चेहरा मैला नहीं है। पहले ज़माने में लोग तवायफों से तमीज़ सीखने जाते थे। अदब-कायदा, उठने-बैठने का सलीका, लिहाज़दारी, ये सब सिखाया जाता था।

पुरानी तवायफों में ऐसी औरतें भी थीं, जो सही रास्ता दिखा देती थीं। बंबई में हमने सरदार अख़्तर देखी। घोड़बंदर पर शूटिंग हो रही थी। हो सकता है, हमने उनमें ज़रा ज्यादा दिलचस्पी दिखाई हो। हमसे बोलीं, पंडितजी, आपकी बीवी क्या खूबसूरत है! यह सुन कर हम पानी-पानी हो गए।

बंबई तो हम पिता के देहांत के बाद घूमने गए थे। उन दिनों बंबई में गाना लिखने प्रदीप आ चुके थे। हमारे एक कज़िन बंबई आ रहे थे। उनके संग हम भी आ गए। हीराबाग में 'हिंदी ग्रंथ रत्नाकर' सीधे जा पहुँचे। उन्होंने पास में एक जगह बतला दी। वहाँ चवन्नी में एक बिस्तर रख सकते थे। बहुत बड़ा कमरा था । प्रदीप उन दिनों विले पार्ले में रहते थे। उनसे मिलने गए, तो वो सामान उठाकर वे घर ले आए। भाग्य व संयोग, उनके साथ एक दिन किशोर साहू की फिल्म की शूटिंग देखने गए। वहाँ एक साहित्यप्रेमी थे द्वारकानाथ डागा। बहुत पैसे वाले मारवाड़ी। एक बार शूटिंग में डायलॉग ग़लत बोला जा रहा था। हमने ठीक करवा दिया। उन्होंने कहा, पंडितजी, आप यहीं रह जाइए। उस समय जीविका की आवश्यकता थी। दोनों भाई अभी छोटे थे। हमने हामी भर दी। यह 1940 की बात है। तब आर्थिक चिंता से छूटने के लिए दो सौ रुपये की नौकरी कर ली। उस समय दो सौ बहुत होते थे। बंबई ने नई दृष्टि से जीवन दिया। सुख-दुख का अनुभव सिखाया।

तब फिल्म इंडस्ट्री में पढ़े-लिखे लोग ज्यादा न थे। पृथ्वीराज, जगदीश सेठी, जयराज वगैरह ही पढ़े-लिखे थे। अधिकांश बेपढ़े थे। 'पंडित लकवा, मुंशी शिकवा टाइप' लोग ज्यादा थे। यहाँ हम सात बरस रहे। उसके बाद मेरा भाई कैमरामैन हो गया, तो उसने कहा- भाई आपका दिल न लगे तो चले जाइए। पद्मा, हमारे भाई ऐसे कि दिन को रात कहूँ, तो रात कहें। जैसे मेरे भाई हैं, वैसे भाई भगवान सबको दें। हमें आज भी याद है - दो अक्टूबर (1947) को गाँधी जयंती थी। तीन को हम बंबई से वापस लखनऊ चले गए।

यहाँ बंबई में चौदह अगस्त (1947) की रात को मैं और नरेन्द्र शर्मा रात भर बंबई की सड़कों पर घूमते रहे थे। कालबा देवी, फोर्ट का इलाका सब जगह दीवानों की तरह चक्कर लगाते रहे। ब्लैक आउट था। तभी मैंने सोच लिया, अब बालू पर

लकीरें नहीं खींचूँगा। अब जाऊँगा। बस चला ही गया। पैसा आने से दो फायदे हुए, एक तो हमने अच्छी-अच्छी किताबें खरीदीं, दूसरे अविभाजित भारत का जम कर दौरा किया । पेशावर, कराची, लाहौर, सब देखा। उससे हमारे जीवन पर बड़ा प्रभाव पड़ा। तब सोचते थे, बैठ कर लिखेंगे और ऐसी जगह नहीं रहेंगे, जहाँ अपना वश न चले।

पद्‌मा हम लेखक की तरह जिए, इस बात का हमें बड़ा संतोष है, तुमसे सच कहते हैं। भाँग अकेले कभी नहीं पी। होली पर तो कइयों को पिलाते हैं। अब इसमें खर्चा बड़ा होता है । हिंदी मुझे रोटी खिला देती है। भाँग मैं खुद पी लेता हूँ। जनता पार्टी के राज में जब नशाबंदी शुरू हुई, तब हमने खरीदनी बंद कर दी। इधर-उधर से उखड़वा लेते रहे। हमने बाल्टियाँ भर-भर के भाँग पिलाई है यारों को। पिकनिक पर ले जाते थे। एक बार वहाँ सब माई डियरों ने भाँग पी, तो मुश्किल से उन्हें ट्रेन तक घसीट कर लाए। काम पड़ जाए, तो हमारी भाँग खट से उतर जाती है। हमने किसी को कैथा चटाया, किसी को नींबू।

हमें बड़ी खुशी है कि हमने अपने सभी साथियों को भाँग चखा दी है, सिर्फ रामविलास शर्मा को नहीं पिला सका, इस बात का हमें बड़ा रंज है। पंडित हजारीप्रसाद द्विवेदी को भी उनके जन्मदिन पर भाँग पिला दी। बड़े शरीफ इंसान थे, मान गए। जरा सी पी, पर पी ली। भगवतीचरण वर्मा का जन्मदिन मॉरीशस में पड़ा। वे वहाँ भारत की ओर से सरकारी मेहमान थे। मैं मॉरीशस का मेहमान था। बस पकड़ कर पिला दी। दिनकरजी यहाँ कई बार आ चुके हैं। एक बार उन्हें भी चखा दी थी। पंतजी पीने से आनाकानी करने लगे। मैंने कहा- बंधु, ऊपर जाऊँगा, तो शंकरजी पूछेंगे, तुमने दुनिया में क्या किया? पंत को भाँग तक नहीं पिलाई! वे बोले-नहीं भाई, ये नहीं होगा। मैंने कहा- बंधु, ऊपर क्या मुँह दिखाऊँगा? तो कहने लगे- दे भई, थोड़ी सी दे दे ।

मास्को में हम और राजिंदर सिंह बेदी साथ - साथ थे। मैं पाँच बजे सवेरे उठ कर पान पलटता था। फिर बेदी को फोन करके पूछता था - क्यों भई, तुम्हारी पगड़ी बँधवाने आऊँ? इस काम में घंटों भी लग सकते हैं। बेदी हँस कर कहते हो गया भई, बाँध ली है। उन्हें भी हमने डट कर भाँग पिला दी। उसके फायदे भी बताए। भाँग के ज्यादा इस्तेमाल से लो ब्लडप्रेशर हो जाता है, एक बार डॉक्टर ने हमसे ऐसा कहा तो हमने कह दिया- भई, हम ठहरे लेखक, हमारा कोई कैरेक्टर नीचे आता है, कोई ऊपर जाता है। जहाँ वो जाता है, हमें भी संग-संग रखता है। हमारा ब्लडप्रेशर हाई तो होगा ही। उसे लो रखने के लिए ही भाँग पीते हैं। इससे खून का दौरा रुकता है। सुकून ही सुकून हो जाता है। फिर बोले हम सबसे मिल लिए। इस बार बेदी से

मुलाकात नहीं हुई। मैंने कहा - बाबूजी मैं आपको ले जाऊँगी। ऐसा वादा मैंने इस्मत आपा से भी किया हुआ था।

हम तीनों ही एक दिन बेदी साहब के यहाँ चले गए। रास्ते में नागरजी ने फिर कहा, मुझे रामविलास शर्मा को भाँग न पिलाने का अब तक रंज है। आपा (इस्मत चुग़ताई) कहने लगीं- अरे शर्माजी क्या खूबसूरत इंसान थे! मोती के दाँत, उजला-उजला, बेहद प्यारा लगता था। अबके देखा तो इतने दुबले हो गए हैं और बुढ़ा गए हैं, देख कर दुःख हुआ। एकदम पिद्दी से बुढ़ऊ हो गए हैं।

भाँग न पीने का यही नुकसान है!... नागरजी झट से बोले - आदमी जल्दी बुढ़ा जाता है! आपा कहने लगीं- जाओ जाओ, भाँग तो तुम मुझे भी नहीं चढ़वा सके। लखनऊ में तुम्हारे घर मैंने तीन गिलास पिए थे मुझे तो नहीं चढ़ी तुम्हारी भाँग।

नागरजी हँस कर बोले- आपा, हमने उसमें भाँग डाली ही नहीं थी। वो तो निरा शरबत था। आपा कहने लगीं-जा, झूठ बोल रिया है! हमें तो नहीं चढ़ती भाँग, न ही हम बूढ़े हुए हैं। रामविलास शर्मा तुम्हारे साथ रूस नहीं गए थे? नागरजी बोले नहीं, उनकी बीवी की तबीयत बड़ी खराब थी।

आपा कहने लगीं - अये - हये, ये कमबख्त बीवियाँ बीमार क्यों हो जाती हैं?

नागरजी कहने लगे - मैं बड़ा शुक्रगुजार हूँ उन बीवियों का, जो अपने नामी शौहरों को दबा कर रखती हैं! ये बातें बेदी साहब के घर पर हुईं। बेदी साहब को कितने अरसे के बाद मैंने खुल कर हँसते देखा

तीनों पुराने साहित्यिक मित्र यों बातें कर रहे थे, जैसे इतवार की छुट्टी के बाद तीन दोस्त सवेरे स्कूल में मिले हों।

एक़ और दिन था। नागरजी से मिलने के लिए जा रही थी, तो सारे रास्ते मैं यही सोचती रही, कितने सादे लोग हैं! मुँह से बातें करते हैं, आँखों से नहीं, मैंने सोचा लेखिकाएँ तो आज भी ज्यादा नहीं हैं। पर इनके ज़माने में तो और भी कम थीं। तब प्रादेशिक भाषाओं का सम्मान होता था या नहीं...? ये सभी सवाल मैंने नागरजी से किए।

उन्होंने कहा- हर भाषा का सम्मान होना चाहिए, जब तक यह नहीं होगा, लोगों की आपसी फूट कम नहीं होगी। अब तो महिलाएँ खूब लिख रही हैं। पहले महादेवीजी की समकक्ष श्रीमती तोरणदेवी शुक्ल 'लल्ली' हमें बताती रहीं कि जब उनकी मँगनी हुई, तो ससुरालवालों को पता चल गया कि यह कविता लिखती है और छापे में इसका नाम आता है। छापे में नाम आना, माने बदनामी की बात है। लल्लीजी बताती रहीं कि हमारा तो भैया ब्याह ही रुक गया था। बाद में वे कवि-सम्मेलनों में भी आती थीं, तो ये सब बता कर हमें खूब हँसाती थीं।

1954 में नैनीताल से लौटते हुए भारत भूषण आए। कहने लगे, भारतेंदु पर नाटक लिखना है। हमें इलाहाबाद ले गए। महीने - डेढ़ महीने भर हम वहाँ रहे। युगावतार (भारतेंदु के जीवन पर आधारित नाटक) लिखा। नाटक की रिहर्सल होती तो महादेवीजी चाय ले कर आतीं। डर के मारे कलाकारों की घिग्घी बँध जाती। हमने कहा- जिज्जी, आप मत आया करिए। आपके बड़प्पन के आगे कलाकार चुप हो जाते हैं। बोल ही नहीं सकते! देवी हँस पड़ीं। फिर किसी-किसी के हाथ चाय भिजवाती रहीं। उन्हें शक हुआ, हम कहीं उस दिन भाँग न चढ़ा लें। हमसे पंतजी कहने लगे- बंधु, गोला न चढ़ाइएगा, देवीजी घबरा रही हैं, हम खूब हँसे।

मैंने पूछा- बाबूजी, आप लेखन कैसे करते हैं? हमें तो पत्र भी लिखना होता है, तो कोना मिलने में समय लगता है।

कहने लगे- अब हम तुम्हें बता देते हैं। घर के पास गोमती के किनारे हमने एक घर लिया है, जिसे 'सौरीभवन' कहा जा सकता है। लेखन के दिनों में हम सुबह से ही वहाँ चले जाते हैं। हमारी पत्नी या बहू को पता रहता है। बस वहीं लिखते हैं। लेखन तो ऐसी जगह हो, जहाँ अपने पात्रों के अलावा और कोई न हो।

यह बात मैं उनसे कहते-कहते रह गई कि अगर कोई स्त्री इस तरह की माँग करे, तो घरवालों को कैसा लग सकता है? या अकेली औरत कहीं कमरा ले कर कहानी लिखने बैठे, तो उस पर कितने उपन्यास लिखे जाएँगे? पर सरल हृदय नागरजी से मैंने ऐसा कुछ नहीं कहा।

आती बार मुझे याद आ रहा था। उस दिन बेदी साहब के घर रूस और अमरीका को लेकर कोई बहस हो रही थी। कोई गोले की भी चर्चा थी। नागरजी कह रहे थे, गोला भी पड़ सकता है। आपा कह रही थीं, चलो चलो, अब हार रिया है, भाग रिया है, गोला पड़ेगा, भाँग का गोला पड़ेगा। बड़ा आया भँगेड़ी कहीं का! यह कह कर तीनों खूब जोर से हँस पड़े। बेदी साहब के कमरे की किताबें ज़रा सी हिलीं। मुझे लगा, जैसे एक बच्चे ने दूसरे के मुँह पर गुलाल मल दिया हो। इसी गुलाल में मैं कितनी देर रंगी रही।

दीवानखाना, 1984

इत्र में डूब रही एक लड़ी सेहरे की

अचला नागर

आज कई वर्षों बाद पारिवारिक अलबम खोल कर बैठ गई हूँ, कुछ नए चित्र जुड़ गए हैं, कुछ अधिक धुँधला गए हैं और कुछ अपनी जगह छोड़कर जाने कहाँ गुम हो गए हैं!... उन जगहों पर निशान छूट गए हैं, चिपकाए जाने के। ये सारे चित्र, सारे निशान, कुछ उन चित्रों का नक्शा भी साफ कर देते हैं, जो खिंच भर गए - चिपकाए कभी नहीं गए...

आगरा के पुराने मुहल्ले गोकुलपुरा का चार गलियों से बना एक चौराहा... चौराहे पर जिनका मकान वे 'चौराहेवाले'। चौराहे से कोई चालीस मीटर दूर दो मंजिला गोखवाला एक मकान... जिसकी मालकिन 'गोखवाली' । 'गोखवाली' की पाँच साल की गुड़िया- सी सुंदर पोती और 'चौराहेवालों' का गुड्डे-सा भोला सात वर्षीय नाती, दोनों बच्चे 'चौराहेवालों' के घर में खेल रहे हैं। दरवाजों पर ताजा-ताजा कोलतार पुता है, गुड़िया के हाथ काले हो जाते हैं। गुड्डा चिंतित हो जाता है और गुड़िया के हाथों की कालिख छुटाने का प्रयास करता है। घरवाले गुड्डे को छेड़ते हैं, "इमरत बिट्टो ती पेणींश?" (अमृत बिट्टो से ब्याह करेगा?) गुड्डा हाँ में सिर हिला देता है। यही सवाल गुड़िया से भी - और वह भी गुड्डे की देखा-देखी वैसा ही करती है... खेल-खेल में हुई यह बात गुड़िया - गुड्डे की जीवन की प्रतिबद्धता बन जाती है।

अब गुड़िया कोई ग्यारह - बारह साल की हो गई है, माँ के पेट में थी तभी पिता नहीं रहे थे, सो दादी अपनी आँखों के सामने ही गुड़िया - गुड्डे की जोड़ी देखने को उतावली हैं। विवाह के लिए शीघ्र मुहूर्त निकलवाने का बारंबार आग्रह वे गुड्डे के बाबा को लखनऊ लिखवाए गए पत्रों में करती हैं, उधर गुड्डेजी पढ़ाई-लिखाई में थोड़े ढीले-सो सोचा जाता है, कुछ समय और खिंच जाए तो अच्छा। किंतु गुड़िया की दादी में अब और अधिक रुकने की ताब नहीं, 'कल को आँखें मुँद गईं, तो

बहू मेरी तो आप ही बच्चा है, वह कैसे क्या कर लेगी?' - वे भीतर-ही-भीतर किसी अन्य सुपात्र की खोज करने लगती हैं। गुड़िया के सौंदर्य के चर्चे जात-बिरादरी, देस परदेस में हैं ही - दादी - 'किसनी जीजी' का मंतव्य जान कर कई परिवारों ने संबंध जुड़ने में रुचि दिखलाई। गुड़िया भी अब थोड़ी समझदार हो गई है - सोचती है, मीरा ने जैसे अबोध आयु में गिरधर नागर का वरण कर लिया था, वैसे ही तो उसने 'जानी जी' (उन दिनों गुड्डे के नाम के साथ 'याज्ञिक' जोड़ा जाता था, जो गुजराती बोलचाल की शैली में 'जानी' हो जाता था) को अपना माना है। किसी और के बारे में तो वह सोच भी नहीं सकती... अगर कहीं कुछ और हो गया तो... अकेले में वह रोती है, घबराती है। किसी व्रत कथा में उसने सुना था कि गौरा ने शिव को पति रूप में पाने के लिए कड़ी तपस्या की थी, इसलिए गौरा को मनाने से ही उसे भी अपने 'भोलेनाथ' मिलेंगे। वह नित्य ही ठाकुरजी के पालके में बैठे शिवजी पर एक सौ आठ चावल चढ़ाती है... अंततः 'भोलेनाथ' प्रसन्न हो कर उसे उसका मनोवांछित दे ही डालते हैं...

सन् उन्नीस सौ बत्तीस का जनवरी महीना... कड़ाके की ठंड और उसमें 'गोखवाली किसनी जीजी की पोती बिट्टो' और 'नखलऊ के बड़े भारी मानस पंडित शिवरामजी के पोते इमरत' के ब्याह की मुहल्ले में हो रही गर्मागर्म बातें - " अरी भैना, बड़ी भारी बरात आई है, दो सौ मान्स से कम नायं!"

"पंद्रे दिना टिकेगी बरात। सात दिना गीत गवेंगे और बित्तेई बर्तन बँटेंगे - टक्कर का ब्या है!"

"भली करी राम ने। जनम से पैलेई बाप उठ गए... मइया - दादी की लाड़ों पली है, सुखी रहे। "... घोड़ी बन्ने, गाली - ज्यौनार के क्रमों के बीच एक दिन आती है इकतीस तारीख भी - इकतीस जनवरी, आज ही बिट्टो के 'एक सौ आठ' चावलों का पुण्य फलेगा, उसकी तपस्या पूरी होगी - बड़ा शानदार 'बिलैती बाजा', लंबी-चौड़ी बरात, घोड़ी, मोटर गाड़ियाँ - देखनेवाले गुलाब से सुंदर गुलगोंथने दूल्हे को देखकर सिहा रहे हैं। जिन्होंने

दुल्हन को देखा है, वे मन-ही-मन दोनों को पास बिठला कर देख रहे हैं- 'सौ बिस्से संकर-पार्वती का जोड़ा' ... दूल्हे के साथ घोड़ी पर उसका छोटा-सा भाई मदन सहबाला बना बैठा है। घोड़ी पर पहली बार बैठने के भय से 'भाई' को जकड़ रखा है... दूसरे गजब की ठंड और तीसरे बहती नाक की मुसीबत - भाई को छोड़ कर नाक पोंछे, तो गए काम से! नाक बहे तो देखनेवाले क्या कहें... उसे एक बात सूझती है, चुपके से वह भाई की पीठ पर अपनी नाक फेर लेता है... बस।

और नन्ही गुड़िया से बिट्टो बनी फूल - सी सुंदर बच्ची 'सात भाँवरों' की जादुई छड़ी से 'अमृत की प्रतिभा' बन जाती है ...

गौना तीसरे साल होगा तो क्या, तीज-त्योहार पर तो बहू' को लखनऊ बुलाया ही जा सकता है।... वहाँ प्रतिभा को अच्छा भी लगता है, अपनी बंद आँखों से छू-छू कर देखने और सिहानेवाली अम्माजी (ददिया सास), तीन पुत्रों (अमृत, रतन और मदन) वाले ससुर पंडित राजाराम जी ... बहू से बेटी का चाव पूरा करने वाले... सुंदर-सी सास-नन्हे-नन्हे-से देवर-भाभी का मुख निहारने वाले - और 'वो'! उनके लिए तो अभी से ही प्रतिभा के मन में एक उच्चासन बन गया है- 'कहते हैं, मैं लेखक हूँ-कितना बड़ा होता है न लेखक! कितना नाम होता होगा!... और मैं इतने बड़े आदमी की पत्नी।' उस तेरह वर्ष की आयु में ही पति को 'लेखक' बनने में सहयोग देने के लिए वह मन-ही-मन प्रतिबद्ध हो जाती है।

पर्दे का ज़माना है, मुहल्ले की बहू-बेटियाँ दबी-ढकी, अदब- कायदे से घर के बाहर निकलती हैं। चलन के मुताबिक अमृत भी प्रतिभा को चादर उढ़वा कर ही बाइस्कोप दिखलाने ले जाता है... लेकिन 'चौक' पार होते ही चादर उतरवा कर बगल में दबवा देता है - सुंदर बीवी के साथ चलने की ललक ऐसे ही तो पूरी होगी। ऐसे में कोई 'समाज सुधारक महोदय' उन्हें देख कर बौखला जाते हैं और गिरते-पड़ते सीधे पं. राजाराम जी के पास - "पंडज्जी, अंधेर हुई गवा, अपने बड़कऊ बहुरिया के संग हवाखोरी को जात रहे - भाई ठीक - कौनो बुरी बात नहीं, मुला यह बात हमका नाँही जँची कि बहूरानी मुँह उघारि के सरक पर जात रही। " शायद वे पंडितजी से किसी तीखी प्रतिक्रिया की अपेक्षा भी करते हैं, किंतु बड़े सहज भाव से पंडितजी कहते हैं " आपने यह तो अच्छी तरह पहचान कर ही ली होगी कि वह अमृत की बीवी ही है?"

जिनसे प्रतिभा को पिता का स्नेह मिलने की आशा थी, वह अपनी ममता की थैली का मुँह ज़रा सा ही खोल पाते हैं कि थैली निर्जीव हुए हाथों से छूट जाती है। अभी देखा ही क्या था पंडितजी ने! सुना भर था कि वे दादा बननेवाले हैं। बाबूजी के जाने से नवयुवक अमृत एकाएक बुजुर्ग बन जाता है। माँ, नन्हे भाई रतन, मदन और पत्नी - सभी का तो उत्तरदायित्व उसे ही निभाना है...

परिवार की फुलबगिया में नन्हे-नन्हे गुलाब खिलते जाते हैं- कुमुद - शरद - अचला-इन्हें रंग और महक देने के लिए अच्छी खाद-पानी चाहिए- कैसे क्या होगा? काम कुछ भी नहीं, नौकरी होगी नहीं। बनना लेखक ही है। कैसे चलेगा? सुना है बंबई में लेखकों की खपत है, सिनेमा जो बनते हैं वहाँ! रोटी मिल सकेगी

शायद - और अमृत नन्हे नन्हे बच्चों, भाइयों और परिवार जनों को छोड़कर रोटी कमाने 'काले कोस' बंबई चला जाता है।

प्रतिभा के लिए पहले-पहले विरह का दाहक अनुभव - बच्चों में 'उनका' मुख देखने का प्रयास, किंतु हार - हार जाती हैं... फिर से 'उन्हें कुछ बनना है' की ललक उसे चलाने लगती है... पत्रों से पता चलता है उन्हें सिनेमा में काम मिल गया है... एक फिल्म बन गई... दूसरी बनेगी ... वे पर्दे पर भी दिखलाई देंगे... मन खुशी से फूला नहीं समाता, साथ ही तेईस वर्षीया युवती की अल्हड़ समझ के नाते काल्पनिक 'सुंदर-सुंदर सौतों' का अंदेशा मन को मथ-मथ भी जाता ... अपनी टूटी-फूटी भाषा में वह लिखती हैं-

आगरा

प्राणधन,

प्रणाम। आप तो मेरे हैं, मैं भी आपकी चरणसेविका हूँ, हमको कौन छुड़ा सकता है! लेकिन वियोग नहीं सहा जाता। आप तो वहाँ स्टूडियो जाते हैं, मनोरंजन होता होगा, लेकिन मेरे लिए सिवाय घर का काम या पुस्तक पढ़ना - उसमें अब मेरा जी नहीं जमता। बच्चे बड़ा याद करते हैं। सच, पेट बड़ा बुरा है, यही सब करवाता है! ...

दूसरा चित्र जो बनना शुरू होगा, वह मैं अवश्य देखने जाऊँगी। आप ऐक्टिंग करेंगे क्या? क्या नाम रहेगा उसमें आपका? किसके साथ ऐक्टिंग करेंगे, फिर किससे शादी करेंगे, किससे प्रेम करेंगे?... वह सब लिखिएगा। बड़ी सुंदर-सुंदर होंगी। फिर भी क्या मेरी याद आपको आ सकती है? नाथ, बुरा न मानना, मजाक में मैंने लिखा है। मुझे बंबई कब दिखाएँगे, कि वहाँ सुंदर-सुंदर को देख कर मुझे भूल जाएँगे..

आपकी चरणसेविका

प्रतिभा

परिस्थितियों के असावधान हाथों से प्रेम के मंगल कलश पर कभी-कभी जो दाग उभर आते हैं, उन्हें विरह का ताप उजालता भी चलता है। कुछ समय का साथ,... फिर विरह। कारण, गृहस्थी चलाने के लिए पैसा चाहिए... पैसे के लिए काम... लेकिन काम भी वही, जो मन को रास आए। अब मात्र पत्नी का प्रेम ही नहीं तड़पाता, बच्चों का मोह भी सालता है-

बंबई, सेराविल्हा

1.9.1947

प्रिय प्रतिभा,

लिखने लायक कोई खास बात भी नहीं। अब हम दोनों के वे दिन भी नहीं रहे कि चाँद-सितारे, बादल और बरखा, वसंत की रूमानी बातों के पुल बाँधते चलें। फिर भी जी ही तो ठहरा, इच्छा हुई, तुम्हें एक पत्र लिखूँ। बंद लिफाफे में जैसे दिल की मर्म कथाएँ बंद करके भेजूँ मेरा जी बहल रहा है। सोच रहा हूँ, इस समय तुम मेरे पास हो और मैं तुमसे बातें कर रहा हूँ...

चलो लगे हाथों कुछ मतलब की बातें भी कर डालूँ। तुम्हें शायद सुशीला (श्रीमती नरेंद्र शर्मा) ने पत्र में लिखकर बतलाया हो, उन्हें भी नौ महीने बाद वही अनुभव होने वाला है, जो तुम्हें 7 जून 1935 को 1 बजकर 31 मिनट पर दिन में पहली बार हुआ था। बबन नवाब (ज्येष्ठ पुत्र कुमुद) को देख कर एक मिनट के लिए उसका वह मुखड़ा ध्यान में करो, जो तुमने पहले-पहल देखा होगा। मिस्टर बबन का वह मुख उस दिन भी ध्यान में लाना जब पहली बार - पहले बच्चे अपने पहले पोते का मुँह देखोगी, घबराओ मत, सेकंड, मिनट, घंटे, दिन, हफ़्ते और बरस बीतते देर नहीं लगती। ईश्वर चाहेंगे तो वह वक्त भी आ जाएगा। तब तक मेरे - तुम्हारे गालों पर एक-आध झुर्री तो पड़ ही जाएगी, बालों में कुछ सफेदी भी आ जाएगी। उस दिन अपने पोते की दादी का यह चाँद - सा सुंदर मुखड़ा मैं एक नए प्यार से चूमूँगा... बच्चों को बहुत - बहुत प्यार देना। उन्हें चूम लेना । बच्चे हमारे स्नेह - चुंबनों की निशानियाँ हैं। इनमें हमारी वासना भी घुलकर पवित्र प्रेम बन रही है। उंन्हें अनेकानेक हार्दिक आशीष।

तुम्हारा,

अमृत

कहीं भी अधिक समय तक मन नहीं जमता... बंबई में पाँव टिकाये रहने की शायद 'काबिलियत' ही नहीं... याकि वहाँ के 'तौर-तरीकों' - ' रस्मोचलन' का घूँट मुँह में भर कर भी गले के नीचे उतार पाने का साहस नहीं। बीवी-बच्चों को पास नहीं रखा जा सकता... दूर रहा नहीं जाता... बड़ी दूरी है... लेकिन, केवल जगह की, मन की नहीं... और मन की दूरी प्यार के पुल से गुज़र कर पलों में ही लाँघी भी तो जा सकती है...

लखनऊ

2.12.1947

प्रिय प्रतिभा,

... तुम्हारे पत्रों से तुम्हारे सूनेपन का बड़ा ही मार्मिक अनुभव होता है। मैं स्वार्थी हूँ, उस वातावरण में घुट गया था, सो लखनऊ चला आया। यहाँ एक प्रकार की

शांति अनुभव कर रहा हूँ। तुम्हारी बेबसी और छटपटाहट को मेरे सिवा और कौन महसूस करेगा?

...भगवान ने चारों ओर से मेरे पर कतर डाले हैं। आमदनी नहीं कि तुम्हें जोर से अपने पास खींच लेता, अपनी पूरी जिम्मेदारी आप उठाता।

मैं तुम्हें कोई सुख नहीं दे सकता, दे सकता हूँ तो बस प्यार। सहे जाओ, तपे जाओ। लौ लगाओ कि तपन अच्छी हो। तुम्हारे इस तप में मैं अपनी ओर से केवल एक विश्वास दिला कर तुम्हें कुछ बल दे सकता हूँ और वह विश्वास यह है कि तुम्हारा प्यार और मान, तुम्हारा मेरा अर्द्धांग का स्थान - उसका संपूर्ण गौरव और आदर, तुम्हारे प्रति मेरी चिरस्नेही मैत्री - इन तीन भावों से सदा तुम मेरे हृदय में रहोगी।

...हमारी हलचल ऊपरी हलचल है। मैंने तुमसे कई बार कहा है कि पत्नी के रूप में तुम और पति के रूप में मैं - एक-दूसरे की कमज़ोरियों को ज़्यादा सहन नहीं कर सकते - दोस्त (के रूप में) कर सकते हैं। जब तक हम दोनों इतने इकट्ठे हो कर न बैठेंगे कि हमारे दिल की छोटी-छोटी अच्छाइयाँ और कमज़ोरियाँ एक-दूसरे के सामने बेहिचक आ जाएँ। ठीक वैसे ही जैसे हम दोनों को एक-दूसरे के शरीर से किसी प्रकार की भी शर्म और झिझक नहीं - ठीक वैसे ही हम दोनों के मनों के बीच से भी शर्म और झिझक मिट जानी चाहिए...

पति - पत्नी हो कर हम जाने किस किस्म के खूंख्वार जानवर हो जाते हैं कि एक-दूसरे को नहीं सुहाते... जब हम दोस्त हो जाएँगे, अपने-अपने दिलों को एक-दूसरे के सामने उलट देंगे, तब इस तरह की ऊपरी हलचलें मिट जाएँगी। हम दिलों से निकट आएँगे, एक-दूसरे के दिल पहचानेंगे... और जब दिल की पहचान खूब हो जाएगी, तो सच्चा विश्वास जाग उठेगा... दोस्ती में न कोई छोटा होता है न बड़ा। मैं तुमसे आग्रह करूँगा कि तुम मेरा नाम लिया करो... पत्रों में संबोधन 'प्रिय अमृत ' से शुरू किया करो... क्यों जी, मेरा नाम क्या इतना बुरा है कि आप उसे इस्तेमाल न कर अपने पत्रों में 'श्री' लिख कर ... बिंदियाँ छोड़ दिया करती हैं। अरे, एक बार यह शुरू करके तो देखो, फिर दिल खत में किस तरह फूट कर बह निकलेगा, यह तुम्हें एक नया अनुभव होगा।

अपने को हर तरह सँभालना, बच्चों की निगरानी रखना। यह तुमने अच्छा नहीं किया कि बच्चों का दूध बंद कर दिया। अचला को ध्यान का केंद्र बनाओ, उसका स्कूल बस मत छुड़वाना...

कुछ पता नहीं बड़े अँधेरे में भटक रहा हूँ। ईश्वर इतने शून्य में ले जा कर क्या दिखलाना चाहता है, इसी की प्रतीक्षा है। मेरी किस्मत अब इसी भूमि से खुलेगी, अब

मेरी लंबी हलचलों का अंत निकट है, ऐसा आभास होने लगा है...

चिर स्नेह-

अमृत

पुनश्च : तुम्हारे लिए एक नई सौत कल ख़रीद ली है, साढ़े आठ रुपये लगे। छोटी-सी फर्शी है और लंबी खूबसूरत सटक (निगाली) इससे मन बड़ा बहलता है।

-अमृत

आगरा

प्रिय बाल साथी,

जयहिंद! पत्र मिला। तुम अपने को इतना कमजोर मत समझो। यह भी एक परीक्षा का समय है। तुम ऐसे चमकोगे कि तुम्हारी चमक पर हर एक को नाज होगा। इतना हारा अपने को क्यों समझते हो? तुम्हारी हिम्मत से तो मेरी हिम्मत बँधती है। हम दोनों एक-दूसरे की हिम्मत हैं

... पत्र पढ़कर मैं सोचती रही कि वास्तव में पति-पत्नी का संबंध उतना घनिष्ठ नहीं, जितना एक सच्चे मित्र का। मैं उस दिन की कल्पना करती हूँ, जब हम एक-दूसरे का हाथ बनकर काम करेंगे और हर काम में तुम्हें मेरे बिना, मुझे तुम्हारे बिना अटक हो... इस वर्ष तुम बत्तीसवें वर्ष में प्रवेश करोगे, मेरी शुभकामनाएँ हैं कि यह वर्ष तुम्हारी आशाएँ पूरी करे...

तुम्हारी

प्रतिभा

पत्र आते हैं... जाते हैं, शरीरों की दूरी जैसे मनों को पास लाने का बहाना बनती जाती है। परिवार में इस बीच एक और नन्ही कली खिलती है- आरती। मन को कसने के लिए, जूझने के लिए, शक्ति बटोरने के लिए, एक-दूसरे की प्रेरणा से दोनों लंबे-लंबे उपवास रखते हैं। अट्ठाइस रोज़ का एक सुदीर्घ उपवास 'बंधु अमृत' के आदरास्पद और प्रतिभा के राखीबंध भाई पंत जी ही तुड़वाते हैं। गाँधीजी के अवसान पर आठ दिवसीय कड़े व्रत के समापन पर प्रतिभा को 'उनका' बधाई तार मिलता है - दोनों एक-दूसरे के ऊर्जा स्त्रोत बनते जाते हैं... कठिन जीवन के पहिये शनैः-शनैः सहजता की 'ग्रीज' से जैसे जंग से मुक्त हो कर गति पकड़ने लगते हैं... नए-नए पड़ाव ... और हर पड़ाव पर एक यादगार पत्थर गड़ता जाता है... 'महाकाल' - 'आदमी नहीं - नहीं' - रेडियो की प्रोड्यूसरी - लेकिन निजी लेखन में जब बाधक बनने लगती है, तो प्रतिभा का आश्वासन - ' जैसे भी हो तैसे गृहस्थी की गाड़ी मैं ढकेल ही लूँगी, तुम्हें जिसमें संतोष मिले, वही करो' - पा कर उस पहली और आखिरी साढ़े तीन साला नौकरी को आखिरी सलाम।

विवाह के बाद से अब तक 'गोखवाली बिट्टो' गोकुलपुरावाली मानसिकता को झटकार फेंकने का प्रयास निरंतर ही करती रही हैं... एक ओर प्रबुद्ध लेखक की आदर्श पत्नी बनने का चाव, तो दूसरी ओर बचपन से सुने - गाये 'चिरी तोय चांवलिया भावै, घर में सुंदर नार बलम तोय पर नारी भावै' के रसिक पतियों की करतूतों से भयाक्रांत मन - और यदि यह सब नहीं तो लंबे अर्थाभाव को झेलने की कसक, पति-पत्नी दोनों ही अपने हठ के चबूतरों से आसानी से नीचे उतरनेवाले नहीं - ऐसे में हलचल, टकराव और विस्फोट तो होंगे ही। नन्हे नन्हे बच्चे सहमे-सहमे मुँह छिपाए फिरते हैं। बाबू जी का बात-बात पर 'घर छोड़ दूँगा' – उनको दहला डालता है... किंतु यही वाक्य समझ आने पर जब उन्हें तकिया कलाम जैसा लगने लगता है, तो बा के मोटे-मोटे बहते आँसू कष्ट भी देते हैं। एक रोज़ जब सयानी हो आई अचला से यह सब झेला नहीं जाता, तो वह भी ' रणक्षेत्र' में यह कहती कूद पड़ती है 'बाबूजी, आपने जिंदगी भर बा को रुलाया है, अब हम अपनी माँ के आँसू नहीं देख सकते'। सुन कर बाबूजी दो पल को हक्के-बक्के रह जाते हैं कि यह बितकनी भी अब जबान पा गई है... किंतु तुरंत ही वे अपने 'फॉर्म' में लौट आते हैं और दूने आवेश में बा से कहते हैं, 'अच्छा, अब तुमने अपने हिमायतियों की फ़ौज भी इकट्ठी कर ली है-ठीक है, तुम सब रहो, अब यह घर मेरा नहीं' - और (पिछली कई बार की तरह ही) लुंगी-कुर्ता पहने ही वे घर से बाहर हो जाते हैं।

सफ़र और आगे बढ़ता है... 'बूँद और समुद्र'... अमृत... श्री अमृतलाल नागर बन जाते हैं... उपन्यासकार नागरजी ... और फिर एक-के-बाद-एक उपलब्धियाँ... सम्मान...लेकिन नागरजी यह क्या कहते हैं, 'यह सारा का सारा प्रतिभा का, तीन चौथाई अमृतलाल नागर तो वही है।'

प्रतिभा ... मेरी प्यारी बा - नागरजी की रचना प्रक्रिया के प्रसवकाल को अपने ऊपर झेल कर कैसे बिताती हैं - 'जब जब तेरे बाबूजी कुछ नया लिखते हैं, तो मेरी जैसे आफत ही आ जाती है, जहाँ उलझे नहीं कि यह फेंक वह फेंक! अब भी यही हाल है, यह नहीं सोचते कि ये बूढ़े हुए तो आखिर मैं भी तो हुई ' - कितना कुछ भी क्यों न हो, दोनों ही एक-दूसरे के बिना एक पल नहीं रह पाते। बा ज़रा आँखों से ओझल हुई नहीं कि बच्चों से पूछते फिरेंगे, 'तारी बा क्याँ छै' (तेरी माँ कहाँ है?)। फिर खुद ही हाँक मारेंगे, 'अमाँ पंडित, (बा का प्यार भरा संबोधन) यहाँ आ कर बैठो, यार' - उस समय बासठ साल की मेरी बा के चेहरे पर लाज का सलोनापन उन्हें कुछ ऐसा कोमल भाव दे जाता है कि मैं मुग्ध हो जाती हूँ। सुबह बाबूजी के पाँव दबाने से लेकर उनका पानदान, उगालदान और खानदान - सभी की साज- सँभार

वे जिस तरह दौड़-दौड़ कर करती हैं- सच, देख कर, खुद के निकम्मेपन पर शर्म आने लगती है।

अभी पिछले वर्ष बाबूजी 'खंजन नयन' उपन्यास लेखन के सिलसिले में लंबे समय तक मथुरा में रहे चूँकि बा अब अकेली बाबूजी की मिल्कियत नहीं रह गईं, परिवार के और भी बहुत से 'अनाथ' उन्हीं पर आश्रित हैं, अतः लंबे समय तक उनका लखनऊ से बाहर रहना नहीं हो पाता। उन दिनों मैंने बाबूजी के अकेले में बा को निरंतर ही साथ पाया। ब्लड शुगर (मधुमेह) की वजह से बाबूजी को शक्कर खाने की मनाही हो गई है, किंतु बा के सामने हठ से या मचल कर वह प्रायः कुछ-न-कुछ मीठा पा ही लेते हैं। मैंने भी कुछ ऐसा ही प्रबंध करना चाहा, तो उन्होंने साफ मना कर दिया - 'बेटा, चलते समय तेरी बा ने मना किया था, उससे वादा कर आया हूँ, वह आ जाएगी, तब उसके सामने मिठाई जरूर खाऊँगा।' बा के हाथ की सँजोई एक-एक चीज़ देखते तो कहते, 'अब तेरी बा के बिना चलना मुश्किल है। यही मनाता हूँ कि भगवान उसके जाने के घंटे भर बाद मुझे भी उठा ले।'

बा भी मथुरा आने वाली थीं, बाबूजी एक-एक दिन गिन रहे थे, बोले- 'सूर के जीवन में, उनकी रचनाओं में, वात्सल्य और शृंगार ही प्रधान है, इसी से चाहता हूँ, तेरी बा आए और बस सामने ही बनी रहे। 'मानस का हंस' की रत्ना के विरह की ईमानदार छवि उतारने के लिए ही मैंने उन दिनों तेरी तेरी बा से झगड़ा किया और अलग रह कर उपन्यास लिखा... अनुभव के बिना लेखन की सिद्धि नहीं मिलती बेटा।'

बाबूजी और बा को साथ-साथ कदम से कदम मिलाकर चलते पाँच दशक पूरे हो गए हैं-इन पाँच दशकों ने बहुत कुछ चुरा लिया, बहुत कुछ दे डाला, लेकिन इकतीस जनवरी उन्नीस सौ बत्तीस के खुशनुमा इत्र में डूबी, एक अदद सेहरे की लड़ी की महक आज भी उतनी ही ताज़ा है-उतनी ही!

धर्मयुग, 9 नवम्बर, 1980

गुंजन के बहाने नागरजी की कुछ यादें

बलराज साहनी

दम्मों की मृत्यु के बाद मैं बच्चों को लेकर रावलपिंडी चला गया। पर वहाँ मौत की जैसे कोई कद्र - कीमत ही नहीं रह गई थी। इर्द-गिर्द के गाँवों में हिंदुओं, सिक्खों का भयानक कत्लेआम हो रहा था। भीष्म उन दिनों शहर की कांग्रेस कमेटी के सेक्रेटरी थे और गाँव-गाँव घूमकर वारदातों की रिपोर्ट तैयार कर रहे थे। उन्होंने बताया कि सैकड़ों औरतों ने अपनी इज्जत बचाने की खातिर एक कुएँ में कूदकर आत्महत्या कर ली थी। कई औरतें तो अपने बच्चों को साथ लेकर कूद पड़ी थीं।

रावलपिंडी शहर में कम्यूनिस्ट पार्टी का शांति आंदोलन जोरों पर था। कामरेड कांग्रेस और लीग दोनों को आपस में समझौता करने और अंग्रेजों के साथ डटकर लड़ने के लिए चुनौती दे रहे थे। उनकी आवाज जनता के दिलों में उभरती थी, पर अब अंग्रेज स्थिति पर पूरी तरह हावी हो चुके थे और हिंदुस्तानियों को मनमाने नाच नचा रहे थे।

मेरे साथी कामरेडों की कुर्बानी - भरी सेवा ने मेरा दिल जीत लिया था तब मैं उनके साथ मिलकर काम करता हुआ अपने व्यक्तिगत दुःख को भुलाने की कोशिश करने लगा। 'अरे अब भागो लंडन जाओ' 'अब न गाड़ी चाले' 'आए तीन मदारी' आदि प्रेम धवन के लिखे कितने ही लोकप्रिय गीत मुझे जबानी याद थे। मैं वे गीत गाता, भीड़ इकट्ठी करता, और फिर कामरेड भाषण देते।

कामरेडों को सबसे ज्यादा भरोसा मजदूर वर्ग पर था। वे चाहते थे कि मजदूरों की बस्तियाँ फसादों से सुरक्षित रहें, न केवल यह बल्कि मजदूर आगे बढ़कर सारे शहर की रक्षा करें।

शहीद भगतसिंह के साथी श्री धन्वन्तरी भी इस काम के लिए वहाँ आए। उनकी मीटिंगों में गाना भी मेरे जिम्मे लग गया। मई महीने की गर्मी में उस महान व्यक्ति को अपना सुख-आराम तो क्या, खाना-पीना तक भूला हुआ था। हम साइकिलों पर

सवार होकर सारा सारा दिन चक्कर लगाते रहते। उन दिनों मैं अच्छा-खासा गवैया बन गया था।

एक दिन हम 'अटक आयल कम्पनी' के मजदूरों की मीटिंग करने के लिए शहर से लगभग बारह मील दूर जा निकले। एक बंद कमरे में पार्टी के मेम्बरों और हमदर्दों की मीटिंग हुई। कामरेड धन्वन्तरी को चेतावनी दी गई कि वे इतनी लापरवाही से अपनी और मेरी जान खतरे में डालना छोड़ दें। गाँवों में मुसलमानों को लगातार इश्तिआल किया जा रहा था। इस काम में हुकूमत के अधिकारियों का भी साथ था। सो, वहाँ खुलेआम मीटिंग करने का ख्याल ही पैदा न हुआ। कुछ एक मजदूर (अटक आयल कम्पनी के सभी मजदूर मुसलमान थे) साइकिलों पर सवार होकर हमें शहर की हदों तक वापस छोड़ आए।

मैं हंगामी घटनाओं की आँधी में फँसा हुआ भी उनके महत्त्व को समझने में असमर्थ था। तब तक मैंने लेनिन की एक भी पुस्तक नहीं पढ़ी थी। मार्क्सवादी ज्ञान मनुष्य को अपने चौगिर्दे को समझने और बदलने की जाँच सिखाता है। पर मैंने वह जाँच तब तक नहीं सीखी थी। इसलिए मैं घटनाओं पर अपनी ख्वाहिशों काही मुलम्मा चढ़ाता रहता, जो कि मध्यवर्गीय युवकों की आम कमजोरी है। मेरे पिताजी ज्यादा अनुभवी थे। उन्हें विश्वास हो गया था कि पाकिस्तान बनने के बाद हिंदुओं का वहाँ रहना असंभव हो जाएगा। जमीन-जायदाद के तबादले -संबंधी, उन्हें लुधियाना से एक मुसलमान दोस्त की बार-बार चिट्ठियाँ आती थीं पर वे मेरी और भीष्म की सलाह लिए बिना कोई कदम नहीं उठाना चाहते थे। हम उनके सभी डर और शंकाओं को हँसी में उड़ा देते थे। हम कहते, 'भला लुधियाना जैसे बदसूरत नाम वाला शहर भी कभी रहने के लायक हो सकता है?' वे भी हँस देते। मैं हैरान हूँ कि हमारी हर दर्जे की मूर्खता को भी पिताजी कैसे सहन किए हुए थे। आखिर वे अपनी लाखों की जमीन-जायदाद से हाथ धो बैठे।

मेरी सेहत बहुत गिरी हुई थी। डॉक्टर ने मुझे कश्मीर जाने की सलाह दी। वहाँ भी हालात बहुत हंगामी थे, लेकिन सांप्रदायिकता का कहीं नाम निशान तक न था। महाराजा हरीसिंह का दमन चक्र जोरों से चल रहा था। शेख अब्दुल्ला, सादिक, डी. पी. धर और कई अन्य नेता जेल में थे, जिसके कारण जनता में बहुत बेचैनी थी। कई राजनीतिक कर्मचारी रूपोश होकर बगावत फैला रहे थे, और इस नेक काम में पुलिस तक उनकी मददगार थी। एक खुफिया अड्डे पर मेरी मुलाकात कश्मीर के महान मजदूर कवि, अबदुसितार 'आसी' से हुई। रोजी कमाने के लिए वे एक आढ़ती की दूकान पर बोरियाँ ढोया करते थे। यह भी मेरी एक अमिट याद है।

मैं बंबई से आया था, जहाँ कम्यूनिस्ट पार्टी का केंद्र था, इसीलिए श्रीनगर के कामरेड मुझे जरूरत से ज्यादा महत्त्व दे रहे थे। मैं भी अपनी शान बनाने की कोशिश करता, हालाँकि मेरी राजनीतिक सूझ-बूझ उनके मुकाबले में कम थी। घर के वातावरण और गवर्नमेंट कालेज, लाहौर की शिक्षा, दोनों ने मुझे अंतर्मुखी बना दिया था। बड़ी से बड़ी घटनाओं की ओर से भी आँखें मूँदे रखना मेरी आदत बनी हुई थी। अपने इस रोग का इलाज मैं मार्क्सवादी ज्ञान की सहायता से भी न कर सका। कठिनाइयों में मेरी सोचने की शक्ति डाँवाडोल हो जाती है। मेरी जहनियत उस बंदर जैसी हैं, जो आग से छेड़खानी करने से भी बाज नहीं आता और हाथ जलने पर झट भाग भी उठता है।

काफी हद तक यही कमजोरी मेरे समकालीन साहित्यकारों और कलाकारों की भी कही जा सकती है। सन् 1947 की मौत की आँधी हमारे सिरों पर से होकर गुजर गई लेकिन उसके आधार पर हम न कोई बढ़िया फिल्म बना सके और न ही, उस भावुकता से ऊपर उठकर, साहित्य में उसका अमिट चित्रण ही कर पाए। मैं कुछ समय तक श्रीनगर में रहकर गुलमर्ग चला गया, जहाँ मेरा ध्यान प्रकृति के सुंदर दृश्यों में लीन हो गया।

एक दिन मुझे अपने प्रिय मित्र और हिंदी के प्रसिद्ध उपन्यासकार अमृतलाल नागर का पत्र आया कि फिल्म निर्माता वीरेन्द्र देसाई उनकी लिखी कहानी पर फिल्म बनाने वाले हैं, जिसमें मुख्य पात्र के रोल के लिए मुझे लेने का फैसला किया गया है। पारिश्रमिक दस हजार रुपए दिया जाएगा। अगर मुझे स्वीकार हो, तो जवाबी तार दें।

तीन साल पहले इसी गुलमर्ग से मुझे चेतन आनंद खींचकर फिल्मों में ले गए थे। अब फिर एक प्यारे दोस्त ने ललचा दिया। जवान दिलों में फिल्मों के लिए पता नहीं कैसा आकर्षण होता है। बंबई की जलवायु रास नहीं आई थी। वहाँ के लोग मुझे पराए से लगते थे। खासकर दम्मों के मरने के बाद तो बंबई जाने के लिए जरा भी दिल नहीं चाहता था। पंजाबी भाषा और पंजाबी साहित्य के लिए मेरे दिल में शौक जाग उठा था। मैं चाहता था कि पंजाब या कश्मीर में ही टिके रहने का कोई रास्ता मिल जाए। पर इन सभी इरादों पर पानी फेर देने के लिए फिल्मी दुनिया में से आया एक पत्र ही काफी था।

मुझे बिना माँगे हीरो का रोल मिल रहा था, और दस हजार रुपए का काण्ट्रैक्ट। यह तो मेरे 'स्टार' बन जाने की निशानी थी। मेरा दिल खुशी से उछलने लगा।

जुलाई 1947 के अंत में मैं सारे परिवार को कश्मीर छोड़कर बंबई के लिए रवाना हुआ। रावलपिंडी में इस कद्र सहम देखा कि सड़क पर चलना मुश्किल था।

लाहौर से गुजरते समय मैंने गाड़ी में से जगह-जगह आग की लपटें देखीं। पर फिर भी मैं निश्चित बना आगे बढ़ता गया, जैसे उस सब कुछ से मेरा कोई वास्ता ही नहीं था। मुझे काण्ट्रैक्ट जो मिल गया था।

उस फिल्म का नाम था गुंजन। जवानी में पाँव रखने के बाद नलिनी जैवंत की यह पहली फिल्म थी। हीरो, बदकिस्मती से एक के बजाय दो निकल आए। जिसके साथ लड़की का प्यार होता है, वह मैं था, पर जिसके साथ उसकी शादी होती है, वह थे त्रिलोक कपूर। वे काफी अरसे से फिल्मों में काम करते आ रहे थे और अपने व्यक्तित्व का प्रभाव डालना खूब जानते थे। सैट पर वे दिन में एक दो बार जरूर ऐलान कर देते कि असली हीरो वे खुद हैं। मैं मन ही मन जल-भुनकर रह जाता, जैसे कोई जबर्दस्ती मेरा हक छीन रहा हो। मुझे सारी - सारी रात नींद न आती। हीरो बना भी, पर पूरी तरह नहीं। आखिर पूरी तरह हीरो मैं कब बनूँगा।

दूसरे शब्दों में, मेरा मन ऐसे विचारों में उलझा हुआ था, जिनका असली काम से कोई संबंध नहीं था। चरित्र निर्माण का कोई मनोवैज्ञानिक पहलू भी होता है। यह न मैं जानता था, और न ही जानने की अभी जरूरत महसूस हुई थी। मार्क्सवादी जोश में हम उन दिनों स्तानिस्लावस्की को 'बुवा' माना करते थे। कैमरे के सामने होश - हवास खोने और जिस्म के अकड़ जाने का अनुभव मुझे बहुत हो चुका था, लेकिन रवैया अभी भी उन लोगों जैसा था, जो ठीक समय पर इलाज करने के बजाय अपने रोग को छिपाए रखते हैं कि एक दिन वह अपने आप ठीक हो जाएगा।

गुंजन की कहानी अब मुझे ज्यादा याद नहीं है पर एक अच्छे साहित्यकार द्वारा लिखी होने के कारण उसमें विभिन्न प्रकार के सूक्ष्म दाँव-पेंच थे। मैंने उन्हें समझ तो जरूर लिया, पर अभिनय में उनकी किस प्रकार अभिव्यक्ति की जाए इस तकनीक से मैं कोरा था। नागरजी खुद अभिनेता नहीं थे, इसलिए वे मेरी इस कमजोरी को पहचान न पाए। अगर मेरे वाला रोल दिलीपकुमार या राजकुमार से करवाया गया होता, तो गुंजन एक यादगारी फिल्म बनती। लेक़िन संभव है कि उन दोनों ने एक नई और अज्ञात हीरोइन के साथ काम करने से इनकार कर दिया हो।

शूटिंग के शुरू के दिनों में न सिर्फ मेरी असलियत का भेद खुल गया, बल्कि निर्माता की नजरों में नागरजी का भी महत्त्व जाता रहा। सेट पर नागरजी मुझे बड़े शौक और विस्तार से दृश्य का आगा-पीछा समझाने लगते। आजकल लेखक का ऐसा करना मेरे लिए बड़ा ही सुखद और प्रेरणादायक अनुभव होता है, पर उन दिनों मेरी कल्पना ने सहज ही अचेतन मन के दरवाजे खोलकर पात्र के मनोभावों में दाखिल होना नहीं सीखा था। अगर सीखा होता, तो मैं नागरजी को अपने अभिनय द्वारा वे सूक्ष्म भाव उजागर करके दिखाता, जो वे चाहते थे। पर मेरी किस्मत में यह

लिखा हुआ नहीं था। यह अरमान हमेशा का पछतावा बनकर रह गया।

फिल्म की शूटिंग चट मँगनी पट ब्याह वाला मामला होता है। एक-एक क्षण की कीमत रुपये, आने, पाई में गिनी जाती है। नाटक तैयार करते समय कई-कई हफ्ते रिहर्सलें चलती रहती हैं, जिनमें नया कलाकार भी अभिनय की दो-चार सीढ़ियाँ तो चढ़ ही जाता है। पर फिल्मों में यह सहूलियत नहीं होती। फिर, कहानी सिलसिलेवार नहीं होती। उसके अगले - पिछले हिस्से टुकड़ों में फिल्माए जाते हैं। कैमरा चेहरे के इतना नजदीक आ जाता है कि दर्शक कलाकार के चेहरे को किताब की तरह पढ़ सकते हैं। इस क्षेत्र में अनाड़ी कलाकार की खैर नहीं है।

मेरा आत्मविश्वास एकदम जवाब दे गया, हाथ-पाँव ठंडे पड़ने लगे, गला खुश्क होने लगा। नागरजी क्या कह रहे हैं या क्या नहीं कह रहे, मुझे कोई होश नहीं था। एक ओर लंबे-लंबे संवाद दूसरी ओर उनकी बातें। मुझे बहुत बुरा लग रहा था। अगर उस समय मेरे हाथ में तलवार होती तो मैं उनका सिर कलम कर देता। इस बात की जरा भी परवाह न करता कि वे मेरे मित्र हैं या उन्होंने ही मुझे काण्ट्रैक्ट दिलाया है।

निर्माता-निर्देशक वीरेन्द्र देसाई ने ठीक समय पर बिगड़ती हुई स्थिति को भाँप लिया और नागरजी को समझा-बुझाकर एक तरफ ले गए। मैंने सुख की साँस ली। मैं खुद के बजाय नागरजी को दोष दे रहा था, इसलिए मेरा स्वाभिमान टूटा नहीं। वीरेन्द्र देसाई ने इस बात का फायदा उठाया। उन्होंने मेरा हौसला बढ़ाया और मेरे अंदर की तलखी शांत की। मैंने जैसे-तैसे करके संवाद याद किए और हालीवुड के अभिनेताओं के अंदाज में नकल करके काम चला लिया।

इसके बाद नागरजी ने सेट पर आना बिल्कुल छोड़ दिया। पता नहीं, वे कला संबंधी क्या - क्या अरमान लेकर फिल्मों में आए थे और किन निराशाओं से उनका पहले से वास्ता पड़ चुका था। मैं जानता था कि उन्होंने भी मुंशी प्रेमचंद की तरह पैसे की खातिर अपनी आत्मा को धोखा देना स्वीकार नहीं किया था। 'धरती के लाल' और 'गुड़िया' के सेट पर मुझे देखकर उन्होंने पता नहीं क्या-क्या उम्मीदें लगाई होंगी। मुझे ध्यान में रखकर उन्होंने कितनी मेहनत से इतनी मार्मिक कहानी तैयार की थी और उसे फिल्माने की योजना में भी बढ़-चढ़ कर हिस्सा लिया था। पता नहीं, कितनी तारीफों के पुल बाँधकर उन्होंने निर्माता-निर्देशक को मेरे हक में कायल किया था। मेरी गुमनामी के बावजूद उन्होंने उस समय के हिसाब से बहुत अच्छे पैसे दिलवाए थे, और खासतौर पर कश्मीर से बुलवाया था। उन्होंने शायद, यह भी सोचा हो कि बेचारे को पत्नी के मरने का गम है, काम में पड़कर सँभल जाएगा और शायद अपने व्यक्तिगत दु:ख की झलक उस दु:खांत चित्र कथा में भी ला सके।

उनकी उपस्थिति से मैं जैसे बेलगाम बना हुआ था। वीरेन्द्र देसाई जल्दी से जल्दी फिल्म खत्म करना चाहते थे। उनकी नजर 'गुंजन' पर नहीं बल्कि अपनी पत्नी नलिनी जैवंत पर थी। शूटिंग बाम्बे टाकीज स्टूडियो में हो रही थी, जिसके सूर्यास्त की रोशनी देविका रानी और हिमांशु राय के बिना भी काफी तेज थी। नितिन बोस और अमिय चक्रवर्ती जैसे प्रसिद्ध निर्देशक अभी भी वहाँ विराजमान थे। बरामदों में सआदत हसन मंटो, भगवती चरण वर्मा, उपेन्द्रनाथ अश्क आदि लेखक चलते- फिरते नजर आते थे। हर दूसरे दिन कोई न कोई नामवर हस्ती सेट पर आ जाती। 'गुंजन' पूरी होने से पहले ही नलिनी जैवंत को शशिधर मुखर्जी ने अपनी फिल्म साथी में ले लिया, जिसके निर्देशक रमेश सहगल थे। नलिनी न सिर्फ कलाकार अच्छी थी, उनकी सुंदरता भी अनुपम थी। 'गुंजन' के जर्मन कैमरामैन, बिशिंग ने उनके रूप को और भी चार चाँद लगा दिए थे।

एक दिन डेविड के साथ मेरा दृश्य लिया जा रहा था। संवाद याद न होने के कारण मेरे रीटेक पर रीटेक हो रहे थे। आखिर मैंने डेविड से पूछा, 'भला डायलाग याद करने का कोई तरीका भी है। आपके रीटेक नहीं होते।'

डेविड ने मुझे बड़े प्रेम से समझाया...

'वाक्य के हर शब्द के पीछे एक चित्र होता है। दूसरे शब्दों में, अगर उस वाक्य को अपनी कल्पना में देखो, तो वह चित्रों की एक श्रृंखला के रूप में दिखाई देगा। अगर बोलते समय उस चित्र श्रृंखला की ओर ध्यान दो, तो शब्द भूलेंगे नहीं।' मैंने आजमाकर देखा तो यह बात सही निकली। मैंने इस शिक्षा को दिल में बैठा लिया। इस प्रकार फिल्म अभिनय का मुझे पहला पाठ मिला, जिसके लिए मैं डेविड का आभारी हूँ।

'गुंजन' पूरी तरह फेल हुई। अमृतलाल नागर फिल्मों को तिलांजलि देकर लखनऊ चले गए और उन्होंने अपना जीवन पूर्ण रूप से साहित्य को अर्पित कर दिया।

फिल्म की रिलीज पर वे आए थे। मुझे आज भी यह याद है कि एक शाम नलिनी, वीरेन्द्र, नागर और मैं जुहू के समुद्र तट पर बैठे हुए थे। काफी देर इधर-उधर की बातें होती रहीं। नागरजी को पता था कि मैं अपने अभिनय के बारे में उनकी राय की प्रतीक्षा में बैठा था। आखिर उन्होंने अपनी ऐनक में से मेरी ओर घूरकर देखते हुए कहा - ' बहुत अच्छे, बलराज भाई, बहुत अच्छे। कड़क समालोचना हम फिर कभी करेंगे।'

उन्होंने कितना बड़ा पत्थर छाती पर रखकर यह कहा होगा। पर वे फिल्मों में जितना अरसा रहे, एक बात अच्छी तरह जान गए थे कि नए अभिनेता की आलोचना

कभी नहीं करनी चाहिए, क्योंकि उसका हौसला बहुत जल्दी टूट जाता है।

मैंने कई मौकों पर खुद से पूछा है कि अगर वे उस समय खरी-खरी सुना देते, तो क्या वह मेरे लिए अच्छा होता या बुरा। इस बात का मुझे जवाब नहीं मिला। हाँ, नागरजी का वह वाक्य लगातार मेरे मन में खटकता रहा है। मैं खुद को बहुत बार धोखा देता था, पर फिर भी इस बात से आँखें नहीं मूँद सकता था कि मेरे काम में नुक्स थे। वे क्या थे। अच्छा होता कि संशय में रखने के बजाय मुझे उनके बारे में बता दिया जाता।

नागरजी ने जब भी कभी मेरे बारे में कुछ लिखा या कहा है, यह अफसोस जरूर प्रकट किया है कि फिल्मों ने एक साहित्यकार छीन लिया है। मैं खुद इस बात को स्वीकार करता हूँ। मेरी लालसा यही रही है कि साहित्यकार बनूँ। फिर भी, मैं दावे के साथ नहीं कह सकता कि नागरजी का फिल्में छोड़ जाना पूरी तरह ठीक था, या मेरा न छोड़ना पूरी तरह गलत था। मैं नहीं कह सकता कि साहित्य के क्षेत्र में मैं क्या कर दिखाता। लेकिन फिल्मों के जरिए मैंने अभिनय कला सीखी, और एक अभिनय की बड़ी अजीब और बहुत सुखद मानसिक दशा का स्वाद चखा। यह भी एक प्राप्ति है।

मेरी फिल्मी आत्मकथा, 1974

पंडित अमृतलाल नागर
रामविलास शर्मा

हिंदी के प्रसिद्ध लेखक पंडित अमृतलाल नागर बहुत दिलचस्प आदमी हैं, देखने में शरीफ़ भी मालूम होते हैं। जिस शहर, जिस मोहल्ले में रहते हैं, हर तरह के आदमियों, खासकर साहित्य के नशेबाजों को उनकी तलाश रहती है। हँसी-ठहाके, ऊँची आवाज़ में बहस, किसी की नकल, बच्चों में चुहल, कभी गुस्से में धाराप्रवाह भाषण और सुनने वाले सन्नाटे में, और कभी खुद कुछ मिनटों को चुप, क्योंकि मुँह में नया पान जमाया है- सोने का समय छोड़कर नागरजी ज्यादातर बातें ही किया करते हैं और जब दूसरे नहीं होते तब कागज़ पर कलम चलाते हुए अपने पाठक से बातें करते हैं। उनमें एक जन्मजात कला है कि वे हर तरह की मण्डली में घुल-मिल जाते हैं- सिर्फ विद्या या धन के मद में भूले हुए, गंभीरता का ढोंग रचाने वाले से उनकी पटरी नहीं बैठती।

पारिवारिक संस्कारों के कारण वे हैं बिगड़े हुए रईस। उनके बाबा बैंक के उच्च अधिकारी थे और नागरजी ने बचपन में धन का वैभव देखा है। अब उनके रईसी ठाठ में एक कदीमी हवेली है जिसमें किराया देकर वे रहते हैं, टेलीफोन है, कुछ पुराने युगों की मूर्तियाँ और ईंटें और कुछ बेंत और छड़ियाँ। उनकी एक खूबसूरत छड़ी पंतजी ले गए; तब से वे अपने संग्रहालय के प्रति विशेष सतर्क रहते हैं। उनका पान का बटुआ और खद्दर का कुर्ता-पाजामा उनकी सज-धज का जरूरी हिस्सा है। लेकिन मैंने उन्हें चूड़ीदार पाजामा और शेरवानी में कभी नहीं देखा। जाड़े में बंद गले का कोट अलबत्ता पहन लेते हैं, कभी-कभी सर पर कनटोप भी लगाते हैं। इधर बरसों से उन्हें गाँधी टोपी पहनते नहीं देखा। यानी उनकी सजधज नेता मार्का रईस से एकदम अलग है।

चेहरे में आँखें ही आँखें हैं- एकदम घनी काली भौहें और बड़े पोटों में भौरे जैसी काली पुतलियाँ। इन आँखों में केवल एक ही भाव छलकता है, ढाई अच्छर

वाला प्रेम का भाव। घृणा, क्रोध, उदासी आदि के भाव उनके होठों पर खेलते हैं; आँखें तटस्थ रहती हैं। जब होठों पर इन अस्थायी भावों की क्रीड़ा समाप्त हो जाती है, तब आँखें फिर मुखर हो उठती हैं।

नागरजी का हाथ देखिए, तो एकदम दुबला-पतला, उनके गोल, भूरे चेहरे से एकदम उल्टा, विश्वास न हो कि यह कलम चलाने का परिश्रम भी करता होगा। लिखे नागरजी अपना बहुत-सा साहित्य बोलकर लिखाते रहे हैं, फिर भी बकलमखुद हुए सफों की तादाद कम नहीं। वैसे हाथ-पैर दोनों मज़बूत हैं, खासतौर से पैर। आगरे में गोकुलपुरे मोहल्ले की अपनी ससुराल से चले। बातें करते हुए मथुरा वाली सड़क पर रेलवे क्रॉसिंग तक पहुँच गए। वहाँ अमरूद खाए, फिर बोले - चलो सिकंदरा देख लिया जाए। सिकंदरा में बंदरों की उछलकूद देखने और प्रसंगवश सिनेमा के अनेक अभिनेताओं की आलोचना करने के बाद बोले - चलो कैलास भी हो लें, देखें बरसात में जमुना का क्या रंग है! वहाँ पहुँचकर मेरी जेब में जितने कागज़ थे, उनकी नावें बनाकर जमुना में तैराते रहे। उस दिन साथ में उदीयमान लेखक शाहनसीर फ़रीदी भी थे। काफी तगड़े आदमी हैं। लौटने पर जब पूछा कि कल घूमने चलेंगे, तो फ़रीदी साहब ने कहा- ऐसा घूमना आपको ही मुबारक हो; हमने एक ही दिन में भर पाया। (यानी वे पंद्रह - सोलह मील की सैर के लिए तैयार न थे।)

एक दूसरे उदीयमान नक्षत्र राजेन्द्र यादव के साथ जब हम लोग दक्षिण-यात्रा के लिए निकले तब यह तय हुआ कि हर आदमी अपना सामान खुद लादकर चलेगा, स्टेशनों पर कुली न किया जाएगा। नागरजी का झोला सबसे भारी था, क्योंकि खद्दर के कपड़े जल्दी मैले होते थे; हम दोनों की अपेक्षा नागरजी ने ही ज्यादा अदद रखे थे। कपड़ों के अलावा झोले में ओढ़ने- बिछाने का सामान भी था। यह सब सामान पीठ पर लादकर उन्होंने कुली की मदद के बिना ही सारा सफर तय किया।

उनके शरीर में भूख सहने और भूखे रहकर भी चलने और काम करने की जितनी ताकत है उतनी विरलों में होगी। बंबई में उन्होंने चाय - स्लाइस पर बहुत दिन काटे हैं। 'ये कोठेवालियाँ' में उन दिनों की एक झलक है। बंबई में एक बार किसी कारणवश उन्होंने 28 दिन तक उपवास किया था। 20 जून, 1947 के अपने कार्ड में उन्होंने लिखा था "उपवास कल अट्ठाईस रोज़ बाद टूटेगा। पंतजी इलाहाबाद जाने से पहले मुझे अन्न खाते हुए देखना चाहते हैं। उनका प्रेमपूर्ण आग्रह न मानकर मुझे अपने को सज़ा देने के लिए न मालूम कौन - सा सख्त तरीका सोचना पड़ता। खैर! ज़िद न रही, ज़िद भी ई।" इस बयान से पाठक समझ लेंगे कि नागरजी ने उपवास स्वेच्छा से किया था।

स्वभाव से वे काफी ज़िद्दी हैं। पहले मैं बहस करके अपनी बातें - जो हमेशा सही न होती थीं- मनवाने की कोशिश करता था। जब मैं समझता था नागरजी को मैंने तर्कों की जंजीर से बाँध लिया है, तभी नागरजी ऐसी तर्कातीत बातें कहकर जंजीर तोड़ देते कि मैं उनकी शक्ल देखता रह जाता। एक बार हिंसा - अहिंसा पर देर तक उनसे बहस हुई। नागरजी को ठेलता हुआ मैं उस कोने में ले गया, जहाँ उन्होंने घोषित किया कि सभी हिंसा जीवनी-शक्ति का प्रयोग है; यही नहीं वे उसका स्वागत करते हैं, इससे भी बढ़कर यह कि हिंदू-मुस्लिम दंगों में प्रकट होने वाली हिंसा और शोषण का नाश करने के लिए की गई हिंसा में कोई अंतर नहीं है और दोनों ही स्वागत योग्य हैं!

नागरजी की ये स्थापनाएँ इतनी विचित्र थीं और उनके स्वभाव, संस्कारों और विचारों के इतना प्रतिकूल कि मैंने उन्हें कागज पर लिखा लेना ही उचित समझा, ताकि सनद रहे और वक्त जरूरत काम आए। पहले मैंने दो प्रश्न लिखे : (1) क्या दंगे जीवनी-शक्ति का प्रयोग हैं और तुम उनका स्वागत करते हो? (2) क्या तुम शोषण को खत्म करने के लिए क्रांति और दंगों को जीवनी-शक्ति का प्रयोग समझकर दोनों का ही स्वागत करते हो?

इनके उत्तर में नागरजी ने विशाल आकार में लिखा - हाँ!

इसके बाद जंजीर तोड़ने के लिए अपने उस विराट 'हाँ' की सूक्ष्म व्याख्या इस प्रकार लिपिबद्ध की : " दंगे जीवनी-शक्ति का प्रयोग हैं। स्वागत इस दृष्टि से करूँगा कि मनुष्य रूप (रूप के लिए नागरजी ने अंग्रेजी में लिखा है फार्म) में जीवन अपने विकास के क्रम से बँधा हुआ, आज प्राय: संपूर्ण जाति (यहाँ जाति की विशालता प्रकट करने के लिए उन्होंने एक अण्डाकार चक्र बनाया है) जो सारी दुनिया पर छायी हुई है, आज इस दिन तक पहुँचा है, उसके संस्कारों ने उसे यह चेतना दी है कि इस प्रकार की अनैतिकता और अराजकता - वह चाहे एक घर में हो, जाति, एक देश वगैरा वगैरा - किसी रूप में भी हो, सदा आनंद और शांति के लिए घातक होती है। आनंद और शांति ही जीवन का चरम और परम- जो शब्द भी हो (मेरा मतलब यह है कि जो ऊँची से ऊँची महत्वाकांक्षा होती है) - के लिए वह जीवित रहती (अंग्रेजी मिश्रित क्रिया लिखी है - एक्ज़िस्ट करती) है।

यानी नागरजी आनंद और शांति को जीवन का चरम लक्ष्य मानते हैं। हर तरह की हिंसा इस लक्ष्य की प्राप्ति में बाधक होती है और हिंसा को जीवनी-शक्ति का प्रयोग मानकर नागरजी उसका स्वागत भी करते हैं!

'निराला' जी के बाद तर्क की इस भूमि पर बात करने वाला अब कोई है, तो नागरजी!

नागरजी पढ़े-लिखे आदमी हैं, गुजराती उनकी मातृभाषा है। हिंदी मोहल्ले की भाषा है। बंबई में रहते हुए मराठी पढ़ने और बोलने का अच्छा अभ्यास किया। विष्णुभट्ट गोडशे की पुस्तक 'माझा प्रवास' का हिंदी में अनुवाद भी किया है। बंगला बहुत अच्छी जानते हैं, प्रसिद्ध उपन्यासकार शरत् चन्द्र चटर्जी की संगत कर चुके हैं। अंग्रेजी जानते ही हैं, संस्कृत के ढेरों श्लोक कण्ठस्थ हैं, तमिल से भी परिचय है। साहित्यिक जीवन के प्रारम्भिक दिनों में 'तस्लीम लखनवी' के नाम से लिखते थे, जिससे बहुत से लोग - नाम के अलावा ज़बान की रवानी देखकर - उन्हें उर्दू का लेखक समझते थे।

नागरजी की विद्वत्ता भाषाएँ जानने तक सीमित नहीं है, वे अनेक भाषाओं के साहित्य से अच्छी तरह परिचित हैं। कथा - साहित्य तो वे पढ़ते ही हैं उसके अलावा पुरातत्व और इतिहास से उन्हें खास दिलचस्पी है। वे एक खानाबदोश, गैर-अध्यापक विद्वान हैं जिनका दिमाग अद्भुत जानकारियों का पिटारा है।

एक कार्ड में परम उत्साहित होकर लिखते हैं: "चोरी करो, डाका डालो, भीख माँगो, पर डी. डी. कोसाम्बी का 'ऑरीजिन आव ब्रह्मन गोत्राज़' अवश्य पढ़ो।" (बंबई 8 मार्च, 52)

ब्राह्मण गोत्रों के संसार से वे अवध के नवाबों की दुनिया में पहुँच जाते हैं और इतिहास तथा जनश्रुतियों का तालमेल बिठाते हुए लिखते हैं: "मछली के संबंध में गार्डन आव इंडिया नामक पुस्तक में पढ़ा कि प्रथम नवाब सआदत खाँ यह निशान लाए थे, उन्होंने लखना अहीर की गढ़ी को यह नाम दिया। एक यह किंवदन्ती पहले सुनी थी कि मच्छी भवन में 26 कमरों के दरवाजों पर 52 मछलियाँ बनी थीं, उसी से यह नाम पड़ा। लेकिन एक बात है, सआदत खाँ ईरानी शिया इसे कहाँ से लाए। मुगलों के निशान में एक 'माही' भी है, पर ये माही सीधी होती है। मेरा विश्वास है ये अवध में सआदत खाँ से पुरानी है।" (लखनऊ, 9 अक्तूबर, '56)

नागरजी को इतिहास से प्रेम है और इतिहास में भारत के इतिहास से, भारत के इतिहास में अवध के इतिहास से और अवध के इतिहास में राजा बेनीमाधो और हज़रत महल के इतिहास से उन्हें विशेष प्रेम है। अवध के इतिहास की जितनी गहरी जानकारी नागरजी को है उतनी, मेरी परख के अनुसार, किसी इतिहासकार को नहीं है। जानकारी के अलावा उनकी मर्म-दृष्टि तथ्यों की तह के नीचे सत्य की भागीरथी का पता उस सहज बुद्धि से लगा लेती है, जो उनके कलाकार की विशेषता है।

'शतरंज के मोहरे' नाम का ऐतिहासिक उपन्यास लिखते हुए उन्होंने एक सदी पहले के इतिहास के बारे में लिखा था : " उपन्यास का पहला परिच्छेद मैंने सन् 1822 ई. में - गाजीउद्दीन हैदर के काल में देखा है। मुझे अपने देश की दशा देखने

को मिल जाती है। गदर अंग्रेज़ों की सेना में हुआ, क्रांति अवध, बुन्देलखण्ड और बिहार के किसानों और स्त्रियों में उदय हुई। गदर में सामंतों की नेताशाही का अंत हुआ। उसे पूरे रंग में देखना मैंने आवश्यक समझा, इसलिए कथा का सूत्र उस काल में उठाया है जब शाह अवध के बेटे नसीरुद्दीन हैदर का बेटा हुआ है। दादा कहता है ये मेरा पोता नहीं। दादी पोता कहती है। बाप कभी कहता है कि मेरा बेटा है, कभी इनकार करता है। इस राजनीति में वह औरत जो बच्चे की माँ है - समाज की फब्तियों का शिकार है। भैयो, लक्ष्मीबाई और हज़रतमहल, कानपुर की तवायफें, अवध, बुन्देलखण्ड और जगदीशपुर की स्त्रियाँ - कुछ यों ही न निकल पड़ी होंगी। जाने किन-किन अत्याचारों की घुटन में विद्रोह का एक ज़बर्दस्त बहाना पाकर दुर्गा रणचण्डी बन निकली है। देखो यार, मेहनत अपनी, आगे राम मालिक है।" (लखनऊ, 31 दिसम्बर, '56)

इतिहास में नागरजी को देश की त्रस्त जनता के दर्शन होते हैं। उनकी निगाह समाज के उन वर्गों पर जाती है, जिनमें विद्वान लोग वीरता की कल्पना भी नहीं करते। स्त्रियों की समस्याओं, उनकी अपार शक्ति और वीरता, उनके रीति-रिवाज और विश्वासों के वे अनुपम चितेरे हैं। वर्तमान समाज की व्यापक जानकारी के बल पर वे इतिहास को परखते हैं और इतिहास की परख के बल पर वे वर्तमान का तानाबाना सजाते हैं। अवध से उनका प्रेम देखकर ईर्ष्या होती है। 'गदर के फूल' जैसी पुस्तक वही लिख सकते थे। अट्ठारह सौ सत्तावन में जहाँ-जहाँ लड़ाइयाँ हुईं थीं, वहाँ जाकर बूढ़ों को खोजकर, उनसे किंवदन्तियाँ संग्रह करके, बोली - बानी की सजीव नकल करते हुए, जीवित पुरुषों के रेखाचित्रों से इतिहास की स्मृतियों का समन्वय करके नागरजी ने इतिहास - दर्शन के साथ ललित कला के आनंद की सृष्टि भी की है। जिस वर्ष वह पुस्तक लिखी थी, उन्होंने एक पत्र में अवध का यह मूल्यांकन किया था : "1857 ई. में अवध देश (की) सब नाड़ियाँ छूट जाने के बाद भी भारत का वज्र कठोर कोमल फूल सा हृदय बन कर धड़कता रहा।" (लखनऊ, 25-26 अप्रैल, '57)

नागरजी में सबसे बड़ा गुण यह है कि वे अपने पात्रों में घुलमिल कर अपनपौ खो देते हैं। उनका कलाकार दूसरों के अस्तित्व में ही अपने को पहचानता है। वे पात्रों के नख-शिख, बोली- ठोली की विशेषताओं के अलावा उनके मन में पैठकर उनकी आशाओं-आकांक्षाओं के साथ साँस लेते, दुख सहते और संघर्ष करते हैं। नागरजी की ससुराल और ननिहाल आगरे में है। ससुराल की बैठक की छजली पर जमने वाले गोकुलपुरे के ठठेरों की बातचीत सुनकर उन्होंने यहाँ की लोक-संस्कृति को आत्मसात कर लिया है। यहीं की उपज है 'सेठ बांकेमल' जिसमें बास्सा साजहाँ

ने अपनी मलिका मुमताजमहल से कहा था- रोवै मती ना मेरी जान, तेरी आँखों का सुरमा बहा जाय है।

जिस प्रतिभा से लोक-कथाएँ गढ़ी जाती हैं, नागरजी के पास उसका अक्षय भण्डार है। वे सुनते हैं, गढ़ते हैं, पात्रों की तरह बोलने लगते हैं, यथार्थ जीवन और कथा का भेद मिट जाता है, जीवन में इतना रस है, लोगों की बातें इतनी दिलचस्प हैं, उनका जीवन इतना रोचक है, नागरजी उसी में रम जाते हैं। गली-टोले-मोहल्ले, नौजवान, बूढ़े, प्रौढ़ा, मुग्धा, स्वकीया, परकीया, बुद्धिजीवी, व्यवसायी - इनके जखीरे हैं उनके कथा - साहित्य में। 'बूँद और समुद्र' - लखनऊ के सामाजिक जीवन का चंद्रकांता, 'शतरंज के मोहरे' - इतिहास में नागरजी की ऐयारी का नमूना, 'सुहाग के नूपुर' - दक्षिण प्रदेश के प्राचीन जीवन की भीनी सुगन्ध, 'महाकाल' - अकाल के भयावह दृश्य, 'नवाबी मसनद' - लखनऊ के नीम सर्वहारा कादिर, पीरू की दुनिया, 'सेठ बांकेमल' - आगरे की दालमोठ की तरह एकदम स्थानीय रंग लिए हुए, पचीसों रेखाचित्र, कहानियाँ, व्यंग्यकथाएँ - दुर्भाग्य से नागरजी का समस्त साहित्य एक जगह प्रकाशित नहीं हुआ जिससे उसके अधिकांश पाठक उनकी कड़ी मेहनत, उनके साहित्य की विविधता, प्रसार और प्राणवत्ता का अंदाज़ नहीं लगा पाए। यद्यपि यह सर्वसम्मत सत्य है कि वे हास्यरस के लेखक हैं, तथापि हास्य के अलावा उन्हें अन्य अनेक रस भी सिद्ध हैं। हास्य और शृंगार का घनिष्ठ संबंध तो भरतमुनि के जमाने से प्रसिद्ध है। नागरजी मेरी मतिराम ग्रंथावली वापस नहीं करते, इस कारण कि उसमें वे नायिका भेद का अध्ययन कर रहे हैं। वात्स्यायन के कामसूत्र की प्रशंसा करना आरंभ करते हैं, तो मालूम होता है, आदिकाव्य की व्याख्या कर रहे हैं! अद्‌भुत, बीभत्स और करुण में वे प्राय: अद्वितीय हैं। ' बूँद और समुद्र' की ताई और उस शमा के चारों तरफ उड़ने वाले परवाने मेरी बात का प्रमाण हैं। 'ये कोठेवालियाँ' में बद्रे मुनीर के गले हुए विकलांग तन का चित्र और लूलू तथा उसकी गृहस्थ वेश्या की कहानी मन को ऐसा झकझोरती है कि कला और रस की कल्पना ही हवा हो जाती है। इसमें संदेह नहीं कि नागरजी जहाँ बड़े हैं, वहाँ वे विश्वसाहित्य के बड़ों-बड़ों में हैं।

नागरजी को जब याद आ जाता है कि वे हाई स्कूल पास हैं, यह जमाना विश्वविद्यालय के डिग्री प्राप्त कलाकारों का है, उन्हें कुछ मनोवैज्ञानिक या समाजशास्त्रीय गहराइयों में भी उतरना चाहिए तभी सज्जन, महिपाल आदि बुद्धिजीवियों के गवेषणात्मक व्याख्यान आरंभ हो जाते हैं और इन पात्रों के भाषण से संतुष्ट न होकर नागरजी स्वयं भी मंच पर उतर आते हैं और अपनी तर्कपूर्ण (अर्थात् तर्कातीत) शैली से कला को मूक, निरुपाय, मर्माहत कर देते हैं, और चूँकि

ज़िद्दी हैं, क्या मजाल, कोई 'बूँद और समुद्र' का एक वाक्य भी उनसे कटवा दे!

जब उन्हें अपने अस्तित्व का बोध होता है और हाई स्कूल पास वाला भाव चला जाता है, तब वे ऐसे नैसर्गिक कलाकार की तरह व्यवहार करते हैं कि उनकी हर बात में, हर शब्द में रस रहता है। बम्बई में पहली शाम जो मैंने उनके साथ बिताई, वहाँ के फुटपाथों की जिंदगी के जो किस्से उन्होंने सुनाए, बंबई में भटकने, सिनेमा की दुनिया में सर उठाने के संघर्ष की जो कहानी सुनाई, वह सब जीवित साहित्य थी। रूस से लौटने पर कुछ मित्रों के बीच वे तीन घंटे तक अपने संस्मरण - हास्य रस के साथ विभिन्न व्यक्तियों के रेखाचित्र, बीच-बीच में नाटक का मज़ा उनके संवाद और अभिनय में - सुनाते रहे और श्रोता सब मंत्रमुग्ध हो गए उनकी स्मृति पर, अनुभव को सजीव करने की कला पर, उनकी सहज वर्णन शैली पर। हाँ, कहीं आपने हिंदी के मामले में नागरजी को अनजाने भी छेड़ दिया, तो दो-एक घंटे तक आपको उनकी सतेज वाणी की ऐसी आँच सहनी पड़ेगी कि आप समझेंगे, हिंदी के परम शत्रु आप ही हैं।

वैसे नागरजी को क्रोध कम आता है। क्रोध न आना चाहिए, इस बात को वे जानते हैं। क्रोध जब आता है तब वे विवश हो जाते हैं, लेकिन थोड़ी देर के लिए। ज्यादा समय तक क्रोध आता है उन्हें अपने ऊपर, यह सोचकर कि क्रोध आया क्यों था। दरअसल क्रोध ही नहीं, अन्य भाव भी बड़ी गहराई से घुमड़ते हुए उठते हैं और धमाके के साथ फूटते हैं। कहना चाहिए, उन्हें जब-तब भावात्मक विस्फोट होता है, और मेरी समझ में उनके सहज, सरस विनोदी स्वभाव को स्थायी भाव का रूप देने में ये विस्फोट बड़े उपयोगी सिद्ध होते हैं। अस्थायी भावों की गैस निकल जाने के बाद उनका चित्त फिर पहले की तरह शांत और निर्मल हो जाता है।

नागरजी हिंदी के उन थोड़े से कलाकारों में हैं, जो साहित्यिक जीवन के प्रारंभ में दो-एक अच्छे उपन्यास लिखकर बुझ नहीं गए। उनकी कला बराबर निखरती रही है, उनके अनुभवों का पिटारा बराबर भरता रहा है, उनकी समझ बराबर पकती रही है। वैसे तो कला उनके समस्त परिवार में व्याप्त है - एक भाई प्रसिद्ध चित्रकार हैं, दूसरे भाई फोटोकार। दोनों लड़के - लेखक - फोटोकार - अभिनेता सब कुछ हैं। बड़ी लड़की सुंदर रेखाचित्रों में मोहल्ले की कहानियाँ लिख चुकी है; छोटी लड़की अभी विद्या प्राप्ति की सीढ़ियों पर है। नागरजी के घर का वातावरण पंचायती है। यद्यपि वे भाइयों में सबसे बड़े हैं, कुलपति हैं फिर भी उनका रोब - दाब जितना मित्रों पर है, उतना घर वालों पर नहीं। मातृ सत्तात्मक समाज व्यवस्था में अनेक गुण हैं और श्रीमती प्रतिभा नागर खानाबदोश विद्वान पंडित अमृतलाल नागर के जीवन में अडिग शिला के समान हैं। अत्यंत प्राचीनता प्रेमी परिवार में पलकर भी उन्होंने

अदम्य साहस से लखनऊ में वेश्या जीवन बितानेवाली बहनों के उद्धार के लिए अथक परिश्रम किया है। अब यदि यह परिश्रम बंद हो गया है तो इसका श्रेय नागरजी को है, प्रतिभाजी को नहीं। गृहस्थी में जो हारी - बीमारी आती है, उसका सामना प्रतिभाजी को ही अधिक करना पड़ता है, नागरजी का ज्यादा समय चिंता करने में बीतता है। वे जब कभी - कभी नागरजी को मेरे सामने डाँटती हैं या मुस्कराते हुए उनकी शिकायत करती हैं, तब नागरजी की मुद्रा देखते ही बनती है और मुझे तो इसी जीवन में स्वर्गिक आनंद की प्राप्ति हो जाती है।

नागरजी सैलानी जीव हैं खुले हवादार कमरों में भी बंद रहना उन्हें पसंद नहीं। वे अधिकांश भारत का भ्रमण कर चुके हैं और एक बार विदेश यात्रा भी कर आए हैं। भांग का समुचित प्रबंध न होने से जल्दी ही लौट आए थे। लोगों से मिलने में उन्हें सहज आनंद मिलता है। इस मिलने-जुलने के साथ वे हवा में सूँघते रहते हैं कि कहीं से पुरातत्व की गंध तो नहीं आ रही। लखनऊ में लक्ष्मण टीले को लेकर उन्होंने इतना हल्ला मचाया कि कुछ लोगों ने उनका नाम ही टीला खोद नागर रख दिया। कठपुतलियों से लेकर नैमिषारण्य के कथावाचकों तक उनकी जिज्ञासा अपार है। पुराणों के बारे में उनकी जानकारी असाधारण है। उनके साथ थोड़ी देर बात करने पर भी आपको लगेगा कि आप भारत की लोक-सांस्कृतिक परम्परा के सजीव सम्पर्क में आ गए हैं। इस परंपरा में देवकीनंदन खत्री का महत्त्वपूर्ण स्थान हैं। नौटंकी से लेकर तिलस्माती - ऐयारी - जासूसी उपन्यासों और कथा पुराण तक उत्तर प्रदेश की जनता ने जो कुछ पढ़ा या सुना है, वह सब नागरजी ने पढ़ा और गुना है। उनके सोचने-विचारने के ढंग पर, उनकी गद्यशैली पर इस सब पढ़े - गुने की छाप है। अट्ठारह सौ सत्तावन पर मेरी पुस्तक से प्रसन्न होकर उन्होंने लिखा था : "तुम सचमुच गदर तिलस्म के देवकीनंदन खत्री हो।" (लखनऊ, 23 मार्च, '58)

साहित्य के कल्पना - लोक और आस-पास के सजीव संसार के बीच नागरजी के लिए कोई मैकमोहन रेखा नहीं है। वे आसानी से इस पार से उस पार आते-जाते रहते हैं। वे अक्सर अपने पात्रों के लहजे में भी बातें करते हैं। 'नवाबी मसनद' के नवाब साहब के लहजे में : "इस समय रात के सवा नौ बजे हैं और हम उसके बिना तड़प रहे हैं।" (लखनऊ, 25 मार्च, '58) किसी को गलतफहमी न हो, इसलिए यह लिख देना आवश्यक है कि नागरजी की तड़प महज़ एक किताब के लिए है जिसे उनके एक मित्र उठा ले गए थे!

यह सुनकर कि मैंने अंग्रेजी में कोई किताब लिखी है, नागरजी बतर्ज सेठ बांकेमल फर्माते हैं: "भैयौ तैने रंगरेजी में पोथी लिख मारी! तैने तो कमाल किया मेरे यार! मैं तुझे बड़ी-बड़ी स्याबासी दूँ हूँ। मैं तेरे को तमिल का भौत भड़िया खिताप

दे रह्या हूँ : मुट्टाड़। वैसे मुट्टाड़ तो तू सदा का है ही।" (मद्रास, 10 जून, '46) कभी चलते-चलते देहाती लटका मार जाते हैं : "गोहूँ डेढ़ सेर का हुइगा भैयन! सियाविल राम चंद्र की जै।" (6 जुलाई, '48)

नागरजी सम्पादक भी रहे चुके हैं, 'चकल्लस' के, 'नया साहित्य' के। बंबई जैसे शहर में रहते हुए भी नया साहित्य की तरफ से संपादकीय तकाज़े में वे अपनी देहाती बान नहीं भूले : "चिट्ठी को तार मानना, थोड़ा लिखा बहुत समझना।" (बंबई, 18 जून, '45)

नागरजी बहुत अच्छे दोस्त हैं। मेरा उनका साथ तीस साल का है। बहुत-सी बातों में मतभेद रहा है, अब भी है। इससे दोस्ती में फर्क नहीं आया। मित्र के रूप में उनकी एक विशेषता यह है कि कटु आलोचना करने में वे कभी नहीं झिझकते। पूछे बिना भी राय देते हैं और हमेशा दिल की बात कहते हैं। श्री भगवतीचरण वर्मा के एक उपन्यास की मेरी ध्वंसात्मक आलोचना पर नागरजी ने यह टिप्पणी की थी : 'जनवाणी' में टेढ़े-मेढ़े रास्ते की रिव्यू देखी। एक जबर्दस्त शिकायत भी हुई। जब तुम्हारे पास ठोस तर्कों की कमी नहीं, तब गंदी कीचड़ उछाल की टेकनीक क्यों अपनाते हो? बम्बई टाकीज के असफल लेखक या लीडर प्रेस का इतिहास दर्शन टेढ़े-मेढ़े रास्ते से कोई संबंध नहीं रखता। तुम्हें क्यों इस किस्म की बहस की ज़रूरत महसूस हो? इससे कोई खास मकसद भी नहीं हासिल किया। आलोचना व्यर्थ ही अपनी तेजी खो बैठती है। तुम्हारे ऐसे गंभीर और विचारवान आलोचक से यह छिछोरापन पाना किसी तरह भी न्याययुक्त सिद्ध नहीं किया जा सकता। (लखनऊ, 22-29, अगस्त ' 48)

नागरजी जो बात कहते हैं, वह बेलौस होती है और उसे वे मुँह पर कहते हैं। मुझसे ही नहीं, बरसों से बहुतों से उनकी दोस्ती है, शायद उसका रहस्य यही है। वे अपनी पीढ़ी के तमाम लेखकों को जोड़ने वाले, और नई और पुरानी पीढ़ी के बीच की कड़ी हैं। बहुत पहले 'चकल्लस' के दिनों में उनका घर - 'चकल्लस' का दफ़्तर - निरालाजी, बलभद्र दीक्षित पढ़ीस, नरोत्तम नागर, ज्ञानचन्द जैन आदि नए - पुराने साहित्यिकों के जमघट के लिए अड्डा बन गया था। तब से उनकी वह चुंबक - शक्ति बराबर बढ़ती गई है।

और व्यवसाय बुद्धि उनमें न पहले कभी रही, न अब है। फिल्मों की दुनिया में रहे, आकाशवाणी में काम किया। हर जगह पंडितजी की आवभगत रही। लेकिन पंडितजी महास्वाभिमानी, नाक पर मक्खी बैठी नहीं कि छड़ी उठाकर फाटक के बाहर हुए। इसलिए हिंदी पर और हिंदी लेखक पर जो बीतती है, उसे नागरजी आपबीती के रूप में महसूस करते हैं। निरालाजी का देहांत होने पर उन्होंने जो

खीझकर लिखा था कि हिंदी के समस्त लेखक एक साथ दिवंगत हो जाएँ, उसका रहस्य यही है। लेखक बनकर स्वाभिमान के साथ जीवित रहना हिंदी साहित्य संसार में जरा मुश्किल काम है। नागरजी सब कुछ झेलते जाते हैं, उनकी अदम्य सृजन-चेतना विघ्न-बाधाओं को पार कर जाती है, उनकी क्रीड़ा कुतूहल - वृत्ति उदासी के बादलों को बिखेर देती है, फिर भी काफी दिनों से, बीच-बीच में, थकान के, पस्ती के, गिरकर चूर होने के स्वर भी सुनाई देते हैं। नागरजी पाठकों को जितना सुख देते हैं, उसके पीछे काफी थकान, और उनके खिलाफ उनका अनवरत संघर्ष है।

जिस पत्र में उन्होंने मुझे डाँट बताई है (टेढ़े-मेढ़े रास्ते आलोचना के लिए), उनमें उनकी परेशानियों और संघर्ष की झलक देखते ही बनती है। पत्नी बीमार है : "प्रतिभा को आराम करने पर मजबूर किया गया है। एक्स-रे, स्टूल - ब्लड परीक्षा हो गई। यों तो पूरी तौर पर सुरक्षित हैं, मगर कमज़ोरी से निगाह नहीं चुराई जा सकती। एक्स-रे से भी यही जाहिर है। घर में कामकाज की नई व्यवस्था - अंतरिम सरकार की तरह भूकम्प क्षेत्र से गुज़र रही है। मगर हम बगिया लगाने पर डटे हैं भैया।"

और नागरजी परेशानियों से लड़ते हुए खिड़की से बाहर देखते हैं: "बरसात में धानी चमक और साँवली सी सजी हुई हरियाली मीलों तक से अंतरिक्ष को खींचे हुए बाँध रही है। हमारे सामने कम्पनी बाग है जो अब महात्मा गाँधी की स्मृति में ढिंढोरों के भोपुओं से महात्मा गाँधी पार्क कहलाता है।"

फिर उन्हें चुहल सूझती है, और कुछ-कुछ नवाबी मसनद के लहज़े में बोलने लगते हैं : "मलका टूरिया की मूरत उसी तरह डटी है - निस्तब्ध शांत। आज भी एक बुड्ढा हर गुरुवार को फूल का दोना चढ़ाने आता है। मच्छी भवन और इमाम बाड़े की बुर्जियों और मस्जिद के दिखलाई पड़ने वाले हिस्से भी अपने पुरानेपन के साथ कुदरत से हिलमिल गए हैं। एक तरफ घंटाघर है - एक बड़े ही अच्छे व्यू मूसरचंद की तरह लगता है - फिर भी अपना एक व्यक्तित्व रखता है। उसकी अपनी विशेषता है।"

इसके बाद अचानक थकान की आवाज़ : "हमारे सामने की सड़क अब थक गई है भैया। बेहद थक गई है। गो तमाम पुरानेपन में जिंदगी का पुराना ढाँचा अब भी कायम है; मगर जमाना बदल चुका है। सलवार, ढीले पजामे, सिंधी पंजाबी पड़ोसी, और लड़ाई - महँगाई - आज़ादी की छाप स्पष्ट है। हमारे कादिर, पीरू अब उतने निश्चित और मस्त नहीं रहे। हालाँकि अब भी बरफ और तम्बाकू उसी तरह बिकती है, मगर चर्चे अब नहीं होते। लड़ाई का दौर दौरा हर तरफ है। फिर भी पुरानी फ़िज़ा कभी-कभी भूलकर बहार दिखा जाती है। एक दिन खयाल - चौबोले हो गए, एक दिन तीतरों की लड़ाई हो गई, शहज़ादी कबड़िन हज करने गई तो हिना के इत्र और

हारों का ज़ोर हो गया - यह सब हुआ मगर मेरी नवाबी मसनद सूनी ही रही।"

फिर थकान की बात: "शायद अपने में भी अब मज़ाक का हौसला कम पाता हूँ। मन के किसी कोने में थकान जड़ जमा चुकी है। जी चाहता है, मर जाऊँ। काम, फ़र्ज़ सब भार लगता है - हौसला बुझ गया है। फिर भी जिंदगी अपनी आन पर डट जाती है। बात बिगड़ने पर बनाने की इच्छा हज़ार अड़चनों से घिरी रहने पर उसे तोड़ने के लिए ज़िद के साथ आगे बढ़ती है। मगर यह चिढ़ - चिढ़ कर हौसला बढ़ाना सच्ची स्फूर्ति और शांति नहीं देता। हर बार मन पर उस खीझ का स्थायी प्रभाव पड़ता है - बात या काम बन जाने की सफलता ऊपरी और खोखली हो जाती है, फिर भी बढ़ तो रहा ही हूँ।"

घर की बात सोचते हैं। अपने हौसले पस्त होते देखते हैं, कादिर, पीरू, मलका टूरिया और थकी हुई सड़क देखते हैं, और नागरजी फिर आगे बढ़ चलते हैं। ये बातें सन् 1948 की हैं।

दो साल बाद : "पैसे की समस्या मैंने समझा था कि हल हो गई, परंतु विधिना के विधान में अभी मेरे लिए बोनस छोड़कर खरी मेहनत के पूरे पैसे भी नहीं पास हुए। खैर, अब इस मुस्तकिल फिक्र को लेकर कहाँ तक बुखार चढ़ाऊँ। यह जरूर है कि अब इस अनिश्चित जीवन को लेकर कहीं थक गया हूँ। काम उतना नहीं कर पाता जितना कि करना चाहता हूँ। बहुत खींचना पड़ता है।" (लखनऊ, 11 अक्टूबर, 250)

इस देश में वह दिन कब आएगा जब नागरजी जैसे लेखकों को खींचना न पड़ेगा, जब अनिश्चित जीवन की चिंताओं से उन्हें असामयिक थकान का अनुभव न होगा?

छह साल बाद आकाशवाणी में काम करना छोड़ दिया और अपनी नई अनिश्चित जिंदगी पर हँसते हुए लिखा: "तुम्हारे कार्ड का उत्तर देने में आवश्यकता से अधिक विलंब हो गया। मन मकड़ी के जाल में फँसा हुआ था। चाकरी के टूटे तार को जोड़कर नया सूत कातने के लिए बंधुवर नरेन्द्रजी ने बड़ा प्रयत्न किया, दोनों तरफ सँभाला, पर गल्ल बणी नई जी। किसी डगर - चलते महाकवि ने क्या खूब कहा है कि 'दिल-फटे मिल जाएँगे हिरदै-फटे मिलते नहीं।' दिल शब्द में रोमानियत 'हृदय' में असलियत। खैर, थोड़ा लिखा बहुत जानना। सो, इस फेर और नए जमाव के लिए तैयारी करने में ही मन को फुरसत न मिली। क्षमा करना।"

सूत, फिर सूत्रधार, फिर कठपुतली। नागरजी उसी पत्र में उमंग से कठपुतलियों की चर्चा छेड़ देते हैं। भरत के नाट्यशास्त्र, वात्स्यायन के कामसूत्र, मिस्त्र, यूनान और जावा की कठपुतलियों का हवाला देने के बाद वे राजपूत काल से चलते हुए

शिवजी के प्रागैतिहासिक युग में पहुँच जाते हैं : " एक किंवदन्ती मिली : सुनते हैं शिवजी - योग और कलाओं के खुदा-एक कठपुतली पर रीझ गए थे, उन्होंने सारे देवताओं को उसमें उतार दिया। इस तरह कठपुतली बनकर पहले देवता नाचे बाद में राजस्थान के राजा। हमारे यहाँ 'ओढरी' गुलाबो और 'ब्याहता ' शिताबो का नाच भी प्रचलित है। यों आज का जमाना कठपुतलियों के नाच की भर जवानी का है। मानते हैं?" (लखनऊ, 14 सितम्बर, ' 56)

फिर भी अनिश्चित जीवन की थकान उन्हें समय-समय पर सताती रही।

दो साल बाद जब कुछ मित्र आगरे से 'समालोचक' पत्र निकाल रहे थे - नागरजी ने बराबर लिखने का वादा किया था, लेकिन वादा पूरा न कर पा रहे थे। मेरे एक शिकायती पत्र के बाद उन्होंने शिष्टता का अग्निबाण फेंकते हुए लिखा था : "डॉक्टर साहब, आपने मनों बोरियों लदा ठेला खींचने वाले बैल को देखा है कभी? चलते-चलते धूपभरी तपती सड़क पर टाँग पसार कर लेट जाए तो, आप क्या कर लीजिएगा? संदेह कीजिए, मारिए, गालियाँ दीजिए, भीड़ लगाकर सबके सामने उसे ठुकराइए - वह उठ नहीं सकता, हाँफ-हाँफ जाता है, आराम चाहता है। इस समय तुम्हारी जैसे अनेक शिकायतों भरी चिट्ठियाँ मेरे पास हैं। बंबई से चि. रतन का अचरज भरा, प्रश्न भरा पत्र आया है। कलकत्ता के एक संपादक मित्र ने लिखा है, क्या आप किसी के बहकावे में आकर हमको पत्र का उत्तर नहीं देते, रचना नहीं देते।"

इसके बाद एकदम हैमलेट की आवाज़ में : "तुम्हारी कसम, हम इस समय हाँफ-हाँफ कर जी रहे हैं। उसे ही बटोरकर एनर्जी बनाते हैं - लिखते अवश्य हैं पहले उपन्यास फिर रफ़्ता - रफ़्ता एकाध फरमाइश।"

और पत्र के अंत में : "बड़ी महँगाई है रामविलास, हमें 'महाकाल' याद आ रहा है, उसके चित्र चारों ओर डोल रहे हैं : महँगाई एक प्रश्न बन गई है।" (लखनऊ, 9 सितम्बर, ' 58)

यह सब तो आपसी पत्र व्यवहार में। 'सारिका' (सितंबर 1962) के एक लेख में उन्होंने सरेआम कबूल किया : "अब तो यह जानता हूँ कि आत्महत्या कर नहीं सकता, इसलिए नियत आयु तक जीना है। काम न करूँ तो जीऊँ कैसे?"

नागरजी अभी सिर्फ अड़तालीस साल के हैं। थकान और हंफनी की बातें असामयिक हैं लेकिन निराधार नहीं हैं। थकान मानसिक है, शारीरिक भी, लेकिन उनकी रचनात्मक प्रतिभा पर उसकी छाया भी नहीं पड़ती। उनके साहित्य की ताज़गी बढ़ रही है, घटने का सवाल नहीं है। उन्होंने जितना, जो कुछ लिखा है, उससे अधिक और अच्छा अभी और लिख सकते हैं और यूरोप की भाषा में जिन्होंने गद्य

में जो कुछ अच्छे से अच्छा लिखा है, उससे स्पर्धा करने की ताकत नागरजी में है। इसीलिए मुझे उनके जीवन में ऐसा निजी और गोपनीय कुछ नहीं दिखाई देता जिसका संबंध कहीं न कहीं हिंदी भाषा और साहित्य की प्रगति से न हो।

उनकी कुछ परेशानियाँ तो ऐसी हैं, जो हमारे समाज के प्राय: सभी आदमियों के हिस्से में आती हैं। किंतु इनसे अधिक झकझोरती हैं, उन्हें उनके अनिश्चित जीवन की परिस्थितियाँ- स्वाधीन भारत में एक स्वाभिमानी, न बिक सकने वाले, न समझौता कर सकने वाले हिंदी लेखक के अनिश्चित जीवन की परिस्थितियाँ। यहाँ उनका जीवन बहुत से हिंदी लेखकों की जिंदगी का प्रतीक बन जाता है। शायद यहाँ हम उनका भार हल्का करने के लिए कुछ कर भी सकते हैं। हिंदी लेखक बोनस नहीं चाहता, महज़ अपनी मेहनत की मज़दूरी चाहता है, इन्साफ और ईमान से दी हुई मज़दूरी । क्या ही अच्छा हो, बड़े-बड़े प्रकाशक हर साल यह भी प्रकाशित कर दिया करें कि अपने लेखकों को रायल्टी के हिसाब में उन्होंने क्या दिया। शायद हिंदी का विशाल बाज़ार देखते हुए उन्हें कुछ शर्म आए, शायद लेखक ही खुद सहकारिता की तरफ बढ़ें, सहयोगी प्रकाशन खोलकर अपनी पुस्तकें छापने - बेचने का प्रबंध अपने हाथ में ले लें। नागरजी का जीवन हिंदी पाठकों, लेखकों और समस्त हिंदी प्रेमियों के लिए एक चेतावनी है, जिसका अर्थ समय रहते उन्हें समझ लेना है।

हाई स्कूल पास पं. अमृतलाल नागर को जिंदगी के विश्वविद्यालय से सब डिगरियाँ मिल चुकी हैं। किंग लियर की तरह परिस्थितियों ने मरम्मत करके उनका नख - शिख दुरुस्त कर दिया है। अब न एक आँच की कसर है, न दो की; वे खूब तप चुके हैं और हिंदी की सेवा करने लिए पूर्ण योग्यता प्राप्त हैं। 'सारिका' में अपनी एक तमन्ना के बारे में उन्होंने लिखा था : "मेरी एक तमन्ना जरूर है, एक दिन अपनी किताबों की रॉयल्टी पर ही निर्वाह करने लायक बन जाऊँ। जी चाहने पर किताबें खरीद सकूँ, घूम सकूँ।... सच पूछो तो बस एक ही साध है, लिखते-लिखते कोई ऐसी चीज़ कलम से निकल जाए कि मैं सदा के लिए इंसान के दिल में जगह पा लूँ।"

मुलाहिजा हो, यह हौसलापस्त लोगों का हौसला है!

धर्मयुग, अगस्त, 1964

जात्रा नाटक

रामविलास शर्मा

एक बार हास्य रस के प्रसिद्ध लेखक श्री अमृतलाल नागर मुझसे बेहद नाराज हो गए थे। बात कुछ नहीं थी लेकिन उनका गुस्सा दरअसल सब हदें पार कर गया था।

हम तीन लेखक दक्षिण भारत की यात्रा के लिए तैयार हुए। हास्यरस के उपर्युक्त प्रसिद्ध लेखक, एक कम प्रसिद्ध कथाकार - राजेन्द्र यादव और बदनाम आलोचक - मैं। हम तीनों में श्री अमृतलाल नागर ही दक्षिण में काफी दिन रह चुके थे। दक्षिण की यात्रा करने के लिए विशेष प्रोत्साहन उन्होंने दिया था। एक कार्ड में उन्होंने तमिल में मेरा नाम लिखकर सूचित किया था, "जानते हो, यह तमिल में तुम्हारा ही नाम लिखा हुआ है। यानी मैं तमिल सीख रहा हूँ। 4 तारीख से बाकायदा मास्टरजी मुझे पढ़ाने आते हैं। आज वर्णमाला पूरी हुई। पढ़ सब लेता हूँ, मगर समझता कुछ नहीं।"

ऐसी साफ बात कहने वाले मुश्किल से मिलते हैं। ज्यादा समझदार ऐसे ही मिलते हैं, जो बिना पढ़े ही सब कुछ समझ लेते हैं। नागरजी बड़े अच्छे पथ-निर्देशक होंगे, यह सोचकर दक्षिण यात्रा के लिए उत्साह प्रबल होता गया। फिर भी यात्रा का मुहूर्त विचारने में विलंब हुआ। नागरजी ने गद्य का भरोसा न करके पद्य में अपील की अथवा यात्रा के लिए मेरा मनोबल दृढ़ किया :

सदा भवानी दाहिने, सुमिरौं सदा गनेस।
पाँच देव रच्छा करें, ब्रह्मा बिस्नु महेस।।
गंगा गौरी पूजके लिखता मन का हाल।
चल दक्खिन की सैर को हे अगिया बैताल।
हे अगिया बैताल चलो दक्खिन को धावैं
माटी खोद निकाल 'सिंहासन बत्तिस' लावैं।।
जनता बिक्रम वीर बैठ दरबार लगावै।

निज गुन को पहचान न्याव कर अतिसुख पावै।।
चलो यार दिलदार सफर होवै सुखकारी।
सुन कर, गुन कर, देख, रचैं पोथी अति न्यारी।।
किला दौलताबाद, अलोरा और अजन्ता।
चलें चिदम्बरपूर जहाँ नटराज नचन्ता।।
मीनाक्षी, मदरास, कुमारी कन्या देखें।
कुछ पुरखों का ज्ञान कुछ अपना अनुभव लेखें।
लिख दिया मन का हाल-
मजूरी करके आता।
पाँच जून की साँझ
चलूँ ले लुटिया छाता।।

इस कविता के साथ कुछ आवश्यक टिप्पणियाँ दी जा सकती हैं। नागरजी पुरातत्त्व के भी विद्वान हैं, इसीलिए मिट्टी से विक्रम के सिंहासन खोद निकालने की बात लिखी है। लखनऊ से लछमन टीले की खुदाई के लिए पुरातत्त्व विभाग की नींवें खोद डालीं, इसलिए वहाँ कुछ लोग उन्हें टीलाखोदू नागर कहने लगे। 'मजूरी करके आता' का अर्थ है साहित्यिक लिखाई का काम पूरा करके, यात्रा के लिए पैसे इकट्ठे करके आता हूँ। अगिया बैताल वाला संबोधन मेरे लिए है।

विजयवाड़ा, मद्रास होते हुए धुर दक्षिण कन्याकुमारी पहुँच गए। संध्या का समय, तीन समुद्रों का मिलन, हिंद महासागर का विराट नीलाभ प्रसार, जून में समुद्र-तट की शीतल हवा, अन्तरीप के छोर पर खड़े हुए लगा, हिमालय के सर्वोच्च शिखर से हम सारा देश देख रहे हैं। राजेन्द्र यादव मारे प्रसन्नता के रेत पर अपनी बैसाखी के सहारे दौड़ने लगे । (शायद ही किसी ने राजेन्द्र यादव को कभी और कहीं भी दौड़ते देखा हो) नागरजी एक चट्टान पर बैठ गए और अपने सर पर - कपड़ों के भीगने की चिंता न करके - समुद्र का पानी उलीचने लगे। नागरजी ने बताया : 'इसी शिला पर स्वामी विवेकानंद बैठे थे।' मैं कभी नागरजी को देखता, कभी हिंद महासागर को। समुद्र, नदियों और झीलों के मिलन के भव्य दृश्य देखते हुए बादलों से ढँकी हुई पर्वत श्रेणी पार करके केरल के कदली वनों के इस पार तेन काशी पहुँचे। पर्वत, झरने, वनों की हरियाली, यहाँ भी सब कुछ सुंदर था। लेकिन यहीं नागरजी मुझसे नाराज़ हो गए।

हम लोग तमिल भाषा के विद्वान् टी. के. सी. के अतिथि थे। उनके यहाँ इडली-कॉफी प्रसंग के बाद साहित्य - चर्चा आरंभ हुई। उन्होंने सस्वर महाकवि कंबन की रामायण के अंश सुनाए। तमिल भाषा से संसार की समस्त भाषाएँ कैसे उत्पन्न हुई

हैं, यह समझाया। हम लोगों में तमिल के विद्वान नागरजी ही थे, इसलिए आचार्य की स्थापनाओं का जोरदार समर्थन उन्हीं पर छोड़ दिया गया। आधुनिक साहित्य की ओर बातचीत मोड़ने के लिए नागरजी ने कुछ बातें मेरी तारीफ में कहीं। मैंने सोचा, यहाँ दोस्त की प्रशंसा करना कर्तव्य है। बोला, "नागरजी हास्य रस के प्रसिद्ध और सिद्धहस्त लेखक हैं। इनका - सा हास्य उत्तर-दक्षिण में ढूँढ़े न मिलेगा।" आचार्यजी नागरजी को पहले से ही जानते थे। सुनकर प्रसन्न हुए।

थोड़ी देर में विदा होकर हम लोग पहाड़ के कटि देश में बनी हुई सड़क पर घूमने निकले। अब नागरजी ने धाराप्रवाह गद्य में भाषण आरंभ किया। क्रोध से आँखें लाल, वाक्य पद पद पर स्खलित, कुछ औपचारिक, कुछ अनौपचारिक, हर तरह के मुहावरे। उनके क्रोध का लक्ष्य उनका विनम्र सेवक, इन पंक्तियों का लेखक। नागरजी के क्रोधमय फूत्कार से वन गूँज उठा, झरनों का कल-कल निनाद, चीत्कार में विलीन हो गया, वृक्षों से अनेक पक्षी शब्द- त्रस्त होकर पंख झाड़कर उड़ चले। राजेन्द्र यादव स्तब्ध! मैं जहाँ बोलने की कोशिश करता, नागरजी के कण्ठ से वाक्यों के नए स्रोत फूट पड़ते।

नागरजी के क्रोध का कारण क्या था? यह रहस्य जानै कोउ - कोउ। कारण मेरी तारीफ थी। मैंने उन्हें हास्य रस का प्रसिद्ध और सिद्धहस्त लेखक जो कहा था। लेकिन इसमें बिगड़ने की कौन-सी बात थी?

मैंने अपनी नासमझी से नागरजी की तौहीन की थी। उन्हें हास्यरस का लेखक कह दिया था। भला हास्यरस का लेखक भी कोई लेखक होता है? हास्यरस के लेखक अक्सर हास्यास्पद हो जाते हैं। मुझे कहना चाहिए था कि नागरजी हिंदी के श्रेष्ठ उपन्यासकार हैं। उस समय तक वह अपना उच्च कोटि का कलात्मक उपन्यास 'महाकाल' लिख चुके थे।

यद्यपि उपन्यास का नामकरण संस्कार मैंने ही किया था, फिर भी, वक्त की बात उस समय याद न आया कि नागरजी 'महाकाल' के बल पर हिंदी के सभी भूत-अभूत कथाकारों को परास्त कर चुके हैं। मैं उनके हास्य रस की प्रशंसा कर गया।

परिणाम यह कि मैंने प्रेमचंद की प्रशंसा में जो कुछ लिखा था, उस सबकी नागरजी ने बखिया उधेड़ दी। यद्यपि मैंने कृश्न चंदर की तारीफ में कभी कुछ न लिखा था, न कुछ लिखने का इरादा किया था क्योंकि मैं नागरजी को मन में हमेशा उनसे बड़ा लेखक मानता था, मानता हूँ और मानता रहूँगा, फिर भी 'महाकाल' के लेखक ने मेरी अलिखित कृश्न चंदर प्रशंसा को भी ध्वस्त कर दिया। इसके साथ ही उन्होंने उन तमाम प्रगतिशील लेखकों की मरम्मत कर डाली, जो इन दिनों मेरी आलोचना करने में तन-मन-धन से लगे थे लेकिन जिन्हें नागरजी समझते थे कि सब

मेरे गुट में शामिल हैं।

मैंने नागरजी को हास्य रस का महत्त्व समझाने का प्रयत्न किया। चार्ल्स लैम्ब, बर्नाड शा, फाल्स्टाफ के सर्जक शेक्सपियर आदि अनेक प्रसिद्ध लेखकों की हास्यरस-सिद्धि का हवाला दिया लेकिन नागरजी अपनी धारणा पर एकदम जमे रहे कि हास्य रस एकदम घटिया रस है।

घंटे भर घूमने के बाद हम लोग अपने अतिथिगृह पहुँचे। नागरजी की क्रोध - गंगा अभी काशी तक पहुँची थी, बंगाल की खाड़ी तक उसे और पहुँचना था। उनकी भाषा का अनर्गल प्रवाह जारी था। यात्रा में अपने साथ मैं एक ही पुस्तक ले गया था - रामचरित मानस। आड़े समय में गोस्वामी तुलसीदास ही काम आए। मैंने बालकांड खोलकर शिव-पार्वती विवाह का प्रकरण आरंभ कर दिया। जहाँ नागरजी ज़ोर से बोलना शुरू करते, मैं और भी ज़ोर से चौपाइयाँ पढ़ने लगता। उनकी बात न मैं सुनता, न राजेन्द्र यादव, न उसे वह स्वयं सुन पाते। किंतु मेरे पाठ बंद करते ही वे फिर चालू हो जाते। यानी 'हास्य रस का प्रसिद्ध लेखक' कहने के कारण मुझे फिर गालियाँ देने लगते। इस कारण मुझे फिर चौपाइयों का सहारा लेना पड़ता और पद्यवाणों से उनके कर्णरंधों को ऐसा बेधता कि वह सचमुच अवाक् रह जाते।

युक्ति और तर्क से परे इस शब्द - प्रतियोगिता में परास्त तो नहीं किंतु नागरजी थक अवश्य गए। झरने में स्नान करने का राजेंद्र यादव कृत प्रस्ताव उन्होंने तुरंत स्वीकार कर लिया।

स्नान के उपरांत उनका शिरोभाग शीतल हो गया, नेत्रों की अरुणिमा तिरोहित हो गई, उनकी अजस्त्र वाग्धारा शब्दहीनता के मौन मरुस्थल में खो गई।

मैंने सहज भाव देखकर पूछा, "कुछ देर पहले क्या हो गया था तुम्हें?"

मधुर सलज्ज स्वर में नागरजी ने उत्तर दिया, "क्या बताऊँ भैयो, आज इडली - कॉफी के चक्कर में भांग रह गई थी। इसीलिए भेजा इतना गरम हो गया था।"

तबसे मैं समझ लेता हूँ, नागरजी सहज भाव में नहीं हैं तो इसका अर्थ है, उन्हें शिवजी का प्रसाद नहीं मिला। वैसे 'महाकाल' लिखने के बावजूद, यह तो आप भी मानेंगे कि वह हास्य रस के सिद्ध लेखक हैं।

धर्मयुग, 10 मार्च, 1963

पर्वत सब कुछ समझता है पर शिकायत नहीं करता

घनश्याम अस्थाना

आगरा के जिस मुहल्ले का मैं निवासी हूँ, उसका नाम है - गोकुलपुरा। इस मुहल्ले की तमाम खासियतों में एक है-उसमें रहनेवाला शायद हर तीसरा आदमी 'नागर' है अर्थात गुजराती ब्राह्मण, अर्थात पुराने वक्तों में सबके आदर और श्रद्धा का पात्र, इस हद तक 'एक्सक्लूसिव' कि एक पुरानी कहावत के अनुसार- 'न किसी ने नागरों का दूल्हा देखा, न मुर्दा!' इनके ब्याह - शादी होती थी तो न किसी अन्य जात-बिरादरी वाले को बुलाने का सवाल था और न ही मातम - गमी में कोई दूसरा व्यक्ति शिरकत कर सकता था। बड़ी ही क्लोज्ड कॅम्यूनिटी थी एक प्रकार से। धर्मप्राण इस सीमा तक हुआ करते थे कि सुबह उठकर स्नानादि से निवृत्त होकर जब मंदिर में जल चढ़ाने जाते थे तो किसी मेहतर आदि पर नज़र पड़ते ही दुबारा घर लौट आते थे और पुनः नहाते थे। प्याज़ - लहसुन की तो बात दूर, टमाटर जैसी सब्ज़ी तक से इसलिए एतराज़ था कि वह देखने में 'गोश्त' की तरह लाल होता है। बीड़ी-सिगरेट का तो कोई सवाल ही नहीं उठता था। तो ऐसे थे 'पुराने टैम' के आगरा के नागर लोग।

अमृतलाल नागर उन शुरू के क्रांतिकारियों में रहे हैं, जिन्होंने अपनी करतूतों से इस बिरादरी की पुरानी परिपाटियों को, उनके तौर-तरीकों को गहरा झटका दिया था। नागरजी ने दिन-दहाड़े अपने वो सभी 'सौख' पूरे किए जो कि उस ज़माने में कोई नागर-कुल- कलंक ही कर सकता था, और उनकी बिरादरी में तो जात - बाहर का भी विधान रहा है। पता नहीं, नागरजी कैसे बच गए।

इस बात का पूरा अंदाज़ा होने पर भी कि नागरजी सौ फीसदी लखनौआ हैं और शामे - अवध पर दिलोजान से निसार हैं, आगरावालों के लिए शायद इससे बड़ी गाली नहीं हो सकती कि 'नागरजी आगरा के नहीं हैं।' अगर आपको विश्वास न हो तो गोकुलपुरा के किसी बुज़ुर्ग ठठेरे से, अहीर से, प्रो. शाहनसीर फ़रीदी से,

या खुद पंडित राजनाथ शर्मा से पूछ लीजिए, जो नागरजी के शब्दों में हैं - (ना) राजनाथ। 'पंडज्जी' वो वो वजनदार सुनाने लगेंगे कि अच्छे-अच्छों को हथियार डालकर भाग जाना पड़े।

नागरजी के लिए आगरावालों का इतना प्यार बेवजह नहीं है। आगरा-मथुरा के साथ उनका रिश्ता काफी पुराना, काफी मज़बूत धागों में पिरोया हुआ है। उन्होंने अपने कहानी-उपन्यासों में आगरा के गोकुलपुरा, राजामंडी में बोली जाने वाली बोली- बानी को अमर बनाया है। उससे कौन यह विश्वास करेगा कि पद्मभूषण पंडित अमृतलाल ठेठ लखनऊ के 'तस्लीम' लखनवी पहले हैं, सेठ बांकेमल की भाषा में आगरा के 'इमरतलाल नागर' बाद को। खैर, जो भी हो, नागरजी आखिरकार नागरजी हैं।

सन् '62 की बात है। रूस से लौटकर नागरजी आगरा आए। राजनाथ शर्मा, नागरजी और मैं रेल की लाइन पार करके डॉक्टर रामविलास से मुलाकात करने गए। दोनों पुराने यार ऐसे मगन जैसे भरत मिलाप हो रहा हो। नागरजी ने ठेठ आगरा की भाषा में अपनी रूस यात्रा के जो संस्मरण सुनाए तो हम लोग 'लहलोट' हो गए।

डॉक्टर साहब ने एक मार्के की बात पूछी, "और भइयो, वहाँ भाँग के बिना गुजारा कैसे किया? " नागरजी ने बड़े भोलेपन और संजीदगी से जवाब दिया, "उसके बिना तो जाने का सवाल ही कहाँ उठै था, रामविलास! हमने तो बिसका चूरन बना के एक बोतल में भर लीना, और जब कस्टमवालों ने टोका तो कह दिया- 'देसी दवाई है, सवेरे-साम पानी के साथ लेनी पड़े हैं...' सब सालों को जवाब ने तरकैट कर दीना... और हम ये ज्जा क वो ज्जा।"

बात काफी पुरानी है। गोकुलपुरा में चौराहे से घटिया की तरफ जानेवाली सँकरी सड़क पर शिवजी का एक मंदिर है - हाटकेश्वरनाथ महादेव। बाहर की तरफ सड़क की ओर तीन दरों के मंदिर के आगे संगमर्मर की छजली है। मंदिर की इसी छजली पर, मैं देखा करता था कि अक्सर सुबह-शाम एक सज्जन बैठा करते थे। सिर पर आड़ी-तिरछी दुपल्ली - टोपी के नीचे से बाहर को झाँकती हुई पतली-सी चुटिया, दुबले-पतले शरीर पर मलमल का कुर्ता और बारीक धोती, पैरों में कभी सलीम शाही तो कभी रबड़ के पंप-शू और हाथ में छड़ी।

मेरा अपना मकान हाटकेश्वर मंदिर के पास ही चौराहे की तरफ है, और नागरजी की ससुरालवाला मकान मंदिर से एक मकान छोड़कर घटिया की तरफ जानेवाली गली के कोने पर। एक बार नागरजी 'मूड' में आकर तमाम पुराने फोटो दिखा रहे थे- देखो, ये किशोरावस्था में मैं हूँ, सिर पर कामदार टोपी लगाए हुए, ये शादी के आसपास तुम्हारी भाभी, ये देखो ये छोटे-छोटे बब्बन, शरद और

अचला!... और इसी क्रम में, बड़े जतन से सहेजा हुआ एक फोटो निकाला। मैंने बार-बार गौर से फोटो देखी और कुछ-कुछ पहचान की मुद्रा में चौंका। उसी समय नागरजी की मीठी, पहेली बुझाती आवाज़ कान में पड़ी, " जानते हो, ये कौन हैं?" और इसके पहले कि मैं अपनी पहेली खुद ही हल करने की कोशिश करूँ, उन्होंने अपने आप जवाब दे दिया, "ये हैं अपने बाँकेलालजी। 'सेठ बाँकेमल' के नायक।"

मैं आसमान से गिरा - अरे, अब समझ में आया। ये तो वही सज्जन हैं जिन्हें अक्सर मैं हाटकेश्वर की छजली पर सुबह - शाम बैठे देखा करता हूँ। उसके बाद जब भी उनको देखता तो अजीब-सी अनुभूति मन में होती - वह मेरे लिए, सारे अपरिचय के बावजूद, अब एक खास आदमी बन गए थे, जिनका सजीव चित्रण एक अमर कथाकार ने शायद हिंदी के प्रथम आंचलिक उपन्यास में किया है। पता नहीं, मुझे 'सेठ बाँकेमल' हास्य रस की कृति कभी नहीं मालूम हुई। 'सेठ बाँकेमल' के माध्यम से नागरजी ने एक खास युग में से गुज़र रहे पश्चिमी उत्तर प्रदेश के एक अंचल विशेष को उसके सारे सांस्कृतिक उत्थान - पतन के ताने-बाने में बुनकर प्रस्तुत किया है, और उस ज़माने में प्रस्तुत किया है जबकि हमारे आज के अनेक वरिष्ठ आंचलिक उपन्यासकार अपनी कलम की नोक ही सजा - सँवार रहे थे।

मैं नागरजी को बहुत पहले से जानता था, खासकर तब से जब बंगला के अमर कथा शिल्पी शरच्चंद्र चट्टोपाध्याय पर नागरजी का संस्मरण माधुरी में छपा था, जिसमें उस महान् कथाकार ने नागरजी को आशीष ही नहीं दिए, अंग्रेजी, बंगला और हिंदी लिपियों में अपने हस्ताक्षर और बार-बार अमृतलाल नागर अपनी हस्तलिपि में लिखा है।

नागरजी जब कभी आगरा आते तो अपनी ससुरालवाले मकान में ठहरते थे, मगर रोज़ नियम से मेरे घर के सामने से होकर चौराहे पर 'रामकिशन काकाजी' (पं. रामकृष्ण दवे) के मकान पर ज़रूर जाते थे - यह नागरजी की ननसाल थी और यहीं उनका जन्म भी हुआ था। सफेद बुर्राक खद्दर का कुर्ता-पाजामा, और निहायत ही सुंदर पाँवों में सूफियानी-सी चप्पलें पहने नागरजी का वह डेढ़ सौ कदम पार करना अपने-आप में एक निराली तस्वीर खिंच जाती थी। उनके हाथों की उँगलियाँ इतनी पतली, लंबी और तराशी हुई हैं कि कोई एक नजर में भाँप जाए कि यह व्यक्ति निश्चित रूप से कलाकार होगा।

एक बार एक फिल्म देखने गया - 'वीर कुणाल'। निर्माता निर्देशक श्री किशोर साहू। नागरजी उन दिनों आगरा में ही थे। मुझसे बोले, "अच्छा, मुझे पहचानना उसमें।" मुझे यह तो ज्ञात था कि किशोर साहू की एक अन्य फिल्म 'कुँआरा बाप' में नागरजी ने छोटा-सा रोल किया था, मगर वीर कुणाल के बारे में मुझे पता नहीं

था। मैंने गौर से फ़िल्म देखी, कई पात्रों पर अपना ध्यान टिकाया। मगर कोई नतीजा नहीं निकला। आखिरकार अंदाज़ करके दो-तीन पात्रों पर नज़र केंद्रित करके, बाकी फैसला लौटने पर नागरजी पर ही छोड़ दिया। वापस लौटकर नागरजी से मिला, बोले, " देख आए फिल्म? बताओ, पहचाना मुझे?" मेरे मन में कई पात्रों के बारे में बताने की इच्छा थी। मैंने अचकचाते हुए कहा, "पहले तो मुझे उस कापालिक पर शक हुआ जो बिल्कुल आपकी ही तर्ज में उँगली - नचाता हुआ कहता है- 'महारानी, राजरानी तिष्यरक्षितेऽऽऽ...' " मैं बात पूरी भी नहीं कर पाया था कि नागरजी बोल पड़े, "खूब पहचाना तुमने।" और मैंने अपना तुक्का सही लग जाने के लिए अपनी पीठ ठोंक ली।

नागरजी को अपने पूरे मूड में देखने के लिए जरूरी यह है कि उनके किसी 'फेवरिट' विषय पर चर्चा छेड़ दी जाए - कोई जरूरी नहीं है कि वे उस विषय के पक्ष में ही हों। वे जिस अपनेपन से, जिस तेवर से, जिस उग्रता अथवा व्यग्रता से चर्चा में अपनी बात रखेंगे, उसका सरोकार सिर्फ उन्हें देखने या सुनने से है, उसके बारे में लिखने या पढ़ने से नहीं... उनका चेहरा तमतमा जाएगा, मोटे चश्मे के पीछे से झाँकती हुई संवेदनशील आँखें यथा अवसर अपना रूप बदलती चलेंगी, नागरजी के सुंदर, कोमल दोनों हाथ यकायक सक्रिय हो जाएँगे। बाएँ हाथ से ड्राइंग रूम में रखा हुआ कोई तकिया, या मसनद या मूढ़ा अपनी गोद में समेटकर दाएँ हाथ की लंबी-लंबी उँगलियाँ उनके तर्क समर्थन में दाएँ-बाएँ आगे-पीछे घूमने लगेंगी। मुझे याद है ऐसी कई शामें जब नागरजी और डॉक्टर रामविलास मेरे मकान पर बैठे हुए इस प्रकार से परिसंवाद का रस वातावरण में बार-बार घोल जाते थे। डॉक्टर शर्मा, नागरजी से कोई चर्चा शुरू कर देते थे और फिर नागरजी का रौद्र, करुण अथवा हास्य प्रधान रूप उनके निहायत ही 'मोबाइल' चेहरे पर अठखेलियाँ करने लगता था। अनेक बार मैंने उन्हें पंतजी, निरालाजी, सुब्बुलक्ष्मीजी, नरेंद्रजी, महेशजी (महेश कौल) की विस्तृत चर्चा करते और उनके प्यार भरे संस्मरण सुनाते देखा-सुना है। एक बार मेरी जिज्ञासा और कौतूहल सीमाएँ तोड़ गए। तब नागरजी और डॉक्टर शर्मा के बीच विषय थे 'इचंजोजी'। मैं बहुत देर तक उधेड़बुन में पड़ा रहा था कि ये इचजोजी क्या बला है। बड़ी देर बाद अपने पान से रंगे दाँतों को एक अट्टहास के रूप में अनावृत करते हुए नागरजी ने पहेली का हल बताया, "अरे वही अपने इलाचन्द्र जोशी जी।"

नागरजी का अगर उग्र या रौद्र रूप देखना हो तो भारत में भाषा विवाद की बात छेड़ दें या देश की वर्तमान स्थिति की बात । वह तर्क-संगत किंतु क्रोधपूर्ण उक्तियाँ उन प्रगतिशीलों के लिए सुनने को मिलेंगी जो आपसे तो अपेक्षा दुनियाभर

की प्रगतिशीलता और उदारता की करेंगे, मगर खुद एक साँस में मार्क्स, लेनिन और दूसरी साँस में शरीअत के आधार पर उर्दू की सांप्रदायिकता पूर्ण वकालत करने से बाज़ नहीं आएँगे, भले ही उन प्रगतिशीलों में सज्जाद ज़हीर हों, अली सरदार जाफ़री हों या ख्वाजा अहमद अब्बास हों। इसी तरह से अगर आप उनका गुस्सा देखना चाहें तो देश की एकता-अखंडता की बातें छेड़ दीजिए... हज़रत 'जलाने' को चुन-चुनकर वह लिल्लाही सुनाएँगे कि सुननेवाला अपने को और अधिक मूढमति समझने लगे कि आखिर ये हज़रत 'जलाने' कौन हैं जिनकी देश की व्यवस्था में इतनी अधिक और इतनी सक्रिय भूमिका है। तब तक हँसी की पिचकारी में आपको भिगोते हुए नागरजी बताएँगे... " और कौन, वही हज़रत पंडित जवाहरलाल नेहरू।" बात यह है कि नागरजी नेहरूजी के घोर प्रशंसक और उससे भी ज्यादा उनको प्यार करने वाले रहे हैं, उन्हें यह बर्दाश्त बिल्कुल नहीं कि उनके महबूब पंडित जवाहरलाल नेहरू कोई गलत काम (नागरजी की नज़र में) करें या कोई गलत कदम उठाएँ।

नहीं भूलती वह दोपहर। मेरे मकान की बैठक। डॉक्टर रामविलास शर्मा, स्वर्गीय भाई बिशन कपूर (प्रसिद्ध पत्रकार) और मैं सोफों पर बैठे थे और नागरजी नीचे जाजम पर। उनके दोनों हाथों से एक शांतिनिकेतनी मूढ़ा घिरा हुआ उनकी गोद में भिंचा था, उस दिन नागरजी 'ये कोठेवालियाँ' की एक प्रमुख पात्र बद्रेमुनीर के किस्से सुना रहे थे। यकायक बद्रेमुनीर की मृत्यु की व्यथा का वर्णन करते हुए उनका जो रूप देखा, वह आज भी मन प्राण पर ज्यों का त्यों खिंचा हुआ है। मैंने कई बार 'ये कोठेवालियाँ' पढ़ा है, बद्रेमुनीर नामक सुंदर वेश्या के अंतिम समय के कुत्सित रूप का रोंगटे खड़े कर देनेवाला दृश्य अब भी आँखों के सामने सजीव हो उठता है।

नागरजी वास्तव में हृदय ही हृदय हैं अवचेतन रूप से बौद्धिकता से दूर हर मामले में उनकी भावना ही प्रधान रहती है, और यही कारण है कि जहाँ उनके उपन्यासों प्रमुख पात्रों के दार्शनिक चिंतन उबाऊ और खीज भरे होते हैं, वहीं देश की विभिन्न बोली- बानियों के माध्यम से उन पात्रों को वे सहज ही जीवंतता प्रदान कर देते हैं, जो उनकी खुद की नज़र में उनके 'माइनर कैरेक्टर्स' हैं, जैसे 'बूँद और समुद्र' में ताई का चरित्र या 'अमृत और विष' में पुत्ती गुरु। शायद यही नागरजी की कमी है कि वे अपनी क्षमताओं को जानबूझकर दबाते हुए सिर्फ उन चरित्रों पर जोर देते हैं जिनसे प्रकट रूप में मालूम हो कि विशाल दृश्य पटल के लायक ही वह चरित्र है, मगर वास्तविक रूप से वे चरित्र काफी 'फ्लैट' और बेजान होते हैं।

तो आज नागरजी अकेले रह गए।

उनके मझले भाई रतन गए! पिछले साल अक्टूबर 27 को उनके सबसे छोटे और बड़े लाडले भाई चित्रकार मदनलाल नागर भी नहीं रहे। और अब, कुछ ही

महीने हुए उनकी जीवन संगिनी 'बा' (श्रीमती प्रतिभा नागर) ने भी चिरविदा लेकर आँखें मूँद लीं। नागरजी के अनन्य मित्र भगवती बाबू (श्री भगवतीचरण वर्मा) और यशपाल पहले ही जा चुके हैं। अब लखनऊ का हजरतगंज, कॉफी हाउस, 'बेनबो' वीरान हो गए।

इधर उनके दोनों बेटों कुमुद नागर और डॉक्टर शरद नागर ने अपनी-अपनी व्यावसायिक, पारिवारिक जिम्मेदारियाँ सँभाल ली हैं। तो नागरजी अकेले रह गए।

लेकिन ऐसा है नहीं, नागरजी अकेले नहीं हैं; वे तब तक अकेले नहीं हो सकते जब तक उनके चारों तरफ पात्रों के समूह मौजूद हैं...

और फिर रवीन्द्रनाथ ठाकुर की वे पंक्तियाँ जिसमें उन्होंने पर्वत और नदी की तुलना करते हुए कहा है कि पर्वत से नदी निकलती है, जिसका काम है पर्वत से दूर जाना, और पर्वत सब कुछ देखता रहता है, समझता जाता है पर शिकायत नहीं करता।

सारिका : अमृतलाल नागर विशेषांक : 16-31 अगस्त, 1985

शेर बूढ़ा नहीं होता...

घनश्याम अस्थाना

मैं चौक लखनऊ के तस्लीम लखनवी से ज्यादा गोकुलपुरा आगरा के पंडत इमरतलाल नागर से परिचित रहा हूँ।

इस बार अप्रैल 1986 में, नागरजी के लखनऊ वाले मकान में मिला। मेरे लिए लखनऊ में नागरजी से मिलना एक नवीन अनुभव था। बड़ी-सी हवेली का चरमराकर खुलने वाला फाटक; संचित ने दरवाज़ा खोला, "किनसे मिलना है आपको?" संचित अब काफी जईफ़ हो गए हैं, देखने-सुनने में भी शायद कठिनाई होती है।

" नागरजी हैं, संचित?" उनके मुझे न पहचान पाने की पीड़ा मन को कहीं व्यथित कर गई थी। "अरे, अरे, बाबूजी आप हैं।" मुझे उस अजनबी माहौल में देखकर अगर संचित न पहचान पाए हों तो कोई आश्चर्य नहीं, यह मुझे बाद को समझ में आया। संचित के चेहरे पर क्षण भर को आया हुआ अपरिचय का भाव एकदम गायब हो गया, वैसी ही सहज, मीठी मुस्कान से स्वागत करते हुए उन्होंने कहा, "आइए न, मैं अभी खबर करता हूँ।"

नागरजी अपने अंदरवाले कमरे से बाहर आ रहे थे, मुझे अब काफी दुबले और झटके हुए लगे-कान पर चढ़ा हुआ उनका बहरेपन का यंत्र देखकर कुछ ठेस- सी लगी। ऐसा अनुभव हुआ जैसे वह कोई बूढ़े शेर हों। शेर तो वह मुझे हमेशा ही लगे।

मुझे याद आने लगे वो आगरे वाले दिन जब नागरजी बंबई से सब कुछ छोड़-छाड़कर आगरा या लखनऊ बसने की योजना लिए लौटे थे अगस्त का महीना था। ' 46 का सन्; आगरे में हिंदू-मुस्लिम दंगा हो गया था। रात को बारी-बारी से पहरा देने के लिए नौजवानों के दल मुहल्ले - मुहल्ले से बन गए थे। नागरजी गोकुलपुरे में संगठित हुए दल में शामिल थे। इसी दौरान घटी एक घटना मुझे बार-बार याद आ जाती है, नागरजी के नाना थे - पंडित रामकृष्णजी दवे । हम लोग उन्हें रामकिशन

काकाजी कहा करते थे। बेहद रोबदाब वाले आदमी। मजाल है कि उनके सामने कोई चूँ भी कर जाए। मेरे घर के ठीक सामने एक मुस्लिम परिवार रहता था। तो इसी हिंदू-मुस्लिम दंगे के दौरान इस मुस्लिम परिवार की एक महिला बेहद परेशान लग रही थीं, बुरी तरह से घबरायी हुई। वह रह-रहकर ऊपर-नीचे आ जा रही थीं कि कहीं से कोई मौका मिले और वह अपनी नज़र से किसी अधिक सुरक्षित जगह चली जाएँ। मालूम हुआ कि वे गर्भवती थीं और इसीलिए जरूरत से ज्यादा हैरान और परेशान थीं, अब वह जाएँ कहाँ, गोकुलपुरे के बाहर कर्फ्यू लगा हुआ था, मुझे अभी तक वह दृश्य याद है : शाम का समय था, उस मुस्लिम परिवार के सभी लोग चौकन्ने थे, विशेषकर वह महिला किसी आशंकित खतरे से बेहद भयभीत थीं और बार-बार चीख तक उठती थीं। रामकिशन काकाजी को उस परिवार की परेशानियों और स्वाभाविक डर का हाल जब मालूम हुआ तो बीच सड़क में अपनी खटिया डालकर उनके दरवाज़े के सामने बैठ गए और ज़ोर-ज़ोर से सबको सुनाकर बोले, “बेटी, तुम लोग बेखटके रहो। मेरी लाश के ऊपर से ही कोई निकलकर तुम्हारे दरवाजे तक पहुँच पाएगा। और इस गोकुलपुरे में अभी किसी की यह मजाल है नहीं कि रामकिशन की तरफ आँख उठाकर भी देख सके। तुम लोग अब बिल्कुल चिंता मत करो।"

तो पंडित अमृतलाल नागर की धमनियों में भी इसी हिंदू-मुस्लिम सौहार्द का रक्त प्रवाहित होता आया है। उस गश्तीदल में भी सिर्फ मुहल्ले की सुरक्षा की चिंता थी, इसका कोई बंधन नहीं था कि कौन किस जाति या धर्म का है, इसी पहरेदार दल में बशीर और छोटल्ली भाईसाहब भी थे और रामस्वरूप तथा चंद्रशेखर अस्थाना भी।

हाँ, तो नागरजी से लखनऊ में मिला था कई बरसों बाद। एक बार सन् 63 में मैं और डॉक्टर रामगोपाल सिंह चौहान इसी चौक लखनऊ वाली बड़ी हवेली में आ चुके थे, मगर अब उस बात को काफी दिन गुजर चुके थे और इसीलिए बिल्कुल नए तरीके से, बदले हुए माहौल में नागरजी से मिलना हो रहा था। घर की सिली हुई ढीली-ढाली बनियाइन और तहमद पहने हुए नागरजी ने संचित के साथ मुझे आते देखा तो एकदम बोले, "अरे आओ, आओ घनश्याम।" उनकी आँखों की चमक चश्मे के पीछे से कौंध मार गई, फिर संचित की ओर मुखातिब होकर बोले, “तुमने इन्हें पहचान लिया।"

संचित का नागर परिवार में बड़ा सम्मानपूर्ण स्थान है। बचपन में इसी परिवार में पले-बढ़े संचित अब नागरजी के पुत्रों बब्बन (कुमुद नागर), शरत (डॉ. शरद नागर) और पुत्रियों अचला (डॉ. अचला नागर) और आरती के बच्चों के लिए

संचित बाबा हैं और उनका सम्मान तथा लिहाज़ वैसा ही है जैसा खुद नागरजी का। आजकल नागरजी की एक ही चिंता है : "बा तो चली गईं, अब संचित भी हमारे सामने ही चले जाएँ तो अच्छा है। हमारे पीछे पता नहीं, इनकी कोई देखभाल करेगा भी ढंग से या नहीं।" पता नहीं नागरजी पर यह कैसी दहशत दिलाने वाली मरणवादी बातें सवार हो गई हैं? क्या नागरजी जिंदगी से हार गए, या एक के बाद एक कई मौतों ने उन्हें पराजयवादी बना दिया? संचित को लेकर उनकी चिंता तो समझ में आती है, मगर उनके लिए इस सीमा तक परेशानी मन को हैरानी में डाल देती है

नागरजी के सुदर्शन व्यक्तित्व के दर्शन जिन्होंने किए हैं उन्हें अब के नागरजी में ऐसा बूढ़ा शेर दिखाई पड़े तो कोई ताज्जुब नहीं, जिसके पौरख अब थक गए हैं। नागरजी को शायद हर बात बड़े ही भावनात्मक स्तर पर पकड़ती है, और इसीलिए उनके कन्सर्न्स (सरोकार) बड़े ही जैन्युइन, मगर साथ ही साथ, सेंटीमेंटल होते हैं, और बेहद जल्दी उनके मन-प्राण पर असर डालकर उनकी भावभंगिमा, उनके चेहरे - मोहरे तक को मथ डालते हैं। यही कारण है कि अब 'बा' की अनुपस्थिति से वह चुपके-चुपके टूटे हैं, उनके दोनों बड़े बेटों, कुमुद और शरद की ओर से पूरी-पूरी चिंताओं के इतर भी नागरजी को कहीं पर अपनी सहधर्मिणी 'बा' (स्व. श्रीमती प्रतिभा नागर) का अभाव बुरी तरह खटकता है। ऐसा लगता है जैसे इस मामले में वे अपने अनन्य मित्र, सहचर और सखा डॉ. रामविलास शर्मा तक से कोई शिक्षा या निर्देश लेने को तैयार नहीं हैं, वैसे बात-बात में उनका उदाहरण प्रस्तुत करते हैं। नागरजी शायद डॉक्टर शर्मा की इस बात से मुत्तफिक नहीं हैं कि लेखक के ऊपर समाज का भी हक होता है और इसीलिए उसकी जिजीविषा किसी भी हालत में खत्म नहीं होनी चाहिए और शायद यही भावना उसे टूटते जाने से बचाती है। वैसे नागरजी उम्र में डॉ. रामविलास शर्मा से चार बरस छोटे हैं, लेकिन उनमें बुजुर्गी की गंभीरता शायद डॉक्टर साहब से कई गुना ज्यादा है। जब नागरजी अपने से छोटे से बात कर रहे होते हैं तो लगता है घर का कोई बड़ा - बूढ़ा समझा रहा है जबकि डॉक्टर शर्मा अपनी बात दोस्ती से कहते लगते हैं। आपसी बातचीत में भी नागरजी और डॉक्टर साहब में यह आयु - विपर्यय बराबर दिखाई देता है।

एक बार हम लोग डॉ. रामविलास शर्मा के नई राजामंडी निवास से (रेलवे) लाइन-लाइन चलते हुए किदवई पार्क स्थित राजेन्द्र यादव के घर जा पहुँचे। डॉक्टर शर्मा और नागरजी दोनों के हाथ में छड़ियाँ थीं, राजेन्द्र यादव किसी काम से भीतर आँगन में गए थे। यकायक न मालूम कैसे डॉक्टर रामविलास ने मुझे और नागरजी को संबोधित करते हुए कहा, "अमृत पर एक गंभीर लेख जरूर लिखा जाना चाहिए, चाहे वह कोई भी क्यों न लिखे।" नागरजी उस समय विजयारथ पर सवार थे, बड़े

तरन्नुम से यह बातें उनके कानों में रस की वर्षा कर गईं। नशा और गहरा हो चला था, उस विमुग्ध क्षण को सार्थक करते हुए नागरजी ने डॉक्टर शर्मा की बात बीच में ही लपक ली और बड़े ही आत्मीय भाव से बोले, "तो तुम ही लिख डालो न साले रामविलास!" डॉक्टर शर्मा ने अपनी छड़ी उठायी और नागरजी की पीठ पर बरसाने का उपक्रम करते हुए बोले, "ठैर तो सही, अभी सारा नशा काफूर करता हूँ तेरा! गाली देता है स्साला।" और नागरजी के नशे को थोड़ा विराम मिला।

हिंदी में शादी के लिए एक कहावत प्रचलित है : जिसने की वह पछताया, जिसने नहीं की वह भी पछताया। अगर गौर से देखा जाए तो ठीक यही बात हमारी भारतीय विश्वविद्यालयीय शिक्षा और डिग्रियों पर भी लागू होती है। जिनके पास एक तथाकथित ज्ञानार्जन की यह उपाधि है, वे जानते हैं कि इन डिग्रियों का कितना मूल्य है। और कितना ज्ञान वाकई उनके पास है। मगर जिनके पास ये विश्वविद्यालयीय डिग्रियाँ नहीं हैं वे उनकी कमी बड़ी शिद्दत से महसूस करते हैं, और उनके कार्यकलाप मनोवैज्ञानिक अध्येताओं के लिए काफी मनोरंजक सामग्री छोड़ जाते हैं। चाहे वह कवि रवीन्द्रनाथ ठाकुर हों, चाहे हिंदी के महाकवि सूर्यकांत त्रिपाठी 'निराला' हों, अथवा उपन्यास सम्राट अमृतलाल नागर हों-पता नहीं क्यों किसी न किसी रूप में, अपनी चरम उपलब्धियों के बावजूद इन महान् साहित्य - मनीषियों को यह बात भीतर ही भीतर छीलती रहती है कि उनका आदर और भी बढ़ जाता अगर उनके पास भी एम.ए. या पी-एच. डी. या डी. लिट्. की डिग्री होती। मुझ जैसों को जो इनमें से एकाध विश्वविद्यालयीय डिग्रियाँ धारण किए हुए हैं इसका असली अर्थ भलीभाँति पता है, मगर इन सर्जकों को समझाना निहायत मुश्किल काम है। महाकवि 'निराला' काफी तल्खी से इस बात को महसूस करते थे, मैंने पंडित अमृतलाल नागर को भी इसी अभाव से उनको जाने-अनजाने पीड़ित देखा है। निरालाजी शायद 'डॉक्टर' शब्द से डॉ. रामविलास शर्मा को तभी धन्य कर चुके थे जबकि वे एम. ए. करने के बाद पी-एच.डी. के लिए रजिस्टर्ड ही हुए थे। जब डॉक्टर शर्मा पी-एच.डी. हुए तो निरालाजी ने उन्हें अपना चित्र भेंट करते हुए उस पर डी. लिट्. लिखा। पंडित अमृतलाल नागर इस प्रकार का 'कम्पैन्सेशन' अपने बच्चों या मित्रों में खोजते हैं; बड़े ही गर्व से उन्होंने एक बार मेरी डायरी में अंकित किया था : "इस खोज के लिए मैं डॉ. रामविलास शर्मा को ससम्मान डी.लिट्. की उपाधि प्रदान करता हूँ" और नीचे अपने हस्ताक्षर किए थे। उनके दो बच्चे, डॉ. शरद नागर तथा डॉ. अचला नागर वास्तव में नागरजी के अपने अभिमान की परिपूर्ति हैं। इसी दृष्टिकोण से मेरे विचार से तो डॉ. शरद नागर की विशेष उपलब्धि हिंदी नाटक में

है न कि पी-एच. डी की उपाधि धारण करने में, या अचला के वर्तमान हिंदी कहानी के क्षेत्र में नए कीर्तिमान स्थापित करने के लिए जो गौरव मिला है उसकी तुलना में उनकी विश्वविद्यालयीय डिग्री कोई अर्थ नहीं रखती, मगर जो भी हो आदरणीय नागरजी को यह बड़ी महत्त्वपूर्ण उपलब्धि लगती है, कोई क्या कर लेगा उनका?

नागरजी बड़ी ही सहज निष्ठा और सात्विक आस्था के व्यक्ति हैं, इसीलिए किसी भी व्यक्ति को ज़रा सी अपने प्रति भक्ति दिखाने या सम्मान का प्रदर्शन करने से हमेशा-हमेशा के लिए उसके अपने हो जाते हैं, यह अलग है कि इसमें खतरे भी निहित हैं, और नागरजी कई बार इसके तहत टूटे भी हैं। आज 'बा' के अभाव को वह जिस गहराई और शिद्दत से महसूस करते हैं उसका कारण भी उनकी अपनी बौद्धिकता से कहीं ऊपर उठकर एक विशुद्ध, सात्विक आस्था ही है, जिसके खंडित होने की कल्पना शायद उन्होंने कभी नहीं की थी, और मानव जीवन के नियमों की अवहेलना करके उनसे अपनी सच्ची लगन लगाई थी। जब 'बा' उनका साथ छोड़कर चली गईं तो वह एक अनाथ बच्चे की तरह रो उठे। ऐसे मौके पर उन्हें यह भी चिंता नहीं थी कि संगसाथ वाले अन्य हमराही क्या कहेंगे?

मुझे नागरजी कभी-कभी 'बूँद और समुद्र' के महिपाल की याद दिलाते हैं जो अपने समस्त अपरिपक्व दार्शनिक चिंतन के बावजूद आस्था की पुख्ता ज़मीन पर अडिग है।

वैसे कई लोगों को बाबा रामजी ने भी इसी तरह झकझोरा और प्रभावित किया है। मुझे यह भी नागरजी की सात्विक आस्था और गहरी निष्ठा का ही कमाल ज्यादा दिखाई देता है कि उन्होंने 'बूँद और समुद्र' के इस पात्र में ऐसे अनेक गुण स्थापित कर डाले हैं जो सामान्य पाठक के अनुभव और अहसास का हिस्सा नहीं हैं, और जो किसी भी बौद्धिक रूप से सजग व्यक्ति को अंधविश्वासी और 'सुपरनेचुरल' लग सकते हैं। इस तरह के पात्रों पर सहसा ही अपना विश्वास टिकाने को मन नहीं करता। मगर ज़ाहिर है कि यह तो नागरजी के अपने व्यक्तिगत अनुभव की सीमा में आनेवाली बातें हैं, तथा अपनी इसी आस्था के कारण उन्होंने बाबा रामजी को भी युग-युग का सत्य बनाने की फिक्र में ऐसा औपन्यासिक पात्र बना डाला है जिसको सर्दा-मर्दी लेखकीय सहानुभूति प्राप्त है, यहाँ लेखक की चिंता यह नहीं है कि पढ़नेवाले पर क्या बीतेगी!

नागरी में अतीत को लेकर एक ऐसा 'नास्टेल्जिया' है जो उनके औपन्यासिक जीवन की प्रगति के साथ-साथ बढ़ता नजर आता है। शुरू के दिनों में लिखे गए उपन्यास 'सेठ बांकेमल' में आगरे की बोली का कमाल तो है ही, मगर साथ ही साथ बीसवीं शताब्दी के प्रारंभिक वर्षों से किस प्रकार एक नगर की संस्कृति विकसित

होती है, उसके प्रति लेखक की ममता का भी प्रतिनिधित्व हास्य-व्यंग्य के माध्यम से मिलता है, मगर नागरजी की अपने अतीत के प्रति सहज ममता बजाय घटने के आगे आने वाले उपन्यासों में बढ़ती ही जाती है, चाहे वह 'ये कोठेवालियाँ' के माध्यम से मुखर हुई हो या सूरदास और तुलसीदास के चरित्रों के जरिए।

इस 'नास्टेल्जिया' के अनेक रूप आगे आने वाले अनेक उपन्यासों की घटनाओं या पात्रों में भी देखने में आते हैं। इनमें नागरजी का मन खूब रमता है, यही कारण है ' अमृत और विष' में लखनऊ की ऐतिहासिक बाढ़ का अद्‌भुत वर्णन नागरजी ने कियां है। उन्हें इस बात की चिंता नहीं है कि इस विशद् वर्णन के द्वारा उपन्यास के Proportion पर भी कुछ असर पड़ सकता है। इसी के अंतर्गत डॉ. आत्माराम का चरित्र भी आता है, जिसमें उपन्यासकार ने उन सब साध्य - असाध्य गुणों का समावेश कर डाला है जो डॉ. आत्माराम को जवाहरलाल नेहरू बना डालते हैं। इन्हीं डॉ. आत्माराम को लेखक ने ऐसी लक्ज़रीज़ दे डाली हैं जिनकी तमन्ना शायद लेखक को खुद भी रही होगी।

जिन लोगों ने नागरजी को नज़दीक से जाना है वे मेरी इस बात से शायद सहमत हों कि अमृतलाल नागर में एक ऐसा आभिजात्य है जिसके तहत वे यह कामना करते हैं कि ये सारी सुविधाएँ हिंदी के लेखक को भी मुहैया होनी ही चाहिए जबकि वे अपात्रों या कुपात्रों तक को सहज ही उपलब्ध हैं। उनके इस तर्क से जहाँ आजकल की दो नम्बरी अर्थव्यवस्था को ढंग से न समझ पाने की असुविधा दृष्टिगोचर होती है, वहीं उससे ऐसे समाज के खिलाफ नफ़रत भी उत्पन्न होती है जो इस प्रकार की जन-विरोधी भावनाओं को तरजीह देता है, और इसी दृष्टि से नागरजी की भूमिका उन्हें महान् बनाती है।

नागरजी को अब देखकर तकलीफ होती है। कहाँ वह चिकने- चुपड़े 'सेठ बाँकेमल', 'महाकाल' और 'शतरंज के मोहरे' के मन को उत्फुल्ल कर देने वाले अमृतलाल नागर और कहाँ अब, अपने आप में खोए हुए, बूढ़े शेर से लगने वाले पंडित अमृतलाल नागर। मगर फिर भी मन में कहीं यह विश्वास जड़ जमाता लगता है कि वे उसी ठाठ से चलते जाएँगे, जिस ठाठ से अभी तक चलते आए हैं : तुम रहो सलामत क़यामत तक (और) क़यामत न आए कयामत तक।

हंस : नवंबर, 1988

समुद समाना बूँद में

विष्णुकांत शास्त्री

अमृतलाल नागर का लेखन बहुत प्यारा है किंतु उनका व्यक्तित्व तो एकदम मोहक है। व्यवहारकुशल ज्ञानी गुणी लोगों का कहना है कि मनुष्य को पहचानना बहुत कठिन है, जो जैसा दिखता है, प्राय: वैसा होता नहीं, खासकर आजकल के आदमी की बोलचाल, वेशभूषा, रूपरेखा उसके अंतरंग को प्रकाशित कम करती है, आवृत अधिक। किंतु कौन सा ऐसा नियम है जिसके अपवाद न हों और यदि इस धारणा का अपवाद आप देखना चाहें तो अमृतलाल नागर से मिलें।

गोरा रंग, प्रतिभा प्रदीप्त चौड़ा माथा, गहरे झाँकती हुई किंतु मैत्री और आत्मीयता से भरी बड़ी आँखें, चश्मा जिनका स्वाभाविक संगी है, तीखी नाक, भरा चेहरा, पान से रचे हुए हँसते से ओठ, दृढ़ता सूचक ठुड्डी, कुछ-कुछ घुँघराले बाल, मँझोला कद, दोहरा बदन, ऐसे ही तो हैं नागरजी, जो जहाँ बैठ जाएँ, वहीं जीवन लहरा दें। लतीफे आप उनसे एक से एक फड़कते हुए सुन लें, लखनवी अदब कायदे की गुफ़्तगू का ऐसा समा बाँधते हैं वे, कि समय कैसे और कितना बीत गया, इसका पता ही नहीं चलता।

साहित्यिक विवादों पर चर्चा हो या राजनीतिक प्रश्नों पर बहस, सामाजिक उलझन हो या पुरातात्विक विवेचन, नागरजी अपने मौलिक मत को अपनी खास अदा में इस प्रकार रखेंगे कि आप असहमत होकर भी उनके प्रति अनुरक्त ही रहेंगे, तिक्त न वे होते हैं, न यथासंभव वातावरण को होने देते हैं। इसका यह अर्थ नहीं कि वे मुँहदेखी ठकुरसोहाती करनेवाले व्यक्ति हैं, नहीं, दूसरे के अग्राह्य मत को अस्वीकार करते समय निषेधवाचक हिलता हुआ उनका सिर, क्रमिक आरोह को प्राप्त होता हुआ उनका स्वर, अपनी बात पर अड़ जाने का हठी स्वभाव सूचित करने वाला मुखमंडल का पल-पल बढ़ता तेज, किसी को इस भ्रम में नहीं रहने देता कि वे सुविधाओं के लोभ या कष्टों के भय से कोई ऐसी बात मान लेंगे जिसे

उनकी आत्मा स्वीकार नहीं करती। हाँ, स्वस्थ मतभेद के कारण वे मन-भेद नहीं होने देते, तभी तो श्री भगवतीचरण वर्मा एवं डॉ. रामविलास शर्मा दोनों के सहज स्नेह-भाजन हैं। नागरजी बड़ों के प्रति दुर्विनीत न होते हुए भी विद्रोही हो सकते हैं तो नयों के प्रति स्नेहशील होते हुए भी उनकी 'स्नाबरी' से अप्रभावित रह सकते हैं। उनसे मिलने-जुलने के अवसर मुझे बहुत अधिक मिले हों, ऐसा तो नहीं है किंतु खुले मन से हुई चार-छः मुलाकातें भी आदमी को समझने के लिए काफी हैं अन्यथा आवरण पर आवरण चढ़े मनों के युगों के सहवास के बाद भी, व्यक्ति एक-दूसरे से अपरिचित रह जा सकते हैं।

नागरजी के निकट संपर्क में आने का सुयोग मुझे मिला जनवरी 1958 में। दिसंबर 57 के अंतिम सप्ताह में आयोजित एक लेखक सम्मेलन में भाग लेने के लिए वे कलकत्ते पधारे थे और फिर कुछ दिन कलकत्ते रुक गए थे। अपना उपन्यास 'शतरंज के मोहरे' पूरा करने के लिए। सम्मेलन और उसके सहयोगी आयोजनों के दौरान उनसे मेरा परिचय तो हो गया था और पिताजी के संबंध से मुझे उनका सौहार्द भी मिल गया था। किंतु उस भीड़-भाड़ में उनसे जमकर बातचीत नहीं हो सकी थी। 5 जनवरी '58 को कलकत्ते के नए साहित्यकारों की एक छोटी सी गोष्ठी उनकी सन्निधि में हुई, जिसमें मैं भी था। अपने से छोटों से किस सहज भाव से नागरजी घुलमिल सकते हैं उनके आवेगों और अपने अनुभवों को कैसे साझा कर सकते हैं, यह देखकर मैं चकित रह गया। हर एक की रचना का स्नेहपूर्ण स्वागत कर सुधार के लिए अपने विधायक सुझाव इस आत्मीयता से वे दे रहे थे कि लगता ही नहीं था कि बहुतों से वे पहली ही बार मिले हैं। सुरेन्द्र चतुर्वेदी ने नाटक का एक अंश सुनाया था। सुनकर नागरजी ने पर्याप्त सराहना की और साथ ही यह भी जोड़ दिया कि नाटककार के लिए यह अनिवार्य है कि वह केवल साहित्यिक ही नहीं 'शो मैन' भी हो जिसका हिंदी में बहुत अभाव है और फिर लगे शो मैनशिप को समझाने ...। मुझे लगा कि यह आदमी खरा है, जो बोलता है, हृदय की गहराई से बोलता है, अनुभव के आधार पर बोलता है, उसमें पाखंड और दंभ का लेश नहीं रहता। अपने को दूसरे पर बिना थोपे उचित सलाह देता है। और मैं उनकी ओर खिंच गया।

व्याख्यान देते समय भी उनका लहजा बातचीत का ही रहता है। कलकत्ता विश्वविद्यालय के हिंदी विभाग के विद्यार्थियों के बीच 'लेखक और उसका वातावरण' विषय पर 9 जनवरी ' 58 को बोलने के लिए वे आमंत्रित थे। उपस्थिति के अनुरूप उन्होंने स्वर तो जरूर कुछ ऊँचा कर दिया था किंतु उसमें सहजता और जीवंतता गल्पगोष्ठी जैसी ही थी। उनका निश्चित मत है कि लेखक अपने वातावरण से कटकर लिख ही नहीं सकता, भले ही वह अपने समय की माँग को सीधे चित्रित

करने के स्थान पर उसका रूपांतर कर दे। अपने कथन की पुष्टि के लिए उन्होंने चंद्रकांता संतति के तिलिस्म का उदाहरण दिया। साधारण तौर पर तिलिस्मी किताबों का उद्देश्य अद्भुत की सृष्टि कर केवल मनोरंजन करना माना जाता है किंतु उनका मत था कि उनके पीछे आधुनिक आविष्कारों को भी प्राचीन भारत में वर्तमान बताकर पराधीन देशवासियों के आहत अहं की तुष्टि करने का भी प्रयास था। विद्यार्थी बहुत प्रभावित हुए, एक तो कह ही उठा कि चंद्रकांता संतति का तिलिस्म एक बार इंद्रजीत सिंह और आनंद सिंह ने तोड़ा था तो दूसरी बार नागरजी ने तोड़ा।

उस दिन मैं उन्हें 'श्री बड़ा बाजार कुमार सभा पुस्तकालय' भी ले गया। मैं चाहता था कि पुस्तकालय का निरीक्षण कर वे उसे अपनी शुभकामनाएँ दें। उन्होंने पुस्तकालयाध्यक्ष से पूछना शुरू किया कि कैसी पुस्तकें अधिक पढ़ी जाती हैं, किन-किन लेखकों की पुस्तकें अधिक पढ़ी जाती हैं, आदि आदि। पता चला कि कथा-साहित्य सबसे अधिक पढ़ा जाता है और सबसे ज्यादा माँग कुशवाहा कांत के उपन्यासों की रहती है, उस श्रेणी के उपन्यासों की अधिकता न होने के कारण सदस्य नाराजी प्रकट करते हैं। थोड़ा धक्का लगा है यह देखकर उन्होंने कहा, भैये, इसमें चौंकने की क्या बात है, इसी की आशा करता था। अगर किसी जगह के लोगों का सही रूप जानना हो तो पुस्तकालयों में अधिक पढ़ी जानेवाली किताबों और दवाखानों में अधिक बिकने वाली दवाओं का पता लगाना चाहिए। और फिर कहने लगे कि केवल पाठकों को ही दोष देना गलत है इसके लिए हमारे लेखकों की भी जिम्मेदारी कम नहीं है। प्रेमचंद के बाद बहुत कम लोगों ने साधारणजन के लिए लिखा है, हमारे फैशनेबुल नए लेखक नए-नए फार्मों के चक्कर में पड़ कर विश्व के महान् लेखकों से हवाई टक्कर लेते रहते हैं और साधारण जनता कुशवाहा कांत, आवारा, गोविन्द सिंह आदि की रचनाओं से अपनी भूख मिटाती है। बड़ी भावुकता से उन्होंने कहा कि मैं ऐसा तथाकथित महान् लेखक नहीं बनना चाहता जिसकी किताबें थोड़े ही लोगों के पल्ले पड़ती हैं। मैं तो साहित्य के स्तर पर रहते हुए कुशवाहा कांत आदि के पाठकों को छीन लेना चाहता हूँ। निश्चय ही बहुत दूर तक उनकी आकांक्षा पूरी हुई है!

लखनऊ में मेरी बहन की ससुराल है, इसलिए वहाँ आना जाना लगा ही रहता है। यह कैसे संभव है कि लखनऊ जाऊँ और नागरजी से न मिलूँ। चौक की एक गली में नवाबी जमाने की एक बड़ी हवेली के पिछले अंश में नागरजी रहते हैं। ड्यौढ़ी के बाद आँगन और उसके बाद नागरजी का बैठने का कमरा। ड्योढ़ी में प्रवेश करते ही सुरुचि का आभास मिलने लगता है! स्थान-स्थान पर सजी पुरातन मूर्तियाँ या अन्य सामग्री नागरजी की पुरातात्विक अभिरुचि की सूचिका है तो तस्वीरें

उनके छोटे भाई की कलाकारिता की। उनके कमरे के फर्श पर एक तरफ गद्दा है जिस पर बैठ कर वे गोष्ठी सुख लूटते हैं तो दूसरी तरफ तख्त जिस पर बैठकर वे नियमित रूप से लिखने-पढ़ने का काम करते हैं। उनके आसन के दोनों ओर पुस्तकों, फाइलों का जमघटा लगा रहता है। वैसे तो वहाँ उनके साथ कई बार 'बतरस' का आनंद प्राप्त कर चुका हूँ किंतु 19 अप्रैल, 1962 की बातचीत की बात ही और है। यह मेरा सौभाग्य है कि उस बातचीत को मैंने विस्तारपूर्वक अपनी डायरी में टीप लिया था, उसी की कुछ बानगी पेश कर रहा हूँ।

उस दिन मैं उनसे पूछ बैठा कि आप उपन्यास कैसे लिखते हैं। वे सहज भाव से बोले, भैये, रोजमर्रे के जीवन में कितने ही लोगों से मिलता-जुलता रहता हूँ। जब भी कोई चरित्र या विषय मेरे मन को छूता है तब मैं उसके बारे में विस्तारपूर्वक नोट्स लेने लगता हूँ। यह देखो, इस फाइल में 'बूँद और समुद्र' के लिए लिखे गए नोट्स हैं, इसमें न जाने कितने व्यक्तियों के नाम, हुलिया, स्वभाव दर्ज हैं, कितनी बिरादरियों के रस्मोरिवाज, कितनी घटनाओं के विवरण, समय-समय पर उठने वाले कितने भाव, कितने विचार लिख रखे हैं। इस सारी सामग्री का उपयोग 'बूँद और समुद्र' में नहीं कर पाया किंतु नए नोट्स बराबर लेता जा रहा हूँ। यदि मैं इनका उपयोग नहीं भी कर सका तो कोई दूसरा कर लेगा। मैं तो मानता हूँ कि सिपाही और लेखक की नजर तेज होनी चाहिए, समाज में खूब घुलना - मिलना चाहिए, और जो कुछ देखा, सुना और अनुभव किया है, उसे उतार लेना चाहिए, फिर कभी किसी महाभाव के उभड़ने पर तनिक कल्पना के पुट से उस सारी सामग्री को उपन्यास या कहानी का रूप दिया जा सकता है। फॉर्म - ऑर्म के लिए मैं परेशान नहीं होता, बात जब भीतर भीतर पकने लगती है तो वह अपना फॉर्म खुद अपने साथ लाती है। मैं सरलता को लेखक के लिए अनिवार्य गुण मानता हूँ। जटिलता, कृत्रिमता, दाँव-पेंच से लेखक महान् नहीं बन सकता। इसीलिए केवल फॉर्म के पीछे दौड़ने वाले लेखक को मैं टुटपुँजिया समझता हूँ। अक्सर आलोचकों ने नागरजी के सजीव पात्रों और उनकी जीवंत भाषा की तारीफ की है, समाज के विविध स्तरों के लोगों से मिलने एवं विस्तृत 'नोट्स' लेने का स्वभाव ही है उनकी इस सिद्धि का रहस्य। लेखन के प्रति उनकी आस्था की एक छोटी सी झाँकी मिल सकती है उनके 'अमृत और विष' के लेखक नायक अरविन्द शंकर की इस उक्ति में, 'आओ अरविन्द, दुनिया के चक्कर छोड़ो, काम में रमो। इसमें सभी प्रकार की समाधियाँ लग जाती हैं। बिंबावली एक बार अपने ढर्रे पर सध भर जाय, फिर तो बस तमाशा देखे चले जाओ। चेतना अंतर्मुखी होते ही सचमुच दैवीशक्ति हो जाती है।'

वे उन साहित्यकारों में नहीं हैं जो अपने तक सीमित रहने में या अधिक से अधिक काफी हाउसों में साहित्यिकों के साथ बहसबाजी करने में ही अपना गौरव समझते हैं। नागरजी का दृढ़ विश्वास है कि केवल साहित्यकारों की गोष्ठी में ही उठना बैठना लेखक के लिए हानिकारक है। समाज के सीधे और घनिष्ठ संपर्क में उसे आना ही चाहिए। रास्ते में बैठे हुए एक मोची की ओर इशारा करते हुए उन्होंने एक बार मुझसे कहा था कि यदि इसके बगल में बैठकर मुझे नोट्स लेने हों तो भी मैं रत्ती भर संकोच नहीं करूँगा। लिखने के लिए वैविध्यपूर्ण सामग्री का प्रामाणिक संकलन उनकी आंतरिक विवशता है। 'ये कोठेवालियाँ' लिखने के लिए जिनके 'इण्टरव्यू' उन्होंने लिए उन्हें प्रकाश्य रूप से सद्भावना और सहानुभूति के साथ अपने घर आमंत्रित करने का नैतिक साहस कितने लेखकों में है?

किसी राजनीतिक दल से वे युक्त नहीं हैं किंतु राजनीतिक दल उनके लिए अछूत भी नहीं है। प्रत्येक दल की परख और आलोचना करने के लेखकीय अधिकार के वे विश्वासी हैं। स्वयं सक्रिय राजनीति में उन्होंने कभी हिस्सा नहीं लिया और राजनीतिज्ञों के छलकपट के प्रति उनके मन में चिढ़ भी है, किंतु वे राजनीति के महत्त्व को स्वीकारते हैं और उसकी गतिविधि पर तेज नजर भी रखते हैं। यदि वे कांग्रेसियों के भ्रष्टाचार के सख्त विरोधी हैं तो जनसंघ के आर्थिक कार्यक्रम की अस्पष्टता और कम्यूनिस्ट पार्टी की विदेशों की ओर टकटकी लगाए रखने की प्रवृत्ति के आलोचक। अहिंसा, लोकतंत्र और समाजवाद के प्रति श्रद्धाभाव रखते हुए भी वे हठाग्रही (डॉग्मेटिक) नहीं हैं। भारत के भविष्य के प्रति उनकी गहरी आस्था है। भारत का साधारण मनुष्य उनकी दृष्टि में अब भी स्वस्थ है और इसका एक प्रमाण वे यह भी देते हैं कि चुनावों में उसने धाकड़ समझे जाने वाले नेताओं को बारबार धूल चटाई है। संयुक्त सरकारों से बहुत आशा तो उन्होंने नहीं की किंतु बड़े विश्वास से यह निष्कर्ष अवश्य निकाला है कि 'जन शाश्वत है और उसकी जीवनेच्छा भी।' मूल्यों के विघटन, अनिश्चित भविष्य, दिशाहीनता आदि का नाम लेकर निष्क्रियता और कभी-कभी आत्महत्या तक का बौद्धिक समर्थन किया जाता है। नागरजी किसी तरह भी इस दृष्टि को स्वीकार नहीं कर सकते। जीवन और जगत् की यंत्रणाओं और आशंकाओं से घिरा हुआ भी उनका लेखक - नायक यही निश्चय करता है, 'जड़-चेतनमय, विष - अमृतमय, अंधकार - प्रकाशमय जीवन में न्याय के लिए कर्म करना ही गति है। मुझे जीना ही होगा, कर्म करना ही होगा यह बंधन ही मेरी मुक्ति भी है। इस अंधकार ही में प्रकाश पाने के लिए मुझे जीना है।'

और मेरा विश्वास है कि यह निष्ठा उन्हें आस्तिकता से मिली है। किंतु नागरजी की आस्तिकता पोंगापंथी नहीं है। 'संकीर्ण स्वार्थों और मृत धार्मिकता के ठेकेदार'

पुरोहित वर्ग के पाखंडों का पर्दाफाश करने में उनकी लेखनी बड़ी निर्मम हो उठती है किंतु वास्तविक दार्शनिकों और भक्तों के प्रति वे श्रद्धानत हैं। श्री राजेन्द्र यादव ने 'बूँद और समुद्र' की आलोचना करते हुए उसके उच्चतर मानसिक शक्ति सम्पन्न भक्त बाबा रामजीदास को 'सारे वादों से परे, नए मानव के मसीहा - सुपरमैन' के रूप में अंकित करने के लिए नागरजी पर व्यंग्य किया था। अप्रैल '62 के लखनऊ प्रवास के समय ही राजेन्द्र यादव की आलोचना का हवाला देते हुए मैंने नागरजी से पूछा था, आखिर आपने ऐसा पात्र क्यों सिरजा? बहुत ही शांति और दृढ़ता के साथ उन्होंने उत्तर दिया, क्योंकि यह सच है, क्योंकि मैंने ऐसा आदमी देखा है। और तब मुझे पता चला कि बाबा रामजीदास वास्तव में एक सेवापरायण महात्मा हैं जो प्राय: लखनऊ आते रहते हैं। मन की बात को बता देना या दूर घटनेवाली बात को जान लेना उनके लिए साधारण बात है। नागरजी इस शक्ति को अलौकिक नहीं मानते। उनका विश्वास है कि शुद्ध हृदय के साधकों में इस शक्ति का विकास अपेक्षाकृत सरलता से हो सकता है। मुझे जब यह पता चला कि बाबाजी संभवत: आजकल लखनऊ में ही हैं तो मैं उनके दर्शन के लिए व्यग्र हो उठा। नागरजी मुझे उनके पास ले चलने के लिए तैयार हो गए। हम लोग उनके स्थान तक गए भी किंतु मेरे दुर्भाग्य से वे उसी दिन झाँसी के लिए रवाना हो गए थे।

मुझे लगा है कि नागरजी ने अपनी ही आस्तिकता की भावना को अपने लेखक - नायक अरविंद शंकर के माध्यम से प्रकट किया है, 'सत्य - श्रमाभ्यां सकलार्थसिद्धि:' इस अधिकार पर टिके हुए आत्म विकास का नाम ही ईश्वर है और वह ईश्वर मेरे साथ है। अन्यत्र वह कहता है, "मैं फैशनेबुल हेकड़ी के साथ भाग्यवाद के सिद्धांत को नकार तो अब हरगिज न सकूँगा। ऐसा लगता है जीवन के पीछे कोई महाविधान है। और भी मानता हूँ कि मनुष्य अपना भाग्य बदल सकता है नया भाग्य बना सकता है... और यह उसी महानियम के अंतर्गत ही।" एक तरफ पाखंड, दूसरी तरफ आत्म विघटन से बचानेवाली यह आस्तिक भावना नि:संदेह उनका बहुत बड़ा संबल है।

बातों ही बातों में एक अटपटा सवाल मैं उनसे कर बैठा कि पैसेवालों के समक्ष जब आपका सम्मान नहीं होता तब क्या आपको ठेस नहीं लगती? उस समय क्या आपके मन में यह इच्छा नहीं जगती कि लेखन को छोड़कर पैसे कमाने का धंधा ही कर लिया जाता तो अच्छा होता? उन्होंने कहा, अपमान बोध तो होता है और उससे मानसिक कष्ट भी होता है लेकिन अपने कार्य के बारे में मुझे कभी वितृष्णा नहीं हुई। बात यह है कि मैं लेखन को अपना नशा मानता हूँ जो चौबीसों घंटे मुझ पर सवार रहता है, फिर इतिहास से भी सांत्वना मिलती है। औरों की क्या बिसात स्वयं चंद्रभानु

गुप्त जब मंत्री नहीं रह गए थे तो उन्हें कोई नहीं पूछता था। आज फिर वे पुजने लगे हैं (यह बात अप्रैल 62 की है। - लेखक) किंतु कल की बात कोई नहीं जानता। अमृतलाल नागर तो अमृतलाल नागर था, है और रहेगा। बड़े आत्म विश्वास और मस्ती के साथ उन्होंने यह भी कहा कि मैं रुपया भी कमा सकता हूँ, रुपया कमाया भी है। बंबई में यदि फाकामस्ती की नौबत आई थी तो ऐसे दिन भी आए थे जब तीन हजार के नोट मेरी जेब में पड़े रहते थे। रुपया कमाया भी और खर्चा भी, अब रुपया कमाने के लिए जो कुछ करना पड़ता है, वह करने के लिए तैयार नहीं हूँ। अत: अर्थाभाव नहीं खटकता है। मोटा पहनता हूँ, और अपने काम खुद कर लेने में लज्जा का अनुभव नहीं करता। इसी संदर्भ में अपनी पत्नी प्रतिभाजी की चर्चा करते हुए वे एकदम भावमग्न हो गए, बोले, वह बड़ी बहादुर औरत है, सच्ची बात तो यह है कि तीन चौथाई अमृतलाल नागर वह है और एक चौथाई मैं हूँ।

दिसंबर '65 में कलकत्ते में आयोजित कथा समारोह में बड़ी उठापटक रही। हिंदी कथाकारों की तीन पीढ़ियाँ एक ही मंच पर उपस्थित थीं। श्रद्धेय वृंदावनलाल वर्मा के पधारने से हिंदी कहानीकारों की पहली पीढ़ी का भी प्रतिनिधित्व हो गया था। इस साहित्यिक दंगल में भाग लेने वाले कथाकारों को मोटे तौर पर इन तीन वर्गों में बाँटा जा सकता था सुखाड़िया, उखाड़िया और अखाड़िया। सुखाड़िया अर्थात् सुखपूर्वक अड़े रहने और अड़ा रहना चाहने वाले, जिनके सबल अगुआ थे जैनेन्द्रजी, उखाड़िया वर्ग का नेतृत्व कर रहे थे कमलेश्वर, श्रीकांत वर्मा, हरिशंकर परसाई आदि और अपनी स्वतंत्र सत्ता प्रमाणित करने वाले साठोत्तरी अखाड़िया वर्ग में प्रमुख थे गंगाप्रसाद विमल, दूधनाथ सिंह आदि। इस कोलाहल से नागरजी प्रसन्न तो नहीं थे किंतु अयथा उत्तेजित भी नहीं थे। उन्होंने अपने भाषण में और बातों के मध्य कहा, 'मैं बीच का आदमी हूँ। मेरा एक हाथ पुरानों की तरफ बढ़ा हुआ है तो दूसरा नयों की तरफ।... नई उपलब्धि को सादर स्वीकार करते हुए भी यह नहीं कह सकता कि पुरानी पीढ़ी ने रास्ता नहीं दिया।' यह कथन उनकी प्रकृति का सही परिचय देता है। पुरानों के प्रति कृतज्ञ, नवीनों के प्रति उदार एवं आश्वस्त नागरजी अपने को किसी भी वर्ग में अजनबी नहीं पाते।

'अमृत और विष' के लेखन काल में उन्होंने मुझसे कहा था कि वे इसके बाद दो ऐतिहासिक उपन्यास लिखना चाहते हैं, एक तो सन् सत्तावन के स्वातंत्र्य युद्ध पर दूसरा 'एकदा नैमिषारण्ये' नाम से पौराणिक आख्यान परम्परा पर। मेरा विश्वास है कि भगवान की कृपा से वे अपने संकल्पों को अवश्य पूर्ण करेंगे तथा और भी अनेक कृतियों के द्वारा हिंदी साहित्य को समृद्धतर बनाएँगे क्योंकि उनके

लेखक- नायक अरविंद शंकर की यह उक्ति उन पर पूर्णतः घटित होती है, 'मेरी सृजन शक्ति और उसकी क्रीड़ा का सहज उत्साह अब तक ताजा और वेगवान है। अभी मैं अपने मानस की ओर ऊँचे नैतिक वैचारिक सौंदर्य के स्तर तक गति देने का साहस कर सकता हूँ।'

स्मरण को पाथेय बनने दो (वि.सं. 2035)

मेरे मॅनेर मानुष - नागरजी

मनमोहन ठाकौर

बात 1951 की है। मैं दो वर्ष पहले ही कलकत्ता आया था। यहाँ पर श्री जैन श्वेतांबर तेरापंथी विद्यालय में इतिहास अध्यापक बनकर इस महानगर के जनार्णव में पैर पछाड़ने की चेष्टा कर रहा था। कोमल कोठारी भी उसी विद्यालय में हिंदी पढ़ा रहा था गहरी छन रही थी हम दोनों की।

तभी कलकत्ता में पहली बार 'सोवियत फिल्म फेस्टिवल' का आयोजन किया गया। हमने भी बीना टॉकीज में सातों दिनों के टिकिट खरीद लिए। इसकी कुछ फिल्में पहले ही देख रखी थीं। पर बात थी सोवियत यूनियन की। उसकी खातिर तो कुछ भी किया जा सकता था। सवा-सवा रुपयों के टिकिटों की तो बिसात ही क्या थी? बड़ी निष्ठापूर्वक देख भी डाली थीं सभी फिल्में। उन्हीं में एक फिल्म थी - जोया। नाज़ी दरिन्दों के खिलाफ छापामार युद्ध लड़ते हुए वीर बालिका जोया कॉस्मोदेमयांस्काया ने गिरफ़्तार कर लिए जाने पर हिटलर के फायरिंग स्क्वैड के सम्मुख अदम्य साहस के साथ अपने प्राणों की आहुति दे दी थी। यह फिल्म हिंदी में 'डब' की गई थी। उसके संवाद लिखे थे - श्री अमृतलाल नागर ने। बर्बर नाज़ियों की बंदूकों के सामने सीना ताने खड़ी निर्भय ज़ोया ने तीन बार गर्वदृप्त नारा लगाया था - ' स्तालिन मुस्तैद है।' उस नारे का प्रभाव आज तक रत्ती भर भी कम नहीं हुआ है, और उसी फ़िल्म ने ग़ालिब कर दिया था मुझ पर नागरजी की लेखनी का रौब भी।

वैसे नागरजी का नाम तो मैंने बहुत पहले ही से सुन रखा था। उनकी ननिहाल और ससुराल दोनों ही आगरा में मेरे मुहल्ले, बल्काबस्ती से सटे गोकुलपुरा में थी। और मैं अपने बचपन से ही सुनता चला आया था कि उनकी धर्मपत्नी, प्रतिभाजी, अपने ज़माने में हम आगरा के नागरों की सुष्मिता सेन हुआ करती थीं। 'बा' (माँ) तो वे लखनऊ जा कर बहुत बाद में बनी थीं। दूसरे, उनके पुत्र, कुमुद की पत्नी, सूर्यबाला, मेरी पत्नी की चचेरी बहिन भी है।

लेकिन नागरजी के साथ मेरा प्रत्यक्ष परिचय बहुत बाद में हुआ था। 1957 में। बड़ी रोचक है हमारे उस प्रथम साक्षात्कार की गाथा। उन दिनों मैं और राजेन्द्र यादव नित्य सायंकाल में चित्तरंजन एवेन्यू स्थित कॉफी हाउस में आ मिलते थे। उस ज़माने में खुद को 'इंटेलेक्चुअल' मनवाने के लिए शाम को तीन-चार घंटे कॉफी हाउस में बिताना संस्कृति का अनिवार्य अंग माना जाता था। और कॉफी हाउस के 'हाउस ऑफ लॉर्ड्स' की 'स्नॉब वेल्यू' उसके 'हाउस ऑफ कॉमन्स' से कहीं ज्यादा होती थी। लिहाजा राजेन्द्र यादव बहुधा वहीं विराजा करते थे। इसकी एक और बड़ी वजह होती थी वहाँ श्री मोहनसिंह सेंगर का नित्य भरने वाला साहित्यिक दरबार। बहरहाल, उस दिन मैंने देखा कि श्री राजेन्द्र यादव एक सज्जन के साथ बड़े घुलघुल कर बतिया रहे थे। पास जाने पर पहचाना कि वे नागरजी ही थे। उनके चित्र तो प्रायः देखता ही रहता था। राजेन्द्र ने मेरा परिचय देते समय दो बातों का विशेष रूप से ज़िक्र किया था - एक तो यह कि मैं भी नागर कुलांगार ही था और दूसरे कि मैं भी आगरे वाला था। मुझे लगा कि नागरजी ने दोनों 'महत्त्वपूर्ण' सूचनाएँ नितांत औपचारिक ढंग से आत्मसात कर लीं। साथ का साथ मैं अपने खोल में जा दुबका था। आप चाहे जितने 'महान' क्यों न हों, यदि आपकी आँखों में आत्मीयता अथवा ऊष्मा का ज़रा सा भी अभाव महसूस हुआ, तो मेरी यही स्थिति हो जाती है। मैंने बचपन में ही 'तुलसी तहाँ न जाइए, कंचन बरसे मेह' वाला दोहा पढ़ लिया था।

तो मैं चुप बैठा था, और नागरजी राजेन्द्र यादव से बार-बार वहाँ से उठ चलने का आग्रह कर रहे थे। वे राजेन्द्र को अपना 'असफल गुरु' कह रहे थे, और उस क्षण राजेन्द्र उनकी माँग पूरी कर पाने में वाकई असफल सिद्ध हो रहा था। पाँच बज चुके थे और नागरजी को उनकी दूसरी प्रियतमा, भंग भवानी के दर्शन तक नहीं हो पाए थे। नागरजी को चार बजते - न-बजते उसकी 'दारुण' तलब महसूस होने लगती थी। और राजेन्द्र जी को भांग की केवल एक दूकान का पता था जहाँ तक जाने में उन्हें नानी याद आ रही थी। ऑफिस छूट चुके थे और उस भीड़ में भीड़ लदे बड़ा बाजार तक जाने की बात सुनते ही यादव जी की ही नहीं, बड़े-बड़ों की नानीजी का स्वर्गवास होने लग जाता है। उधर, राजेन्द्र यह भी जानता था कि नशे की तलब कितनी कष्टदायक होती है। 'दुहूँ भाँति दारुण दुख दाहू' ।

अब तक मेरी समझ में नागरजी की तथाकथित बेरुखी का कारण आ चुका था। उसके साथ-साथ, राजेन्द्र यादव की बेबसी पर तरस भी आ रहा था। अतएव मैंने प्रस्ताव दे डाला कि यदि बड़ा बाजार के स्थान पर वे मेरे घर चलें तो उनको घर की छनी भांग मिल सकती है। उन दिनों मेरे पिताजी भी कलकत्ता में ही थे। उन्हें भी नित्य भांग पीने का व्यसन था। वे दिन में एक बार नहीं, तीन बार, पाव-पाव भर

भांग पीते थे। कोई हम प्याला मिल जाए तो चौथी बार भी।

किस्सा कोताह, कुछ देर तक लखनवी तकल्लुफ करने के बाद नागरजी, यादव और मैं टैक्सी पकड़ कर ग्रीक चर्च से आ गए थे और मेरे पिताजी की तो कली-कली खिल गई थी। सूरज अभी गुरुब नहीं हुआ था, और उन्हें एक बार फिर भांग घोटने छानने का अवसर मिल रहा था। वह भी नागरजी के साथ। चुपड़ी और दो-दो। तो पहले तो उन्होंने स्वयं को नागरजी का समधी घोषित कर दिया। कुमुद भाई की पत्नी उनके नाना के छोटे भाई की पौत्री भी थीं। उसके बाद, भांग पीकर मन चंगा करने के बाद, वे नागरजी के मनोरंजनार्थ हारमोनियम पर कबीर का ' हमन हैं इश्क मस्ताने, हमन को होशदारी क्या', आदि सुनाते रहे थे। नागरजी ने अपने पान खिला कर उन्हें और मेरी पत्नी को सदा सर्वदा के लिए अपना बना लिया था। फिर तो तीस वर्षों से अधिक समय के लिए हमारे संबंध गाढ़े, और गाढ़े होते ही चले गए थे।

मेरे साथ उनकी बेतकल्लुफ़ी इसके दूसरे ही दिन से हो गई थी। उस बेतकल्लुफी को उभारने में बड़ा हाथ नागरजी का ही था। उस दिन प्रातः काल में राजेन्द्र यादव के हिंदुस्तान पार्क वाले कमरे में नागरजी आए तो मैं भी वहाँ उनके आग्रह पर जा पहुँचा था। वे दोनों कथाकार नागरजी के सद्यः प्रकाशित उपन्यास, 'बूँद और समुद्र' की चर्चा करने लग गए। ऐसे अवसरों पर मैं यथासंभव मूक श्रोता बन जाया करता हूँ। मुझे अच्छा भी लगता है। रचनाकार द्वारा उसकी कृति की बारीकियों को उजागर करते सुनना। बिना माँगे अपनी राय देने की धृष्टता प्रायः मुझसे नहीं होती। उस दिन भी यही होता पर, नागरजी ही कह बैठे थे, " मनमोहन, तुमने पढ़ा है, बूँद और समुद्र?" मेरी स्वीकारोक्ति पर उनका प्रश्न था, "क्या राय है तुम्हारी?" मैंने, "जी बहुत अच्छा लगा है, " वाला सभ्य, शिष्ट, चलताऊ उत्तर दे कर अपने कर्तव्य की इतिश्री कर ली थी । पर नागरजी को उससे संतोष नहीं हुआ। बोले, "ये टालू जवाब नहीं चलेगा। खुल कर बताओ।" तब मैं भी अपनी पर उतर आया और मेरे मुँह से निकल ही तो गया, " साफ जानना चाहते हैं तो नागरजी उसमें वे शिवतत्त्व की विस्तृत विवेचना वाले लगभग ढाई सौ पृष्ठ मुझे व्यर्थ की भर्ती के लगे हैं।" चौंक पड़ा था राजेन्द्र। भन्नाया भी था, "क्या ठाकुर साब, इतने बड़े लेखक के लिए आप यह कह रहे हैं?" बात सँभाली थी नागरजी ने ही। "नहीं, मनमोहन, तुम ठीक ही कह रहे हो। मैंने वह खा तो लिया है, पर पचा नहीं पाया हूँ। पर विश्वास करना, अब ज़िंदगी भर उस शिवतत्त्व को ही पचाने की चेष्टा करता रहूँगा।" सोचता हूँ, क्या यह नितांत संयोग ही था कि उनका अगला उपन्यास था अमृत और विष? खूब पचाया था उसमें शिवतत्त्व को। गवाह है मानस का हंस।

इसके बाद तो नागरजी मुझे अपना बनाते ही चले गए थे। 1963 में घनश्याम अस्थाना से यह जानकर कि मैं अमरनाथ घूम आया था, उन्होंने एक बड़ा प्यारा पत्र लिखकर मुझे सूचना दी थी- मैं भी चंदनवाड़ी तक तो हो ही आया हूँ। और वहीं विष्णुगंगा पर खड़े हो, अमरनाथ की दिशा में एक चुटकी भांग हवा में उछाल कर कह आया हूँ, 'लेना हो भोले बाबा!' फिर अमृत और विष के रचनाकाल में एक बार आगरा जाने पर घनश्याम से मुझे पता चला था कि नागरजी भी उन दिनों वहीं आए हुए थे। और मेरा सौभाग्य देखिए कि वे उसी दिन शाम को घनश्याम की बैठक में नमूदार भी हो गए थे। छड़ी हिलाते, पान चबाते। इतना ही नहीं, सुरूर अच्छा आ रहा था, सो स्वयं ही उस शाम उन्होंने दिन में लिखाए गए दो अध्याय पढ़ कर सुनाने की इच्छा भी प्रकट कर दी थी। ऐसा अलभ्य अवसर कौन छोड़ सकता था भला? नागरजी ने उन दोनों अध्यायों में गोमती की बाढ़ का विस्तार से वर्णन किया था। नागरजी सुनाने में महब हो गए थे, और हम सुनने में। नागरजी की शब्दों की जादूगरी ने हमें विभोर कर दिया था। हम आगरा में बैठे लखनऊ में आई बाढ़ का अनुभव करते रहे थे। उस शाम हमने शब्द - शक्ति का प्रत्यक्ष और साकार स्वरूप देखा था। हमारा यह अनुभव आज तक मेरे लिए तो वड्र्सवर्थ वाला Bliss of Solitude बना हुआ है।

1964 में कलकत्ता में भारतीय ज्ञानपीठ तथा एक अन्य स्थानीय संस्था ने मिलकर प्रथम अखिल भारतीय कथा समारोह का आयोजन किया। बड़ी रोचक है इस कथा समारोह की अंत:कथा भी। परंतु उसके विस्तार में न जाकर यहाँ इतना कहना ही पर्याप्त होगा कि उसके संयोजक श्री रमेश बख्शी द्वारा किए गए सामूहिक अपमान तथा उस समय तक 'सारिका' के संपादक पद के प्रत्याशी श्री कमलेश्वर की वादाखिलाफी के प्रतिवाद में कलकत्ता के सभी साहित्यकारों ने उसका सामूहिक बहिष्कार कर दिया था।

जैनेन्द्र, भगवतीचरण वर्मा, मोहन राकेश, राजेन्द्र यादव, मन्नू भंडारी - बड़ी-बड़ी हस्तियाँ पधारी थीं उस समारोह में। किसी को हमारे सामूहिक बहिष्कार से कोई फ़र्क नहीं पड़ा था। उन्हें अपने हलवे - मांडे की पड़ी थी। पर तभी एक दिन सुबह-सवेरे मेरे फोन की घंटी घनघना उठी थी। सुना, अपने स्वर में अंतस की घनीभूत पीड़ा घोले, नागरजी पूछ रहे थे - मनमोहन, क्या इस बार तुमसे बिना मिले ही कलकत्ता से चला जाना पड़ेगा? मेरा उत्तर था - 'नागरजी, हदें वो खींच रक्खी हैं हरम के पासबानों ने। कि बिन मुजरिम बने पैगाम तक पहुँचा नहीं सकता। वो मुझ तक आ नहीं सकते, मैं उन तक जा नहीं सकता।' तय हुआ कि मैं अपने अनन्य मित्र, श्री मदनमोहन अग्रवाल के घर पहुँचूँ, नागरजी भी वहीं आ जाएँगे। और फिर

तो नागरजी के साथ बिताए उन दो घंटों ने मुझे सारा दिन मुअत्तर कर दिया था। फिर एक बार बद्री-केदार से लौटते समय मैं ही जा पहुँचा था लखनऊ अपने मित्र श्री श्यामनारायण, उनकी पत्नी प्रतिभा नारायण तथा बिटिया अनुराधा के साथ। रात में 104 डिग्री का ज्वर भोगा था। सुबह बुखार नहीं था। सो नागरजी को फोन मिलाया। पता चला कि हज़रत अपने पौत्र के साथ छत पर बैठे पतंग उड़ा रहे थे। इतने महत्त्वपूर्ण कार्य में बाधा पहुँचाना समूची लखनवी तहज़ीब की तौहीन होती। लिहाजा मैंने केवल अपने होटल का फोन नंबर ही लिखवा दिया था। आधे-पौन घंटे के बाद नागरजी का फोन आ ही तो गया। बड़ी लानत बरसाई थी गुजराती में उन्होंने लखनऊ में किसी होटल में टिकने के अपराध पर। पर फिर मेरी बीमारी पर तरस आ गया था उन्हें। और इसके बाद वे पता-ठिकाना पूछते-पाछते पैदल ही, आ पहुँचे थे हमारे होटल पर, और पूरे अधिकार के साथ ले गए थे हम सबको चौक, अपने घर। वहाँ दुबारा पूरा नाश्ता चबाना पड़ा था हमें। और इसी दौरान नागरजी ने प्रस्ताव दे दिया था नारायण साहब को -चलिए नारायण साहब, आपको लखनऊ घुमा लाऊँ। मुझसे अच्छा गाइड आपको लखनऊ में ढूँढ़े नहीं मिलेगा। प्रतिभाजी (प्रतिभा नारायण) को आज तक नारायण साहब से शिकायत है कि उनकी जल्दबाजी से वे नागरजी का प्रस्ताव स्वीकार नहीं कर सकी थीं। बहरहाल नागरजी ने जब उन्हें यह बताया कि लखनऊ जाकर भी जो महिला चिकन की साड़ियाँ न खरीदे, उसका सेक्स टेस्ट कराया जाना चाहिए, तो उन्होंने भी करीब डेढ़-दो सौ साड़ियाँ देखने के बाद दो कि तीन साड़ियाँ खरीद ही ली थीं।

नागरजी जब जिस विषय पर अपनी लेखनी चलाते थे, उस पर जम कर मेहनत करते थे। साल-दो साल तक वही उनकी बातचीत का केंद्रीय विषय बना रहता था इसका अंदाज़ मुझे उस दिन हुआ जब एक दिन उन्होंने मेरी शाम की चाय का निमंत्रण स्वीकार कर लिया था। उन्हीं दिनों डॉ. रामविलास शर्मा भी एक आयोजन के सिलसिले में कलकत्ता आए हुए थे। मैंने उनको भी आमंत्रित कर लिया था। अब कल्पना कीजिए उस स्थिति की जब इन पुराने लखनौआ यारों की जुगलजोड़ी संयोगवश आ जुटी थी ग्रीक चर्च रो में। नागरजी का 'गदर के फूल' तब प्रकाशित हुआ, हुआ ही था। तो ये दोनों 'गदर' संबंधी अपने-अपने अर्जित ज्ञान का आदान-प्रदान करने में लग गए। सम्मनबुर्ज पर कितनी तोपें किस-किस दिशा में लगा दी गई थीं। रेज़ीडेंसी में उस समय क्या हो रहा था। बेगम हज़रत महल पर क्या बीत रही थी -आदि-आदि प्रसंगों की विशद एवं विस्तृत चर्चा में गले तक डूबे हुए थे ये दोनों। मैं इतिहास का विद्यार्थी रहा हूँ। सो मेरे लिए तो स्वाति नक्षत्र की वृष्टि हो रही

थी और मैं उसकी एक-एक बूँद को गटके चला जा रहा था। परेशान हो रही थी केवल मेरी पत्नी कमला, जिसके बड़े चाव से बनाए गए गरम पदार्थ ठंडे और ठंडे पदार्थ गरम होते चले जा रहे थे।

आखिर लगभग पैंतालीस मिनिट बाद उसके बारंबार नेत्रों द्वारा किए जा रहे मूक इशारों में से एक को मेरी मंदबुद्धि ने भी समझ ही लिया था। और मुझे भी हनुमान की भाँति अपनी विस्मृत शक्ति की प्रतीति हो ही गई थी। तुरंत ही मैंने नागरजी के 'सेठ बाँकेमल' की भाषा में विशुद्ध आगरा वाले लहजे में उन दोनों बाँकों का ध्यान उन बेचारे खाद्य पदार्थों की करुण दशा की ओर ठेल दिया। वातावरण फिर से तरकैट हो उठा था।

ऐसे ही एक दिन और भी आ गए थे नागरजी। साथ में थे दैनिक 'आज' के संपादक, श्री लक्ष्मीशंकर व्यास भी। दोनों ही उस रात मौज-मजे के मूड में थे। मेरी बड़ी पौत्री नेहा, आयु के उस दौर में थी जब बच्चों के लिए प्रख्यात हस्तियों के ऑटोग्राफ लेना उनकी चरम और मरम उपलब्धि हुआ करती है। झिझकते झेंपते उसने अपनी नयी निकोर 'ऑटोग्राफ बुक' नागरजी के सामने बढ़ा दी थी। कुछ देर उसकी टाँग खिंचाई करने के बाद नागरजी ने उसमें लिखा था - " नेहा ... इतना पढ़े जितनी लंबी हुनमानजी की पूँछ है। उसका यश इतनी ऊँचाई तक पहुँचे जितनी ऊँचाई तक विष्णु भगवान का गरुड़ जाता है।" नेहा आज तक इस आशीर्वाद को सूम के धन की भाँति छाती से चिपकाए रहती है।

और 1987 के वे चार दिन जो मैंने नागरजी के सान्निध्य में लखनऊ में बिताए थे। एक पूरा अस्तंगत युग और उसकी सुसमृद्ध संस्कृति को जी लिया था मैंने उन चार दिनों में ही। नित्य प्रातः काल मुझे बिस्तर में कुनमुनाते देखते ही नागरजी अपनी 'मदर टेरेसा' पौत्री दीक्षा, को मेरे लिए चाय की केतली भर लाने का आदेश दे देते थे। और फिर लगभग एक-डेढ़ घंटे तक जम जाती थी हमारी प्रातः कालीन गोष्ठी जिसे उन्होंने 'मनमोहन के अग्निहोत्र' की संज्ञा प्रदान की थी। उस बीच मैं सिगरेट फूँकता रहता और वे पान - ज़र्दा चबाते रहते। मेरा प्याला खत्म होते ही उसमें चाय उड़ेल देते। और उड़ेलते रहते जान-जहान की बातें - 'बूँद और समुद्र' के बाबा रामजीदास के आधिभौतिक चमत्कारों की बातें, बेगम अख्तर की स्नेह भरी चर्चा, सत्यजित रे के 'शतरंज के खिलाड़ी' में उनके योगदान का अहवाल, डॉ. रामविलास शर्मा और राजेन्द्र यादव के साथ की गई दक्षिण की यात्रा के प्रसंग, निराला, भगवतीचरण वर्मा तथा यशपाल के संस्मरण, नागरों की उत्पत्ति और गुजरात के इतिहास में उनके योगदान-कितने-कितने विषयों पर एकदम नया दृष्टिकोण लेकर वापस लौटा था मैं।

और जब मई ' 88 में मैंने उन्हें सूचना दी कि मैं शीघ्र ही चीन जाने वाला था तो उन्होंने अपने 19 मई के पत्र में इन शब्दों में आशीर्वाद भिजवाया था :

"डियरेस्ट मनमोहन,

आशीर्वाद।

पत्र मिला। चीन यात्रा के लिए श्रीगणेश करो। यात्रा खूब सफल हो यही मेरी कामना है। तुम तो नास्तिक हो, पर सौ. कमला उत्तम नागर हैं। उसे चीन के साँप, मेढक, चूहों का स्वाद मत कराना।... प्रिय चि. टिंगू, सौ. सुमन एवं परम प्रिय भाग्यवती नेहा को चीनी लीची जैसे मीठे-मीठे अनंत शुभाशीर्वाद।"

उनके ये तेवर उस समय थे जब 'बा' के देहावसान ने उन्हें अंदर-बाहर दोनों तरफ बुरी तरह तोड़कर रख दिया था। उनका 3 मई 1988 का पत्र इसकी मार्मिक गवाही दे रहा है, जिसमें उन्होंने और बातों के अलावा लिखा था-

"इन दिनों मेरा मन कुछ उड़ा - उड़ा और कुछ बिखरा - बिखरा सा है मन जब उड़ता है तो तुम्हारी भाभी की यादों से जा जुड़ता है। यह स्थिति न तो यथार्थ से ही मेरा नाता जोड़ती है और न ही दर्शन से। दीदा - ओ - दानिश्ता यह बेवकूफी करता हूँ, मगर अफसोस नहीं होता। हाँ, थकन और व्याप जाती है। अब जीने में मज़ा नहीं दोस्त, लेकिन मरना अपने हाथ में नहीं, इसलिए ज़ाहिरा तौर पर हँसकर समय गुज़ार रहा हूँ।"

गोस्वामी जी का कथन है-जाको जा पर सत्य सनेहू। सो तस मिलहि न कछु संदेहू। नागरजी भी शीघ्र ही मेरी भाभी से जा मिले थे। चीन में ही मेरे नेपाली सुहृद, श्री गोविंद भट्ट, ने आकाशवाणी में सुनकर मुझे नागरजी के देहावसान का समाचार दिया था। भट्टजी स्वयं लखनऊ विश्वविद्यालय के एम. ए. थे। नागरजी के देहांत ने किसी भी हिंदी पाठक से कम व्यथित नहीं किया था उन्हें भी। व्यथित अगर नहीं हुआ था तो वह था केवल नागरजी का मकान मालिक जिसने नागरजी की चिता की राख ठंडी होने से पहले ही उनके पुत्र, शरद, को मकान खाली करने के लिए बार-बार धमकियाँ - चेतावनियाँ देना आरंभ कर दिया था।

इसमें मुझे कदापि आश्चर्य नहीं हुआ था क्योंकि नागरजी के साथ-साथ वह युग भी तो समाप्त हो गया था - लखनवी तहज़ीब का युग, अदबो - आदाब का युग, उदात्त मानवीय मूल्यों का युग जिसमें परायों को भी अपना बना लेने की अपूर्व क्षमता रहा करती थी।

सर्वनाम, वर्ष 8, अंक 37, जनवरी-मार्च, 1995

अमृतलाल नागर : एक और लखनऊ

रघुवीर सहाय

लखनऊ में मैं पैदा हुआ, यह संयोग था। पर इसके बाद मेरे पुरखों के गाँव और पूर्वजों के घर-बार और पास-पड़ोस ने मुझे धीरे-धीरे बड़ा किया और मेरा अपना एक लखनऊ बना। कुछ और लखनऊ भी उसी शहर में थे : मोहल्लों के रूप में भी और मानसिकताओं के रूप में। बंगालियों का लखनऊ, कुमाऊँनियों का लखनऊ, रस्तोगियों, खत्रियों और पंजाबियों का लखनऊ और मुसलमानों का लखनऊ जो मेरे अपने लखनऊ के अंदर समाए हुए थे। सन् 1947 के बाद जब बनारसी पान की दूकानों के साथ पूर्वी उत्तर प्रदेश और फलों और रोटियों की चलती-फिरती दुकानों के साथ पश्चिमी पाकिस्तान भी लखनऊ में आ गया, तब ये भी मेरे लखनऊ में शामिल हो चले। इसी परिवर्तन के दौर में किसी दिन मेरी भेंट अमृतलाल नागरजी से हो गई। मुझे लगा कि यह एक और लखनऊ है।

15 अगस्त के उत्सव के साथ-साथ समाज और साहित्य की जिम्मेदारी के एकाएक बड़े हो जाने की समझ आने लगी थी, नए साहित्यिक साथी बन रहे थे, पुराने छूट रहे थे, मानो वे सब चलने में असमर्थ हों। तीन साल के अंदर मेरा अड्डा अमीनाबाद से हजरतगंज हो गया था। विश्वविद्यालय के अंग्रेजी विभाग में कृष्णनारायण कक्कड़ अंग्रेजी साहित्य का हिंदी कविता पर प्रभाव के विषय पर शोध कर रहे थे, मेरी कविताएँ 'हंस' और 'रक्ताभ' में छपने के साथ- साथ द्वैमासिक प्रतीक में छप रही थीं और प्रगतिशील लेखक संघ में मेरे साथी साहित्य में आलोचना की जकड़बंदी का विरोध कर रहे थे। यह अंतत: हम लोगों द्वारा समानांतर लेखक संघ की स्थापना में प्रतिफलित हुआ। इसी समय 'इप्टा' के कार्यालय सचिव के पद से मैंने अपने को एकाएक मुक्त पाया, क्योंकि 'इप्टा' का ही विरेचन (पर्ज) हो गया था और वहाँ भी एक समानांतर संस्था हमें बनानी पड़ी।

'लखनऊ लेखक संघ' और 'लखनऊ नाट्य संघ' दोनों की स्थापना में कृष्ण नारायण कक्कड़ का नेतृत्व था। दोनों में उस समय के तीन लखनवी दिग्गजों में से दो ने हमें सक्रिय समर्थन दिया। ये थे - यशपाल और अमृतलाल नागर। (यशपाल ने अपना नाटक 'नशे - नशे की बात' खेलने को दिया, उसमें अभिनय भी किया)। अमृतलाल नागर से परिचय बढ़ा और कुछ दिन बाद 'प्रतीक' मासिक का सहायक संपादक होकर मेरे दिल्ली आ जाने के बाद भी बढ़ता चला गया।

'प्रतीक' में आते ही मैं लखनऊ से नाता जोड़े रखने के लिए छटपटाने लगा था। नागरजी को चिट्ठी लिखता था, मगर मेरे ख्याल से उसमें कोई ऐसी बात उन्हें कभी न दिखी होगी कि वह तुरंत जवाब देते, हाँ, कभी-कभी अपने व्यक्तित्व और नागरपन को आत्मीयता के साथ स्वीकार अवश्य कर लेते कि तुरंत जवाब न देने का कारण मेरे पत्र के अंदर नहीं, खुद उनके अंदर है। ऐसे आत्मविश्लेषण के क्षण में भी नागरजी ने शब्दों का मोहजाल नहीं बुना। एक बार उन्होंने सहज ढंग से लिखा :

'... आपके पत्रों का उत्तर क्यों नहीं दिया, यह पूछने पर मेरे पास बहाने के तौर पर एक भी उत्तर ढूँढ़े न मिलेगा। आलस्य सो भी नहीं, जाहिरा तौर पर स्वस्थ भी हूँ पर ऐसा लगता है कि अंदर-ही-अंदर शरीर की मशीन बुरी तरह थक गई है | घंटे-आध घंटे काम करके ही थक जाता हूँ। दिमाग फिर एकाग्र होने से इनकार कर देता है ऐसी हालत में लिखने की कोशिश भी करता हूँ तो चीज जम नहीं पाती। इधर आठ-दस रोज से तो कागज, कलम को देख कर तबीयत ऊब उठती है।

थक तो वाकई गया हूँ। इस थकान का कारण आर्थिक चिंता ही है। घर में बैठ कर खाना बड़ा ही तकलीफदेह साबित हो रहा है। कुबेर का कोष तो मेरे पास है नहीं। और आगे घर - गिरस्ती के सभी किस्म के भार दिखाई देते हैं।

अक्सर सोचता हूँ कि फिर बंबई चला जाऊँ, मगर एक चीज जो मन को खटकती है, वह यही है कि आजकल की प्रचलित परिपाटी पर अब मैं न लिख पाऊँगा... ऐसी कल्पनाएँ एक खास किस्म की रुचि रखने वाला ही कर सकता है। बड़ी मुश्किल है। कुछ न कुछ तो करना ही होगा। दूसरे किसी किस्म के गहरे समझौते से यह बेहतर समझता हूँ कि सिनेमा को ही स्वीकार कर लूँ। मैं कुछ भी सोच नहीं पाता। एक अजीब किस्म के फिक्स में पड़ गया हूँ क्या करूँगा, यह जल्दी ही तय करूँगा। क्योंकि यह जड़ता तो मेरी प्रकृति के प्रतिकूल है। जो कुछ भी निश्चय करूँ, यह तय है कि अपने सचेत रूप को हर तरह से बचाऊँगा ही। समझौते में यदि यह संभव न हुआ तो अपने आपको धारा में छोड़कर निश्चित हो जाने का हौसला करूँगा। मन विश्वास दिलाता है कि शायद ऐसा कर सकूँगा-फिर नतीजा जो कुछ भी हो।' (यह चिट्ठी 17.9.51 की है।)

इस पत्र को जब देखता हूँ और नागरजी के प्रेममय व्यक्तित्व को भी याद करता हूँ तो दोस्तों, परिवार के सहृदयों और अपने सचेत रूप को बचाए रखने को कृतसंकल्प तथा साथ ही अपनी आर्थिक हैसियत को देखते हुए रोज कुआँ खोदने और पानी पीने को मजबूर कलम के मजदूर का चित्र आँखों के सामने आता है। वह समझौता करने को तैयार है, पर कोशिश कर रहा है कि समझौते में यह संभव हो जाए कि वह अपने सचेत रूप अर्थात अपनी रचनात्मकता को बचाए रख सके। जाहिर है कि उसे अपने अंदर के नैतिक- सामाजिक मूल्यों पर भरोसा है और उसे यह भी मालूम है कि जीविका के साधन लेखक के लिए सीमित होते जा रहे हैं तथा प्रकाशन (यहाँ फिल्म का माध्यम जो नागरजी के लिए अजूबा नहीं था) का दबाव इतना ज्यादा हो गया कि अपने व्यक्तित्व की रक्षा करते हुए वह आजकल की प्रचलित परिपाटी पर अब न लिख पाएगा।

पर नागरजी के मन का संघर्ष उन्हें बंद कमरे में बैठ कर कुढ़ने नहीं छोड़ आया था। वह लिखने को अपना जीवन धर्म मानते थे और लिखने से अवकाश उन्होंने कभी नहीं माँगा - यह बात और है कि कभी अपने संघर्ष की खबर देते हुए किसी साथी से (भले ही वह मेरे जैसा नौसिखिया हो) बेहद थक गए होने का इकबाल किया हो। उसी 17.9.51 के पत्र में उन्होंने आगे लिखा था- '... तुम्हारे लिए कहानी उठाई है। क्या करूँ, उसे अब तक पूरा नहीं कर पाया। शीघ्र ही अपने मन को काबू में करके काम पर जुहूँगा। छोटे उपन्यास की स्कीम भी पसंद है। (यह एक योजना थी जो प्रतीक ने चलाई थी।) मगर, क्या साँस लेने के लिए थोड़ा समय देने की कृपा करोगे? इस तरह माँगने की आदत नहीं, मगर मजबूरी है, और तुम अपने ही हो। इसलिए शर्म नहीं आती।'

इस समय 'प्रतीक' की एक और योजना जारी हो चुकी थी और उसमें नागरजी विधिवत शामिल हो चुके थे। वह योजना उपन्यास लेखन का एक प्रयोग थी। हर अंक में उपन्यास का एक अध्याय किसी लेखक द्वारा लिखा जाना था, जिसे पहले से कोई कथानक या कथासार नहीं दिया गया था, पिछले अध्यायों तक अलग-अलग लेखकों ने उपन्यास को जहाँ तक पहुँचा दिया था, वहीं से आगे जाने की बाध्यता थी। यह प्रयोग फुटबाल के उस खेल की तरह था, जिसमें गेंद को सारे मैदान में भटकाने की आजादी हर हिस्सेदार को थी, और यही नहीं गोल को भी अपने मन अनुसार मैदान के किसी भी कोने से मचित कर देने की छूट थी - बशर्ते कि लेखक में इतनी कल्पना और सहकारिता बुद्धि हो।

नागरजी ने इसकी पाँचवीं किस्त लिखी। तीन किस्तों की सामग्री पढ़ लेने के बाद उन्होंने मुझे लिखा था - 'एक बात तो तय कर ली है। तुम्हारी हीरोइन को खंभों

की दिल्ली से भगा कर ले जाऊँगा, जिससे कोई आगे चल कर उसे फिर से खंभों की भूलभुलैया में भटका न सके!'

यह भी एक विचित्र बात थी कि हिंदी के विख्यात सहयोगी लेखकों में से अभी तक किसी को यह सूझा ही न था कि वे सब किसी-न-किसी गाँव, शहर या जनपद के पुत्र हैं, पर उनको अपने नायकों को दिल्ली में चारित लीला करते रहने देने से कोई परेशानी नहीं होती। नागरजी ने श्यामा को अपने पुरुष मित्रों की भूलभुलैया से छूट कर लखनऊ जाने वाली गाड़ी पर बैठ जाने दिया। इसके अगले अंकों में दूसरे लेखक उसे फिर दिल्ली ला कर छोड़ गए, यह और बात है।

नागरजी यात्रा - विवरण लिखें, यह इच्छा मेरे मन में कहीं दबी हुई थी। उनकी वर्णन शैली और जीवंतता मिल कर हिंदी साहित्य को अवश्य एक नई तरह की यथार्थ संवेदना का परिचय कराएगी। नए-नए सहायक संपादक को जिसे प्रधान संपादक (अज्ञेय) काफी छूट देते थे, ऐसे दुःसाहस भरे अनुरोध अपने स्नेही अग्रज से करने में संकोच न हुआ। उत्तर में उन्होंने लिखा-

'परमप्रिय रघुवीर सहाय,

31 मई का कार्ड श्री राजेन्द्र यादव के ठिकाने से लौटकर आज यहाँ मिला। तुम्हारी सदा प्रसन्न मुखछवि आँखों के सामने आ गई। ईश्वर तुम्हें चिरायुष्मान करे, अखंड सुख भोगो और विमल यश लाभ करो। अपने घनघोर आलसी स्वभाव के कारण मैं पत्र भले ही नहीं लिख पाता, परंतु जिन्हें स्नेह करता हूँ उन्हें याद बराबर ही कर लेता हूँ।

लगभग सवा दो महीने बम्बई में बिताए। बन्धुवर नरेन्द्रजी के साथ यू.पी. लौटा तो आगरे में अपने लँगोटिया यार रामविलास शर्मा के प्रस्ताव पर दक्षिण यात्रा की ठान ली। नरेन्द्रजी तो जेब में रक़म की तरह निकलकर बंबई पॉकिटमारिन के हाथों पड़ गए, हम दोनों जा रहे हैं अजन्ता, एलोरा, देवगिरि (दौलताबाद), विजयनगर, चिदंबरम, कांचीपुरम्, महाबलीपुरम्, मदुरा और कन्याकुमारी का आकर्षण खींच रहा है - हैदराबाद, मदरास तो घाते में घूम लेंगे, वैसे मैं तो सन् '46 में भी एक दौरा लगा चुका हूँ, मगर मित्र के साथ भ्रमण करने का आनंद कुछ और ही होगा, अलावा इसके तब दूसरी नज़र से दक्खिन देखा था, इस बार पुरखों की अनन्य साधना से नई प्रेरणा लेने जा रहा हूँ। सात-आठ वर्ष पहले यात्री बनने के रोमांटिक मूड में पत्नी से सुतली का एक झोला बनवाया था, जिसमें कपड़े- बिस्तर सब कुछ बाँधकर कंधे पर लटकाए हुए निकल पहूँ। मेरी देखा-देखी आदरणीय पन्तजी ने भी एक वैसा ही झोला बनवा लिया - मगर दोनों झोले दो बार पांडिचेरी (श्री अरविंद आश्रम) जाकर ही लौट आए सो भी, आए-गए सेकेण्ड क्लास में। इस बार तीसरे दरजे में सफर

होगा। (जीवन में पहली बार ही तीसरे दरजे में इतना लंबा सफर होगा) और मेरी पत्नी का परिश्रम भी सार्थक होगा।'

'प्रतीक' के बाद के दिनों में दिल्ली से फिर जब 'दिनमान' का संपादन किया तो फिर एक से अधिक बार नागरजी की शरण जाता रहा। उन्होंने मेरे अनुरोध पर लखनऊ की रिहाइशी इमारतों पर एक बढ़िया लेख लिखा। यह उनके खुद के निवास जैसी ही किसी हवेली इमारत के बारे में था, निवासीय स्थापत्य के सुंदर नमूने आज भी लखनऊ, इंदौर, उज्जैन, पुणे जैसे नगरों में मिलते हैं। इनकी सुंदरता नागरजी समझ सकते थे, क्योंकि उन्हें जिंदगी के बरते हुए सौंदर्य की समझ थी।

नागरजी बच्चों के लिए क्यों लिखते थे? अगर इस प्रश्न पर कभी हमारे आलोचक विद्वान गौर करें तो पाएँगे कि नई पौध के प्रति उनका आकर्षण उनके चिर युवा मानस की प्रवृत्ति थी, वैसे ही जैसे हास्य के प्रति, खाने खिलाने के प्रति और मित्रमंडली के सत्संग के प्रति थी। उन्होंने एक बार 'दिनमान' में ही लिखा था-

'बच्चों का जो साहित्य स्वतंत्र भारत में प्रकाशित हुआ है, वह अधिकांश में पुराना ही है। राजकुमार, देव जिन्न, परी, डायन अब भी हमारे बच्चों की कल्पनाशीलता है का विकास करने के लिए, उन पर लेखकों, प्रकाशकों द्वारा थोपी जाती है।'

नागरजी ने अनुभव से पाया था कि बच्चे कहते रहते हैं, ये तो हमने किताब में पढ़ी है - कोई नई सुनाइए! इस नए पन की फरमाइश पूरी करने के लिए नागरजी ने नए प्रयोग किए थे। उन्होंने अपने घर में बच्चों को ऐसी चार परियों की कथा सुनाई जो अंतरिक्ष यात्रा में गए हुए बंदर, चूहे, कुत्ते और आदमी की खबर सुन कर सोचती हैं - 'हम तो इनसे अधिक समर्थ हैं, हमें भी ऐसे ही सैर करने जाना चाहिए...।'

साप्ताहिक हिंदुस्तान, 15 अप्रैल, 1990

उम्र में छोटे किरदार में बड़े

उपेन्द्रनाथ ' अश्क'

नागरजी यद्यपि मुझसे उम्र में छः वर्ष छोटे थे, लेकिन डील-डौल में बड़े दीखने, दोहरे जिस्म के होने और प्रसिद्ध कथाकार के नाते हिंदी क्षेत्र में मेरी अपेक्षा बहुत पहले जम जाने के कारण वे मुझे हमेशा अपने से बड़े लगते थे। जब मैंने हिंदी में कदम रखा तो वे नरोत्तम नागर के साथ मिलकर लखनऊ से हास्य-व्यंग्य की एक पत्रिका 'चकल्लस' निकालते थे।

'भारती भंडार', इलाहाबाद के व्यवस्थापक श्री वाचस्पति पाठक से मेरा परिचय 1935 में हो गया था, जो शीघ्र ही घनिष्ठता में बदल गया। 'भारती भंडार' तब हिंदी का शीर्ष प्रकाशन गृह था। प्रसाद साहित्य तो वहाँ से छपता ही था, हिन्दी के प्रायः सभी प्रमुख लेखकों की किताबें भी वहीं से प्रकाशित हो रही थीं और उन तमाम लेखकों से पाठकजी का मैत्री का नाता था। 'चकल्लस' की प्रति भी पाठक जी ही मुझे भिजवाते थे और मुझे उसके हास्य-व्यंग्य-भरे लेख बहुत अच्छे लगते थे।

मुझे याद है, हिंदी साहित्य सम्मेलन के शिमला अधिवेशन (1939) में पाठक जी ने मुझे नागरजी से मिलवाया था और सम्मेलन के किसी सत्र से छुट्टी पाने के बाद हम लक्कड़ बाजार से सँजली को जाने वाली चौड़ी सड़क पर काफी दूर तक जाखू के साथ-साथ दूर तक घूमने निकल गए थे। मेरे मन में तो अपरंपार जिज्ञासा, औत्सुक्य और उत्साह था। मैं नागरजी से ऐसे ही बात कर रहा था जैसे उम्र में बहुत छोटा लेखक अपने प्रिय बड़े लेखक से करता है। उनके व्यवहार का स्नेह, सौजन्य और बातचीत में हास्य-व्यंग्य का पुट भी मुझे आकर्षक लगा था।

1948 में इलाहाबाद आ गया तो सौभाग्य से मुझे रहने के लिए मकान भी पाठकजी के निवास स्थान के निकट खुसरो बाग रोड पर मिल गया। नागरजी जब-जब इलाहाबाद आते तो पाठक जी के यहाँ लीडर प्रेस में ही ठहरते और पाठक जी मुझे बुलवाना कभी न भूलते। ऐसा कभी नहीं हुआ कि नागरजी पाठकजी के यहाँ आए हों और उन्होंने मुझे न बुलाया हो।

नागरजी बहुत ही मिष्टभाषी, हँसमुख, चुटकुलेबाज और प्यारे आदमी थे। मुझे उनका साथ पसंद भी था, पर वे पाठकजी के यहाँ मिल लेते थे तो मेरे यहाँ नहीं आते थे। भगवती बाबू (श्री भगवतीचरण वर्मा) तो मेरे यहाँ आ जाते थे, लेकिन नागरजी कभी नहीं आए। उन्हें स्वयं भी नहीं सूझा और पाठकजी ने शायद उन्हें कभी सलाह नहीं दी। उनका अहं शायद इसी से संतुष्ट होता था कि मुझे घर से बुलवाकर नागरजी पर रोब जमाएँ। लेकिन यह भी सही है कि मैं जब- जब लखनऊ गया, हमेशा चौक में नागरजी के यहाँ ज़रूर पहुँचा। तब यशपाल और भगवती बाबू जिंदा थे और लखनऊ में भी साहित्य की त्रिवेणी बहती थी। मेरे जैसे अहिंदी-भाषी के लिए उस त्रिवेणी का दर्शन करना, उसमें डुबकी लगाना अनिवार्य था। मैं उस ज़माने में यशपाल के यहाँ ठहरता था और वहाँ से अकेला समय निकालकर नागरजी को मिलने चौक जाता था... फिर यह कब हुआ कि उन्होंने मुझे बड़े भाई का आदर देना शुरू कर दिया और मुझे 'बड़े भाई' या 'अश्कभाई' कह कर पुकारने लगे। यह मैं नहीं कह सकता। मुझे याद है, मैंने उनके इस व्यवहार पर आपत्ति की थी तो उन्होंने स्वयं ही बताया था कि वे मुझसे चार-पाँच बरस छोटे हैं और मुझे आदर देना उनका कर्तव्य भी है और अधिकार भी।

नागरजी मरंजामरंज तबियत के, भले और रवायती आदमी थे - आदाब - तहज़ीब, आचार-व्यवहार, तौर-तरीके और शिष्टाचार में विश्वास रखने वाले! स्वभाव में मुझसे नितांत भिन्न थे। मैं तो जो मन में आए कह देता हूँ और कटु-से-कटु आलोचना भी कर देता हूँ, लेकिन नागरजी कभी कटु आलोचना नहीं करते थे हमेशा हौसला बढ़ाते थे, इसीलिए शायद दूसरों की ही तरह मुझे भी उनके यहाँ जाना बहुत अच्छा लगता था। फिर मैं बहुत बातूनी आदमी हूँ लेकिन यद्यपि वे स्वयं अद्भुत किस्सागो थे, मुझे याद नहीं कि एक बार भी उन्होंने मेरी बातें न सुनी हों या मेरी बात काट कर अपनी सुनाने लगे हों या बोरियत का हल्का-सा भी इशारा किया हो।

1952 में मेरा उपन्यास 'गर्म राख' छपा। तब उन्होंने 'नया पथ' (1955 में) में उसकी बेहद प्रशंसा-भरी समीक्षा की। ज़ाहिर है मुझे अच्छा लगा और मैंने मन में तय किया कि मैं भी उनकी किसी रचना की भरपूर प्रशंसा करूँगा। लेकिन अपने किरदार की एक बहुत बड़ी खामी के कारण मैं बहुत दिन तक वैसा नहीं कर सका। मेरी ट्रेजिडी यह है कि मैं कभी मुँह देखी प्रशंसा नहीं कर सकता और मन पर ज़ोर देकर अथवा किसी मसलहत से लिखना मेरे लिए बहुत मुश्किल है। उनका बृहद् उपन्यास 'बूँद और समुद्र' छपा तो पत्र-पत्रिकाओं में उसकी बहुत प्रशंसा हुई, लेकिन उसे नहीं मैं उस पर कुछ लिख नहीं सका, क्योंकि कोशिश करने के बावजूद पूरा पढ़

पाया। कन्या वाले प्रसंग के बाद जाने क्यों, आगे पढ़ने को मेरा मन नहीं हुआ और जब पढ़ नहीं पाया तो जाहिर है कुछ लिख भी नहीं सका।

जैसा कि मैं लेखकों के मनोविज्ञान को जानता हूँ, नागरजी को उस संदर्भ में मेरी चुप्पी अच्छी नहीं लगी होगी। मिलते तो वे उसके बाद भी उसी स्नेह - सौहार्द से रहे, हँसी-मज़ाक भी करते रहे, लेकिन उन्होंने फिर मेरी किसी रचना की प्रशंसा नहीं की। दो-एक अप्रिय प्रसंग भी हुए - विशेषकर उनकी अध्यक्षता में साहित्य अकादमी के मंच से नाट्य संबंधी वाद-विवाद में उनके और अल्काज़ी के वक्तव्यों की मेरे द्वारा कटु आलोचना। उन्हें ज़रूर बुरा लगा होगा, लेकिन उसके बाद जब मैं लखनऊ गया और उनसे मिला तो उन्होंने ज़रा भी असंतोष जाहिर नहीं किया।

लेकिन मैं इस बात की बाट जोहता रहा कि उनकी कोई रचना मुझे सचमुच अच्छी लगे तो मैं भी उनकी भरपूर प्रशंसा करके अपना ऋण चुका दूँ। अंततः मौका भी मिल गया। उनका उपन्यास 'मानस का हंस' छपा। नीलाभ और दूधनाथ ने उसकी प्रशंसा करते हुए मुझसे उसे पढ़ने की सिफारिश की। मैंने हाथ का काम छोड़कर उसे पढ़ा। मुझे बहुत अच्छा लगा और मैंने उसकी प्रशंसा में एक लंबा पत्र नागरजी को लिखा।

वे बहुत प्रसन्न हुए और उन्होंने बड़ा ही प्यारा उत्तर दिया। उनकी हास्य-व्यंग्य भरी दो कहानियाँ - ' लंगूरा' (लंगूर का बच्चा) और 'ओढ़री सरकार' भी मुझे बहुत अच्छी लगी थीं। और मुझे याद है मैंने उनकी प्रशंसा में भी उन्हें पत्र लिखे थे। हो सकता है 'लंगूरा' की प्रशंसा मैंने अपने किसी लेख में की हो, लेकिन 'ओढ़री सरकार' की तारीफ़ में पत्र लिखा था और उनका उत्तर मिला था, इसकी स्पष्ट स्मृति है।

दुर्भाग्य से कुछ वर्ष पहले, अपनी लंबी बीमारी के कारण मैं अपनी स्टडी के दीवार में बनी, अपने विशाल पत्रागार की अलमारियों की देख-रेख नहीं कर सका, और बरसात में बाईं अलमारी के ऊपर के खाने में दीवार से सील चढ़ गई और दीमक लग गई। 'ए' और 'बी' खानों की ठसाठस भरी तमाम फाइलें नष्ट हो गईं। बेहद मूल्यवान पत्र दीमकों की भेंट हो गए। नागरजी का एक पत्र, जो उन्होंने 'मानस का हंस' की मेरी प्रशंसा के उत्तर में दिया था, चूँकि मेरे तत्कालीन सहयोगी सुरेन्द्र प्रकाश ने निकाल लिया था, इसलिए वह बच गया। उनके इतने सारे पत्रों में नागरजी की यही एक निशानी मेरे पास सुरक्षित रह गयी है। लेकिन इस पत्र में भी उनके व्यक्तित्त्व की सहृदयता, उदारता, स्नेह और सौहार्द स्पष्ट झलकता है। उनकी लेखन - शैली की मिठास भी। नागरजी के प्रशंसकों और पाठकों के लिए स्मृति - स्वरूप मैं वह पत्र यहाँ उद्धरित करता हूँ-

अश्क भाई,

पिछले डेढ़ माह में जितनी जल्दी-जल्दी हाई ब्लड प्रेशर का शिकार हुआ, उस कुछ और पहले से होता तो सीना तानकर कहता कि दोषी मैं नहीं, मेरी बीमारी है। इस स्थिति में बस यही कह सकता हूँ कि ऐ बाबा - ए अदम्य, मेरे बड़े भाई, मिलने पर मुझे दो जूते मारकर अपना क्रोध शांत कर लेना। अपने महाआलस्य और निकम्मेपन के इस लंबे दौर का बयान क्या करूँ, खुद अपने से ही नफरत सी हो गई है। आलस के दौरे तो अक्सर आते रहते हैं, पर इतनी लंबी अवधि तक कभी अल्प-प्राण नहीं रहा। भीतर वाला जानता है कि मेरी यह दुर्दशा अस्थाई है। स्रोत पाने के लिए धरती फोड़ते-फोड़ते अब जो कंकड़ की सख्त चट निकल आई है तो मन ने घबराकर सुस्ताने का बहाना साध रखा है। खैर, अपने चि. पौत्र के नाम की तरह मेरी सुगतिशीलता भी अदम्य है, जल्दी ही जीत जाऊँगा।

मुँह देखा न मानना, तुम्हारा ख़त मुझे सबसे अधिक प्यारा लगा। इसका एक मात्र कारण यही है कि 'मानस का हंस' पर तुमसे पत्र पाने की आशा मैंने नहीं की थी। वह पत्र प्रकाशक को भेजने की इच्छा भी अब तक मेरी निकम्मेपन के कारण ही प्रतिफलित नहीं हुई। अब हो जाएगी। तुमसे भी अधिक चि. नीलाभ और दूधनाथ सिंह की प्रशंसा मुझे अपने लिए कीमती लगी। यह साबित करता है कि मेरी स्पिरिट ग़लत नहीं है। तुमने यह बात सही लिखी है कि राम माने कर्तव्य। यह कर्तव्यपरायणता ही मेरी राम भक्ति है। मेरा राम बिल्कुल गैबी नहीं है, और जितना कुछ है भी उसे यथार्थ के धरातल पर लाकर उजागर में देखना चाहता हूँ। यही तो मेरा संघर्ष है।

तुमने अपना उपन्यास लिखना छोड़कर 'मानस का हंस' पढ़ा और ख़ास करके अपने सृजनात्मक अहम् की प्रबलता के समय भी उसे पढ़ कर केवल सराहा ही नहीं, बल्कि मुझे पत्र भी लिखा, यह तुम्हारी निश्छल उदार प्रकृति का स्पष्ट प्रमाण है। राम करे तुम्हारी कर्मसिद्धियाँ और तुम्हारा यश दिनों-दिन बढ़े। भाभी जुलजुल बूढ़ - सुहागन और तुम जुलजुल बूढ़ - सुहागे हो।

चि. बेटों, सौ. बहुओं और उनके आयुष्मान नन्हे-मुन्नों को हार्दिक शुभाशीष। तुम्हें और सौ. भाभी को सप्रेम नमस्कार।

सदा तुम्हारा

अमृतलाल नागर

नागरजी की याद आते ही एक और छोटी-सी घटना मेरी आँखों में कौंधती है। कौन सन् है, कौन महीना, कौन-सा क्षण मैंने छोड़ रखा है, कुछ भी याद नहीं। शायद कमलापति त्रिपाठी जी के शासन के दिनों की बात है। उत्तर प्रदेश में किताबों

की थोक सरकारी खरीद में आठ पुस्तकें सबमिट करने की बात को लेकर मैं त्रिपाठीजी से उलझा हुआ हूँ और मित्रों के लाख समझाने के बावजूद अपने टेक पर अड़ा हूँ। मेरा बड़ा लड़का बाहर कहीं दौरे पर गया है। छोटा दिल्ली गया हुआ है। मैंने ही सिविल लाइंस का दफ़्तर खोला है। काम-वाम की तो मुझे अब समझ नहीं है। ज़रूरत पड़े तो दूकान खोल लेता हूँ। डाक, रजिस्टरी या वी. पी. वसूल कर लेता हूँ बाकी समय में अपना काम करता रहता हूँ।

दुर्भाग्य से उस दिन दफ़्तर में बत्ती चली जाती है। चंचल प्रकृति का आदमी। निश्चल बैठना मेरे लिए यातना के बराबर है, सो कुर्सी बाहर खुले रोशन बरामदे में रखवा लेता हूँ। तख्ती कागज और पेन लेकर बाहर जा बैठता हूँ। क्या लिख रहा हूँ, याद नहीं, पर जो लिख रहा हूँ, उसे लिखना जारी रखता हूँ... सिर झुकाए परम एकाग्रता से लिखने में तल्लीन हूँ कि अचानक कानों में पाठकजी की आवाज़ आती है। सिर उठाता हूँ - श्री वाचस्पति पाठक और अमृतलाल नागर शायद 'लोकभारती' को जाते हुए मुझे बरामदे में बैठा देखकर वहीं आ गए हैं। मेरे घुटनों पर तख्ती और कागज़ है। मैं उठने की चेष्टा करता हूँ लेकिन नागरजी दोनों हाथों से मेरे कंधों को दबाकर मुझे उठने से रोक देते हैं और हँसते हुए लिखने में मेरी तल्लीनता की प्रशंसा करते हैं कि मैं सरे बाज़ार बैठा परम एकाग्रता से अपना काम कर रहा हूँ - ' अश्क भाई, तुम्हारी इस संलग्नता और जुझारूपन के कायल हैं।' नागरजी कहते हैं - 'हम लोग तो कायर, अहदी और आलसी हैं। तुम अपने हानि-लाभ की परवाह न करके जिस तरह एक छोटे से उसूल की खातिर अड़ गए हो, यह तुम्हारा ही गुर्दा है!' और मेरी पीठ ठोंकते हुए मेरे जुझारूपन और लिखने से मेरी संलग्नता के बने रहने की दुआ देते हुए चले जाते हैं।

मेरी पीठ ठोंकते और मुझे दुआ देते हुए उनके गोरे मुख और पान - रंगे होंठों पर जो सहज प्रशंसा के भाव आते हैं, वे मेरी याद के पर्दे पर हमेशा के लिए नक्श हो जाते हैं। कंधे ज़रा से झुकाए पाठकजी के साथ 'लोकभारती' की तरफ जाते हुए नागरजी को देखता रहता हूँ और मेरे मन में उनके उन व्यावहारिक गुणों के लिए, जो मेरे स्वभाव का अंग नहीं है, हल्की-सी ईर्ष्या भी हो आती है

नागरजी अद्‌भुत किस्सा - गो थे। जहाँ तक मैंने सुना या जाना है, वे मेरी तरह दो-तीन बार कृतअन नहीं लिखते थे। उनके पास जन्मजात प्रवाहमान शैली, रवां-दवां भाषा थी और वे धारा प्रवाह लिखवाते थे। भले ही उन्होंने मेरा मन बढ़ाने को मेरी संलग्नता की प्रशंसा में अपने आपको अहदी और आलसी कहा हो, लेकिन न वे अहदी थे, न आलसी। अपने समकालीन लेखकों के मुकाबले में उन्होंने किसी से कम काम नहीं किया। हम लोगों में कौन अच्छा है, कौन बुरा, किसने उत्कृष्ट

लिखा है, किसने निकृष्ट, इसका फैसला तो आज से सौ-पचास साल बाद होगा, लेकिन जहाँ तक परिमाण का संबंध है उन्होंने भी खूब लिखा है और यह भी कि भगवती बाबू अथवा यशपाल से कम दिलचस्प नहीं लिखा। और क्योंकि शत्रु बनाना उनकी प्रकृति का अंग नहीं था, इसलिए उन्होंने लगातार मित्र बनाए और फलस्वरूप आदर, सम्मान और पुरस्कार पाए। आगे भी उन्हें पूरी तरह लोगों का स्नेह और सम्मान मिलता रहता, लेकिन वे सहसा सब छोड़-छाड़ कर चले गए और अपने पीछे एक बड़ा शून्य छोड़ गए।

हिंदी साहित्य के शीर्ष उपन्यासकारों में नागरजी का स्थान हमेशा अक्षुण्ण रहेगा। मित्रों को उनकी जुदाई हमेशा खलती रहेगी और उनके निधन से जो स्थान रिक्त हो गया है उसे भर पाना भी इतना आसान नहीं होगा। जिस दिन उनके निधन की खबर आई उससे एक दिन पहले ही उनकी बीमारी का सुना था कि अस्पताल में दाखिल हैं, लेकिन इतनी जल्दी चले जाएँगे यह नहीं सोचा था। वे मुझसे छः वर्ष छोटे थे। उनके निधन से मुझे बहुत धक्का लगा और बकौल कृष्णचंद्र मौत के शहतीर को मैंने अपने सीने के और नजदीक महसूस किया है।

उत्तर प्रदेश, अमृतलाल नागर स्मृति अंक, अप्रैल, 1990

मेरे डियर नामरासी

अमृतराय

अब तो ठीक याद भी नहीं कि नागरजी ने कब पहली बार अपनी चिट्ठी में इस संबोधन का इस्तेमाल किया था, पर जब भी किया हो इस प्यारे संबोधन की बात पहले उन्हीं को सूझी थी। सचमुच बड़ा अच्छा संबोधन था ये जो एक खिलंदड़े अंदाज़ में बीच की बहुत-सी बेमतलब दूरियाँ ख़त्म करके बड़ी प्यारी सी एक आत्मीयता का संबंध खेल-खेल में बना देता था। और मुझे अच्छी तरह याद है कि उनकी उस पहली चिट्ठी के बाद से हम दोनों अपनी चिट्ठियों में यही संबोधन इस्तेमाल करते थे। चिट्ठियाँ लिखने में हम दोनों ही जरा आलसी थे पर जो भी चिट्ठियाँ उनके पास या मेरे पास संयोगवश बच गई होंगी, उनमें यही मिलेगा।

नागरजी और उनके लेखन से मेरा पहला परिचय 1945 में हुआ था। शादी के ठीक बाद, मई के पहले हफ़्ते में मैं अपनी पत्नी के साथ बंबई घूमने पहुँचा था और वहीं माहीम में, नागरजी के घर के बहुत पास, अपने दोस्त नरेन्द्र के यहाँ ठहरा था - नरेन्द्र यानी कवि नरेन्द्र शर्मा। दो ही तीन रोज़ बाद नरेन्द्र घर हमको सौंपकर अपनी किसी शूटिंग के सिलसिले में मद्रास चले गए थे। फिर कुछ ऐसा संयोग हुआ कि हम दोनों शायद बीस-पचीस दिन ठहर गए - लगभग आधी सदी पहले बंबई आज के इस भयंकर जनसंकुल बंबई से, जहाँ आदमी का साँस लेना दूभर हो रहा है और जिधर भी निकल जाओ कंधे से कंधा छिलता है, कहीं ज्यादा मोहक थी भी तो। उस प्रवास में कितनी ही बार मेरी भेंट अपने नामरासी से हुई। मुझे अच्छी तरह याद है कि उस पहली मुलाक़ात में उन्होंने अपनी ज़िंदादिली से मेरा मन मोह लिया था। उनके स्वभाव में ऐसा एक अद्‌भुत खुलापन था जो एक-दो मुलाकातों में ही दूसरे आदमी को अपना बना लेता है। ये भी उसी खुलेपन की ही बात थी जो उन्होंने मेरे संग अपनी इन पहली मुलाकातों में ही एक रोज़ अपनी उस अनूठी हास्य-कृति 'सेठ बाँकेमल' की पांडुलिपि मुझे पढ़ने के लिए दी। इन पैंतालीस वर्षों में अब मुझे

कुछ भी ठीक से याद नहीं कि उस उपन्यास में क्या है, बस इतना याद है कि बड़ा मज़ा आया था और हम दोनों ही उसे पढ़ पढ़ कर खूब हँसे थे, जैसा कि शायद फिर 'नवाबी मसनद' पढ़कर भी नहीं। मैं बहुत ज़ोर देकर तो नहीं कह सकता पर आज भी मुझे लगता है कि शायद वही उनकी श्रेष्ठतम हास्य - कृति है।

नागरजी बड़े गंभीर आदमी थे और जैसा कि उनकी रचनाओं से पता चलता है, देश की सभी ज्वलंत राजनीतिक-सामाजिक समस्याओं से उनका गहरा सरोकार था पर वो सब उनके मन के एक गहरे स्तर की चीज़ थी जो उनकी रचनाओं में तो जैसे बोलती ही थी, प्रसंग निकलने पर, बहस छिड़ने पर उनकी वाणी में भी बड़े ओज के साथ प्रस्फुटित होती थी। लेकिन हमेशा उसी मिठास के साथ सामने आती थी जो उनका सहज स्वभाव था - रूखी, कठोर बात शायद ही कभी उनके मुँह से निकलती होगी। अगर कभी निकलती होगी, मैं नहीं जानता। पर इसका मतलब ये नहीं कि वो अपने आन्तरिक विश्वासों को मजबूती से नहीं पकड़ते थे, कि उस ओर भी वो ऐसे ही ढीले ढाले से आदमी थे जो सबसे बस मीठा-मीठा बोलना जानता है। नहीं, बिल्कुल नहीं, अपने सिद्धान्तों को, विचारों को वो भरपूर दृढ़ता से पकड़ते थे और वहाँ से कोई बाधा, कोई विरोध उन्हें नहीं डिगा सकता था। बदलाव जब भी आया अपने भीतर से ही आया ।

उनका पारिवारिक जीवन, जहाँ तक मैंने उसे देखा जाना, बहुत सुखी था और मुझे पूरा विश्वास है कि इसमें बहुत बड़ा योगदान उनके इसी मीठे, नरम, स्नेही, सबको अपने प्यार की डोर में बाँधकर ले चलने वाले स्वभाव का था। गिरस्ती का सुख ऐसे ही आदमी को मिलता भी है। प्रतिभाजी में तो जैसे उनके प्राण ही बसते थे और कैसे बसते थे इसका पता तो तब लगा जब उनके चले जाने पर वो बिलकुल निष्प्राण से हो गए।... वत्सल पिता थे, बच्चों पर जान छिड़कते थे। और उसी तरह अपने अनुज मदन को, जो अच्छे प्रतिभासंपन्न चित्रकार थे उन्होंने भरपूर प्यार दिया। आयु बेचारे को कम मिली लेकिन उस पर किसी का क्या बस। उनका भी गहरा विषाद बहुत दिनों तक उनके मन पर छाया रहा पर जैसा उनका स्वभाव था वो हर दुःख कष्ट को हँसकर अपने ऊपर से झाड़ देना चाहते थे लेकिन जितना जो झड़ पाता है उतना ही तो।

चौक की उस पुरानी हवेली के लंबे-चौड़े बरामदे में उनके साथ बैठना, जहाँ वो उतने ही लंबे-चौड़े तख़्त पर तीन तरफ पुरातत्त्व की जाने और कहाँ कहाँ से बटोरी गई पुस्तकों, चित्रों, मूर्तियों और मृण्मूर्तियों से घिरे बैठे रहते थे और जो भी विषय उस समय उनके ध्यान में सर्वोपरि हुआ उसके बारे में प्रेम से खूब रस लेकर बताते जाते थे, वो एक अविस्मरणीय अनुभव था। इतिहास और पुरातत्त्व में सदा

उनकी गहरी रुचि रही और निश्चय ही ये आकस्मिक बात नहीं थी कि स्वयं उन्होंने सजीव इतिहास की एक ऐसी अनमोल कृति दी जिसे मैं उनकी श्रेष्ठतम कृतियों में से एक मानता हूँ। वो है 'गदर के फूल' जिससे उन्होंने अवध के पूरे इलाके में घूम-घूमकर और तमाम ऐसे बूढ़े - पुराने लोगों से मिलकर जो भाग्यवश तब तक अभी जिंदा थे, जब शायद आज से लगभग चालीस साल पहले यह काम किया था, ज़रूर काफी मुश्किल काम रहा होगा, उनकी निरंतर धुँधली पड़ती जा रही स्मृतियों को कुरेद-कुरेद कर इतनी पुरानी बातें निकालना लेकिन नागरजी ने उतना सब जतन से किया और ऐसी सुंदर कृति हिन्दी संसार को दी। नागरजी में ये बड़ी खास बात थी कि जिस भी उपन्यास या दूसरी किसी रचना पर उन्हें काम करना होता, लिखना शुरू करने के पहले अच्छी तरह उसकी तैयारी कर लेते - उसके बारे में अच्छी तरह पढ़कर, उन स्थानों में घूमकर, प्रासंगिक लोगों से बातें करके, उनके जीवन और उनके परिवेश को खूब देख-समझकर, 'एकदा नैमिषारण्ये' जैसी कोई प्राचीनकालीन कथा है तो उस पुराकाल को पहले अपने भीतर समोकर अर्थात् यथोचित होमवर्क करके, जैसा कि अच्छे विदेशी लेखकों का ढंग है-यों ही अललटप नहीं। 'बूँद और समुद्र' जैसी अनुपम कृति उन्होंने हिंदी संसार को दी जिसमें लखनऊ के मुहल्ले टोले की जिंदगी जैसे बोल उठी है।

अपने उस नामरासी भाई की याद में प्यार के ये दो फूल मेरे भी। बहुत अच्छा एक आदमी और बहुत अच्छा एक लेखक चला गया।

उत्तर प्रदेश, अमृतलाल नागर स्मृति अंक, अप्रैल, 1990

अब न आँखि तर आवत कोऊ

शिवानी

नागरजी अब इस लोक में नहीं हैं।

शिवरात्रि की पुण्यतिथि से बढ़कर पावन - तिथि शिवबूटी के उस सरल उपासक को और मिल भी कहाँ सकती थी?

अभी भी विश्वास नहीं होता कि हिंदी साहित्य का रत्नकिरीट अब उसके मस्तक पर नहीं रहा। केवल लखनऊ ही अनाथ नहीं हुआ, भारत भारती ही अनाथ हो गई। जिनकी वाणी अनेकानेक साहित्यकारों को नित्य नवीन प्रेरणा देती रही, जिस युगपुरुष ने अपनी तेजस्विता से नवीन पीढ़ी को आशा का प्रकाश दिया था, वह सहसा ऐसे चला जाएगा, यह कभी सोचा भी नहीं था। किन्तु, कुछ विभूतियाँ ऐसी भी होती हैं जो जाते-जाते मृत्यु को भी गौरवान्वित कर जाती हैं, नागरजी ऐसी ही दुर्लभ विभूति थे। आज लखनऊ का मातम सारे भारत का मातम बन गया है। नागरजी जिस शान से रहे, उसी शान से गए, 'आशिक का जनाज़ा था बड़ी धूम से निकला' देखिए कलम की ताकत, कि गए तो बंदूकों का सिर भी झुका गए।

वह सरल, सदाबहार, हँसमुख चेहरा अब हम कभी नहीं देख पाएँगे, यह सोचते ही हृदय विदीर्ण हो रहा है। मेरे लिए नागरजी क्या थे, यह शब्दों में व्यक्त कर पाना आज असंभव लग रहा है। चालीस वर्षों तक जिनका अकपट स्नेह पाती रही और बड़े अधिकार से उघाती रही, वह सहसा अनाथ बनाकर छोड़ गए। इस पंक्ति की सार्थकता आज समझ में आ रही है 'यमस्य करुणा नास्ति'।

मृत्यु के दो दिन पूर्व, उनके अचानक अस्वस्थ होने का समाचार पा कर गई तो उन्हें देख स्तब्ध रह गई। सिरहाने बैठी उनकी पौत्री, उनका सिर सहला रही थी और बड़े कष्ट में वे ऊर्ध्वश्वास लेते, इधर-उधर सिर घुमा रहे थे। मैंने आगे बढ़कर उनका हाथ थामा तो वे पीड़ा से चिहुँक पड़े। घबड़ाकर मैंने हाथ हटा लिया। जब किसी का स्नेहस्पर्श भी ऐसे विचलित करने लगे, तो मृत्यु सन्निकट है, ऐसा समझना

चाहिए, यही हमारे शास्त्रों ने कहा है। मैं बाहर चली आई। उनकी हालत वेग से गिरती जा रही थी। बाहर डॉक्टरों का, मिलने वालों का ताँता लगा था और फिर वह क्षण आ ही गया, जब केवल उनका यश: शरीर मात्र ही रह गया, वे ब्रह्मलीन हो गए।

वह दृश्य, आज भी चलचित्र के समान, आँखों में घूम रहा है, फूलमालाओं के बीच, उनका सौम्य चेहरा शांत था, जैसे थक कर सो रहे हों। सड़कों के दोनों ओर खड़ी उनके असंख्य भक्तों की भीड़, मकानों से अनवरत बरस रही पुष्पवृष्टि और 'राम नाम सत्य' की शाश्वत गूँज। 'हम छोड़ चले लखनऊ नगरी... '

मैं पहली बार उनके संपर्क में 1957 में आई। इसके उपरांत, मेरे मन में सदैव उनसे मिलने की आकांक्षा बनी रही और फिर जब स्थायी रूप से लखनऊ आ कर रहने लगी तो न जाने कितनी बार, उनसे मर्म की बातें पाती रही।

इस नश्वर जगत में असंख्य मानव जन्म लेते हैं, समय पूरा होने पर, एक दिन सब को जाना भी पड़ता है। किंतु नागरजी - जैसा व्यक्ति, जिसमें मृण्मय एवं चिन्मय, दोनों विधायक तत्त्वों का दुर्लभ संतुलन हो, बार-बार पृथ्वी पर अवतरित नहीं होता। उनके बाह्य व्यवहार में वही मृण्मय तत्त्व मुखर हो उठता था और उनकी आभ्यांतरिक गरिमा का व्यंजक था, उनके व्यक्तित्व में रसा-बसा चिन्मय तत्त्व।

भावनाओं और संरचना में समान रूप से महिमामय नागरजी के व्यक्तित्व में एक सहज आकर्षण था, ऐसा आकर्षण जो द्रष्टा को उनके प्रति स्वत: खींच लेता था। शरीर गौर वर्ण, मँझोला कद, चेहरे से लगी स्नेहपूर्ण हँसी। उनका खिला चेहरा ही उनकी गंभीर सूक्ष्मदर्शी प्रतिभा का प्रतीक था। उनकी आकृति ही एक शुद्ध आर्य ब्राह्मण की आकृति थी। इधर कुछ वर्षों से, गिरते स्वास्थ्य के चिह्न चेहरे पर आने लगे थे, कानों से ऊँचा सुनने लगे थे, गले में भी प्राय: कष्ट रहता था। बोलने लगते तो बीच-बीच में वाक्य अस्पष्ट हो उठते। फिर भी अव्यक्त गरिमा से उद्‌भासित उनका प्रफुल्ल मुख, आँखों से झरता वात्सल्य भाव, धाराप्रवाह निर्झरित वाणी, सब में वही आकर्षण अंत तक पूर्ववत बना रहा।

भव्य मूर्ति, भारतीय संस्कृति का प्रतीक, नवीनता और प्राचीनता का अद्‌भुत सम्मिश्रण - यही थे नागरजी!

आज असंख्य स्मृतियाँ विह्वल कर रही हैं। मेरे पति के देहांत का समाचार सुनते ही वे तत्काल मुझे देखने चले आए थे। मुझे जिन शब्दों में, उन्होंने ढाढस बँधाया, वे ही फिर मेरे पाथेय बन गए। उनकी वह शोकक्लिष्ट गंभीर मुखमुद्रा मुझे आज भी नहीं भूलती-

'देखो गौरा बेन', वे मुझे हमेशा इसी संबोधन से पुकारते थे, 'मनुष्य दो तरह से जीता है, एक घुलकर, एक तप कर। हम नहीं चाहते कि तुम घुल कर जियो, तुम्हें तप कर जीना है, खूब लिखो और उसी स्याही में अपना दुख मिला दो।'

'नहीं नागरजी' मैंने कहा था, 'अब मैं कभी नहीं लिख पाऊँगी...'

'नहीं, तुम लिखोगी और खूब लिखोगी।'

उनके वे ही शब्द मेरे लिए आशीर्वाद बन गए। फिर जब 'बा' की मृत्यु के दिन मैं उनसे मिलने गई तो उनकी वह दशा देख, हृदय विदीर्ण हो गया। सुहागिन का शृंगार किए, भाग्यवंती बा अर्थी पर चिरनिद्रा में सो रही थीं। फूलों से ढका उनका सुंदर चेहरा, सोने- सा दमक रहा था। पागलों की तरह घुटनों तक की धोती पहने, नंगे पाँव सद्यविधुर नागरजी चक्कर काट रहे थे। मेरे पहुँचते ही मेरे दोनों हाथ थाम कर कहा - 'बेन, हवे हूँ नहीं लखी शकूँ।' (बहन, अब मैं कभी नहीं लिख पाऊँगा)।

'आप? आप यह कह रहे हैं? भूल गए आपने मुझसे क्या कहा था?'

सच पूछिए तो नागरजी का अर्धांग तो उसी दिन निष्प्राण हो गया था, जिस दिन बा गईं। ऐसी जीवनसहचरी, जिसने बचपन से लेकर वार्धक्य तक उनकी सच्चे अर्थ में 'सुखदुखानुगामिनी' बन साथ निभाया था, उसका बिछोह क्या साधारण बिछोह रहा होगा? उन्हीं के सहयोग से नागरजी ने जीवन की अनेक कठिन पारिवारिक ज़िम्मेदारियाँ निभाई, मृत्यु ने उनके जीवनकाल में ही उनके अनेक प्रियजनों को छीन लिया, किंतु उसी सहधर्मिणी ने उनकी लेखनी को कभी रुकने नहीं दिया- उनकी लेखनी सदा गतिशील रही।

'क्यों, रोज लिखती हो या नहीं?' एक दिन उन्होंने मुझसे पूछा था।

'जी नहीं, कहाँ लिख पाती हूँ, कभी-कभी तो महीनों तक कलम नहीं पकड़ पाती।' मैंने कहा।

'देखो, ऐसी भूल कभी मत करना। उन्होंने उस दिन जिस अद्भुत सीख का गंडा, मेरी भुजा पर बाँधा था, उसे मैंने दाहिनी भुजा के अस्थिभंग होने पर भी शिथिल नहीं होने दिया। प्राणांतक वेदना सह कर भी, उसी टूटे हाथ से 'धर्मयुग' की फरमाइश पूरी की थी। कभी-कभी कुछ लिखने से कलम मुँह मोड़ने लगती है तो अपने प्रिय श्लोक की चार पंक्तियाँ तब भी लिख लेती हूँ-

दुर्गेस्मृता हरसि भीतिमशेष जंतो:
स्वस्थै स्मृता मतिमतीव शुभां ददासि।
दारिद्र्य दुःख भय हारिणी कोत्व दन्या।
दुखोपकारकरण्य सदार्द्र चिंता:

'लेखनी को सदा, जंगल से पकड़ी गई नई-नई नागिन समझो गौरा बेन!' उन्होंने कहा था- ' बिना खोले पिटारी में बंद रखोगी तो ढकना खोलते ही डँस लेगी, रोज उसे बीन बजाकर झुमाना सीखो?'

मेरे घर से चौक बहुत दूर है। नागरजी से मिलना कभी-कभार ही हो पाता था, फिर भी न जाने कितनी बार, छोटी-छोटी बातों का समाधान, उन्होंने फोन पर ही कर मुझे उबार लिया था। एक बार एक कहानी लिख रही थी, उसमें एक प्रसिद्ध गुजराती लोकगीत की एक पंक्ति याद नहीं आ रही थी। उसका अर्थ था 'यौवन को हाथ की हथेली में बंद रखना, हैया की ओट में, यौवन चला जाएगा।' 'जोबनियूं चालीजशे' नागरजी को फोन किया। अस्वस्थ थे, फिर भी उन्होंने तत्काल मुझे वह विस्मृत पंक्ति लिखा दी थी।

मैं गुजरात में जन्मी हूँ और आज भी गुजराती को अपनी मातृभाषा मानती। शायद भाषा का वही सूत्र मुझे खींचकर, नागरजी के इतने निकट ले आया था। उन्होंने कभी-कभार ही मुझसे हिंदी में बात की होगी। मेरी माँ, जो स्वयं नागरजी की अनन्य प्रशंसिका थीं, जब भी लखनऊ आतीं उन्हें बुला भेजतीं- और जिस दिन वह दुर्लभ पाहुना हमारे घर आता, माँ अपने हाथ से, उनके लिए नाना गुजराती व्यंजन तैयार करतीं, खाँकरा, ढोकला और ठेठ गुजराती मसालों से बनी विशिष्ट चाय।

'मानस का हंस' नागरजी ने स्वयं उन्हें आ कर भेंट की तो माँ ने खाँटी गुजराती अंदाज में उनका 'दुखड़ा' (बलैया) उतार अपने दोनों कानों पर अँगुलियाँ चरमराईं और कहा था, 'नागर, तमें पंण तमारा जवानी माँ परमरसिक रयां हता केम? जेम हजारीप्रसाद, नहीं तो आवीं रसिक भाषा कोई लखी शके?" (नागर, तुम भी अपनी जवानी में परमरसिक रहे होगे, जैसे हजारीप्रसाद, नहीं तो ऐसी रसिक भाषा कोई लिख सकता है?) उन दिनों वे पंडितजी की 'पुनर्नवा' पढ़ रही थीं।

नागरजी का वह फागुनी ठहाका मैं कभी भूल नहीं सकती।

मेरी कोई भी रचना छपती तो वे पढ़ते ही मुझे तत्काल फोन करते। 'बहु सारूं लख्यू छ हो' (बहुत अच्छा लिखा है)।

आज वैसा अप्रतिम जौहरी कहाँ पा सकती हूँ? उनके अनेक स्नेहपूर्ण पत्र मेरे पास धरे हैं कुछ हिंदी में, कुछ गुजराती में।

कुछ वर्ष पूर्व मैं 'स्वतंत्र भारत' में एक स्तंभ लिखती थी - 'वातायन'। पारिश्रमिक नहीं के बराबर मिलता था, पर नागरजी के एक छोटे से कार्ड ने उस क्षीण पारिश्रमिक की सारी कमी पूरी कर दी -

'गौरा बेन,

तुम्हारे ' वातायन' ने सच्चे अर्थ में एक ऐसा वातायन खोल दिया है, जिससे आती ठंडी बयार, बहुत अच्छी लगती है। इस 'वातायन' के पट कभी बंद मत करना।'

मैंने उन्हीं के आदेश को सिर माथे धर, पूरे पाँच वर्षों तक वे पट खुले धरे थे। जब पूज्य हजारीप्रसाद जी गए तो लगा था दूसरी बार पितृहीन हो गई हूँ। आज जब नागरजी अचानक नहीं रहे तो लग रहा है, दूसरी बार अग्रज खो दिया है, ऐसा अग्रज जिसके लिए कह सकती हूँ, 'मिलहिं न जगत सहोदर भ्राता!'

हिंदी साहित्य का धुरंधर हमें छोड़कर चला गया, समझ में नहीं आता किसके लिए रोऊँ, उनके लिए, उनके परिवार के लिए या स्वयं अपने लिए!

ऐसा विद्वान, त्यागी, स्नेही और सदा हँसमुख पुरुष हमें फिर कब मिलेगा? कहाँ मिलेगा?

साप्ताहिक हिंदुस्तान, 15 अप्रैल, 1990

टूटने के पचास वर्ष

राजेश शर्मा

नागरजी से उनके घर पर मिलना एक बिल्कुल अलग तरह का अनुभव है। यह अनुभव आज की भागमभाग ज़िंदगी में किसी नए लेखक के लिए दुर्लभ हो गया है। विशाल दरवाजा खुलने के बाद जिस लम्बे आँगन को पार करके नागरजी के कमरे में पहुँचा जाता है वह आँगन आसानी से उन्नीसवीं शताब्दी में प्रवेश करने का वातावरण भी बनाता है। बाहर चौक की सँकरी गली है जिसकी हवा के सीने पर आप कोई भी तारीख डाल सकते हैं... आज की, सौ साल पहले की अथवा उससे भी पहले की। सत्यजित राय जब 'शतरंज के खिलाड़ी' बना रहे थे तो वाजिदअली शाह के टूटते हुए ज़माने का वातावरण जिंदा करने के लिए नागरजी ने उन्हें इन्हीं गलियों में घुमाया था। अन्दर कमरे में गुजरी संस्कृति और कला की ओर इशारा करती हुई बीसियों मूर्तियाँ हैं, सैकड़ों दुर्लभ किताबें है और प्रसिद्ध साहित्यकारों तथा आत्मीयजनों के चित्रों का एक छोटा-मोटा जंगल है। ऐसा लगता है कि जो भी चीज़ नागरजी को पसंद आ जाती है, जो अनुभव मर्मस्पर्शी बन जाता है उसे वे सहेज कर रख लेते हैं। बहुत कुछ सहेज कर रखा हुआ है, यहाँ तक कि 50 साल पहले प्रकाशित एक छोटा सा 'लीफलेट' आज भी उनका हमसफ़र है। अगर कभी युवकों ने कोई प्रतिज्ञा की थी, अगर कभी अमृतलाल नागर नामक एक सोलह वर्षीय युवक के मन में समाज को बदलने की बेचैनी जागी थी, अगर कभी समाजवाद और साम्यवाद पर निराला, रामविलास शर्मा और उनके बीच बहसें छिड़ी थीं तो वे सब आज भी उनके साथ हैं। कब समय ने उनका साथ देना बंद कर दिया, कब समाज ने बदलने से इनकार कर दिया और कब और क्यों एक सामाजिक चेतना उनके लेखन में मात्र एक पूजाभाव और आध्यात्मिक जिज्ञासाओं में बदल गई, इसका उत्तर भी उनके पास विस्तार से है। उन्होंने सब कुछ सहेज कर रखा हुआ है। अपने विशाल तख्त पर मसनद के सहारे बैठकर जब वे कलम उठाते हैं तो समय की गर्द में लिपटे

हुए किसी भी अनुभव को बुलाकर अपने पास बैठा सकते हैं।

उनकी पहली कहानी, 1933 में दिल्ली से प्रकाशित 'रंगभूमि' में छपी थी। परंतु जो पहली कहानी उन्होंने लिखी थी, वह 1934 में 'माधुरी' में छपी। उनकी पहली पुस्तक 1935 में 'वाटिका' नाम से गंगा पुस्तक ग्रंथागार सीरीज में छपी। तब उनकी आयु मात्र 19 वर्ष थी। आज संभवत: प्रखर से प्रखर लेखक इतनी कम आयु में पुस्तक प्रकाशित होने का सपना भी नहीं देख सकता। नागरजी की प्रतिभा के अलावा इसका कारण यह भी रहा होगा कि उस समय लेखन और प्रकाशन का मैदान काफी खाली था। किसी भी नए लेखक के लिए बड़ी संभावनाएँ थीं, आज जैसी प्रतिस्पर्धा और राजनीति नहीं थीं। वे मात्र 18 वर्ष के थे जब उन्होंने पहले कवि सम्मेलन का लखनऊ में आयोजन किया और हिंदी एवं अंग्रेजी दोनों भाषाओं में ' सुनीति' नामक पत्रिका का पहला और एकमात्र अंक प्रकाशित किया जिसमें जवाहरलाल नेहरू का लेख छापने का गौरव नागरजी को है। उसी साल लखनऊ के मेडिकल कॉलेज में नेहरू जी की माँ स्वरूपरानी नेहरू अपनी बीमारी के सिलसिले में भर्ती हुई थीं और नागरजी उनकी सेवा में जुट गए थे। इस तरह वे जवाहरलाल नेहरू के बहुत करीब आ गए थे। वहीं वे डा. बी. सी. राय और मौलाना शौकत अली से मिले।

साहित्य का उस ज़माने में कैसा माहौल था? वे सोचते हैं, सब कुछ गड्डमड्ड हो रहा था। 1924 में ही निराला लखनऊ आ चुके थे, परन्तु उनके प्रभाव के बावजूद साहित्य की पुरानी शैली उनका प्रतिरोध कर रही थी। दिल्ली में 1924 में मिश्र बंधु की अध्यक्षता में हिंदी साहित्य सम्मेलन का जो जलसा हुआ, उसमें पहली बार छायावादी कविताओं को 'रबड़छंद' का नाम देकर उसकी बड़ी आलोचना की गई। इसका मतलब है कि पुराने साहित्य का ढाँचा चरमरा रहा था और उसे अपनी रक्षा की चिंता हो आई थी। लखनऊ में कविता के स्तर पर दो तरह की रचनाएँ सुनाई पड़ती थीं। एक तो समस्या पूर्ति की कविता थी जिस पर हितैषी स्कूल का असर था। यह एक प्रकार से कविता का सरलीकरण था; परंतु दूसरी एक समानांतर धारा राष्ट्रीय कविताओं की बह रही थी, जिसकी समाज में बड़ी प्रतिष्ठा थी। सुभद्रा कुमारी चौहान की कविताओं की धूम थी।

'मेरे बचपन में कहानी का ज़माना खिल रहा था', नागरजी बताते हैं, ' 'सरस्वती' के एक ही अंक में गुलेरी और प्रेमचंद की कहानी प्रकाशित हुई थी। कौशिक (विश्वंभरनाथ शर्मा), सुदर्शन और प्रेमचंद तीनों की ही कहानियों में उद्देश्यपरकता थी। उनका आग्रह है कि आज जब प्रेमचंद की याद की जाती है, तो इसका भी साथ-साथ मूल्यांकन करना चाहिए कि उस ज़माने में कहानी कितनी दिशाओं में खुल रही थी। तब कौशिक और सुदर्शन ने भी कहानी को सामाजिक दृष्टि दी थी,

हिंदी ने उस समय सामाजिक चेतना का एक बड़ा काम शुरू किया था। हालाँकि शरच्चंद्र की बड़ी चर्चा थी, परंतु आमतौर से उनके साहित्य में वह दृष्टि नहीं थी जो कि हिंदी कहानी के पास थी। शरत् के सारे उपन्यासों को तब मैं पढ़ गया परंतु मुझे लगा कि उनके साहित्य में मध्य वर्ग का कुंठित नायक बार-बार औरत से कहता है कि बाँह पकड़कर उठाओ। यह गद्य का छायावाद था।' उन्होंने बताया।

'यह वह ज़माना था जब निराला अपने पूरे असर के साथ उठ रहे थे, जब कहानी ने बड़ी मज़बूत जड़ें जमाई थीं, जब समाजवाद और साम्यवाद की चर्चाओं से बहसें गर्म हो रही थीं, रूस से आने वाली खबरें जब रोमांच से भर देती थीं, जब गाँधी का विराट व्यक्तित्व हिंदुस्तान को ढँक रहा था, जवाहरलाल जब हमारे 'नायक' बनकर उभरे थे और नए भारत के प्रतीक हो गए थे...। यह सब याद आता है। 1919 का भयानक फ्लू भी याद आता है। देश के कुछ हिस्सों में प्लेग का विकराल जबड़ा याद आता है। साथ ही एक बहुत बड़ी क्रांतिकारी घटना याद आती है, जब 1919 में गाँधी की ललकार पर इस देश में पहली बार अंग्रेजों के खिलाफ आसेतु हिमाचल हड़ताल हुई थी। यह बहुत बड़ी घटना थी ... बचपन उन हवाओं को सूँघते ही बीता है, लेकिन उसकी ताज़गी अभी भी है।'

लखनऊ तब कैसा था? उसका माहौल, समाज, राजनीति, शिक्षा, लड़कियाँ और महफिलें, यह सब कैसा था? पिछले लोग क्या सोच और कर रहे थे? नए लड़कों से उनका रिश्ता बन रहा था? कैसे-कैसे अद्भुत चरित्र थे। मैं यह सब सिलसिले से पूछता रहा और वे गुज़रे हुए ज़माने में डूबते गए। 'पहली महँगाई 1910 के आसपास आई', वे बताते हैं, 'तब नौकरी की जरूरतें बढ़ गईं कभी हिंदुस्तानी झूम कर गाता था, सैंयाँ मेरे मिडिल पास अंग्रेजी बिगुल बजाते हैं, लेकिन तब ऐसा ज़माना पहली बार आया कि विमल बी.ए. पास करने के बाद भी बिगुल बजना बंद हो गया। इस महँगाई ने अंग्रेज़ी हुकूमत के खिलाफ वातावरण बनाया था। तब 1928 का हरिजन आंदोलन और 1930 का नमक सत्याग्रह आया। असहयोग आंदोलन के बाद इन आंदोलनों ने देश में एकता और चेतना भर दी। बेरोजगार युवक भारी संख्या में राष्ट्रीय आंदोलन में कूद पड़े। इससे एक तो अपनी मुसीबतों से और अपने अभावों से उनका ध्यान बँटा, दूसरे सामने एक बड़ा राष्ट्रीय लक्ष्य दिखाई पड़ने से उन्हें अपनी जिंदगी उद्देश्यपूर्ण लगने लगी। उस दौर में लखनऊ में मोहनलाल सक्सेना और चंद्रभानु गुप्त बड़े नेता बनकर उभरे। चंद्रभानु गुप्त को विश्वविद्यालय के आंदोलनों और काकोरी केस की वकालत से बड़ी प्रतिष्ठा मिली।

'तब लखनऊ का आदमी आमतौर से ऐसा रूखा नहीं था। यहाँ की हवा में एक खास तरह की मस्ती थी। सड़कों पर तो बिजली बहुत पहले आ गई, पर गलियों में

तब भी लैंप जलते थे। नीरव रात्रि में खुले हुए स्वरों से गाते हुए अक्सर लोग गुज़र जाते थे। बहुधा यह गाने राष्ट्रीय होते थे। चौक की महफिलें तब भी सजती थीं, परंतु राष्ट्रीय आंदोलनों के असर से यह महफिलें फीकी पड़ने लगी थीं।

'समाज में एक नई चेतना तब पनपने लगी थी। यूरोप में उन्नीसवीं शताब्दी परिवर्तन और बड़ी-बड़ी घटनाओं की शताब्दी थी। उसका असर हिंदुस्तान में 20वीं शताब्दी के शुरू से ही पड़ने लगा। परिवर्तन की उस हवा में युवक नए ज़माने की तरफ हो गए और पुराना ज़माना धीरे-धीरे मुरझाने लगा। बिरादरियों की पंचायतें उस समय जिंदा थीं, परंतु युवक उनसे विद्रोह करने से भी नहीं कतराते थे। ये पंचायतें नई चेतना के संघर्ष से थक चुकी थीं। फिर भी जिंदा थीं। लड़कियाँ तब परदेदार ठेलों पर स्कूल जाती थीं, जिन्हें आदमी भैंसे की तरह खींचते थे। उन परदों को भेदकर भी कभी-कभी इश्क हो जाया करता था। इश्क की एक कहानी याद है, जब एक लड़की गर्भवती हुई और इसके खिलाफ बिरादरी की पंचायत बैठी। उस पंचायत में एक नए लड़के ने सरपंच को गालियाँ देते हुए सरपंच का कच्चा चिट्ठा खोल दिया और बीच पंचायत में घोषणा की कि मैं इस लड़की से शादी करने के लिए तैयार हूँ। ज़माना जितनी तेज़ी से बदल रहा था उतनी ही तेज़ी से उस समय का युवक कुछ कर दिखाने को उत्सुक था।

'उस समय हिंदू बेकरी एक भी नहीं थी, परंतु डबलरोटी आ गई थी। और चाय एक बड़ी क्रांति तथा फैशन बनकर आई थी। अमीनाबाद के सिंधी रेस्तोरां में उस समय चाय की महफिलें जुटती थीं। और अगर साथ में डबलरोटी भी हो तो फैशन पूरा हो जाता था।

'पुराने लोग तब बहुत कुछ सहन करने की मुद्रा में आ गए थे। एक सीमा तक उन्होंने समझौता किया। हरिजन आंदोलन के दौरान भजन होते थे और दो आने प्रति दोने के हिसाब से प्रसाद बँटता था। अमीनाबाद के उस भजन से हम दुअन्नी देकर प्रसाद ले आए, जिसकी शिकायत पिताजी से हुई, लेकिन पिताजी ने उसको अनदेखा कर दिया। हिंदू औरतें तब बिना चादर ओढ़े घर से नहीं निकल सकती थीं। जो बिना चादर के निकलतीं वे अत्यंत आधुनिका कहलाती थीं। चादर उतारना भी तब एक क्रांति थी। 1934 में जब हमारी पत्नी गौने के बाद आई तो हमें यह क्रांति करने का बड़ा शौक हुआ और एक दिन बिना चादर के हम उन्हें बाहर ले गए। इसकी शिकायत फिर पिताजी से की गई, तो उन्होंने एक बीच का रास्ता निकाल कर फैसला दिया कि बहू जब भी (चौक से) बाहर जाएगी मेडिकल कालेज तक प्रतिष्ठा के लिए उसे चादर ओढ़ना होगा, मेडिकल कालेज के बाद वह चादर उतार सकती है।

'दहेज उस समय मात्र कान्यकुब्ज ब्राह्मणों और कायस्थों के बीच ही था। वह भी कोई अधिक नहीं था। गरीब लड़कियों की शादी की जिम्मेदारी अक्सर बिरादरी पर होती थी। जो इंग्लैंडपलट आते थे, बिरादरी में उनका विरोध होता था, पर यह विरोध धीरे-धीरे कमजोर पड़ रहा था। महारानी विक्टोरिया के ऐलान के बाद विदेश जाने से किसी को बिरादरी के बाहर नहीं निकाला जा सकता था। भारतरत्न भगवानदास के बड़े भाई से ऐसे ही एक मामले में बिरादरी के सरपंच से मुकदमा प्रिवी कौंसिल तक चला था। विदेश हो आए और बिरादरी से निकाले जा चुके एक साहब को इस परिवार ने अपने घर दावत पर बुलाया। बिरादरी के सरपंच ने भगवानदास के बड़े भाई को भी गलती के कारण बिरादरी के बाहर निकाल दिया। इस पर उन्होंने सरपंच के खिलाफ मुकदमा ठोंक दिया। यह मुकदमा प्रिवीकौंसिल तक चला और आखिरकार भगवानदास के परिवार की जीत हुई परंतु सरपंच एक प्रकार से दिवालिया हो गया।

'नया ज़माना बड़ी मेहनत से बाहर झाँक रहा था। उसको बाहर आने के लिए काफी संघर्ष करना पड़ रहा था। इसीलिए व्यक्ति स्वातंत्र्य की प्रक्रिया तेज हो रही थी। बुद्धिजीवी ने समाज के खिलाफ जेहाद बोल दिया था। उस समय 'चाँद' और ऐसी ही पत्रिकाओं में बार-बार समाज को निर्दयी कहकर धिक्कारा जा रहा था। 1930-31 में हिंदुस्तान में ट्रेड यूनियनें आ गई थीं और मालिक मजदूरों के संबंध निर्धारित हो रहे थे। इससे भी समाज को आघात लग रहा था और व्यक्तिवाद पनप रहा था। फिर भी वह समाज न टूटा और न विघटित हुआ, केवल चरमरा कर रह गया। वह समाज आज भी कहीं न कहीं मौजूद है। यह इस देश की बहुत बड़ी समस्या है। दूसरे युद्ध के बाद नवधनाढ्य आ गए और तब मूल्यों में पहला ज़ोरदार विघटन शुरू हुआ। 1940 से देश की यह तस्वीर बदलनी शुरू हुई। तभी पहली बार 'राशनिंग' आई और तभी पहली बार 'कालाबाज़ारी' या 'ब्लैक मार्केटिंग' का नाम सुनायी पड़ा। ' 420' का मुहाविरा उसी समय की देन है। इसके पूर्व इसके बारे में कभी नहीं सुनाई पड़ता था।

'दूसरे युद्ध के अंत के साथ ही 'संतोषी माँ' प्रकट हुईं। इसके पहले बारहवीं शताब्दी के आसपास सत्यनारायण की कथा प्रकट हुई थी। इसका अर्थ यह कि जब भी कभी बाहर से झटका लगता है और आस्था बुरी तरह बिखर जाती है तो पुराने देवी-देवता नाकाम हो जाते हैं। ऐसे समय में आस्था का सरलीकरण खोज लिया जाता है, हालाँकि उसमें दर्शन साहित्य की गहराई नहीं होती। इसीलिए संभवत: जब बारहवीं शताब्दी के आसपास मान्य देवताओं यथा, राम, कृष्ण आदि की मूर्तियाँ टूट रही थीं तो सत्यनारायण की कथा पनपी और दूसरे महायुद्ध की असहनीय महँगाई

के बाद 'संतोषी माता' का आगमन हुआ।

'वह समय अब नहीं है जब नक्खास की पटरी पर किताबों की दूकान लगाने वाले मियाँजी 'तिलस्म होशरुबा' तथा 'गुलनारे - नसीम' के किस्से सुनाया करते थे। और ईरान और इराक के चप्पे-चप्पे की हाँकते थे। वही मियाँजी जब एक बार मेरे साथ इक्के पर बैठकर सदर मुहल्ले के पुल के फाटक के पास तक पहुँचे तो घबराकर बोले, किब्ला! आप किस शहर में आ गए हैं? वह समय अब नहीं है जब हमारे पंडितजी पट्टी पूजा से आठवें दर्जे तक सारे मुहल्ले के बच्चों को अपने घर में पढ़ाते थे और चार बजे जाड़ों में सीने पर रजाई बाँधकर तथा हाथ से सोंटा लेकर एक-एक बच्चे को हाँक लगाते थे कि वह पढ़ रहा है या नहीं। पंडितजी किसी भी बच्चे को धुआँधार पीट सकते थे और एक-एक बच्चे के भविष्य की चिंता उनके कलेजे में समाई हुई थी। वह समय भी नहीं है जब सादिक़ पहलवान ने सोंधी टोले में हिंदुओं की रक्षा में अपना सीना अड़ा दिया था। वह समय भी नहीं है जब लगातार जेल जाने और साइकिल पर सारे शहर का चक्कर लगाने वाले मोहनलाल सक्सेना लखनऊ में हमें देवता जैसे नजर आते थे, जब प्यारी मासी सारे मोहल्ले के सुख-दुख में लगातार शामिल होती थी और उन्हें फुरसत नहीं रहती थी ... जब पापड़ का आटा सारे मोहल्ले में बँट जाता था और उसी तरह सुख-दुख भी बँटता था।

'अब समय बदल गया है लोग भी बदल गए हैं। 1930 का युवक समाज को बदलने, शिक्षा को बदलने और देश को बदलने की सोचता था। इसके लिए उसने समाज से आज़ादी हासिल करने की लड़ाई लड़ी थी परंतु आज व्यक्ति स्वातंत्र्य अर्थहीन हो गया है। परिवार टूट गए हैं, लोगों की आजादी बढ़ी है, लड़कियाँ भी आगे आ गई है। 'हँसी तो फँसी' मुहावरा बेकार हो गया है। लेकिन फिर भी सारे सामाजिक आंदोलन ठप पड़ गए हैं। गाँधी ने आज़ादी की लड़ाई सामाजिक आंदोलन के पेट्रोल से चलाई थी। गली-गली में उसकी धमक महसूस होती थी। तब नेतृत्व जनता के बीच बढ़ता था, आज का नेतृत्व सभाओं, अखबारों और असेंबलियों में पनपता है।

'समाज को बदलने का काम ठप कर दिया गया, दुनिया चाहे कितनी भी बढ़ी हो। दो चीजें और भी बढ़ी हैं- दहेज और बेरोज़गारी। केवल दस्तख़त करवाने से दहेज नहीं जाएगा। यह तब तक नहीं जाएगा, जब तक खुलकर इसका सामाजिक विरोध नहीं होगा और हर गली-मुहल्ले में ऐसी बुराइयाँ दूर करने के लिए युवकों का दल सतर्कता नहीं बरतेगा। कभी हमने 1947 में यह सोचकर फिल्मी दुनिया छोड़ दी थी कि यह छोटा काम है, जबकि समाजवाद बढ़ा चला आ रहा है, हमें बड़े कामों में लगना चाहिए। लेकिन बड़ी-बड़ी वैज्ञानिक सफलताओं के बावजूद बहुत

कुछ वहीं ठहर गया है, जहाँ 50 साल पहले था। आज तो सफल लेखक भी मंत्रियों की तरह रोबीला बनकर ऐंठकर चलता है। सामाजिक हिस्सेदारी नष्ट हो चुकी है। मुझे लगता है कि शब्दों और कर्मों को और भी अधिक प्रखर करना होगा।... इतना प्रखर तो करना ही होगा कि जिससे 50 साल पहले का चरमराया हुआ सामाजिक ढाँचा पूरी तरह टूट जाए और फिर पुरानी मानवीयता तथा नई दृष्टि से मिलकर एक नई व्यवस्था जन्म ले।'

अमृत प्रभात, दीपावली विशेषांक 1986

लेखक और आदमी के बीच का व्यक्तित्व

शंकरदयाल सिंह

अकस्मात उस दिन पटना में किसी ने मुझे फोन पर सूचित किया - अमृतलाल नागरजी आए हैं और वह आपसे मिलना चाहते हैं। जानना चाहते हैं कि कब आएँ?

मेरी उनकी कोई गहरी जान-पहचान नहीं थी। मैं उन्हें जानता था और वे मुझे जानते थे। यह जानना और पहचानना साहित्यिक-सा ही रहा था, वैयक्तिक स्तर पर उसकी जड़ें नहीं जमीं थीं। मेरे लिए यह सौभाग्य की बात थी कि वे स्वयं मुझे याद करते हुए मिलने आ रहे थे। मैंने अपने अध्ययन कक्ष में उनकी लिखी जो भी पुस्तकें मेरे पास थीं, सबको झाड़-पोंछकर इकट्ठा किया और उनके पन्ने उलटने शुरू किए।

मैंने फोन करने वाले सज्जन को कहा- कल सवेरे का नाश्ता वे मेरे ही घर पर करें।

यह बात आठ-नौ साल पहले की है, लेकिन ऐसा भान होता है मानों कल की ही हो। जब कोई हमसे बिछुड़ता है और हम उसे अपनी स्मृतियों में समेटना चाहते हैं, तो वह कल भी आज हो जाता है। नागरजी के दिवंगत होने की दुःखद वेला में, वह कल आज बनकर मेरे सामने है। दुःख दारिद्र्य नहीं है, वरन् वह कभी-कभी व्यक्तित्व का भविष्यतकोण बन जाता है।

वे निर्धारित समय पर सपत्नीक आए। मैंने झुककर प्रणाम करना चाहा। उन्होंने गले लगा लिया - पटना आकर आपसे मिले बिना चला जाता, तो अपराध-बोध का अनुभव करता। हम सब तो कलम के सिपाही हैं, लेकिन आप तो राष्ट्रभाषा के सेनापति हैं। लखनऊ से ही सोचकर चला था कि आपसे इस बार जरूर मिलूँगा। उनकी फुलझड़ी सी बातों की स्थिरता मेरे कुरते पर उनके मुँह में रची-बसी पान की गिलौरी के दो-चार छींटों के रूप में अंकित हो गई।

कहाँ उठाऊँ, कहाँ बैठाऊँ। मैं अभिभूत था। उन्होंने अपनी पत्नी से और साथ

के उन सज्जन से मिलवाया - इन्होंने ही आपको कल फोन किया था। मेरे संबंधी हैं। नागर ब्राह्मण हैं। दरअसल हम नागर लोग गुजरात के हैं, लेकिन इस समय पूरे देश में फैले हुए हैं। मुख्य रूप से बैंकों में खजांची का काम नागरों के जिम्मे है इससे एक बात तो स्पष्ट है कि नागर ब्राह्मणों की विश्वसनीयता है। तभी तो उन्हें कोष सौंपा जाता है। प्रमुदित होकर उन्होंने ये बातें कहीं। बोलते समय उनका मुँह कुछ ऊपर की ओर उठ जाता था कि कहीं पान के छींटे सामने वाले का अभिषेक न करने लगें।

नाश्ता उनके लिए गौण था, बैठकी ही प्रधान थी। दो-तीन घंटे मेरे साथ सहज रूप में रहे और जो जी में आया बोलते कहते रहे। उन बातों को याद करने की आज जब कोशिश करता हूँ, तो लगता है कि वे स्वर साधन के समान कानों में जमे हुए हैं।

कहने लगे - शंकरदयालजी, हम साहित्यकारों की जमात ही अलग है, उसे राजनीति से क्या लेना-देना। लेकिन मैं यह मानकर चलता हूँ कि राजनेताओं से जितना लाभ उठा सकते हों, उठाना चाहिए।

- भइया, मैं तो किसी रंग में नहीं रँगा, जैसे मेरी बिरादरी के अनेक भाई रंग गए। मेरा तो यह बसंती चोला बस माँ सरस्वती को अर्पित है। कलम की घिसाई से जो मिल जाता है, उसे वीणा - पाणि का प्रसाद मानता हूँ और पूर्ण संतोष से रहता हूँ।

हाँ, यह तो बताइए कि आप इधर विशेष रूप से क्या लिख रहे हैं?

इस तरह की अनेक बातें आज भी मुझे याद हैं। बातचीत में उनकी सरलता और निष्कपटता दोनों झलकती थी। रह-रहकर वे अपने पनडब्बे से पान की गिलौरी निकालते, उसे मुँह के हवाले करते और जहाँ बातें खत्म होती थीं उनकी लर को सहज रूप से आगे बढ़ा देते। लगता मानो वे बात नहीं कर रहे हों, कुछ लिख रहे हों या पढ़ रहे हों। उनकी हर बात में सृजन - कण का आभास होता था।

नाश्ते की मेज से जब मैं उन्हें अपने अध्ययन कक्ष में ले गया, तो वे अभिभूत हो गए - बाप रे बाप! इतने बड़े साहित्यिक - साम्राज्य को आप कैसे सँभालते हैं। इतनी पुस्तकें तो किसी अच्छी से अच्छी लायब्रेरी में भी हमें देखने को नहीं मिलतीं। - उनकी आँखें एक-एक शेल्फ को अनायास ही टटोलने लगीं। मुझे लगा हिंदी के अमृतलाल नागर और बंगला के विमल मित्र एक ही धातु के बने हैं। लिखने के पहले पढ़ते हैं और पढ़ने के पहले गुनते हैं। शोध - वृत्ति लेकर चलने वाला साहित्यकार खोखला नहीं हो सकता। उनकी आँखें बता रही थीं कि उनमें मात्र जिज्ञासा ही नहीं, जिजीविषा भी है।

पंडितजी, कुछ देर यहाँ बैठें। यह तो मेरा सौभाग्य है कि आप जैसा महान् साहित्यकार इस कक्ष को पवित्र कर रहा है। यह देखें, आपकी कृतियाँ । कहकर

मैंने उनकी लिखी लगभग एक दर्जन पुस्तकें उनके सामने कर दीं - 'मानस का हंस', 'नाच्यौ बहुत गोपाल', 'बूँद और समुद्र', 'अमृत और विष', 'सुहाग के नुपूर', 'एकदा नैमिषारण्ये' आदि। एक-एक करके वे अपनी कृतियों को उलटते-पलटते और निहारते रहे। मैं उन्हें इस बीच समझता रहा और वे मुझे कुछ समझाते रहे। साहित्य का बोध क्या है और उसकी व्याप्ति क्या है।

इसी बीच मैंने 'मानस का हंस' पुस्तक हाथ में लेकर उन्हें एक बात बताई - नागरजी, मैं नहीं जानता कि आपकी सभी रचनाओं में कौन श्रेष्ठ है, लेकिन 'मानस का हंस' के बारे में मैं एक बात कभी नहीं भूलता। जयप्रकाशजी ने मुझसे सहसा एक दिन बातचीत में कहा - शंकरदयालजी, आपने 'मानस का हंस' किताब पढ़ी है? बहुत अच्छी पुस्तक है। मैंने दो-तीन बार उसे पढ़ा है। उसकी एक प्रति मैंने इंदु के जन्मदिन पर उन्हें भेंट की और कहा कि इस किताब को तुम जरूर पढ़ना।

इस प्रसंग से वे बहुत प्रसन्न हुए। बोले- मेरा लिखना सार्थक हुआ कि 'मानस का हंस' जयप्रकाशजी से लेकर इंदिराजी तक पहुँच गई। दरअसल लेखन की सार्थकता मैं यही मानता हूँ कि पाठक को वह छुए।

अगली बार का मिलन लखनऊ में मेरे घर पर हो - उन्होंने कहा। मेरा पता तो आपके पास होगा ही? - पूछा।

भला लखनऊ में आपको कौन नहीं जानता, जो पता लेकर आपका घर ढूँढ़ने जाऊँगा! मैंने कहा- और मैंने आपकी वह पुस्तक भी पढ़ी है 'ये कोठेवालियाँ '...

- तो क्या आप मेरा पता किसी कोठे पर पूछने जाएँगे?... वह ठठाकर हँस पड़े और मैंने भी साथ दिया, तो लगा मानो मकान का कोना-कोना इस हँसी को अपने में भर रहा है।

स्मित मुस्कान के साथ जब वे विदा हुए, तो ऐसा लगा मानो पराग बिखर गया हो। उस मुलाकात को मैंने साहित्य से परे व्यक्तिगत उपलब्धि के रूप में लिया। भला इतना तो सहज ज्ञान था ही कि प्रेमचंद के बाद की पीढ़ी को महिमामंडित करने वाले जो दो-चार लोग हिंदी की पूँजी हैं, उनमें अमृतलाल नागर का नाम प्रथम पंक्ति में आता है। उनके अलमस्त और फक्कड़ जीवन से भी परिचित था, जो उनकी कृतियों के कवर - पृष्ठों पर शाया हुआ करता था। आकाशवाणी से लेकर सिनेमा तक और शरच्चंद्र से लेकर प्रेमचंद तक उनका फैलाव था। देश-विदेश की अनेक सम्मानसूचक उपाधियाँ तथा पुरस्कारों से मंडित उनका व्यक्तित्व यदि किसी घेरे में कैद होता था, तो वह थी उनकी लखनवी कसीदाकारी, जिसे अदा भी कह सकते हैं, लेकिन उसमें बनारसी फक्कड़पन की गंध थी।

उस दिन के बाद कई अवसरों पर वे मिले और जब भी मिले सहज भ्रातृ-भाव से। मिलते ही उनकी आँखें चमक उठती थीं। बैठे रहें, तो देखते ही उठने लगते थे, जो उनकी सरलता और संस्कारशीलता थी। मैं ऐसे में लपककर उन्हें रोक देता था - यह क्या कर रहे हैं?

वह उस पीढ़ी के प्रतिमान थे, जिसमें फक्कड़ होने का स्वाभाविक गौरव था, लेकिन अक्खड़पने की गंध नहीं थी।

1983 में अज्ञेयजी ने वत्सल - निधि की ओर से 'जय जानकी जीवन यात्रा' का आयोजन किया, जिसमें एक दर्जन से अधिक ख्यातिलब्ध साहित्यकार सीतामढ़ी से चित्रकूट तक की यात्रा में शामिल हुए। अमृतलाल नागरजी भी हम लोगों के साथ अयोध्या से प्रयागराज तक रहे। इस बीच उनकी विनोदप्रियता तथा हाजिरजवाबी देखने लायक थी। कभी भी वे संदर्भ से कटकर बात नहीं करते थे। अज्ञेयजी में और उनमें एक अलिखित समझौता - सा था- कौन किस पर अधिक श्रद्धा बिखेरता है, मानो इसकी होड़ थी।

गाड़ी खड़ी है, अज्ञेयजी और नागरजी को बैठना है, दोनों वहाँ पहुँच गए हैं, एक दूसरे की चिरौरी कर रहे हैं - पहले आप बैठें, तो पहले आप...। अंत में अज्ञेयजी जीत जाते हैं - यह लखनऊ नहीं है, जो आपकी बात चलेगी...। और नागरजी अपनी हार कबूल लेते हैं- पान की पीक हल्के से आस-पास फेंककर बैठ जाते हैं।

गंगा बाबू ने एक दिन मुझसे पूछा - शंकरदयाल, हिंदी में अब कौन ऐसा व्यक्ति बच रहा है, जिसे ज्ञानपीठ पुरस्कार मिलना चाहिए?

छूटते ही मैंने उत्तर दिया- मेरी समझ में श्री अमृतलाल नागर!

उन्होंने सहमति में सिर हिलाया।

अनेक इस तरह की बातें और प्रसंग इस समय मुझे याद आ रहे हैं। आदमी का मूल्यांकन आखिर हम कैसे करें? जाने वाला चला जाता है और छोड़ जाता है समय की शिला पर एक ऐसी लकीर, जिस पर इतिहास हो या साहित्य या समाज या संस्कृति अपने बौने पैरों से उन लकीरों को बोध बनाता है। सहज और सरल व्यक्तित्व की ऐसी रेखाएँ हैं, जिनमें वक्रता की कोई गुंजाइश नहीं होती।

हिंदी का धरातल इधर पाँच-सात वर्षों से कुछ धँसता-सा - दिखाई दे रहा है। अज्ञेयजी गए, महादेवीजी नहीं रहीं और गंगाशरण सिंह विदा हुए- जो शेष हैं, वे भी एक-एक कर हमें 'अलविदा' कर रहे हैं। यह कोष खाली होता जा रहा है। हम नियति को दोष देते हुए संतोष करते हैं, लेकिन यह भी सच्चाई है कि हम रीतते जा रहे हैं। कोई अजर-अमर नहीं है और नागरजी को भी जितना जीना था उतना जिए

तथा जितना कुछ दे सकते थे, जी भरकर दिया। लेकिन हम आज भी यह सोचते हैं कि काश! वे कुछ दिन और हमारे बीच रहते, तो निश्चय ही कुछ ऐसी चीजें जरूर देते, जिन पर हमें गर्व होता।

उनकी पहली कहानी 'प्रायश्चित्त' थी जो उन्होंने 15 वर्ष की आयु में लिखी थी। उसके लगभग 60 वर्षों बाद वे जब हमसे बिछुड़े, तो हमारे लिए प्रायश्चित्त करने हेतु इतना तो है ही कि उनकी स्मृति को उनके नाम के अनुरूप ही हम अमृत रूप में ग्रहण करें। अमृत की एक बूँद भी मरण को जीवन में बदल देती है।

उत्तर प्रदेश, अमृतलाल नागर स्मृति अंक, अप्रैल, 1990

कथाकार से बड़ा मानव

रामेश्वर शुक्ल 'अंचल'

अमृतलाल नागर की अविरल अबाध लेखन-शक्ति और उमंग तरंग - भरी मस्ती को देखते हुए उनके इतनी जल्दी जाने की आशंका किसी को न थी। मूर्तिमान उत्फुल्लता और सहज सरसता का ऐसा रसवर्णी घना मेघ काल के काले बादल में एकाएक सदा को विलीन हो जाएगा- इसे जब मुझ जैसे 'हाइपरकोंड्रियक' (तरह-तरह के काल्पनिक भ्रमों में रमने वाले) को आभास न हो पाया तो स्वस्थमना औरों की बात ही क्या? 6 फरवरी (1990) की शाम को विश्वविद्यालय (लखनऊ) के कार्यक्रम से मुक्त होते ही मैं चौक स्थित उनके आवास पर पूरे दो घंटे उनके पास बैठा रहा। वर्ष में एक दो बार लखनऊ जाना और नागरजी से बिना मिले चले आना मेरे लिए संभव न था। सन् 1955 से यही आदत पड़ गई थी। साहित्यकार के रूप में, सुलझे हुए विवेचक के रूप में अविराम कथारस बरसाने वाले मेघ - पुरुष से भी बढ़कर उनका मानव रूप था जो पहली ही बार 1936 में भेंट होने पर मुझे आज तक मधुर स्नेह संबंध में बाँधे है। भरी जवानी में जब वे बंगला के जीवनधर्मी महान् लेखक शरत्चंद्र से कलकत्ते में मिले थे और हम जैसे प्रशंसक उनके अनुरक्त पाठकों की तरह उनके प्रति आंतरिक प्रशंसा-भाव, आदरमय साहित्यिक सौकर्म्म के साथ व्यक्त करते हुए उनके स्नेह - सान्निध्य में रहे थे, तब शरत् बाबू ने उन्हें दो नसीहतें दी थीं। उनमें एक यह थी कि कभी अपनी जबान से किसी की निंदा न करना। निंदा और उपहास से सतत पीड़ित भारतीय नारी समाज का यह अतुल - स्पर्शी कथाकार, निंदा के विष को आजीवन पी-पी कर (शरत्चंद्र) आत्मा का शिल्प रचता रहा। मैं नहीं समझता उस चिर-व्रात्य महान् कलाकार की यह बात नागरजी कभी भूले हों या इसका पालन उन्होंने न किया हो। उनके साथ सरस साहित्यिकता और निष्कपट बंधुत्व का युग ही चला गया। इतना निरभिमान, परशुभैषी, सहज विनोदी और बंधुवत्सल व्यक्ति मुझे हिंदी के शीर्षस्थ या शीर्षस्थ

माने जाने वाले रचना - धर्मियों में दूसरा दिखाई नहीं देता। ' आया है सो जायगा -राजा रंक फकीर' - कबीर की पंक्ति को ही एकमात्र जीवनांत सत्य मानकर मन को बोध दे लेता हूँ और अपने सहृदय साथी की कुछ यादें लिख रहा हूँ।

पहले उनके प्रयाण के केवल बीस दिन पहले की इस आखिरी मुलाकात की बात कह लूँ। उनके पास इतनी देर बैठने और हास्य - विनोद की निरंतर छूटती रही फुलझड़ियों के बीच-बीच वे अपने स्वास्थ्य की क्षीणता जरूर बताने लगते थे पर उनकी मानसिकता में अभी वर्षों मृत्यु की होनी की कैसी भी शंका का लेशमात्र न था। वैसे मेरे जाने पर इतने भावाकुल और आत्म-विह्वल पहले कभी न दिखे थे भाँग के चूरन की एक मद्धिम खोराक देकर बोले- कुछ पुराना जरूर पड़ गया है इसलिए ज्यादा दिख रहा है पर काम करेगा। मुझ भाँग के खेत चर जाने वाले को वे यौवन के उषाकाल से जानते थे। अब तो पिछले पैंतीस वर्षों से मैं छोड़ चुका पर लखनऊ में उनसे मिलने पर पुराना संस्कार जोर मारता था। उनके साथ बैठकर ही अब ले लेता था। इस बार भी मुझे देना वे न भूले। मुझे बराबर लगता रहा कि अकेलेपन की एक कष्टप्रद तीव्रता का अनुभव वे कर रहे थे। मित्रों के बीच अधिक से अधिक समय बिताने में सुख पाने वाला साहित्य-सृजेता आज कितना अकेला रह गया है। जिन्होंने यह त्रासदी झेली होगी या झेल रहे होंगे वे भुक्तभोगी इस मन:स्थिति को भली-भाँति जानते हैं।

उनके विपुल साहित्यिक अवदान की बात बाद में करूँगा पर हिंदी के बेजोड़ कथाकारों में वे एक थे। सामाजिक ऊर्जा पर उनका विश्वास था और उनके द्वारा सृजित चरित्र उनकी इस कलाकारोचित आस्था का साक्ष्य देते हैं। घोर से घोर प्रवृत्तिमूलक, आसक्ति - उद्दीपक जीवन- स्थिति का चित्रण भी वे ऐसी संस्कारशील तटस्थता के साथ करते हैं कि यथार्थवाद की कैसी भी मलीनता उसमें थी। उनकी भाषा में अपने किस्म का टकसालीपन है जो हिंदी की तत्समनिष्ठता को अधिकतर बनाए रखकर भी लखनऊ की 'फ़साहत' और 'बलागत' को भाषा - प्रवाह के साथ कागज पर ज्यों का त्यों उतार देता था। वैसे तो वे धर्म, समाज और भारतीय संस्कृति की एकीकृत समग्रता के चितेरे थे। इन्हीं और अन्य अनेक विशेषताओं को निरंतर बनाए रखकर दीर्घकालीन साहित्य साधना करने वाले इस लोकप्रिय लेखक को हिंदी साहित्य सम्मेलन, प्रयाग, इलाहाबाद ने अपनी सर्वोच्च मानद उपाधि 'साहित्य वाचस्पति' अर्पित कर स्वयं अपने को सम्मानित किया था। वे दिल्ली के अक्टूबर अधिवेशन में न आ पाए थे। सम्मेलन के प्रधान मंत्री डॉ. प्रभात शास्त्री की उन्होंने कार्यालयीन सूचना पाने पर अपने नए उपन्यास लेखन की अतिशय व्यस्तता बताते हुए और उपाधि को सादर स्वीकार करते हुए एक

आत्मीय पत्र भी लिखा था। मैंने उनसे इस भेंट में कहा था कि हम लखनऊ आकर उनके आवास पर ही एक शालीन आयोजन कर उन्हें यह सारस्वत अलंकरण देंगे। उन्होंने सहज भाव से मेरी बात को स्वीकार करते हुए कहा था - ' अपने विराट खुले अधिवेशन में जब तुमने मुझे यह उपाधि दे दी तब 'साहित्य वाचस्पति' तो मैं हो ही गया। पहले मैं पूर्ण स्वस्थ हो लूँ, तब मुझे और तुम देने वालों को ज्यादा मजा आएगा।' मैंने कहा था- मैं उपाधि देते हुए घोषणा भी कर दूँगा कि नागरजी ने इसी शर्त पर उपाधि ग्रहण की है कि यहाँ पधारे 'बालक, वृद्ध, युवा, नर-नारी' सभी एक गिलास दूधिया - बादामी ठंडाई पीकर ही जाएँगे। वे मुदित हो उठे थे। विविध सम्मानों, पुरस्कारों और अलंकारों से आवृत्त उस दिवंगत रचना -शिल्पी का यह कथन उन्हीं के साथ चला गया। मेरे घर से निकलते समय भी वे इस बार सदैव से ज्यादा भावुक हो उठे थे। उनके न रहने से मेरे रोम-रोम में बसे लखनऊ शहर जाने का मेरा आधा आकर्षण तो चला गया। गोलागंज के आगे रानी कटरा तक का संसार सूना हो गया जिसकी प्रियदर्शिनी आत्मा ही चली गई।

नागरजी आयु में मुझसे दो वर्ष छोटे थे। पर इसे एक 'बायोलॉजिकल एक्सीडेंट' कह कर मैं उन्हें हँसा देता था। कहना यह चाहता हूँ कि वय और रचना - प्रकाशन में मुझसे कनिष्ठ होकर भी (1931 में मेरी पहली कहानी ' मेरा मुँह ' छपी थी) वे अनेक बातों में मुझसे बड़े थे। अपनी व्यवहार कुशलता, सहिष्णुता, विशद जीवनानुभवों की राशि, नीति - विहित मार्गदर्शन, बड़ों के प्रति आदर और समवयस्कों या छोटों के प्रति हार्दिक अनुराग, स्वतंत्र लेखन कर जीवन यापन करने की संघर्षप्रियता आदि। अपने सद्गुणों से वे बड़े भाई अधिक थे - लेखन की विपुलता और साहित्यिक उच्चता की बात ही अलग है। प्रत्येक नवोदित कवि, लेखक, पत्रकार, साहित्यानुरागी उनसे भरपूर प्रोत्साहन पाता था। विचारों की भिन्नता या साहित्यिक मान्यताओं का अलगाव इसमें कभी बाधक नहीं हुआ। डॉ. रामविलास शर्मा और भगवतीचरण वर्मा दोनों की विचारधारा और साहित्य विषयक अवधारणा कितनी भी विषमता लिए हो पर अमृतलाल नागर को दोनों एक जैसी आंतरिक निकटता से चाहते थे। मैं नहीं समझता उनकी मृत्यु से परिवारजनों को छोड़कर कोई अन्य मित्र डॉ. रामविलास शर्मा की तरह पीड़ित हुआ होगा। भगवतीबाबू आज होते तो उनकी भी यही दशा होती जिनकी शामें नागरजी के घर पर बीतती थीं, जो नागरजी के शब्दों में, उनके 'चचा की पीढ़ी' के होकर भी यह अंतराल मेट चुके थे। निरालाजी हम सबसे अधिक नागरजी को ही 'सौम्य' मानते थे। साहित्यकारों में ऐसा सर्वप्रिय व्यक्तित्व अब शायद ही हो जब इस युग में उसकी शुरुआत ही एक प्रकार की शिविरबद्धता लेकर होती है। ऐसा 'माशूक' किस्म का मनभावना इंसान अब क्या देखने को मिलेगा।

'माधुरी' कार्यालय में 1936 में मेरी पहली भेंट नागरजी से पं. रूपनारायण पांडेय के निकट हुई। बिना औपचारिक परिचय के भी हम दोनों एक-दूसरे को जान गए। चौक में पांडेयजी का अभिनंदन करने की उनकी एक साहित्यिक योजना थी - वही चर्चा चलती रही। पर इस भेंट के बाद लखनऊ में हम दो चार बार ही मिले। लखनऊ की विराट शासकीय अखिल भारतीय 'इंडस्ट्रियल' प्रदर्शनी (दिसंबर 1936 - जनवरी 1937) में उनसे भेंट हुई तब वे विनोदशंकरजी व्यास के साथ थे जो उन्हीं के यहाँ ठहरे थे। विनोदशंकरजी की कहानियाँ मैं बचपन से पढ़ता आया था। उनके नाम और प्राय: प्रत्येक कृति से परिचित था। नागरजी ने मेरा परिचय उनसे दिया और पं. नंददुलारे वाजपेयी ने भी उन्हें मेरे संबंध में बताया। विनोदशंकरजी से मेरी यह पहली और अंतिम भेंट थी। सहृदय मस्ती से, अरुणाभ स्नेह-सौजन्य से मुझसे बातें करते रहे। नागरजी ने घर आने का आमंत्रण मुझे दिया और अपनी सहज तरुण आत्मीयता का पहले से अधिक भावुक परिचय दिया। विनोदशंकरजी अधिकतर वाजपेयीजी से बातें करते रहे। मेरी नागरजी की बातें होती रहीं। 'तस्लीम लखनवी' के नाम से वे तब हिंदी में कहानी लेखन शुरू कर रहे थे। ' शकीला की माँ' शीर्षक उनकी यथार्थपरक कहानी छप चुकी थी और जहाँ तक याद है उनकी उग्र की शैली के जैसे तीखेपन के साथ लिखी गई कहानियों का संग्रह ' शकीला की माँ' प्रकाशित होने वाला था (यह संग्रह अवशेष शीर्षक से प्रकाशित हुआ था - संपादक)। मैंने उनकी कहानी में सृजित वेश्यागृह के सजीव वातावरण की प्रशंसा की। वे प्रसन्न हुए। तब तक नवोदित माने जा चुके मुझ कवि लेखक की निकटता उन्हें रुचिकर लगी।

भाँग का निमंत्रण, वह भी ऐसे हमउम्र लेखक का जो दो-तीन मुलाकातों में ही घुलनशीलता प्रकट कर चुका हो, मुझे उनकी पुरानी रईस हवेली में खींच ले गया। ऐसी बढ़िया भाँग कि पीकर लगा कल्पना के किसी चित्रलोक में पहुँच गया होऊँ। चौक की बादाम पिस्ते की बर्फियों का जलपान और पानों की अविराम झड़ी। उनकी रचनाएँ भी सुनीं। कुछ प्रसाद की अलंकृत शैली में भी लिखी गईं जो मुझे रचना के उदयकाल से ही बाँधे थीं। - ' तारे' की मेरी सारी कहानियाँ उसी चित्रात्मक बहुलता में डूबी हैं। मुझे वे क्यों न भातीं! लखनऊ में - विशेषकर अमीनाबाद के उधर में बोली जाने वाली रोजमर्राह की बोली में लिखी ' शकीला की माँ' (अवशेष) में संकलित रोमानी होकर भी यथार्थ की तीव्र भावुकता से भरी कहानियाँ ऋषभचरण जैन की कहानियों से अधिक जीवंत थीं। बहरहाल रात को चौक में मुझे इक्के पर बिठाकर जब नागरजी चले गए तब मैं उनकी सुंदर रूपाकृति और लेखन की रस-रंजना को बिसूरता रहा। रमीली विजया का लगभग वैसा ही खुमार दूसरे दिन भी छाया रहा।

जल्दी ही जीविकावश मैं इलाहाबाद आ गया। वहाँ भगवतीप्रसाद वाजपेयी, नरोत्तम नागर के साथ अमृतलाल नागर की पुरानी मैत्री की बातें सुनीं। नागरजी का प्रयाग आना लगा रहता। वे अपने सहपाठी ज्ञानचंद जैन के यहाँ (हिंदी मंदिर के ठीक पीछे) चौक में स्थित बड़े मकान में ठहरते। दफ़्तर में मेरे सहकर्मी सत्यगोपाल झींगर भी दोनों के प्राइमरी और हाईस्कूल कक्षाओं के सहपाठी साथी निकले। झींगरन शांत युवक थे- ज्ञानचंद इलाहाबाद विश्वविद्यालय में एम. ए. कर रहे थे। भगवतीप्रसाद वाजपेयी मेरे अभिन्न मित्र जो पिता की पीढ़ी के होकर भी मुझ भतीजे से ज्यादा दोस्ताना बरतते थे। शाम को मेरे यहाँ छत पर अक्सर भाँग छनती। मैं नागरजी की तरह उन दिनों बेतहाशा भाँग पीता था। नरोत्तम और वाजपेयी जी बरायनाम लेते। ज्ञानचंद अक्सर न रहते। इसके बाद मैं अपनी नवप्रकाशित 'मधूलिका' (अपने पहले कविता संग्रह) की कविताएँ सुनाता। नागरजी कहते - बच्चन जी जैसा गला तुम्हें मिला होता तो अपनी कल्पना की मादक मनोरमता से तुम और मंत्रमुग्ध करते। कवियश: प्रार्थी मुझ 23 वर्षीय तरुण का नशा अपनी प्रशंसा सुनकर दुगुना हो जाता। वाजपेयीजी तो वर्षों पहले से मेरी कविता के मुक्तकंठ प्रशंसक थे ही। केवल नरोत्तम चुप रहते। कविता की समझ उनमें यों भी न थी। हम लोग घर से साथ निकल कर चौक आते -- ज्ञानचंद की बैठक में जमते या लीडर प्रेस (वाचस्पति पाठक के यहाँ) के लिए इक्का करते। झींगरन असाहित्यिक होकर भी नागरजी के बाल्यबंधु थे। समाचार पाकर वे भी आ जाते। 'सत्य' को नागरजी अपनत्व की बाँहों में लपेट लेते। पर वे वहीं रह जाते - लीडर प्रेस न जाते

कुछ समय बाद नागरजी बेकारी से ऊबकर हो या फिल्म जगत के उन दिनों हिंदी लेखकों के बढ़ते आकर्षण के कारण हो बंबई चले गए। उनके पत्र वाजपेयीजी के पास या ज्ञानचंद के पास आते। मेरा प्यार भरा उल्लेख रहता। प्रदीप (रामचंद्र द्विवेदी) वहाँ जम चुके थे- उनके गीत बांबे टॉकीज की परिष्कृत फिल्मों में आने लगे थे। अमृतलाल नागर डॉयलॉग लिखने में नए लेखकों में वैसे ही माहिर थे जैसे पुराने में विश्वंभरनाथ शर्मा 'कौशिक'। नागरजी की अपनी लखनवी भाषा का भी बल था। बहरहाल नागरजी का साहित्यिक रूप वहाँ भी निखरता ही रहा। अन्य साहित्यिक मित्र भी वहाँ एक-एक कर पहुँचने लगे। 'विचार' साप्ताहिक को बंद करने पर मजबूर होकर भगवतीचरण वर्मा बंबई चले गए। 'चित्रलेखा' के प्रकाशन के बाद उन्हें कीर्ति मिली थी। कवि के रूप में ख्यातिलब्ध हो ही चुके थे। देवली जेल से मुक्त होने के बाद उन्होंने नरेंद्र शर्मा को बंबई बुलवा लिया। उधर नागरजी ने विष्णु सिनेटोन में भगवती प्रसाद वाजपेयी को पटकथा लेखक के रूप में बुलवा लिया । सिनेमा और रेडियो की नौकरी का उन दिनों बड़ा 'ग्लैमर' था। लेखन से

भली-भाँति जीवनयापन न कर पाने वाले हिंदी लेखक - कवि बंबई जाने का स्वप्न देखा करते थे। वहाँ पहुँच जाने वाले अपने को भाग्यशाली मानते थे। पर सुदर्शन, प्रदीप और नरेंद्र शर्मा को छोड़कर मेरी याद में कोई रचनाधर्मी साहित्यकार वहाँ के अनुकूल न पड़ने वाले वातावरण में न टिक पाया। सभी कुछ वर्ष वहाँ बिताकर, वहाँ की गलाकाटू प्रतिस्पर्धा से ऊबकर लखनऊ, प्रयाग लौट आए। जो रह गए उन्हें अपने को फिल्म व्यवसायी साँचे में ढालना पड़ा।

अमृतलाल नागर के लखनऊ में आकर फिर जम जाने के बाद मेरी मुलाकातें अक्सर होने लगीं। लखनऊ आकाशवाणी में 'ड्रामा प्रोड्यूसर' के पद पर वे काम करने लगे थे। पर उनका नियमित लेखन चलता रहता था। इस दृष्टि से भगवतीचरण वर्मा जैसा मिजाज उन्होंने पाया था। मरते दम तक दोनों कथाकार अविराम लिखते रहे और साहित्य की कोई विधा (नागरजी ने कविता के अलावा) दोनों ने नहीं छोड़ी। वर्माजी तो प्रत्येक नवोदित लेखक को यह नसीहत भी देते रहते थे - यद्यपि मुझ जैसा नासमझ विश्वविद्यालयीन गतिविधियों में अपना समय और शक्ति गँवाकर उनकी मूल्यवान सीख नहीं अपना पाया। आकाशवाणी लखनऊ के कवि सम्मेलनों में जाता तो नागरजी के यहाँ जमता। उनकी पुरानी रईसी की याद दिलाने वाली बैठक मेरे पहुँचने पर प्रेम भरे कहकहों से गूंज उठती। मुझसे जबलपुर के कवि लेखकों के बारे में पूछते - मध्यप्रदेश (तब पुराना, 1956 से नया) की साहित्यिक गतिविधियों की चर्चा करते। नंददुलारे वाजपेयी, उषादेवी मित्रा, माखनलालजी चतुर्वेदी, बख्शीजी - सभी को याद करते। गिरिजाकुमार माथुर उन दिनों भोपाल-इंदौर में थे। नागरजी उन्हें उनके लखनऊ विश्वविद्यालय के छात्र जीवन से जानते थे। वे भी चर्चाओं में उभर - उभर आते।

अमृतलाल नागर की साहित्यिक मान्यताएँ आज के मताग्रहवादी साहित्य-वर्ग से कम ही मेल खाती थीं। धर्म-निरपेक्षता के हामी होकर भी उन्हें हिंदू होने में एक संस्कारगत, धर्मगत गर्व था। मेरा उनका दोनों का यही मत था कि राम और कृष्ण विष्णु के अवतार मात्र या त्रेता और द्वापर के युग पुरुषोत्तम न रह कर अपने में एक संस्कृति बन चुके हैं। यह राम-कृष्ण राष्ट्र - संस्कृति उस महान् भारतीय संस्कृति का एक फेफड़ा है जो उसे जीवन धारण शक्ति देती है। तुलसीदास और सूरदास के ऊर्जा प्रदायक जीवन पर लिखे गए उनके उपन्यास उनकी इसी आस्था के परिचायक हैं। पर धर्म जब राजनीति का साधक बनता है या साधन बनाया जाता है तब हमारी संस्कृति का तेज छीजने लगता है। हम अपने चतुर्दिक व्याप्त जीवन से अलग होकर छल-छद्म की नई दुनिया में साँसें लेने लगते हैं। यह अलगाव हमारी अस्मिता के गौरव बोध में बाधक होता है। व्यक्ति की अंत: सत्ता अधिकांश मान्य मूल्यों और

सत्यों को नकारती नहीं। वह तो नित्य नव सत्य या सत्य की खोई आभा तलाशती है जो संवेदनात्मक प्रभाव ग्रहण करने की अपनी शक्ति से आती है।

अमृतलाल नागर को 'किस्सागो' कहा जाता है यह किस्सागोई अच्छे अर्थ में कथा - रस और चरित्र - सृष्टि की बहुमुखी रमणीयता है। पर मात्र कहानी कहना या रोचकता और रोमांचकता लाने का समस्त सचेतन प्रयास लेखन को मनोरंजन की ही प्रक्रिया बना देता है। मैं मानता हूँ कि कथा या किस्सा जब स्वयं अपने को कहे और चरित्र सृष्टि को सार्थकता देने वाली मनोगति की जटिल द्वंद्वात्मकता जब अपने को अपने अच्छे या बुरे आचरण के द्वारा मुखरित करे तब किस्सागोई अपना रचनात्मक सौन्दर्य पा जाती है। मुझे बराबर लगता रहा है, नागरजी के उपन्यासों को पढ़कर कि उनमें एक अनावश्यक 'फिल्मीपन' आ जाता है। तुलसीदास जैसे एकनिष्ठ भक्त की औपन्यासिक जीवनकथा हो या 'नाच्यौ बहुत गोपाल' की निरगुनियाजी का जीवनचक्र हो - यह कथावस्तु को 'फिल्मी एक्शन' देने जैसा लगता है। इससे उपन्यास की रचना अभिकल्पना की गरिमा घटती है। उसका कथानक - विन्यास कुछ चटखारे भले ले ले पर सँवरता नहीं। मैं बराबर नागरजी से इसी की शिकायत किया करता था। शरत्, टाल्सटाय, हार्डी, खांडेकर, प्रेमचंद कोई भी तो ऐसा नहीं करते। मैं इसका कारण आठ वर्षों का उनका फिल्मी जीवन - प्रभाव बताता जो उनकी औपन्यासिक चेतना का अनिवार्य हिस्सा बन गया है वरना उनके सामाजिक अनुभवों से प्रसूत उपन्यासों में मुझे सफलता और जीवनोद्दीप्त रससृष्टि ही नजर आई। अपनी किसी भी आलोचना का जवाब न देना उनका स्वभाव बन गया था। वे मेरी बात ध्यान से सुनते जरूर - शायद कुछ विचारांदोलित भी होते रहे हों पर कुछ उत्तर न देते।

मतवाद मनुष्य की संवेदना और सहानुभूतियों पर सीमा डालता है। पर मानव की प्रेरणा (या भावना) कोई ऐसी सीमा नहीं बाँधती। यह भावना अंतर्मुखी भी हो सकती है, बहिर्मुखी भी। व्यक्तिगत जीवन का अभावग्रस्त चित्रण हमारे मन में वही वेदना जगा सकता है जो वर्गगत जीवन की बेधक करुणा। नागरजी दोनों में अंतर नहीं देखते। कोई भी सच्चा कथाकार (या कलाकार) दोनों को लेकर चलता है। आदर्श और यथार्थ, भुक्त और अभुक्त इसी के दो पक्ष हैं। व्यक्ति कितना भी अलिप्त हो या बने वह सर्वथा आत्मगत हो ही नहीं सकता। वह इसी वस्तुगत जीवनेच्छा और सामाजिक प्रक्रियाओं के साथ अपने चारों ओर उठते घात-प्रतिघातों के साथ चेतन-अचेतन दोनों रूपों से जुड़ा है। यह जुड़ाव अंगभूत है, 'आरगेनिक' है। जब से समाज के रूप में आदिम मानवता का विकास हुआ तब से निरंतर हमारे अस्तित्व का वह प्राणकोष बनता गया है।

जो भी और जितना भी कहा जाए, यह मुझे बराबर लगा कि नागरजी का कथा - साहित्य जीवन के बारे में नहीं जीवन स्वयं है। पाठक जीवन के बारे में लेखक की राय नहीं माँगता, वह तो तटस्थता का ऐसा अनासक्त तेवर चाहता है जो सारी वास्तविकता और उसमें निहित अंतर्विरोध को उधेड़ कर रख दे। सिद्धांत पाठक कहीं भी पढ़ लेगा पर जीवन का चित्रण, उसके उतार-चढ़ावों और वासना - विवेक की समझ उसे कथा - साहित्य में ही मिलेगी। उपन्यास में पूरी जीवन चेतना का सारांश जड़ा हुआ मिलेगा। 'गेटे' के शब्दों में सिद्धांत पीले पड़ जाते हैं, यह जीवन वृक्ष सदा हरा रहता है। अपने पहले (अप्रकाशित) उपन्यास 'कामरेड प्रेमदास' (देवदास की ट्रेजेडी [यह देवदास की ट्रेजेडी नहीं पैरोडी थी - संपादक] जो मैंने सन् 38 में उनके मुँह से सुनी थी) से शुरू करके 'अग्निगर्भा' और 'करवट ' की कलात्मक उपलब्धि तक पहुँच जाने वाले अमृतलाल नागर सच्चे अर्थ में अपने विकास और परिणति की स्वयं एक गाथा हैं। अवध के मैदानों ने उन्हें एक 'विजन' दिया है, एक बड़ा फैलाव जो उनके साथ बढ़ता गया है। मेरी अपनी 'विश्वास' शीर्षक कविता की एक पंक्ति 'ज्ञान में, वय में बड़ा मुझसे यही विश्वास' उन पर सचमुच लागू है। जीवन का यही ठहराव भरा फैलाव उन्हें व्यापक पर्यवेक्षण दृष्टि देता है। वे वैष्णव मंदिरों, पुजारियों की सूक्ष्म से सूक्ष्म चरित्रगत विशेषताएँ अंकित करते हैं तो उसी निकटतम सच्चाई के साथ वेश्यालयों और पतित मान जाने वालों के ठीहे-ठिकानों की बारीक जानकारी देते हैं। पर व्यक्ति और समाज का नाता उनसे शायद ही कभी हो । कथा - रचना के साथ वे पाठक को एक सजग दृष्टि भी देते हैं जिसे पाठक बिना जाने अपनी पुतली में आत्मसात कर लेता है। हर काल में एक प्रकार का मनोचक्र भले न घूमता हो पर कर्मों की सरिता के बहते नीर का नर्तन-क्रम, प्रायः कम ही बदला है। पाठक से संवाद बनाए रखने के लिए विषयवस्तु के प्रति यही सर्वकालिक सच्चाई का संस्कार या सौंदर्यबोध लेखक नहीं छोड़ता। यही उनकी सर्वप्रियता का गुर है।

उत्तर प्रदेश, अमृतलाल नागर स्मृति अंक, अप्रैल, 1990

'जी भर लिखो - भीतर का सारा द्वंद्व कागज पर अंकित कर डालो!'

से. रा. यात्री

अभी पिछले दिनों मैं ग्यारह दिसंबर (1988) को लखनऊ गया था। किसी ने बतलाया था कि अमृतलाल नागर का स्वास्थ्य ठीक नहीं है, सो मैंने सबसे पहले उनसे ही भेंट करने की सोची।

नागरजी मिर्ज़ामंडी चौक की उसी लहीम - शहीम पुरानी हवेली में रहते हैं। पता नहीं वे वहाँ कितने दशकों से रह रहे हैं। लभगभ तीस वर्षों से तो मैं उनसे वहीं जाकर मिलता रहा हूँ।

जब श्रीमती नागर जीवित थीं तो उस हवेली की मुखरता सदर दरवाजे से ही स्पष्ट होने लगती थी और मन में कभी यह शंका पैदा नहीं होती थी कि नागरजी घर में नहीं होंगे। पर अब बहुत कुछ बदल गया है। मसलन मुझे उस हाथी दरवाज़े पर नागरजी के नाम की तख़्ती भी नजर नहीं आई। गली में हर तरफ सन्नाटा फैला हुआ था, कोई भी व्यक्ति गली में घुसता या गली के बाहर जाता नहीं दीख पड़ता था। मन में सहसा यह शक पैदा होने लगता था कि शायद नागरजी घर में नहीं हैं।

मन की ऊहापोह से किंचित उबरते हुए मैं भारी दरवाज़ों को थोड़ा सा ठेल कर भीतर घुसा। लंबी-चौड़ी दुबारी भी खाली पड़ी थी। वहीं से सामने का दीवानखाना भी सन्नाटे में डूबा लग रहा था। कितनी ही कोठरियाँ और प्रकोष्ठ जनविहीन लगते थे।

दुबारी पार करके मैंने जैसे ही खुले सहन में पाँव रखे सामने नागरजी को धूप में कुर्सी पर बैठे देखा। उनके सामने की कुर्सी पर बैठा एक नौजवान कुछ लिख रहा था और वे धीरे-धीरे कुछ बोलते जा रहे थे। स्टूल पर पनडिब्बा और सुर्ती का डिब्बा हमेशा की तरह हाज़िर था। उन्हें इस गुनगुनी धूप में लुंगी और पूरी बाँहों का स्वेटर पहने बैठे देख कर मन में गहरी आश्वस्ति हुई। ऐन उनके सामने पहुँचकर मैंने नमस्कार किया। उन्होंने आँखें ऊपर उठाकर चश्मे से देखा, पर तुरंत पहचान नहीं

पाए शायद। मैंने अपना नाम बतलाया तो हुलस उठे और कुर्सी पर थोड़ा सा आगे झुककर प्यार से मेरे दोनों हाथ पकड़ लिए। उनके हृदय का उल्लास चेहरे पर निखर आया। सामने बैठे युवक से बोले, "भैया के लिए कुर्सी लाओ, चाय बनवाओ।"

तुरंत कुर्सी आ गई तो मैंने बैठते हुए पूछा, "आपका स्वास्थ्य कैसा है? सुना था इधर कुछ अस्वस्थ हैं।"

" वह तो सब चलता ही रहता है। सुनाई कम पड़ता है - दिखाई भी कम देता है। इधर मेरे जबड़े में भी दर्द है, सो बोल कम पाता हूँ और वह भी धीरे-धीरे, पर फिर भी ठीक ही हूँ।"

डिक्टेशन लेने वाला युवक थोड़ी देर में चाय ले कर आ गया तो वे बोले, "भैया त्रिपाठी, कान की मशीन तो लाओ। इनसे बात करेंगे।"

त्रिपाठी मशीन लेने गए तो मुझसे बोले, "यह बच्चा कमलाशंकर त्रिपाठी बड़ा नेक है। यही सब जगह मेरे साथ जाता है - मेरा बड़ा खयाल रखता है। अपना नया उपन्यास भी धीरे-धीरे बोल कर इसी से लिखवा रहा हूँ।"

त्रिपाठी ज़रा देर बाद एक नन्हा सा यंत्र और बैटरी ले कर आ गए। उन्होंने यंत्र का तार बैटरी से जोड़ा और कान का आला उनकी ओर बढ़ा दिया।

नागरजी को कान पर सुनने का यंत्र लगाते देख कर मुझे अजीब सी बेचैनी हुई। अभी कितने थोड़े साल बीते होंगे जब मुझमें और के. पी. सक्सेना में शर्त लग गई थी उनके सफेद बालों को लेकर। के. पी. कहता था, कहीं-कहीं सफेदी है और मैं इस बात पर अड़ा हुआ था कि उनके सिर पर एक भी सफेद बाल नहीं है। वे वर्ष प्रतिभाजी के जाते ही पता नहीं कहाँ चले गए जब दीवानखाने की पुख्ता दीवार के साथ लगे दीवान पर मसनद की टेक लगाए नागरजी मौज में पसरे रहते थे। सामने पनडिब्बा रखा रहता था। और नागरजी गहरे प्यार से हर मिलने वाले को अपने हाथों से पान देते थे। श्रीमती नागर हँसते माथे आती थीं तो चाय की फरमाइश कर देते थे। वे ममतामयी मुस्कान दे कर चाय भिजवाने की व्यवस्था में लग जाती थीं।

उस अविस्मरणीय अतीत से बाहर आ कर मैंने सामने बैठे नागरजी को देखा। उनके पूरे व्यक्तित्व में सहजता और इतमीनान की कोई कमी नहीं थी। पुराने दिनों की तरह ही स्वस्ति भरी मुस्कान उनकी आँखों से उभर रही थी।

मुझसे बोले, "चाय पियो, और कहो, क्या लिखा जा रहा है इन दिनों।"

लिखने की बाबत मैंने उन्हें बतलाया तो उत्साह से बोले, "हाँ, खूब लिखो - जी भर लिखो! भीतर का सारा कुछ बाहर उड़ेल दो। सारी थकान, सारे संघर्ष कागज पर ले आओ।"

मैं हँस कर बोला, "लिखने से पहले भी तो कुछ करने के लिए कहा करते थे आप! "

लगभग दो दशकों से ऊपर् का समय बीत चुका है। जब वे लिखने की बात को ले कर बोले थे, "खूब चप्पलें चटकाओ, खूब घूमो - मिलो - जुलो लोगों से, फिर लिखने के लिए जो मसाला हाथ लगेगा, अद्भुत होगा।" मैंने वही बात उन्हें याद दिलाई थी।

"हाँ-हाँ, वह भी खूब करो।" फिर ज़रा देर ठहरकर बोले, "पर मैं तो अब उतनी चप्पलें नहीं चटका पाता, अभी थोड़े दिनों पहले दिल्ली गया था तो डॉ. रामविलास शर्मा से मिलने का बड़ा मन था पर बिना मिले ही लौट आया। देह, मन का साथ नहीं दे पाती अब।"

"पर मैं देख रहा हूँ याददाश्त तो आज भी बेजोड़ है आपकी। कितने सालों पहले कही हुई बात आपको पूरी तरह याद है।"

"याददाश्त! उसकी कुछ मत पूछो भैया। वह तो अब और भी तेज़ हो गई है। जितना ही लिखता हूँ उतना ही भीतर से न जाने क्या-क्या उमड़ने लगता है। एक उपन्यास शुरू करता हूँ तो लगता है जैसे बस यही आखिरी है। पर उसके पूरा होते -होते नए उपन्यास का खाका मन में तैयार हो जाता है।"

" नागरजी, आपने संघर्ष भी तो कम नहीं किया। उसकी दिशाएँ भी बहुत व्यापक हैं। मैं समझता हूँ अभी तो आप पंद्रह-बीस उपन्यास मज़े में लिख ले जाएँगे।"

" चौहत्तर बरस उमर हुई। उसके चले जाने के बाद भीतर से दरक भी गया। पर फिर से अपने को समेट रहा हूँ।"

'उसके' माने पत्नी के चले जाने पर वे दरकने की बात कह रहे थे। मैं बोला, "नागरजी, आपकी जिजीविषा कभी मंद नहीं पड़ सकती, हम सभी यही मानते हैं।"

" शायद तुम्हारी बात ठीक हो, पर मैं तुम्हें एक बात बताता हूँ। मेरी पीढ़ी का संघर्ष बेशक जटिल था, पर तुम्हारी पीढ़ी का संघर्ष सच पूछो तो जटिलतम है।"

मुझे उनके कथन पर घोर आश्चर्य हुआ। मैंने पूछा, "लेकिन आपको ऐसा क्यों लगता है? "

" वह इसलिए कि हम लोगों को श्रम तो ज़रूर ज़्यादा करना पड़ता था, पर जिंदगी ज्यादा पेचीदा नहीं थी। सीधी-सादी जिंदगी में बेइतमीनानी भागदौड़ वैसी नहीं थी जैसी आज हर जगह नजर आती है। तुम लोगों के सामने पढ़ने-लिखने का अंतहीन सिलसिला तो है ही, जानकारी के नित नए स्रोत खुलते जा रहे हैं। हर रोज नई-नई बातें, नए से नया ज्ञान और उससे परिचित होने के साधन हमारे ज़माने में

कहाँ थे! " नागरजी शायद इस संबंध में अभी और भी बहुत कुछ कहते, पर मैंने उनके बोलने में बाधा उपस्थित कर दी - "क्या आप ऐसा मानते हैं कि बहुत अधिक जानकारी रचनात्मक दिशाओं को बहुत व्यापक बना देती है?"

उन्होंने आँखें उठाकर मेरी ओर देखा और उनकी मुखमुद्रा पर चिंतनशीलता उभर आई। वे धीमे स्वर में धीरे-धीरे कहने लगे, "बहुत अधिक जाने हुए को गहराई में महसूस करना, फिर इसे व्यक्त करना काफी मुश्किल है, और सच पूछो तो यही नई पीढ़ी का सबसे बड़ा संकट है। वह जितना देख, सुन, पढ़ और जान रही है उसे रचा-पचा कर अभिव्यक्ति देने में उस कदर कारगर नहीं हो पा रही है। नयी पीढ़ी के सरोकार तो निःसंदेह बड़े हैं, पर अनुभवों को धीरज की आँच में पकाने का अवकाश नहीं है।"

" इस द्वंद्व से उबरने की आप कोई दिशा सुझा सकते हैं?"

"भैया, मैं क्या दिशा सुझाऊँ? हर क्षण तेज़ी से परिदृश्य बदल जाता है। भीतर के द्वंद्व को व्यक्त करने के लिए रचनाकार को एक निष्कंप ठहराव चाहिए, पर जब बराबर धक्कों में डाँवाडोल होने का माहौल बन जाए तो कोई सुकून कहाँ से लाया जाएगा।"

मैं बोला, "कोई स्थिरता, कोई ठहराव नहीं होगा तो गंभीर और मूल्यपरक लेखन कैसे हो पाएगा?"

"मैं मानता हूँ कि जीने से ही लिखने का संबंध है। फिर तुम समझो - जीवन का महान् मूल्यों से भी कुछ तो लेना-देना है ही। यही मूल्यात्मकता मेरी दृष्टि में धर्म है। उलझनों में घिर जाने पर भीतर की आस्था से ही मुक्ति संभव है। घिरे ही रह गए, उलझनों से उबर नहीं पाए तो अभिव्यक्ति क्या कर पाओगे? पूरी शिद्दत से जिओ और फिर मुक्ति से हट कर लिखो तो निश्चय ही रचना का निर्माण होगा। लिप्त होते चले जाने से कला की साधना संभव नहीं है। हमारे चारों तरफ जो तेज़ गति है वह सारा कुछ निगलने में देर नहीं लगाएगी। अपने भीतर की मौज से ही गति के ऊपर उठा जा सकता है। यह इसी युग का द्वंद्व है। हमारी पीढ़ी जब जवान थी तो पलक झपकते परिदृश्य नहीं बदलता था - पहचान और शिनाख्त थोड़े धीरज की अपेक्षा रखती थी।" फिर वे कुछ क्षण ठहरे और अपनी बात को और अधिक स्पष्ट करने लगे, "यह विज्ञानी दौड़ एक जबरदस्त चीज है। इसका जोखिम कोई एक देश महसूस करता हो, ऐसी बात नहीं है, यह तो सार्वदेशीय है। "

मैंने कहा, "सैकड़ों सैकड़ों विसंगतियाँ सामने हैं। इनसे निबटने का या समाधान का कोई रास्ता दिखलाई नहीं पड़ता। मनुष्य के विरुद्ध जिस तरह की साजिशें सामने आ रही हैं, उन पर कोई कारगर हस्तक्षेप भी नहीं हो पा रहा है। मूल्यहीनता और

जड़ता हमारे पैरों की दुर्धर्ष बेड़ियाँ साबित हो रही हैं। क्या आप इनके संबंध में नहीं सोचते?"

चश्मे के काँचों के पार नागरजी की आँखें चमक उठीं। उन्होंने मुस्कराकर पूछा, "पर ये विसंगतियाँ आ कहाँ से रही हैं? क्या यह सब जीवन मूल्यों पर एक क्रूर आक्रमण नहीं है? टेलीविजन पर हनुमानजी को छाती फाड़कर चमत्कार करते दिखाया जा रहा है। इससे हम पराक्रम की स्थापना करना चाहते हैं या सोच का रास्ता ही बंद कर देना चाहते हैं? कैसे-कैसे चमत्कार रामायण- महाभारत में दिखाए जा रहे हैं। इनके चलते हमें मिलता क्या है? चमत्कार सिर पर सवार हो जाएँगे तो कौन - सी नई ज़मीन तोड़ने की चुनौती बाकी रह जाएगी? एक तरफ तो आने वाली सदी की विज्ञानवादी दृष्टि के बारे में कीर्तन हो रहा है, दूसरी ओर उगती पीढ़ी को जादू-टोना, तंत्र-मंत्र और चमत्कार के दलदल में धकेल कर घोर अविज्ञानी और अंधविश्वासी बनाया जा रहा है। इन दो परस्पर विरोधी दिशाओं का कोई सिर-पैर समझ में आता है? मैं तो यही देखता हूँ कि सब तरफ फूहड़पन का कोई अंतही नहीं है। "

मुझे लगा कि नागरजी के मानस में गहरी प्रश्नाकुलता है। वे केवल समाधान खोजने या बतलाने में विश्वास नहीं रखते वरन् सामने बैठे आदमी के सोच में भी जुड़ने का प्रयास करते हैं।

मैं बोला, "लेकिन इन सब तरफ से आते प्रभावों को रोका भी कैसे जा सकता है? टीवी, कंप्यूटर, रोबोट वगैरह को छोड़ा भी तो नहीं जा सकता। कितनी ही जानने योग्य बातें और दूसरी सुविधाएँ इनसे मिलती ही हैं।"

" तुम्हारी इस बात से तो मैं सहमत हूँ, पर चेतना के स्तर पर आज 'डिसीजन' गड़बड़ा रहा है। कुछ नया जानने के नाम पर सारा कुछ तैयार मसाला हमारे दिमागों में ठूंस दिया जाता है। परिणामस्वरूप अपच ही ज्यादा देखने में आ रही है। नया कुछ करने की दिशा और कल्पना ही एक तरह से कुंठित होती जा रही है। जिधर देखो, गंभीर विचारों को अत्यंत फूहड़ ढंग से प्रदर्शित किया जा रहा है। जब बड़ी से बड़ी कलाकृति को 'फ़ॉर्स' बनाकर दृश्य माध्यमों से प्रदर्शित किया जाता है तो हमारे दर्शक को कौन सी दृष्टि मिल पाती है? महान् रचनाओं को गंभीर शैली में प्रस्तुत करने के बजाय 'कॉमिक्स' के ज़रिए बाज़ार में फेंका जा रहा है। कुल मिलाकर बाज़ार ही प्रमुख हो उठा है। शास्त्रीय और सूक्ष्म को कलात्मक ढंग से चरितार्थ करने पर किसी की नज़र नहीं है। कहना चाहिए, सारा कुछ कैपसूल में भर कर सटक जाने का आग्रह है। न कहीं सूक्ष्म का सुंदर और ग्राह्य अंकन है, न उसका क्लासिकल विस्तार। जो गहरी रचनात्मकता युगों से हमारे पास एक मूल्यवान धरोहर

के रूप में सुरक्षित है, उसी को पढ़ने- गुनने का समय किसके पास है?"

नागरजी ने कुर्सी पर बैठे-बैठे पहलू बदला और अपनी बात को और अधिक स्पष्ट किया, "मैं पूछता हूँ, राष्ट्रीय स्तर पर हमारे सोच का बिंदु क्या है? क्या राम जन्मभूमि और बाबरी मस्जिद से ज़्यादा महत्त्वपूर्ण मुद्दा इस देश की चिंतनशीलता का केंद्र बन ही नहीं सकता? ये दुर्भाग्यपूर्ण स्थितियाँ इस देश का नासूर बनती चली जा रही हैं। नई पीढ़ी में 'रिवोल्ट' करने का माद्दा है, और खूब है, पर उसका विरोध क्या कोई सही दिशा ले पा रहा है? ये आतंकवादी - अराजकतावादी गतिविधियाँ भी अंततः प्रतिरोध ही हैं - पर जरा सोचो भैया, यह किसके प्रति, किसका प्रतिरोध बन पाती हैं? कोई हासिल है इनका?"

मैं बोला- "यही सारी परस्पर विरोधी चीज़ें बड़ी रचनात्मकता का आधार बनेंगी शायद।"

"बिल्कुल ठीक बात है, बल्कि मैं तो समय की गति देख कर यह मानने लगा हूँ कि कुछ क्षेत्रों में तो गज़ब की 'रेजिस्टेंस' बढ़ गई है। अपनी दिशाएँ तलाशने में नई पीढ़ी खूब सक्षम है। पर मुश्किल वही एक है कि सब कुछ ठीक-ठाक शुरू होता लगता है, मगर थोड़ा सा आगे बढ़ते ही दिशाहीनता का शिकार होने लगता है। आज की परस्पर-विरोधी स्थितियों को ले कर मेरे मन में बराबर मंथन चलता रहता है।"

"ये अंतर्विरोधी प्रवृत्तियाँ आपके रचनात्मक लेखन में भी तो उभर रही होंगी?"

" बराबर उभर रही हैं। इन दिनों मैं एक उपन्यास लिख रहा हूँ जिसमें लंबे समय का आकलन रहेगा।"

मैंने पूछा, "इस उपन्यास का मूल उपजीव्य क्या रखेंगे?"

"1905 के स्वदेशी आंदोलन से आरंभ हो कर क्रांतिदर्शी आतंकवाद से होते हुए 1987-88 तक की विघटनकारी मानस चेतना इसमें अंकित होगी।"

"क्या आप सोचते हैं कि पाठक की चेतना आपके इस मनस्तत्व को ग्रहण कर पाएगी? आजकल कितना कुछ लिखा जा रहा है। बेशुमार छप रहा है, पर अधिकांश लेखन, पाठक के सिर के ऊपर से निकल जाता है। व्यंग्य कितना भी तीखा हो, पर लोग उसे पढ़ कर बेचैन होने के बजाय हँस देते हैं। किसी पर कोई पॉजिटिव असर दिखलाई नहीं पड़ता। कहीं कोई गंभीर प्रतिक्रिया होती नज़र नहीं आती। हम व्यंग्य करते हैं तो समझते हैं, हमने व्यवस्था और तंत्र को ध्वस्त कर दिया। पर शासन हमें पुरस्कार दे कर उपकृत कर देता है। जिस तीखे प्रहार से सरकार को बिलबला उठना चाहिए, वह हमें पुरस्कृत करके निरस्त कर देती है।"

नागरजी मेरी बात पर थोड़ी देर तक गंभीरता से विचार करते रहे और बोले, "हाँ, यह तो सही बात है कि बहुत कुछ छप रहा है और शासन रचनाकारों को

पुरस्कृत भी कर रहा है, पर सरकार अपनी टेंट से तो कुछ दे नहीं रही है। सारा धन जनता का ही है और लेखक को पुरस्कार देते समय शासन, जनता की इच्छा काही प्रतिनिधित्व करता है। लेखक अथवा कलाकार को पुरस्कार दे कर वह स्वयं धन्य होती है- हम उसे उपकार के रूप में क्यों ग्रहण करें?

"अब रही पाठक की प्रतिक्रिया की बात तो मैं यह नहीं मानता कि पाठक रचनाएँ पढ़कर प्रभाव ग्रहण नहीं करते हैं या उनकी प्रतिक्रिया मुखर हो कर सामने नहीं आ पाती है। असली चीज तो वे जीवन मूल्य हैं जिनको केंद्र में रख कर लेखक अपनी रचना का सृजन करता है। स्वस्थ जीवनमूल्यों को जोड़े बिना तो कुछ नहीं होगा। लेखक यदि स्वयं ही दिशाहीन होने लगेगा तो पाठक के हाथ भी भ्रम के अलावा क्या लगेगा? अपनी बात तो मैं जानता हूँ कि पाठकों के कितने-कितने पत्र आते हैं- उदाहरण के लिए मैं तुम्हारे सामने अपनी रचना 'मानस का हंस' की बात रखता हूँ। तुम जानते होगे कि रामकिंकरजी रामायण के कितने मर्मी विद्वान हैं। उन्होंने मुझे लिखा कि 'आपका मानस का हंस पढ़कर मर्माहत हो उठा।' इस तरह दूसरी बहुतेरी रचनाओं पर भी पाठकों की प्रतिक्रिया मिलती रही हैं और रोज खत आते रहते हैं।"

मैंने पूछा, "इस तरह के पत्र लेखक की रचनात्मक दृष्टि में कोई गुणात्मक परिवर्तन कर सकते हैं?"

नागरजी प्रसन्न होकर बोले, "मेरा सुझाव तो यह है कि लेखकों के नाम पाठकों के पत्रों की प्रदर्शनियाँ होनी चाहिए। तब जा कर पता लगेगा कि पाठक कितनी गहराई से रचनात्मक दिशाओं की ओर संकेत करते हैं। जरूरत पड़ने पर वे हस्तक्षेप करने से भी नहीं चूकते। भैया, मेरे लिए तो मेरे पाठक ही नारायण हैं।"

बातें बहुत धीरे-धीरे हो रही थीं, क्योंकि नागरजी को बोलने में भी कठिनाई होती थी, पर स्वयं को खोल कर रखने में नागरजी इतने मग्न थे कि वे विस्तार में जाने से ज़रा भी कन्नी नहीं काट रहे थे।

मैंने देखा धूप सरक कर आँगन के दूसरे सिरे पर जा लगी है तो मैंने आखिरी सवाल पूछ कर इस मुलाकात को समापन की दिशा में बढ़ा दिया, "आज के लेखन को ले कर आप कितने आश्वस्त हैं?"

वे छूटते ही बोले, "बहुत - बहुत आश्वस्त हूँ मैं तो भैया! जरा सोचो, आज के लेखक के सामने कितनी बड़ी-बड़ी चुनौतियाँ हैं। कोई लेखक इतनी उलझन भरी स्थितियों को कैसे अनदेखा कर सकता है! समाज जितना ही संश्लिष्ट होगा, लेखक को भी उतनी ही बारीकी में जाना पड़ेगा। समाधान लेखक चाहे न दे, पर उसकी रचनाओं में अनेक स्तरों पर विविधता तो उजागर होगी ही।"

मैंने शंका व्यक्त की, "पर जीवन के किसी भी क्षेत्र में कोई बड़ी और आश्वस्त करने वाली नई प्रतिभा क्यों नहीं आ रही है?"

"तुम अभी से ऐसी बातें क्यों सोचते हो? बीसवीं सदी के आरंभ में जो प्रतिभाएँ आईं उनका ही दबदबा अभी खत्म नहीं हुआ है बल्कि मैं तो कहूँगा उन्नीसवीं सदी तक की प्रतिभाएँ अभी तक किसी न किसी रूप में हमारे सामने मौजूद हैं। फिर जो अब उदित हो रहे हैं उनका पूर्ण प्रकाश आगे जा कर ही तो सामने आएगा। देखो भैया, हीरा तो नापैद नहीं हुआ - हाँ धूल-मिट्टी में पड़ा है। उसका ढंग से कटाव होगा तो दीप्ति भी उभरेगी।"

जरा देर ठहरकर नागरजी ने फिर कहना आरंभ किया, "एक बात कहूँ भैया, 'स्टेमिना' तो इस ज़माने में इतना बढ़ा है कि अचरज में पड़ जाता हूँ। यह बात समझो ज़रा। हमारे बचपन और जवानी के दिनों की बात है कि जहाँ किसी को एक सौ चार डिग्री से बुखार आगे बढ़ा उसकी 'राम नाम सत्त' हो जाती थी और आज देखो, छह महीने का बच्चा भी इतना बुखार बिना मौत की जोखिम के झेल ले जाता है। यह मैंने तुम्हें रोज़मर्रा की बात बतलाई है। इससे यह निष्कर्ष तो आसानी से निकल सकता है कि दैहिक स्तर पर इतनी ज़बरदस्त जीवनीशक्ति किसी भी क्षेत्र में कितना भी बड़ा श्रम करने का आधार दे सकती है। मैं यह भी मानता हूँ कि मेहनत, कहीं भी काम करो, बेसिक शर्त है।

"मैं भविष्य के प्रति खूब आश्वस्त हूँ। फिर वही बात कहता हूँ-हीरे को खराद पर चढ़ाए बिना सच्ची परख नहीं हो पाएगी, उसकी चमक भी सामने नहीं आएगी। सो कलुषित - बीभत्स में सने हीरा - मन को स्वस्थ संघर्ष की खराद पर चढ़ाओ।"

दिसंबर का तीसरा प्रहर शाम की ओर ढलकता लग रहा था। मैंने उठते पूछा, "आपका नया उपन्यास कब तक पूरा हो जाएगा?"

"यह उपन्यास तो खंडों में जाएगा।"

मैंने नागरजी से विदा लेनी चाही तो उन्होंने गहरे स्नेह से भरी दोनों हथेलियाँ अपने हाथों में ले लीं और गद्‌गद कंठ से बोले, "खूब लिखो - जी भर लिखो। भीतर का सारा द्वंद्व कागज़ पर अंकित कर डालो-तभी हलके और सहज हो पाओगे।"

बरसों से जानी-पहचानी हवेली से बाहर पाँव रखते हुए मैंने अनुभव किया कि वहाँ का पूरा माहौल नागरमय है। उस भारी-भरकम सिंहद्वार सरीखे दरवाज़े में घुसते हुए मैंने जो मायूसी महसूस की थी, उसका कहीं निशान भी नहीं था।

धर्मयुग, 26 मार्च, 1989

अमृतलाल नागर :
दो मन के बीच खुलता एक संसार

प्रेम कपूर

" अच्छी उमर में गई। जिंदा थी तो मैं कहता : 'तुमको रख-रख के, तुम्हारे बच्चों को रख रख के तुम जाओ अब, यही मेरा सब है। मगर गई कंबख्त। ऐसी याद आती है। इधर भी उससे बात करता हूँ, उधर भी उससे बात करता हूँ।'

हम लोग दो घंटे से बैठे बातें कर रहे थे। मेरे सामने कई उलझे प्रश्न हैं। नागर जी से उनका उत्तर चाहता हूँ। वे पूरे मन से मुझे समझा रहे हैं। बीच में बात करते-करते उद्विग्न हो उठे। पत्नी की बात करते हैं जो उन्हें छोड़ हाल ही में गई हैं। ऊपर के वाक्य वे इसी संदर्भ में बोल गए थे। मैं हतप्रभ देखता रह गया। उनके कहे का आगा-पीछा समझ से परे रह जाता है। वे मापते और जोड़ते हैं- " बात ही करता हूँ - बात न करूँ तो ध्यान में नहीं रहता। इनसेनेटी (उन्माद या पागलपन) से सेनेटी (विवेक) को जगाता हूँ।"

वे एक पल रुक, मेरा मुँह देख नजर गड़ा देते हैं। उनके गलुच्चे में पान के बीड़े कसे हैं। कभी-कभी उनके कहे शब्द मेरी पकड़ से बाहर हो जाते हैं। आगे वे कह रहे हैं, "कहो, कहो! ये संवेदनशील कलाकार ही समझ सकता है। यह ज्ञान की बात नहीं, इंट्यूशन (अंतर्बोध) की बात है? इसे रेशनेलिटी (बुद्धिवादिता) से नहीं समझाया जा सकता। रेशनल का मानना है कि यह सारा कुछ बेवकूफी से भरा है 1 यह झगड़ा है सब्जेक्टिविटी और ऑब्जेक्टिविटी का। आप ऑब्जेक्टिव को कैसे लेते हैं। आप सब्जेक्टिव को ऑब्जेक्टिव बना कर कैसे पेश करते हैं - अंतर्मन को! जब तक हम इस प्रक्रिया की तरफ गति न करें, वह संभावित नहीं क्योंकि रचना - प्रक्रिया क्या खाली माइक्रोफोन पर जोर-जोर से नारे उठाने की बात है कि रचना - प्रक्रिया क्या है, रचना-प्रक्रिया क्या है...? चिल्लाकर क्या तुम खाक समझोगे उसे! रचना- प्रक्रिया की बौद्धिकता क्या है, भावना क्या है, पहले यह समझना चाहिए।

उसमें भाव है कि नहीं? बिना इस सबको जाने आप इंटेलेक्चुअल बनते हैं तो लगेंगे, जैसे रूखे हों।"

" संभव हो सकता है कि हम बे- पढ़े-लिखे हैं तो हमें उलझाते रहें शब्दों के जाल में। लेकिन अब हम उलझते नहीं। हम उलझन से सुलझन लाते हैं। हमको भी तरकीबें मालूम हैं।"

नागरजी एक अरसे से जम कर लिख रहे हैं। खाली लिख नहीं रहे, अपने आसपास के समाज और समय का गहन चिंतन पात्रों के माध्यम से उपन्यासों में दे रहे हैं। भारतीय मानस को तर्क पर रखने की तनिक कोशिश करते ही विरोधी प्रवृत्तियों की अनोखी, उलझी काटाकूटी सामने आ जाती है। सोचा, उस मानस को समझने के लिए वे सुराग प्रस्तुत करेंगे। वे कैसे अपने को देखते हैं!

लखनऊ के चौक मुहल्ले में उनके इस मकान में कितनी बार आया हूँ, फिर भी पतली-सँकरी गलियों की भूलभुलैया में उलझ जाता हूँ। लगभग हर बार मुहल्ले का कोई लड़का उनके मकान, आँगन में छोड़ जाता है। आज भी यही हुआ है। एक लंबे अंतराल के बाद उनके पास आया हूँ। मेरा सवाल उनके सामने है। वे जवाब पर सीधे नहीं आते, बल्कि देर तक उदाहरण देते बातें करते हैं। बताते हैं अपने उपन्यासों के पात्रों के बारे में। आजकल वे क्या और क्यों लिख रहे हैं, कहते हैं, " रचना-प्रक्रिया को समझकर हम तो जैसे शरबत के घूँट पीते हैं, भैया, वह गूंगे के गुड़-सा है। समझ लो कि एक 'प्राब्लम' है हल नहीं कर पा रहे और अचानक वह चीज जवाब के रूप में आ जाती है। गुत्थी सुलझती है, सिरा हाथ आता है। तुम्हारा अंत: चेतन कैसे उसके साथ एकाग्र हो चुका था। तुम पचासों बातें करके आए होगे। मुझसे भी यहाँ इतनी बातें कर रहे हो, लेकिन उन सबके बीच एक बात कीड़े की तरह तंग किए हुए है, जिसे तुम अभी तक हल नहीं कर पाए हो और वह एक चमक के साथ हल हो जाती है। तो वह क्या है? कैसे होती है?"

वे आगे कहते हैं, "तुम्हारी रचना-प्रक्रिया सुषुप्त नहीं, जाग्रत है। वह लगी है अनवरत प्रश्न से जूझती हुई! उसका एक्शन सुषुप्त में भी कार्यरत है, जाग्रत है। इसके बारे में हमारे यहाँ लोककथा में बड़ा ही अच्छा कहा है-एक मन सैलानी एक मन कमानी। कमानी मन हल में जुटा और सैलानी भटकता - घूमता। प्यास लगी। सैलानी मन उठा घड़े से पानी निकालने। झाँका, देखा, पानी निकाला, पिया और घड़ा ढँक दिया। लेकिन कमानी मन उसी में कैद हो गया, बंद हो गया, वहीं चिपका लगा रहा। यह लोक कथा है, पर कैसी सुंदरता से हमारे अंतर्मन का चित्रण करती है! " रचनाकार न तो पूरी तरह संतुलित होता है और न पूरी तरह असंतुलित। वह इन दोनों की अतिसंधि है। उसको कौन कैसे साधता है, यही महत्त्वपूर्ण है, यही फर्क

होता है दो कलाकारों में कि कितनी गहराई से वह अतिसंधि को पकड़ सकता है। हमारी तीव्र संवेदना, हमारा पागलपन है। वही हमें योगी, चिंतक और द्रष्टा बनाती है। एक बुद्धिगम, भावगत समन्वित बुद्धि मेधा दे कर वह व्यक्ति को प्रश्न के अंदर ले जाता है और हम सच से दो-चार होते हैं। योगी के मायने यह नहीं कि वह जड़वत योगासन में बैठा है। योगी प्रश्न के भीतर पैठता है और उलझनों में सुलझन लाता है। वह 'कनेक्ट' करता है। 'करेक्टली' जोड़ता है - यह है मेरा मन कमानी - मेरी रचना-प्रक्रिया!

"भारतीय मानस के संबंध में तुम्हारा प्रश्न। अभी हमने अपने उपन्यासों के पात्रों के जरिए पहले तुम्हें समझाया था कि कैसे प्रश्न खड़े होते हैं। कैसे हम उन्हें हल करते हैं। अब लो उन्नीसवीं शताब्दी को। राजा राममोहन राय, स्वामी दयानंद और रामकृष्ण परमहंस - सब एक-दूसरे के उलटे। राममोहन राय कहते हैं - ऐसे समझाओ, जो नया भी हो, पुराना भी। केवल पुराने ढंग से बात करोगे तो वह लेगा ही नहीं। एक तरह से सभी हारे हुए हैं। अंग्रेजों की कृपा से लोगों को ओहदे मिले हैं, इसलिए उनका धर्म, उनकी बड़ाई। भाषा - विज्ञान में हम उनसे पिछड़े हुए हैं तो राममोहन राय नए ढाँचे को ले कर, धर्म की भावना को उपनिषद् से भरता है, ब्रह्म से भरता है। ईसाई प्रार्थनाओं में ब्रह्म को रख कर समझने की कोशिश करता है। प्राचीन जातीय प्रथाओं पर एक नया प्रश्नचिह्न। सती प्रथा को ले आंदोलन - एक नए तरीके से देखने-समझने की कोशिश। समाज में वे दुर्गतियाँ, जो छह-आठ सौ साल की गुलामी के कारण आ गई हैं - हमारे ऊपर बिना सोचा हुआ सोच छाया हुआ है, उसे सोचने के लिए जाँच जरूरी है।

" स्वामी दयानंद! हँसी आती है आज। झंडा हाथ में ले एक संन्यासी चलता है पाखंडों के खिलाफ। पताका के ऊपर लिखा हुआ। बताता है हिंदू धर्म आठ गधे हैं, जिससे रामकृष्ण सब झूठे बन जाते हैं।

"पुराण क्या है? कहाँ से आए? यह जानने के लिए मैंने लिखा 'एकदा नैमिषारण्ये'। रामकृष्ण अपनी माँ से बातें करके वही कर रहा है जो राममोहन राय अपने ब्रह्म से उलझकर कर रहा है। इस तरह प्रश्नों को, सवालों को हल करते हुए समाज आगे बढ़ता है। एक और उदाहरण - गाँधी! अफ्रीका में उन्होंने अंग्रेजों का ऑप्रेशन देखा। वह रोज होता था। भारत में होता था... यानी गुलामी के नियम-कायदे, उसे तोड़ने पर दंड। राज चलाने के तरीके। प्रगति के रास्ते बंद । किसी में इतनी तड़प नहीं हुई कि इन प्रश्नों को शुद्ध मानवता का प्रश्न बना ले। गाँधी जी में हुई। किस तेजी से आग लगी कि वह प्रश्न मानवता का प्रश्न बन गया। यह की संवेदना जो कर्म को बदल देती है। इस तरह चेतना कर्म से जुड़ी है। उसके विकास

से कर्म का विकास होता है। बात के लिए बात कर रहा हूँ, भरोसे से नहीं कह रहा। एक कर्म होता है, एक भाग्य होता है।"

नागरजी धाराप्रवाह बोले जा रहे थे - " जो हम आज कर रहे हैं उसका फल अगले जन्म में अर्जित भाग्य के रूप में मिलेगा। जो उस जन्म में करेंगे, वे अगले जन्म में अर्जित बनेंगे, क्रमशः विकसित होते हुए। कल्पना करो, भारत मुसलमानों के आक्रमण और धर्म के कर्मकांडों के दो पाटों के बीच पिस रहा था, एक घटना घटी, जो शासक था विजेता था, उसने विजित के मुँह पर थूक दिया। कर्मकांड ने प्रायश्चित्त की व्यवस्था की। देहांत प्रायश्चित्त! वह देहत्याग से पूर्व कृष्ण की शरण मथुरा गया। वहाँ जीवन की आस्था के साथ, कृष्ण के सान्निध्य में जीने का सौंदर्य मिला भक्ति भावना से। कर्म का, मनुष्य की चेतना से विकास का अन्योन्याश्रित नाता है। जीव का जन्म अधिक उदात्त होने के लिए ही होता है - मैं यह मानता हूँ। क्रमशः पीढ़ियों की कर्म - चेतना से समाज का रूप बदलता है। आज विज्ञान उस बदलाव में भागीदार है। " हम इतिहास के प्रति सजग नहीं हैं। बदलाव को समझने के लिए ही हमने 'करवट ' लिखने की बात सोची। 1854 से 1902 तक आया हूँ। लिखना जारी है। बेनीमाधव खन्ना इलाहाबाद बैंक में एकाउंटेंट थे। इलाहाबाद बैंक के गठन में हमारे घर के लोग शामिल थे (पितामह इलाहाबाद बैंक के अधिकारी थे - संपादक) - सब संगी-साथी! हमारी दादी बेनीमाधव की माँ को सास की तरह मानती थीं। लालबाग में रहते थे वे लोग। सारा कुछ नियम-कायदा खत्रियों के घर की तरह चलता था। चौदह पीढ़ी से हम लोग उत्तर प्रदेश में रह रहे हैं। इस 'करवट ' उपन्यास द्वारा हम मानसिक विकास दिखाना चाहते हैं। दादा और पिता- इस तरह दूसरी पीढ़ी में क्या बदलाव आया!

"बंग-भंग आंदोलन से लेकर सन् 1942, दूसरा उपन्यास, जिसमें जातीय चेतना जागी। इसमें राष्ट्रीय चेतना नई आशा के साथ पनपी।

" इस नई आशा के बाद जिंदा रहा तो लिखूँगा, एक और उपन्यास - सन् 1942 से '47 तक। आज के बच्चे, आनेवाली पीढ़ी, जो एकाएक आज की समस्या में एकदम आ खड़ी हुई है, वह अपने पूर्वजों के जीवन से दो-चार हो सके। तब वे अपनी समस्या का डट कर सामना कर सकेंगे। बदलाव कैसे आया, यह कहीं रेकार्डेड नहीं है । क्या था, क्या है, कैसे यह सब हुआ? समस्या की जड़ें कहाँ हैं? ऐसा नहीं कि हम हमेशा से हिस्ट्री कांशस नहीं रहे, आज नहीं हैं।

" लोग इतिहास की धरोहर के रूप में खेतों में मूर्तियाँ छोड़ गए। खेतों में से वे निकलती हैं। उसे वे पेड़ों के नीचे धरोहर के रूप में रखते हैं मुझे मूर्तिबाजी का शौक उसी से उठा। एक बार पाताल गाँव गए। मूर्ति उठाने की कोशिश की। वहाँ

के लोगों ने रोका। हम भी चोर हैं पक्के। एक खूबसूरत, छोटा-सा रथ का पहिया अच्छा लगा। मौका पा चुरा लाए।

"सीतापुर में एक बार फँस गए। एक अच्छा टेराकोटा देखा। साथ में थे डॉक्टर राव। उनके सहयोग से वह मेरे झोले में आ गया। जाना था एक पंडितजी से मिलने। वहाँ बैठे तो लोगों ने देख लिया। भीड़ इकट्ठी हो गई। झोले में टेराकोटा है। कठिनाई से जान बची।

"गाँव के लोग निरबुद्धि अवश्य हैं पर जो है उसे सुरक्षित रखने की बात जानते हैं। हम में - आप में तो वह भी नहीं है। यह हमारे आसपास (अपने पुरावशेषों के संग्रह की ओर संकेत करते हुए कहने लगे) लक्ष्मण टीले का तीन हजार वर्ष का इतिहास सुरक्षित है। इसके लिए डॉक्टर सांकलिया हमको अक्ल दे गए कि यह मूर्ति एक शताब्दी ई. पू. की है। बे-पढ़ा-लिखा हूँ, पर सांकलिया की समझ से यह समझ गया हूँ कि तीन हजार साल का माल है मेरे पास। वे सारे फोटोग्राफ ले गए हैं रजिस्टर कराने। लखनऊ जिले से मुझे ही नहीं मेरे पोते को भी लगाव है। वह भी इसे किसी को नहीं देना चाहता।

"पर सरकारी अफसर! इन्हें लखनऊ से क्या लेना-देना! कल्चर सेक्रेटरी हैं, उन्हें क्या मोह! 136 साल पुराने लखनऊ के झाड़-झंखाड़ को काट कर नए पेड़ लगवा दिए। दुःख होता है, आज के लोग विद्रोह भी नहीं कर सकते। इसलिए सोचता हूँ सैलानी मन के साथ कमानी मन को जोड़ता चलूँ। 'इनसेनेटी' से 'सेनेटी' को जगाना ही मेरा कर्म है।"

नागरजी से लंबी बातचीत चलती रही जो मेरे पास इतिहास की धरोहर के रूप में एक रचनात्मक कलाकार के मन का कुछ अंश है।

धर्मयुग, 8 अक्टूबर, 1989

वह धरती और समय पर अपने को लिख रहे हैं

नरेश मेहता

जब भी नागरजी का स्मरण हो आता है, जो कि प्रायः हो आता है, तो एक ऐसी सुगंध कि जैसे कोई फूल संपूर्ण भाषा बनकर आपके सामने मूर्त हो उठा हो और आप कृतार्थ हो जाते हैं। वस्तुतः आत्मीयता का यदि कोई पर्याय हो सकता है तो वह पं. अमृतलाल नागर ही होंगे। गत चालीस - पैंतालीस वर्षों से इस व्यक्तित्व की माधुरी से सुवासित होता रहा हूँ। सन् सैंतालीस - अड़तालीस के वे दिन थे ... मैं लखनऊ रेडियो पर था, नागरजी भी बंबई के लावण्य तथा फिल्म की गांधर्वी ऐंद्रजालिकता से बाहर निकलकर लखनऊ आ गए थे। सच तो यह है कि तब का लखनऊ वास्तव में बड़ा ही आमंत्रण देता शहर था जबकि आज के लखनऊ को पैर ही नहीं पंख तक आ गए हैं। तब के लखनऊ और लखनौआ व्यक्तित्वों में एक अजीब बोलता मौन होता था जो आपको उन दिनों के हजरतगंज में सुनसान में तथा काफी हाउस की प्रशांत गहमागहमी में भी लिखा मिलता था। आप तब चलते हुए या कहीं बैठे हुए अपना व्यक्तित्व खो नहीं बैठते थे। उन दिनों के लखनवी साहित्यिक परिवेश में ख़ासा रूमानी उत्साह था और जिसके केंद्र में थे यशपालजी, भगवती बाबू और नागरजी; तीनों की अपनी-अपनी ध्वजाएँ थीं और अंदाज़ थे। उन दिनों की याद आते ही न जाने कितनी गोष्ठियाँ, कॉफी हाउस की शामें गंज की ख़ाली सड़कों पर टहल-टहल कर बहस-मुबाहसे याद आने लगते हैं। सच, उन दिनों क्या हम जानते थे कि आज जो हमारे पैरों के नीचे है और जिस पर हम साधिकार चल रहे हैं, वही एक दिन हमारे लिए अप्राप्य हो जाएगा। मुझे नागरजी का वह चौक का घर याद आ रहा है; जहाँ वो दुतल्ले पर रहते थे। नागरजी में यह विशेषता सदा रही है कि वह जहाँ रहते हैं बिल्कुल वृक्षों की तरह अपनी धरती को पकड़कर रहते हैं और मजा ये कि उनके साथ किस्सा - तोता-मैना से लेकर उपनिषद् के ग्रंथ तक होते हैं। सारे कोने अंतरों में जाने कहाँ-कहाँ से इकट्ठी की गई प्राचीन मूर्तियाँ होती हैं,

लखनवी नफासत का पनडब्बा आपकी ओर ताकता होता है गरज कि आप उनके इस जादुई व्यक्तित्व के अभिन्न अंग हो जाते हैं। नागरजी घुलाकर पान का मज़ा नहीं लेते बल्कि बात भी ऐसी घुलाते हैं कि आपके सामने न जाने कौन-कौन सा मका तथा ठुमरियों के बोल सजीव होने लगते हैं। बड़ा ही किशमिशी व्यक्तित्व है - जहाँ धर्म भी है तो थोड़ी-बहुत कम्युनिज्म की भी आहट होती है। सामंती बाँकपन उनकी आँखों में किसी भी समय देखा जा सकता है तो क़लम और चश्मे में विक्टोरियन आधुनिकता का छींटा भी मिल जाएगा। जहाँ नागरजी हों वहाँ बूटी न हो यह मुमकिन ही नहीं, पर हाँ, कई बार उनकी बूटी आसव - सा मज़ा दे जाती है। सभाप्रियता तो जैसे उनकी रग-रग में है। पर व्यक्तित्व से वह आत्मलीन हैं। किसी भी मध्यमवर्गीय लेखक की भाँति नागरजी भी जीवन की आँच में तपे हैं। बल्कि खूब ही तपे हैं पर क्या मजाल जो उनके गौरवर्ण पर कभी झाँई तक आई हो। प्राय: चकित होता रहता हूँ कि व्यक्तित्व के स्वरूप का यह कौन - सा लचीला आयाम होता है जो निराला के मृदंग व्यक्तित्व से लेकर पंत के वंशी व्यक्तित्व तक के साथ सहज भाव से संगत कर ले जाता है। वह इलाहाबाद प्राय: आते रहे हैं। उन दिनों पं. वाचस्पति पाठक की खपरैल वाली बैठक सबके आकर्षण का केंद्र हुआ करती थी। नागरजी के साथ वहाँ हम बैठे होते और न जाने किन-किन प्रसंगों में डूबा उतराया जाता। कौन नहीं होता था जिसका स्मरण न किया जाता रहा हो। मीठी चुटकियाँ, तरह-तरह के कहकहे, पर क्या मजाल कि मन या संदर्भ पर कोई अवांछित छींटा पड़ जाए। बुर्राक खादी की धुली धोती और कुर्ते की भूषा जैसा ही मन भी सबका निर्मल होता था। यदि आपके पास दूध नहीं है तो कोई चिंता नहीं, पानी से काम चल जाएगा। बस आप, ज़रा नागरजी को मिलाकर तो देखिए। कैसी मिसरी आप में घुलती है।

नागर जी उन लोगों में से हैं जो चलते हैं तो लगता है कि वह धरती और समय पर अपने को लिख रहे हैं। किसी दिन किसी के भी प्रति किसी प्रकार की भी अपमान की बात मैंने उनसे नहीं सुनी होगी। शरत् बाबू से लेकर हिंदी के अधुनातन लेखक तक से 'भैया रे!' वाली आत्मीयता आपको चमत्कृत कर देगी। किसी भी समय उनके वर्तमान हवेली वाले आवास में चले जाइए तो आपको लगेगा कि आप पुष्टिमार्गी वैष्णवमंदिर में पहुँच गए हैं। और बस 'दर्शन' होने ही वाले हैं। प्रतिभा भाभी के साथ स्वर्गीया लगाते हुए जब मुझे ही हाहाकार होता है तो पता नहीं लक्ष्मीनिर्धन इस विष्णु पर क्या गुज़र रही है। पिछले महीने ही जब उनका पत्र मुझे उज्जैन में मिला और यह दुर्दात सूचना मिली तब से मैं उस हवेली और नागरजी दोनों की ठीक-ठीक कल्पना नहीं कर पा रहा हूँ। अनेक साहित्यकार दंपति देखे हैं पर ऐसा समरसी विग्रह अन्यत्र नहीं देखा। जो अर्धनारीश्वर भी था और राधा-कृष्ण

की 'युगल सरकार' की मोहनी छवि भी। मैं तो उनका अनुज ही हूँ। न जाने कितनी अनुकंपाएँ मुझ पर उनकी रही हैं और इसीलिए इस सान्निध्य को अपने लिए अनुग्रह मानता रहा हूँ। भगवान से प्रार्थना ही करता रहता हूँ कि नागरजी की यह छत्रछाया इस भाभी - हीन बानक में ही सही शतजीवी हो क्योंकि उनके होने में ही कम से कम मैं अपना होना मानता हूँ।

सारिका : अमृतलाल नागर विशेषांक : 16-31 अगस्त, 1985

वे जितने दिन जिएँगे...

केशवचंद्र वर्मा

हिंदी साहित्य में कुछ विभूतियाँ जो शेष रह गई हैं उनमें मेरे अभिन्न अग्रज पंडित अमृतलाल नागर शीर्षस्थ की श्रेणी में हैं। लखनऊ की प्रसिद्ध उपन्यासकार त्रयी - सर्वश्री यशपाल, भगवती बाबू और अमृतलाल नागर में अब काल ने केवल नागरजी को ही हमारे बीच अभी और भी महत्त्वपूर्ण और सार्थक रचने के लिए छोड़ा हुआ है। नागरजी उन अकेले रचनाकारों में हैं जो अपने ज़माने के दुख-दर्द से, पूरे सामाजिक जीवन से, अपने मुहल्ले, अपने नगर से नखशिख जुड़े हुए रहे हैं। हर मुहल्लेवाला उन्हें अपना मानकर सीधे अपनी समस्या लेकर पहुँचता रहा है, वे सचमुच आम आदमी की आकांक्षाओं से जुड़कर अपनी कलम को मंत्रपूत करते रहे हैं। उनकी लोकप्रियता और उनकी भाषा के अनूठे तेवर का यही रहस्य है।

नागरजी से मेरा पहला साक्षात्कार उनकी हास्य पुस्तक 'नवाबी मसनद' से हुआ था। तब मैं अपने पैतृक नगर फैज़ाबाद में विद्यार्थी था। उस पुस्तक के मज़ामीन इतने जानदार थे कि हम लोगों को उसका नाट्य रूपांतर करके खेलते देर न लगी। हमें वह भाषा अपनी रोज़मर्रा की जिंदगी में भी मज़ा देती।

मुझे वह दिन अब भी याद है जब नागरजी ने अपना बाद में बहुचर्चित उपन्यास 'बूँद और समुद्र' लिखकर पूरा किया था। उसे सुनाने और प्रकाशित कराने के लिए वे इलाहाबाद आए। इलाहाबाद में वाचस्पति पाठक और पं. सुमित्रानंदन पंत उनके बड़े निकट थे। इसी बीच नागरजी ने संभवत: पाठकजी के माध्यम से 'परिमल' के कुछ नए लिखने वालों से भी मित्रता कर ली थी - भारती (धर्मवीर), साही (विजयदेव नारायण), मैं और गिरधर गोपाल। उस दिन दोपहर में यह मित्र मंडली मेरे घर पर थी। नागरजी सबको खोजते हुए वहाँ पहुँचे। तख्त पर बैठे और फिर अपने झोले से ' बूँद और समुद्र' की पांडुलिपि निकाली। बाँचना शुरू किया। क्या समां बँधा था। घंटों वे पढ़ते रहे - सब मंत्रमुग्ध सुनते रहे। क्या ताई का चरित्र चित्रण

- क्या माहौल - क्या मुहल्ले की वज़ादारी और उस सबको समेटती हुई भाषा का क्या तेवर! नागरजी ने उसी दिन साहित्य के मैदान में अपना अंगद का पाँव रोप दिया। नागरजी की कलम की वह धार थी कि हर पहचाना हुआ पात्र एक जादुई रंग में रंगकर हम तक पहुँच रहा था। वह ताई का चरित्र और नागरजी का रस ले-लेकर मज़ेदार पाठ आज तक हम सबके दिल-चित्त पर चढ़ा तो चढ़ा ही रहा।

यह भी एक 'हुस्ने इत्तिफाक' ही था कि अगले चरण में हम और नागरजी आकाशवाणी में भी साथ-साथ हुए। वे लखनऊ के नाटक कार्यक्रमों के प्रोड्यूसर हुए - मैं भी इलाहाबाद सुमित्रानंदन पंत के न्यौते पर नौकरी करने के लिए आया और ग्रामीण कार्यक्रम चलाने लगा। तब इलाहाबाद और लखनऊ केंद्र के कार्यक्रम एक साथ ही होते थे। इस कारण हम लोगों का मिलना-जुलना अधिक ही होता। पंतजी के सहयोगी थे हिंदी आलोचक दिवंगत श्री विश्वंभर 'मानव'। वे भी बाद में लखनऊ चले गए। नागरजी की उनसे बड़ी दोस्ती थी। वे उन्हें 'लव मिनिस्ट्री' का मिनिस्टर कहते थे। भगवती बाबू भी लखनऊ केन्द्र पर थे - नागरजी उन्हें 'नेता' कहते और मानते भी थे।

नागरजी ने रेडियो में रहकर उर्दू बोझिल पुराने ढर्रे के नाटकों से प्रसारण को मुक्त करा दिया। बहुत तरह के कार्यक्रम शुरू हो गए - नाटकों का नया सिलसिला शुरू हुआ। नागरजी ने पुरानी हिंदी की रचनाओं की रेडियो के माध्यम से श्रोताओं में उनकी सार्थकता की पहचान बनवाई। इलाहाबाद में उत्साही केंद्र अध्यक्ष थे - श्री गोपाल दास । उन्हें नई योजनाएँ बनाने और उसमें नागरजी को शामिल करने की बात कभी भूलती नहीं थी। बहुतेरे हास्य-व्यंग्य के नए कार्यक्रम हुए, गप्प सम्मेलनों की तो शुरुआत ही उन्हीं दिनों हुई जब श्रोताओं के समक्ष कविता छोड़कर गद्य पढ़ने की परंपरा का रेडियो पर श्रीगणेश हुआ। ये गद्य-सम्मेलन खूब जमते-जमते - लखनऊ में भी, इलाहाबाद में भी!

नागरजी को रेडियो माध्यम की निरर्थकता का बोध बहुत जल्दी हो गया। उसमें बने रहकर सिर्फ तनख्वाह खींचने और एक नकली सुरक्षा के छाते में रहना, उन्हें खलने लगा। नौकरी एक झटके से छोड़ दी। बिना किसी गिला-शिकवा - शिकायत के। निश्चय ही वह क्षण बहुत ही महत्त्वपूर्ण और भाग्यशाली था हिंदी के लिए - अन्यथा नागरजी की अनेक कालजयी कृतियाँ जन्म ही न पा सकतीं।

लेखन उनका नशा है। उनकी प्रियतमा - भाँग से भी अधिक।

नागरजी से मैंने कई दौर में बातचीत की है। पुस्तक के लिए इंटरव्यू, अखबार के लिए भेंटवार्ता, रेडियो के लिए बातचीत। बातें खुलकर वे करते जो उनकी पीढ़ी के लेखकों में दुर्लभ थीं। उनकी एक बात दिमाग पर चढ़ी रह गई - वह थी उनके

चुनिंदा पात्रों के ज़रिए उनका दुनिया को देखने-समझने का तरीका। वे मनुष्य को ही केंद्र में रखकर रचते हैं। यही उनकी सामर्थ्य है। और यही सीमा भी। सूर या तुलसी भी महात्मा के रूप में नहीं - समग्र मनुष्य के रूप में नागरजी को आकर्षित करते हैं।

नागरजी के साथ-साथ मैं और भारती (धर्मवीर) नैमिषारण्य की यात्रा पर गए। तब बातचीत के दौरान पता चला कि नागरजी लेखन किन स्रोतों की नींव पर खड़ा करते हैं- उसमें पुरातत्त्व भी एक विषय है। मिट्टी, मूर्ति और पुरानी ईंटें - नागरजी से बात करने में सक्षम हैं। उन्होंने समाज और साहित्य के अनेक आंदोलनों में आगे क़दम उठाया-बहुत कुछ बदला। नए से अपने को जोड़ा लेकिन कभी अपने अनुचरों का प्रभामंडल बनाकर उसे भुनाने और साहित्य में उससे अपनी हैसियत बनाने का भ्रम नहीं पाला। उनका जैकारा उनकी क़लम लगाती रही। शायद यह रास्ता बहुत कठिन है। वे जितने दिन जिएँगे लिखनेवालों को इस रास्ते की पहचान सरलतर होती जाएगी।

सारिका : अमृतलाल नागर विशेषांक : 16-31 अगस्त, 1985

बराबर अकेले पड़ते जाने की स्थिति

ठाकुर प्रसाद सिंह

गुलिस्तां कालोनी से महानगर - इंदिरा नगर अलीगंज होते हुए लोहे वाले पुल से पुराने लखनऊ की ओर जाना केवल जाना ही नहीं होता। रूमी दरवाजे से छोटे इमामबाड़े की ओर जाते हुए लखनऊ की स्काई लाइन पर मस्जिदों तथा मीनारों की पंक्ति दिखाई पड़ती है। शाम को डूबते सूरज की ललाई में यह मंजर और आकर्षक हो जाता है। आपके पैर अपने आप रुक जाते हैं।

लेकिन आपको तो नागरजी के यहाँ जाना है। आपको कहाँ उलझा दिया मैंने। आप बाएँ हाथ मुड़ जाइए और गोल दरवाजे से चौपटिया जाने वाली सड़क पर उल्टी तरफ से आकर उस गली के सामने गाड़ी रोक दीजिए। नागरजी तक पहुँचने के पहले आपको अपना मन बनाना होगा। पतली गली से होकर आप नागरजी की हवेली के बड़े दरवाज़े तक पहुँचेंगे जिसे पूरा खुला मैंने अपने तीस बरसों के लखनऊ - निवास - काल में शायद ही कभी देखा हो। लकड़ी के उन दरवाज़ों को आप चाहें भी तो खोल नहीं सकते। आप पूरी ताकत लगाकर बाएँ वाले विशाल पल्ले को ढकेलिए तो वह आपकी ताकत और साइज़ के हिसाब से बस उतना ही खुलेगा जितने से आप भीतर जा सकें। भीतर के दालान में खड़े होकर आप उस विशाल मकान का बड़ा-सा आँगन देखिए : जिसके चारों ओर दुमंज़िले कमरे बने हैं। आपके ठीक सामने विशाल बरामदा है, फिर उसके भीतर पुरानी हवेली का बड़ा हाल जिसमें नागरजी का संसार फैला हुआ है। सत्यजित रे और श्याम बेनेगल को हवेली का यह माहौल बहुत प्रिय है। 'शतरंज के खिलाड़ी', 'जुनून' और कई फिल्मों की शूटिंग भी यहाँ हो चुकी है।

नागरजी ने इस जादुई माहौल को बरक़रार ही नहीं रखा है बल्कि काफी हद तक उसे बढ़ाया भी है। उनके कमरे में उनकी पसंद के सामान अपनी बेतरतीबी की तरतीब में अटे पड़े हैं। पुरानी रैकों में भरी पुरानी पुस्तकों की जिल्दें, लक्ष्मण

टीले से खोदकर निकाली गईं कुषाण कालीन ईंटें, जगह-जगह से लाई गईं विभिन्न समयों की मूर्तियाँ, मेलों से पसंद करके लाए गए खिलौने, जन्माष्टमी की झाँकी, नर्तित गणेश और न जाने क्या-क्या! एक ओर चौकी पर गद्दे जमाए, तकियों पर तकिए रखे खुद नागरजी। इसी में टेलीफोन और टी. वी., सोफे और चाय की टेबुलें भी। पुराना बोसीदा माहौल जिसे नागरजी ने बिना इंटीरियर डेकोरेटर की मदद के और गहरा कर दिया है। अपनी पसंद की सजावट से, हर बाहर की दुनिया से आने वाले को अरेबियन नाइट्स की दुनिया से कहीं अधिक आकर्षक लगता है। फिर सत्यजित रे हों या श्याम बेनेगल घुटने टेकने के अलावा उनके पास और रास्ता ही क्या बचता है।

हर नया उपन्यास वे अंतिम कहकर शुरू करते हैं पर उसे पूरा करते ही उन्हें लगता है कि कही जानेवाली बात तो रह ही गई। इस बार जो नया उपन्यास उन्होंने पूरा किया है वह खंजन - नयन या अग्नि-गर्भा जैसा फ़रमाइशी नहीं है। इस बार उन्होंने पूरे अवध को अपने जाल में समेटा है। पूरी तरह अपनी इच्छा से। पहला खंड पूरा किया है पर अभी तो पूरा समुद्र सामने है। हेमिंग्वे के 'ओल्ड मैन एंड द सी' के बूढ़े मछुआरे की तरह उन्होंने अपने शरीर की जर्जर नाव के भरोसे शार्क पकड़ने की जो साहसिक यात्रा शुरू की है, वह उनके पुराने सपनों का हिस्सा है। कभी 'शतरंज के मोहरे' जैसे ज़बरदस्त उपन्यास पर उन्हें बधाई देते हुए मैंने शिकायत की थी कि उन्होंने अवध का विशाल कैनवस बीच ही में ईजेल पर से हटाकर और तरह की पेंटिंग्स बनानी क्यों शुरू कर दीं?

वे जिस वेवलेंथ पर सोचते या बातें करते हैं, उस फ्रीक्वेंसी पर जाना मुश्किल है। वैसे नागरजी पहली नज़र में एक खुले हुए, बैठकबाज़ दोस्त जैसे लगते हैं। अत्यंत अमूल्य रचनाएँ भी वे बड़ी सादगी से पैसे के लिए लिखी हुई बताते हैं, और वे बिना मतलब के झूठ बोलते भी नहीं पर साधारण बोझ ढोने वाले तथा हर क्षण अपनी बेचैनी को मोती की शक्ल देने वाली सीपी के श्रम में अंतर तो होगा ही।

नागरजी कभी लखनऊ के बहुत ही जागरूक और हर दिल अज़ीज़ नागरिक हुआ करते थे। भगवती बाबू और ज्ञानचंद जैन के साथ सिनेमा की लाइन में कई बार हम लोगों से आगे रहे हैं, सुहसानन, सदा हँसते और लोगों को हँसाते। बड़े समारोहों में अपनी विशिष्टता से अलग दिखाई पड़ते। पर अब वे बाहर दिखाई कम पड़ते हैं। घर जाने पर वे ललक कर मिलते हैं और पुराने दिनों में लौट जाते हैं। यशपालजी तथा भगवती बाबू के साथ की साझेदारी रही नहीं। वे एक तरह से अकेले छूट गए हैं, ख़ाली जगह खाली पड़ी है। वहाँ श्रीलाल, कुँवरनारायण या कक्कड़ में से कोई नहीं आया है। वे लखनऊ में अकेले पड़ गए हैं 1

पत्नी के जाने के बाद उनका निर्वेद और बढ़ जाएगा। बहुत पहले छोटे भाई रतनलाल के जाने से वे हिल गए थे, फिर पिछले दिनों सबसे छोटे भाई मदनलाल भी चले गए। जो लोग नागरजी को जानते हैं वे ही समझ सकते हैं कि पत्नी प्रतिभाजी और दोनों छोटे भाई उनके लिए कितने जरूरी थे। नागरजी ने सारा कुछ अकेले लिखा है, वैसे ही सारा कुछ सहा तथा झेला भी अकेले ही है। बहुत ही सामान्य स्थिति में रहकर भी लिखने के लिए बंबई छोड़ी, फिर आकाशवाणी की अच्छी-खासी नौकरी। छोटे-छोटे बच्चे तथा लड़खड़ाते पैरोंवाले छोटे भाई - तभी उन्होंने निर्णय लेने के पूर्व पत्नी से राय माँगी थी... कुल दो महीने पूर्व उनके घर पर ही रसोईघर के बाहर बीमारी से उठकर बैठी प्रतिभाजी के पास बैठकर मैंने वे अंतरंग संघर्ष - वर्ष एक बार फिर जिए थे जो नितांत उनके थे। वे बीमारी से एकदम हिल गई थीं पर हमेशा की तरह नागरजी को देखती चल रही थीं

नागरजी दूर से हमें देख रहे थे। कुछ शर्मिंदा से... जैसे वह सब सुन रहे हों, जो प्रतिभाजी कह रही हैं। अकेले होने पर उन्होंने मेरा हाथ पकड़कर जैसे अपने जवानी के फक्कड़पन के लिए मेरे माध्यम से पत्नी से क्षमा माँगते हुए कहा, "मेरे पागलपन के लिए इसने बहुत कष्ट झेला है। यह न होती तो मैं क्या लिख पाता?"

मैंने चुटकी लेते हुए कहा कि वे कह रही थीं कि उनमें प्रतिभा कम नहीं थी, लिख भी वे सकती थीं। संगीत में उनकी रुचि थी, पर सब छोड़कर उन्होंने आपको थाम लिया। नागरजी कातर हो आए। वे सबका ऋण लौटा सकते हैं पर पत्नी का ऋण तो जन्म-जन्मांतर तक नहीं उतरेगा। अब प्रतिभाजी मुझे दूर से देख रही थीं। उनकी मुद्रा से लगता था कि वे भी सब सुन रही हैं। दरवाजे तक मुझे छोड़ने आईं तो जैसे अधूरी बात पूरी कर गईं, "बच्चों जैसे हैं नागरजी। उन्हें छोड़ दूँ तो कैसे रहेंगे?"

मैंने भाभी से मज़ाक का रिश्ता सँभाला, "आप लोग छोड़ती कहाँ हैं?" श्री इलाचंद्र जोशी के शब्दों में 'मित्रवर, इसमें चक्कर ही चक्कर है।' यह मामला तो जन्म-जन्मांतर का है।

इस बीच वे नागरजी को छोड़कर चली भी गईं। अब वे एकदम अकेले रह गए हैं।

सारिका : अमृतलाल नागर विशेषांक 16-31 अगस्त, 1985

अपने युग का महान् साहित्यकार

केदारनाथ अग्रवाल

एक बार मैं अपनी बीमारी के सिलसिले में लखनऊ गया था तब वहीं डॉ. रामविलास शर्मा, के. सी. डे. लेन के एक मकान में रहते थे। उन्हीं के साथ मैं नागरजी से मिलने चौक गया था। वहाँ उनसे मिला था। इधर-उधर की बातें हुईं। हँसी-ठट्ठा हुआ और फिर उन्होंने हम लोगों को एक पान वाले की दूकान पर पान खिलाया। ये पहली मुलाकात थी।

दूसरी बार मैं अपनी चाची की बीमारी के सम्बन्ध में, उन्हें लेकर लखनऊ गया। इलाज कुछ दिनों तक चलना था ठहरने के लिए कोई मकान चाहिए था। नागरजी से मिला अपनी समस्या बताई। उन्होंने स्वयं कष्ट किया और एक छोटा सा मकान, ठहरने के लिए, दिलवाया। यह दूसरी मुलाकात थी।

बाँदा में मेरी षष्ठिपूर्ति का आयोजन किया गया। डॉ. रामविलास शर्मा और नागरजी को भी आमंत्रित किया गया। दोनों आए थे। मेरे यहाँ ही ठहरे थे। मुझे निकट से देखने और समझने का अवसर मिला। मैंने नागरजी की मुखमुद्राएँ देखीं। उनकी बातें सुनीं। साहित्य जगत् की थोड़ी-बहुत चर्चाएँ चलीं। इस बार, जब वे गए तो उनके जाने पर मुझे कुछ दु:ख का अहसास हुआ। लगा कि जैसे मेरा आत्मीय बन्धु मुझसे बिछुड़ रहा है।

'नया साहित्य' नाम का साहित्यिक मासिक, बंबई से, प्रकाशित होने लगा था। नागरजी भी उसके संपादन मंडल में थे। मैं भी उसमें कविताएँ भेजता था। मुझे अच्छी तरह याद है कि मेरी कुछ कविताएँ पाकर उन्होंने एक छोटी-सी स्लिप पर दस में से 5 या 6 नंबर दिए और स्लिप, अपने पत्र में मेरे पास भेज दी। मैंने पाया और सोचने लगा कि... नागर, कविताओं पर भी अपना दखल बनाए रखते हैं। बात वहीं की वहीं रह गई। फिर, ऐसे अवसर नहीं आए कि मैं उनके कविताओं संबंधी विचार जान सकूँ।

अब तक कुछ अधिक निकट आ गए थे हम दोनों और एक दूसरे को स्नेह से देखने लगे थे।

मेरे पुत्र ने अपनी पहली मलयालम फिल्म 'जन्मभूमि' बनाई थी। उसे राष्ट्रपति पुरस्कार मिला। उसे लेकर, कुछ दिनों बाद मेरा पुत्र लखनऊ आया। तब मैं भी वहाँ गया। उस फिल्म के प्रदर्शन का आयोजन हुआ। नागरजी भी उसे देखने आए और देखकर खुश हुए कि लड़के ने अच्छी प्रतिभा का परिचय दिया और मुझे बधाई दी। श्रीमती चंद्रकिरण सोनरेक्सा भी उन्हीं के साथ आई थीं। उन्होंने भी सराहा था। इस बार मुझे नागरजी की कलात्मक प्रकृति का परिचय मिला था।

नागरजी हिंदी संस्थान के अध्यक्ष थे। उन्होंने संस्थान में, एक अच्छा-खासा आयोजन किया था। उसमें उन्होंने डॉ. रामविलास शर्मा और धर्मवीर भारती, हजारी प्रसाद द्विवेदी आदि को आमंत्रित किया था। मुझे भी बुलाया था। मैं भी गया था। यह उस समय की बात है जब श्री हेमवतीनंदन बहुगुणा प्रदेश के मुख्यमंत्री थे। हॉल साहित्यकारों और महत्त्वपूर्ण व्यक्तियों से भर गया था। अपने भाषण में बहुगुणाजी ने उर्दू की प्रशंसा और हिंदी की उपेक्षा की। हम लोगों को सुनकर बड़ा बुरा लगा। हजारीप्रसाद द्विवेदी, वहीं मंच पर बैठे थे। उन्होंने भी सुना लेकिन सुनकर भी कोई प्रतिक्रिया नहीं व्यक्त की। लेकिन अमृतलाल नागरजी ने अपने वक्तव्य में इसका प्रतिरोध व्यक्त किया। हम लोगों को बड़ी खुशी हुई। इस घटना का प्रभाव मुझ पर बहुत पड़ा। मैं नागरजी के हिंदी प्रेम से परिचित हुआ।

और, अब, मैं उन्हें हिंदी के हित का संरक्षक और संवर्धक मानने लगा और मेरी रुचि उनके गद्य के निरखने और परखने की बन गई।

अब, मैं कविताई के क्षेत्र का व्यक्ति होकर भी नागरजी के गद्य क्षेत्र में प्रवेश करने लगा और उनके व्यक्तित्व को पकड़ने लगा। यदि यह तब न हुआ होता तो मैं उन्हें न जान पाता और उनकी प्रतिभा के महत्त्व से वंचित रह जाता।

अब, मैं, शरत्चंद्र और प्रेमचंद के उपन्यासों का पाठक और प्रशंसक होकर भी, नागरजी के कथा - साहित्य की ओर उन्मुख होने लगा। 'चकल्लस' की प्रतियाँ भी कुछेक पढ़ीं और नागरजी के स्वभाव से परिचित हुआ। हाँ, पहली कृति जो मैंने पढ़ी और जिसने मुझे बहुत अभिभूत किया वह थी कि नागरजी की 'सेठ बाँकेमल'। इसका हास्य और व्यंग्य पूरी तरह से आगरे का था। तभी मुझे मालूम हुआ कि नागरजी की दृष्टि कितनी सटीक और सही दिशा की ओर जा रही है। इसके बाद मैंने नागरजी के दो उपन्यास पढ़े। एक था 'मानस का हंस' और दूसरा था ' खंजन नयन'। पहला महाकवि तुलसीदास पर था और दूसरा महाकवि सूरदास पर बड़ा ताज्जुब हुआ कि एक गद्यकार, इन दो महाकवियों पर इतना अच्छा कैसे लिख सका। स्वयं

कवि न होते हुए भी, नागरजी दो महाकवियों के जीवनवृत्त और उनके कृतित्व से कैसे इतने प्रगाढ़ रूप से जुड़ गए। संभवत: हिंदी का हित ही, उनके गद्यकार को इन दो महाकवियों से घनिष्ठ रूप से एकात्म कर सका।

नागरजी से पहले प्रेमचंद हुए थे। उनका हिंदी जगत् में तब भी बहुत नाम था और अब भी बहुत नाम है। वह जितना तब पढ़े जाते थे उतना आज भी पढ़े जाते हैं, भले ही, इधर के नए युवा उपन्यासकार उनकी प्रासंगिकता का प्रश्न यहाँ-वहाँ उछालते क्यों न हों। ऐसी स्थिति में भी प्रेमचंद के प्रभाव से उपन्यास को नागरजी ही बाहर ला सके और हिंदी के दो महाकवियों को पुन: जनमानस में प्रतिष्ठित कर सके यह गद्य के बाहुल्य का समय है। पढ़े-लिखे लोग उन महान् साहित्यिक विभूतियों को भूल रहे थे जिन्होंने हिंदी के हित की भूमि को निर्मित किया था।

नागरजी का यह प्रयास अत्यन्त सफल और सराहनीय है। उन्होंने न प्रेमचंद से होड़ लगाई न उनसे टक्कर ली, न उनके औपन्यासिक चेतना के प्रवाह को अवरुद्ध किया अपितु उपन्यास को अपनी सूझबूझ से उस ओर ले गए जिस ओर ले जाना परम आवश्यक था। प्रेमचन्द का उपन्यास प्रवाह मानवीय बोध का था तो ज़रूर लेकिन वह देश की सांस्कृतिक चेतना की विरासत से उद्यत नहीं था। यह कमी थी जिसको नागरजी ने अपने इन उपन्यासों को लिखकर दूर किया। जब हिंदी के गद्य और पद्य साहित्य का मिलन हुआ और राष्ट्रीय चेतना सर्वांगीण विकास पा सकी। वह सांस्कृतिक भी हुई और यथार्थबोधी भी हुई। वह भावविह्वल करने वाली अनुभूतियों को भी समेट लाई और यथार्थ के द्वंद्व और संघर्ष को भी वाणी दे सकी। नागरजी, इसलिए, प्रेमचंद के बाद सबसे महत्त्वपूर्ण कथाकार ठहरते हैं। मैं उन्हें इसीलिए अपने युग के हिंदी गद्य का महान् उपन्यासकार मानता हूँ।

नागरजी सिद्धांतवादी नहीं थे। वह जीवन को उसकी समग्रता में देखते और उस पर मानवीय बोध की दृष्टि से सोच-विचार करते। इस कारण उनके उपन्यासों में जीवन के प्रति मानवीय पक्ष निरन्तर वर्तमान रहता है और वह चरित्रों के निरूपण में, कथा प्रवाह में व्यक्त होता रहता है। ऐसा लगता है कि नागरजी अपने पात्रों के चरित्र में स्वयं प्रविष्ट हो जाते हैं और उनके पात्र मानवीय बोध का अतिक्रमण नहीं कर पाते। नागरजी के पात्र, मेरी ऐसी धारणा है, आदमी होने की प्रक्रिया से जीवन जीते हैं अपनी दुर्बलताओं और अक्षमताओं के बावजूद न उपेक्षणीय बनते हैं और न प्रिय लगते हैं। यदि ऐसा न होता, यदि उन्होंने दोनों महाकवियों पर उपन्यास न लिखे होते, न 'गदर के फूल' लिखा होता, और न ये कोठेवालियाँ' लिखा होता, तो मैं उनकी क्षमता का कायल न हो पाता। इसी की वजह से मुझे उनका एक उपन्यास 'सुहाग के नूपुर' पढ़कर बहुत प्रसन्नता हुई थी।

जब मैंने रेडियो में उनके निधन का दु:खद समाचार सुना तो हतप्रभ रह गया। वह उम्र में मुझसे कुछ साल छोटे थे। मुझसे पहले चले गए। विधि की विडंबना ही थी। अब रह-रह कर उनकी याद आती है तो मन व्यथित हो उठता है। मैं उनके परिवार से परिचित नहीं रहा हूँ इसलिए उनके पारिवारिक सदस्यों के प्रति कुछ नहीं कह सकता। निश्चित ही नागरजी के निधन से एक समझदार उपन्यासकार हिंदी जगत् से तिरोहित हो गया। अब उनकी लिखी कृतियाँ ही उनको जनमानस में जीवित बनाएँ रखेंगी।

उत्तर प्रदेश, अमृतलाल नागर स्मृति अंक, अप्रैल, 1990

रेडियो की नौकरी और चवन्नी भर समझौता

यज्ञदेव पंडित

देश की स्वाधीनता के बाद आल इंडिया रेडियो के भारतीयकरण का अभियान आरंभ हुआ। इस अभियान के नायक थे डॉ. बी. वी. केसकर, जो तत्कालीन सूचना एवं प्रसारण मंत्री थे। इस दिशा में उन्होंने साहित्य और संगीत के क्षेत्र की कई जानी मानी हस्तियों को रेडियो के उत्थान के महान् कार्य में, उनकी अनिवार्य और निर्णायक भागीदारी का कर्तव्यबोध कराकर, प्रोड्यूसर और सलाहकार के रूप में अपनी सेवाएँ समर्पित करने के लिए राजी कर लिया। इस प्रयास के फलस्वरूप कविवर सुमित्रानंदन पंत, श्री इलाचंद्र जोशी, पंडित नरेन्द्र शर्मा, बाबू भगवतीचरण वर्मा, पं. अमृतलाल नागर प्रभृति शीर्षस्थ साहित्यकार आकाशवाणी के स्टाफ आर्टिस्ट बनकर बाकायदा नौकरी करने लगे। यहाँ यह स्पष्ट कर देना उचित होगा कि साहित्य और संगीत की कई स्वनामधन्य विभूतियाँ, डॉ. केसकर की बातों में नहीं आईं। इनमें महादेवी वर्मा, श्री यशपाल, डॉ. रामकुमार वर्मा, डॉ. हजारीप्रसाद द्विवेदी आदि सम्मिलित थे। मना कर लाए गए अधिकतर साहित्यकार रेडियो के भीतर काम की स्थितियों, अभियांत्रिकी और सरकारी विभाग में नौकरी करने की कला और उसकी बारीकियों से पूर्णत: अनभिज्ञ थे और इनमें से कुछ तो एक-आध वर्ष के भीतर ही रेडियो को छोड़कर अपने पूर्वक्षेत्र में लौट गए। कुछ ने यह सोचकर कि सरकार उन्हें चुप रहने का मूल्य चुका रही है जिससे वे रेडियो से बाहर रहकर सरकार के लिए कोई असमंजस पैदा न करें, या तो शुरू से ही काम नहीं किया और अगर थोड़ा-बहुत काम किया भी तो बाद में उसे पूरी तरह बंद कर दिया। वे बिना किसी शर्म या नदामत के मुफ़्त का पैसा लेते रहे। सौभाग्य से ऐसे साहित्यकारों और संगीतज्ञों की संख्या बहुत कम थी। अधिकतर साहित्यकारों ने अपने नए उत्तरदायित्व को पर्याप्त गंभीरता से लिया और पूरी निष्ठा और अपनी पूर्ण क्षमता से रेडियो की सेवा की। ऐसे साहित्यकारों में पं. अमृतलाल नागर एक थे।

उन दिनों नागरजी की दिनचर्या कुछ इस प्रकार की थी : वे प्रातः ठीक दस बजे और अक्सर इससे एक-आध घंटा पहले आ जाया करते थे और पूर्वदिन के शेष कार्य को निपटाते थे। बाद में वे दिन भर नाटक, वार्ता, आदि का लेखन, रिहर्सल आदि का काम बहुत उत्साह से करते थे और अक्सर वे रात आठ या नौ बजे तक कार्यालय मुक्त हो पाते थे। उन दिनों नाटक आदि प्रायः सभी कार्यक्रम 'लाइव' होते थे और पहले रिकार्ड कर लेने की सुविधा वर्तमान पैमाने पर उपलब्ध नहीं थी। नागरजी को नाटक प्रसारण के दिन कभी-कभी रात ग्यारह बजे तक रुकना पड़ता था। इतना ही नहीं, उन्हें प्रोग्राम स्टाफ के असहयोग, दफ़्तरी दाँवपेंच और बाहर से थोपा गया स्टाफ आर्टिस्ट कहकर अपमानित किए जाने की यातना भी सहनी पड़ती थी। कभी-कभी वे तिलमिलाकर रह जाते थे, संभवतः उन्हें अपनी आर्थिक कठिनाइयों और पारिवारिक स्थिति की विवशताओं के कारण जहर का घूँट पीना पड़ता था। उस समय वे साक्षात् गरलपायी नीलकंठ महादेव लगते थे। कई अवसरों पर हम लोगों ने उनकी इस दयनीय दशा को देखा था और उनके प्रति हमारी सहानुभूति और सम्मान का भाव और भी सुदृढ़ हुआ था, क्योंकि वे भी उन्हीं स्थितियों से गुजर रहे थे जिनसे हम स्टाफ आर्टिस्टों को रोज गुजरना पड़ता था और जिनके आगे हम पूर्णतः घुटने टेक चुके थे। उनके द्वारा इन स्थितियों का ताल ठोंककर शान से सामना किए जाने से हमें एक प्रकार का परितोष मिलता था। यद्यपि नागरजी और एक आध अन्य महानुभाव को छोड़कर शेष साहित्यकार, कलाकारों की सहानुभूति की पात्रता अर्जित नहीं कर सके क्योंकि वे इन पदों पर आकर अपने आपको विशेष श्रेणी के कलाकार या अफसर मानने लगे थे। नागरजी आद्योपांत कलाकारों के साथी, सहयोगी, हमदर्द, सुहृद मित्र बने रहे। ये बात उनके मूलभूत चरित्र की साधुता और श्रेष्ठता की परिचायक थी।

नागरजी ने 1953 से 1956 तक (7 दिसम्बर, 1953 से 31 मई, 1956 तक - संपादक) स्टाफ आर्टिस्ट के रूप में आकाशवाणी की सेवा की। इस अवधि में उनके साहचर्य से हम लोगों ने उनसे बहुत कुछ सीखा। उनकी डायलॉग डिलीवरी की एक विशिष्ट शैली थी। वे आवाज में बहुत ज्यादा उतार-चढ़ाव और नाटकीयता के पक्षधर थे जो कभी-कभी कृत्रिम सा लगने लगता था। किंतु उनकी निष्ठापूर्ण सच्चाई, कठोर परिश्रम और प्रयोगधर्मी नवीनता, हम सबके लिए बड़ी प्रेरणाप्रद सिद्ध हुई। इस अवधि में नागरजी ने डॉक्टर संपूर्णानंद कृत 'पृथ्वी से सप्तऋषि मंडल तक', अपने नाटक 'सुहाग के नूपुर', 'गूँगी' आदि, 'सेट बाँकेमल' जैसे कस्बाई संस्कृति के जीवंत रूपक लिखे और प्रस्तुत किए। इन नाटकों से नागरजी ने पर्याप्त यशकीर्ति भी अर्जित की और हम लोगों ने भी काफी वाहवाही लूटी। मैं निश्चयपूर्वक कह सकता

हूँ कि नागरजी के साहित्यिक जीवन की वह स्वल्प यात्रा, जो हम लोगों के लिए तो वरदान सिद्ध हुई ही, उनकी अपनी रचनात्मक प्रतिभा की श्रीवृद्धि में भी सहायक रही होगी। नागरजी ने ड्रामा प्रोड्यूसर के रूप में भगवती बाबू, और अन्य लेखकों के नाटक, रूपक आदि भी उसी लगन और परिश्रम से प्रस्तुत किए।

रेडियो के सेवाकाल में नागरजी ने अपने प्रिय और कृपापात्र कलाकारों की एक मंडली बना ली थी या यूँ कहिए ऐसी एक मंडली अपने आप बन गई थी जिसमें बाहर के लोगों का प्रवेश वर्जित अथवा असंभव था। जो कलाकार उन्हें पसंद नहीं आया वह अंत तक उन्हें पसंद नहीं आया और वह उनकी कृपा और स्नेह से वंचित रहा। इससे कोई यह अनुमान न लगा ले कि नागरजी क्षुद्र द्वेष अथवा पक्षपात के शिकार हो गए थे बल्कि उसे यूँ समझना चाहिए कि यह एक साधारण मानवोचित दुर्बलता थी। ऐसे पूर्वाग्रह से बड़े से बड़ा व्यक्ति भी असावधानी के कारण, ग्रसित हो सकता है।

जिन कलाकारों ने नागरजी के नाटकों में भाग लिया वे उनकी खास आदतों से पूरी तरह वाकिफ थे। इनमें से एक आदत अक्सर मुसीबत का कारण बन जाया करती थी। वह आदत थी - प्रसारण के समय तक नाटक की पूरी स्क्रिप्ट तैयार न करना या उसमें ऐन वक्त पर परिवर्तन आदि करना। हमने अक्सर ऐसे नाटक प्रसारित किए जिनकी क्लाइमेक्स का हमें कोई पूर्वाभास नहीं रहता था। और नाटक के प्रसारण के समय ही हमें यह जोखिम भरा अभिनय, बिना किसी पूर्वाभ्यास के निभाना पड़ता था। ऐसे क्षणों में नागरजी की स्नेहपूर्ण शाबासी, हमारी खीझ और कटुता को भीगी मृदुता में बदल देती थी। गनीमत यह रहती थी कि नागरजी का हस्तलेख अत्यन्त स्पष्ट और सुव्यवस्थित था और हम उससे पूरी तरह परिचित हो चुके थे। अत: मानसिक तनाव को छोड़कर और कोई विशेष कठिनाई उपस्थिति नहीं होती थी। कभी-कभी तो ऐसा लगता था कि नागरजी हम लोगों की इस तनावपूर्ण स्थिति को जानबूझकर और मजा लेने के लिए पैदा करते थे। ऐसे नाटकों की अवधि का सही अनुमान न होने के कारण वे निर्धारित समय की सीमाएँ पार कर जाते थे तब उनमें काँट-छाँट कर उन्हें तुरंत समाप्त करने की प्राय: असंभव प्रक्रिया से हम लोगों को गुजरना पड़ता था। ऐसे समय में यदि बिजली भी दगा दे जाए तब उस अँधेरे में कितनी विकट और मनोरंजक स्थितियाँ पैदा हो जाती थीं उसकी पाठक स्वयं कल्पना कर सकते हैं।

नागरजी एक सच्चे कलाकार के अनुरूप, बहुत सीधे और भोले थे और उनका कौन मित्र या हितैषी है और कौन उनके सरल स्वभाव का अनुचित लाभ उठाकर उन्हें धूर्ततापूर्वक भ्रमित कर रहा है, इसका वे अक्सर भेद नहीं कर पाते थे और

यही उनके रेडियो से त्यागपत्र देकर अलग होने का कारण भी बना। भाई लोगों ने प्रोड्यूसरों को पर्याप्त सम्मान दिए जाने और प्रोग्राम स्टाफ की अफसरी से पूर्णत: मुक्त किए जाने की माँग को लेकर डा. केसकर के विरुद्ध अभियान छेड़ा और चतुराई से नागरजी को इस अभियान का प्रवक्ता बना लिया। भोले नागरजी इन लोगों के चक्कर में आ गए और बिल्ली के गले में घंटी बाँधने वाला सूरमा बनकर प्रोड्यूसरों के सम्मलेन में डॉक्टर केसरकर से भिड़ गए और ताव में आकर त्यागपत्र दे बैठे। तय यह हुआ था कि अगर किसी के विरुद्ध कोई कार्यवाही हुई तो उसके समर्थन में सभी लोग त्यागपत्र दे देंगे। नागरजी त्यागपत्र देकर इंतजार ही करते रह गए कि उनके दूसरे साथी भी बाहर आ जाएँ लेकिन न तो ऐसा आज तक हुआ है और न ऐसा उस बार हुआ। नागरजी रेडियो से अलग हो गए।

शीर्षस्थ साहित्यकारों और संगीतज्ञों को रेडियो में लाने का डॉ. केसकर का इरादा तो नेक था, किंतु इसके द्वारा सरकारी तंत्र में आमूल परिवर्तन करने का उनका प्रयास उत्साहजनक अधिक और विवेकपूर्ण कम था और इसीलिए अन्तत: निष्फल सिद्ध हुआ। इतना ही नहीं इससे जो कुछ थोड़ा बहुत लाभ हुआ वह उस महान् हानि के आगे नगण्य था जो प्रसारण की तब तक विकसित हुई तकनीक और कलागत उपलब्धियों के पूर्णत: विनष्ट हो जाने के कारण हुई।

यहाँ एक बात और विचारणीय है। एक ओर डॉ. केसकर ने शीर्षस्थ साहित्यकारों और संगीतज्ञों को तो एक सुपर दर्जा देकर अफसरों से भी अधिक पारिश्रमिक प्रदान कर अपनी उदारता और सदाशयता का प्रमाण दिया और दूसरी ओर सामान्य स्टाफ आर्टिस्टों के प्रति एकदम सामंती और नौकरशाहों से भी बदतर रवैया अपनाया जिसके कारण उनकी असलियत की पोल खुल गई और उनकी ईमानदारी और नेकनीयती पर बहुत बड़ा प्रश्नचिह्न लग गया। उनके शासनकाल में स्टाफ आर्टिस्टों पर क्या बीती यह किसी भुक्तभोगी से पूछकर देखिए और इसके लिए आपको कहीं दूर जाना नहीं पड़ेगा। डॉ. केसकर का यही चेहरा बेनकाब होकर उस समय सामने आ गया जब नागरजी के नेतृत्व में इन प्रोड्यूसरों ने अपना जायज हक माँगना शुरू किया और डॉ. केसकर ने सामान्य स्टाफ आर्टिस्टों की तरह इन्हें भी खरी-खोटी सुनाकर दुत्कार दिया। नागरजी को इससे बड़ा मानसिक क्लेश हुआ और इस अपमान को वे कभी भूल नहीं पाए। डॉ. केसकर ने जिस प्रकार इन साहित्यकारों को इनकी 'असलियत का एहसास कराया' और इनके पर कतर दिए उसके फलस्वरूप डॉ. केसकर इन साहित्यकारों की नजर में 'केसकर' के बजाय 'केशकार' बन गए।

इस प्रकार रेडियो ने अपनी नादानी, अदूरदर्शिता, और विवेकहीनता के कारण पं. अमृतलाल नागर जैसे निष्ठावान, प्रतिभासंपन्न और कर्मठ साहित्यकार की सेवाएँ खो दीं जिसने अपने स्वच्छंद स्वभाव के प्रतिकूल, न जाने क्या सोचकर, सरकारी नौकरी का तौक अपने गले में बाँधना स्वीकार कर लिया था। नागरजी का रेडियो छोड़ना, मेरी दृष्टि में, रेडियो के लिए सबसे दुर्भाग्यपूर्ण घटना थी।

नागरजी, रेडियो में व्यवस्था के विरुद्ध अपने संघर्ष के क्षणों में अक्सर यह बात कहा करते थे कि वे सदा अपने खद्दर के कुर्ते की दाहिनी जेब में एक अदद चवन्नी रखते थे जो उनकी परिस्थितियों के साथ समझौता करने की अधिकतम सीमा की द्योतक थी। काश! रेडियो के सर्वेसर्वा, नागरजी को इस स्व- आरोपित सीमा के उल्लंघन की दुविधा में डालने की नादानी न करते! हो सकता है कि तब आकाशवाणी का स्वरूप कुछ और होता।

उत्तर प्रदेश, अमृतलाल नागर स्मृति अंक, अप्रैल, 1990

तस्मै श्री गुरवै नमः

कुमुद नागर

रेडियो का पहला सिद्धांत है 'कान को आँख बनाओ'। सन् '58 में आकाशवाणी में जब मैंने स्क्रिप्ट राइटर की हैसियत से काम शुरू किया तो बाबूजी ने इसी मंत्र की दीक्षा दी थी। वैसे आरंभ में बाबूजी मेरे रेडियो में नौकरी कर लेने से प्रसन्न नहीं थे। वे मुझे आर्कियॉलॉजिस्ट के रूप में देखना चाह रहे थे। रेडियो की नौकरी तो अकस्मात मेरी झोली में आ गिरी थी और वह भी उस समय जबकि बाबूजी कुछ महीनों के लिए बंबई गए हुए थे। उस समय मैं एंथ्रोपोलॉजी में एम. ए. भी कर रहा था। जब बाबूजी बंबई से लौटे, मैंने डर के मारे उनसे इस बात का कोई जिक्र नहीं किया कि मैं रेडियो में मासिक कैजुअल कांट्रैक्ट पर काम कर रहा हूँ। लेकिन बकरे की अम्मा कब तक खैर मनाती! एक दिन बाबूजी आकाशवाणी, अपनी एक टॉक रिकार्ड कराने गए तो वहाँ दो एक चमचों ने उन्हें प्रसन्न करने के लिए उनके पुत्र की तारीफ भी कर दी - कुमुद बहुत अच्छा काम कर रहा है... बड़ा शालीन है- आखिर है तो आप ही का पुत्र... इत्यादि इत्यादि। नागरजी ने मुस्कुरा कर दो एक बार हाँ-हूँ की और चैप्टर वहीं समाप्त हो गया।

अगला चैप्टर घर पर खुला। यहाँ यह पहले बता दूँ कि एक तो पुराने परिवारों की परंपरा के अनुसार जहाँ पिता और ज्येष्ठ पुत्र के बीच आदरसूचक दूरी बनी रहती थी और दूसरे बचपन से लड़कपन तक बाबूजी के साथ न रह पाने की स्थितियों से उपजे संकोच के कारण मेरा और उनका आमना-सामना बहुत कम ही होता था।

दिन में विश्वविद्यालय, शाम को रेडियो स्टेशन और वहाँ से हजरतगंज के दो एक फेरे लगाकर रात 9 बजे तक घर वापस। रोज़मर्राह का रुटीन पूरा करके उस दिन जब पंडित कुमुद नागर घर पहुँचे तो कमरे में से आवाज़ आई, 'बबन आ गया?' 'जी बाबूजी,' मैंने उत्तर दिया और कमरे में दाखिल हुआ। बाबूजी गावतकिए

के सहारे बैठे थे। मुझे भी बैठने को कहा। मैं वहीं उनके तख्त के कोने पर बैठ गया। बड़े शांत और संयत ढंग से बाबूजी ने प्वाइंट ब्लैंक फायर किया, 'तुम रेडियो में नौकरी करने लगे हो?'

मैंने अचकचाकर उनकी तरफ देखा। मैं उनके जलाल से परिचित था। उत्तर देते नहीं बना, सिर झुका लिया।

'जल्दी क्या थी, एम. ए. पूरा कर लेते!'

मैं निरुत्तर!

'कब से कर रहे हो?'

'दो महीने से।'

'कितनी तनख्वाह मिलती है।'

'डेढ़ सौ।'

'हूँ...। वैसे एक बात कहूँ - रेडियो की नौकरी तुम्हारे लिए नहीं है - यह बात मैं अपने अनुभव से कह रहा हूँ।'

बाबूजी सन् '56 में दो-ढाई बरस रेडियो में ड्रामा प्रोड्यूसर रहने के बाद नौकरी को अपनी रचनाधर्मिता में बाधक पा कर छोड़ चुके थे और शायद मुझे भी अपने कैलीबर का ही समझ रहे थे।

बात का सूत्र आगे बढ़ा - 'तुममें बहुत क्षमताएँ हैं, तुम जानते नहीं हो। रेडियो में नौकरी करके तुम अपने आपको अंडे के खोल में बंद कर रहे हो। मेरी इच्छा तो थी कि तुम ऑर्कियॉलॉजी में स्पेशलाइज करते, पी-एच. डी. करते। अपने अज्ञान के कारण मैं जहाँ आ कर रुक जाता हूँ, उससे आगे चलते। खैर, अभी भी कुछ बिगड़ा नहीं है। सोचना इस पर '

और क्लास समाप्त हो गई। जहाँ तक सोचने का प्रश्न है मेरा ख्याल है कि सोचना मुझे नहीं, बाबूजी को चाहिए था। अरे भई, दादाजी और बाबूजी से पाए नाटक के जींस इस शरीर में डॉमिनेंट हो गए थे। बी. एस-सी. के ज़माने में प्रेक्टिकल परीक्षा से दो दिन पहले तक नाटक के शो के कारण जिस बंदे को किताबों की धूल झाड़ने की फुर्सत न मिले, उसे ज़बर्दस्ती ऑर्कियॉलॉजिस्ट बना के किस ऑर्कियॉलॉजी का भला होता? दूसरी बात यह भी थी कि इंटर से बी. एस-सी. तक जिसे दो आने का और एम. ए. में जा कर आठ आने का डेली अलाउंस मिलता रहा हो और अब अचानक दो तीन रुपये रोज जेब में खनकते हों, फीस जमा करने के लिए बा के सामने हाथ न फैलाना पड़ता हो, कॉफी, सिगरेट, सिनेमा के मामलों में आत्मनिर्भरता पैदा हो गई हो, वहाँ सोचने में दिमाग जरा कम ही मेहनत करता है। लिहाजा हम पूज्य पिताश्री के सुझाव पर सोचने की फुर्सत न निकाल सके और

रेडियो के साथ मुवाह को निकाह में बदल दिया।

धीरे-धीरे बाबूजी भी समझ गए कि लड़का चिकना घड़ा है। इसके साथ ही शायद उन्हें यह भी ध्यान आ गया हो कि वे मेरी शादी तय कर चुके हैं और अगले साल मई में बहू भी आ जाएगी। और शायद सोचा हो कि आवारा घूमने से तो यही अच्छा है कि हिल्ले से लगा रहे। बहरहाल बात जो भी हो, उपरोक्त पिता-पुत्र संवाद के बाद यह टॉपिक कभी नहीं उठा, बल्कि फिर तो बाकायदा स्क्रिप्ट राइटिंग और ड्रामा प्रोडक्शन की कोचिंग दी जाने लगी। इसी कोचिंग के दौरान 'कान को आँख बनाने' का मंत्र मिला था।

सन् 53-54 के लगभग तत्कालीन सूचना एवं प्रसारण मंत्री डॉ. बी. वी. केसकर ने आकाशवाणी को बी. बी. सी. की देसी और भोंडी नकल से उबार कर उसे भारतीय प्रसारण का रूप देने के अपने प्रयासों में जो महत्त्वपूर्ण कार्य किया था, वह था प्रोड्यूसरों की नियुक्ति। और इस काम के लिए उन्होंने संगीत, नाटक, साहित्य के मूर्धन्य विद्वानों को साग्रह बुला कर उन्हें प्रोड्यूसर नियुक्त किया। वह प्रयोग रेडियोजेनिक रूप में सफल रहा या नहीं, यह अलग बहस का मुद्दा हो सकता है, लेकिन इतना ज़रूर है कि आकाशवाणी प्रोग्रामिंग में निश्चित रूप से भारतीयता का व्यापक पैमाने पर समावेश हुआ। डॉ. केसकर के निमंत्रण पर ही बाबूजी ने आकाशवाणी लखनऊ में ड्रामा प्रोड्यूसर का पद दिसंबर, सन् 1953 में सँभाला गो कि इसके पहले भी उन्होंने आकाशवाणी के लिए नाटक लिखे और प्रोड्यूस किए थे, लेकिन इस दौरान उन्होंने रेडियो नाट्यशिल्प को लेखन और प्रस्तुतीकरण दोनों ही स्तर पर नए आयाम दिए।

तब तक सर्वमान्य धारणा थी कि रेडियो नाटक चूँकि शब्द और ध्वनि का माध्यम है, इसलिए गूँगा अभिनेता और गूँगा चरित्र रेडियो नाटक के लिए सर्वथा अनुपयुक्त है। बाबूजी ने इस मान्यता को अपने नाटक 'गूँगी' द्वारा ध्वस्त कर दिया। इस नाटक का केन्द्रीय पात्र एक गूँगी प्रताड़ित बहू थी। कुछ एक स्थानों पर उस गूंगी की ऊँ- आँ या गूँ- गाँ भरी कराहों के अलावा उसका कोई संवाद नहीं था, परंतु नाटक के अन्य पात्रों द्वारा बोले गए संवादों से उस स्त्री का रूप, चरित्र, उसका कष्ट, प्रताड़ना इस कदर सजीव हो उठे थे कि सुनने वाले अश्अश् कर उठे!

मैं अपनी लिखी हर चीज उन्हें सुनाता रहा हूँ। मेरा हर प्रोडक्शन वह सुनते थे (और मेरे दूरदर्शन से जुड़ने के बाद देखते थे), फिर उस पर विस्तृत समीक्षा देते थे। बाबूजी से जाना मैंने रेडियो नाटक के मर्म को।

- ' अवधि सीमित है, इसलिए थोड़े में ही सब कुछ करना है।'

पात्र प्रतिष्ठा, घटनाक्रम की चुस्ती, छोटे संवाद, मुखसुखिया शब्द, दृश्य बिंबों का श्रव्य बिंबों में रूपांतरण - यह सब कुछ मैंने बाबूजी से पाया। रेडियो की दुनिया में रहते हुए उन्होंने ध्वनि प्रभावों में भी बहुत रुचि ली। यहाँ यह बात याद रखने की है कि वह जमाना लाइव ब्राडकास्ट का था, या सीमित रूप से 'प्रेस्टो' डिस्क पर कुछ रिकार्डिंग हो पाती थीं। टेपरिकार्डिंग चलन में नहीं आई थी, जिसके चलते आगे चल कर हम लोगों के लिए असंख्य संभावनाओं के द्वार खुल गए थे। आकाशवाणी के लखनऊ केंद्र पर इको चैम्बर (गूँज पैदा करने वाला कक्ष) और वॉयस फिल्टर्स भी नहीं थे। उन सीमाओं में बँधे हुए नागरजी ने डॉ. संपूर्णानंदजी के वैज्ञानिक उपन्यास 'पृथ्वी से सप्तर्षि मंडल' तथा बाबू दुर्गाप्रसाद खत्री के 'सफेद शैतान' के सफल प्रस्तुतीकरण किए।

रेडियो की शब्दावली में बाबूजी 'स्पोकेन वर्ड' (बोलने की भाषा जो लिखित भाषा से कई प्रकार से अलग हो जाती है) के आचार्य थे। उनकी यही खूबी उनके उपन्यासों, कहानियों और नाटकों का भी सबल पक्ष रही। बंबई, मद्रास के फिल्मी दिनों के संवाद लेखन के अनुभव ने भी उनका बड़ा साथ दिया था, इसलिए वह रेडियो 'टॉकर' के रूप में भी बहुत सफल रहे। हालाँकि ब्राडकास्टिंग के पुराने मानदंड के अनुसार बाबूजी की आवाज़ अच्छी नहीं कही जा सकती - तीखी हाई पिच्ड आवाज, जिसमें बेस का अभाव था - लेकिन बोलने की शैली और शब्द चयन उनकी अपनी विशेषता थे, जिन्होंने उन्हें आला दर्जे का ब्राडकास्टर बनाया।

रेडियो नाटक के क्षेत्र में अनेक कलाकार बाबूजी की निर्मिति हैं। आकाशवाणी ने बाबूजी को उनकी इन्हीं अमूल्य सेवाओं के लिए अपने स्वर्ण जयंती वर्ष 1977 में विशिष्ट सम्मान से सम्मानित भी किया था।

मेरे 32 वर्षों के मीडिया सेवा काल में मुझे अब तक बाबूजी का मार्गदर्शन मिलता रहा। न सिर्फ पिता के रूप में, बल्कि गुरु के रूप में भी। मेरे पास उनके लिए इस समय सिर्फ भरा हुआ मन और नमन है।

साप्ताहिक हिंदुस्तान, 15 अप्रैल, 1990

वह महिपाल नहीं थे

शरद नागर

बात 1 अथवा 2 जून 1958 की है।

27 मई ' 58 को अचला की शादी हो चुकी थी। 26 मई को आई बारात 30 मई को विदा हो गई थी। मेहमान भी सब जा चुके थे। काफी धूमधाम से सब कार्य संपन्न हो गया था।

1958 में पाँच दिन तक एक बड़ी बारात का रुकना भी एक बड़ी बात थी। हमारे परिवार में बाबूजी की बुआ की शादी के शायद पचासेक साल बाद घर में किसी बिटिया की यह शादी थी।

बाबूजी जैसे अपने लेखन में सिस्टमेटिक थे, वैसे ही किसी आयोजन की तैयारी में भी। आयोजन के पहले अलग-अलग विषय की नोटबुकें तैयार हो जातीं। शादी के मामले में भी महीनों पहले से पारिवारिक बैठकों में जनवासे के प्रबन्ध, खान-पान के मीनू, यातायात व्यवस्था, निमन्त्रण - सूची, आदि के विषय में लिए गए निर्णय नोटबुकों में दर्ज थे।

प्रबंध का खास टेंशन उन पर रहा। भागादौड़ी का मुख्य भार तो बा (माँ - सं.) पर ही था। भट्ठी - खाने और भोजनादि की व्यवस्था के कार्यान्वयन की जिम्मेदारी मेरी थी। जनवासा प्रबंध का भार लटरू चाचाजी (मदन चाचा जी के मित्र) का था। यातायात प्रबंध टी. एन. नागर चाचा का साजसज्जा - कला पक्ष - मदन चाचाजी और भाई साहब (कुमुद भैया) देख रहे थे।

सब काम ठीक-ठाक होने के बावजूद कुछ छुटपुट खामियाँ रह ही गई थीं। कुछ तो उनकी खीझ और कुछ विवाह के बाद के व्यय भार की आर्थिक चिंताओं के कारण बाबूजी का तरन्नुम उखड़ा हुआ था। किसी बात पर बाबूजी का क्रोध भड़क उठा। यहाँ तक कि वह पाजामा, कुर्ता पहनकर और छड़ी लिए घर से निकल पड़े।

मैंने जो उन्हें घर से निकलते देखा तो किसी अनहोनी की कल्पना मात्र से वह

ऊपर से नीचे तक सिहर उठा। आंव देखा न ताव, नंगे पैर मैं पीछे लपका। सपाट पैर और भारी शरीर के कारण दौड़ने में तो बचपन से ही कमजोर रहा हूँ: हाँ, चलने से नहीं घबराता था।

गली मिर्ज़ामंडी से निकल कर देखा कि बाबूजी कंपनी बाग की ओर जा रहे हैं। मैं पीछे लग लिया। बहुत तेज़ चलने के बावजूद, करीब 70-75 कदम का एक ऐसा फासला हम दोनों के बीच कायम हो गया, जिसे मैं लाँघ नहीं पा रहा था। इमामबाड़ा, छत्तर मंजिल होते हुए बटलर पैलेस की तरफ से उन्होंने भैंसाकुंड की राह पकड़ी।

अब मैं दहशत के मारे काँप उठा। मेरे सामने चले जा रहे थे बाबूजी, लेकिन मुझे दीख रहा था उनके 'बूँद और समुद्र' का महिपाल। मुझे लगा आज कुछ बहुत अप्रिय घटने वाला है।

जेठ की दुपहरिया में नंगे पैर कोलतार की लिजलिजी - पिघलती सड़क पर चलते-चलते मेरे तलवे भुरता हो गए थे। मैं दौड़ भी नहीं पा रहा था। शालीनतावश पीछे से आवाज़ देने में भी संकोच हो रहा था।

मन में उठने वाली भयावह कल्पना से रुलाई-सी आ रही थी। लेकिन उस रुलाई को भी भद्रतावश पी रहा था। शायद बाबूजी को यह पता नहीं था कि मैं उनका पीछा कर रहा हूँ।

उन्हें संभवत: प्यास लग आई थी। रास्ते में बम्बा देखकर वह ठिठके। मैंने 'देखा - उनका चेहरा क्रोध और धूप से लाल अंगारे की तरह दहक रहा था।

जितना समय उन्होंने पानी पीने में लगाया, उतने में मैंने फासला लाँघ लिया था। काफी नज़दीक पहुँच चुका था। आवाज लगाई : "बाबूजी।"

बाबूजी ठिठके रुके रहे। पास पहुँचा तो उखड़े स्वर में बोले : "तुम क्यों आए?.. . जाओ।"

मैंने भरे गले से कहा : " घर चलिए।"

"तुम जाओ! रिक्शा कर लेना। पैसे घर पर दे देना।... और सुनो, उस सीताराम पान वाले को आठ आने देने हैं. दे देना।... जाओ।"

मेरे आँसू शालीनता की सारी मर्यादा लाँघकर फूट पड़े।

"आप घर चलिए " मैंने कहा; "नहीं तो मैं भी नहीं जाऊँगा।"

बाबूजी क्षणभर के लिए मौन खड़े रहे, मुझे देखते हुए। फिर बोले, "पानी-वानी पीना है?... पी लो!"

मैंने बम्बे से पानी पिया और अगले आदेश की प्रतीक्षा में साँस साधे खड़ा रहा।

वह बोले, "चलो!... थक गए होगे। रिक्शा देखो।" रिक्शा देखा, तय किया और चौक के लिए रवाना हुए। रास्ते भर हम दोनों मौन रहे। घर पहुँचे। बाबूजी बिल्कुल शांत। ... सीधे अपने कमरे में जाकर बैठे। फिर लेट गए।

संपूर्ण प्रसंग में लगभग दो-ढाई घंटे व्यतीत हो गए थे। हम दोनों ही इतनी देर के लिए घर से अदृश्य हो गए थे। लिहाजा, सभी सकते की-सी हालत में बैठे थे।

बा के चेहरे पर उड़ती हवाइयों की जगह निश्चितता का रंग आते देखा। अपनी इस सफलता पर मन-ही-मन मुझे बड़ा संतोष हुआ। पूरी दास्तां सिर्फ बा को सुनाई। बा किस्सा सुनकर इतना नहीं सिहरीं, जितना मेरे पैरों के तलवों की दशा देखकर : " अरे नंगे पैर ही चला गया था रे? पैरों में कुछ लगा दूँ!"

मैंने कहा, "अब कोई चिंता नहीं! "

मेरे मन में फिर प्रतीति हुई कि बाबूजी महिपाल नहीं हैं, मुझे गलतफहमी हो गई थी। बत्तीस वर्ष गुजर जाने के बाद आज तक इस घटना को लेकर बाबूजी से कोई बात नहीं की। उस दिन सीताराम पान वाले को पैसे दे आने के बाद मैंने सिर्फ इतना कहा था : " सीताराम को पैसे दे आया हूँ। "

पारिवारिक पत्र 'सचेतक' : अंक 68 (15 अप्रैल, 1990) से साभार

कहकहे! अट्टहास और अट्टहास

कुसुम वार्ष्णेय

मुक्त हास... कहकहे...! अट्टहास के उल्लेख के बिना उस महान् उपन्यासकार का रेखाचित्र अधूरा है, जो अमृतलाल नागर के नाम से मशहूर है, महफ़िल में खिचखिच चल रही हो या गोष्ठी की गरमागरमी। अगर नागर नाम का व्यक्ति, नहीं-नहीं लेखक, वहाँ मौजूद है, तो सारी महफ़िल चुटकुलेबाजी और कहकहों में बदल जाएगी। घर में घुसिए तो कहकहे आपका स्वागत करेंगे और अट्टहास का ऐसा धमाका होगा कि चौक की गली में स्थित उनके ऐतिहासिक मकान, बारहदरी जैसे उनके कक्ष की दीवारें काँप-काँप उठेंगी। अगर आप पहले-पहल उनके यहाँ गए हैं और उनके सुरुचिपूर्ण संग्रह को देख कर दंग हैं, तो नागरजी एक सिरे से दूसरे सिरे तक अपने संग्रह का परिचय देते हुए कहेंगे, "यह देखिए, ये हैं वाजिदअली शाह, ये हैं बेगम हज़रत महल, ये हैं बिरजू महाराज के परदादा... ये हैं फलां... फुलां... बस इतिहास इकट्ठा करने का शौक है मुझे : और फिर वही कहकहा, वही अट्टहास।"

आश्चर्य होता है यह सोचकर कि क्या यही वह व्यक्ति है जो दिन-रात अध्ययन-मनन द्वारा इतिहास का रस निचोड़ कर और जगह-जगह घूम-फिर कर अपने उपन्यास की सामग्री इकट्ठी करता है, कि उसे अपने लेखन पर इतना भरोसा है कि अपनी आलोचना वह कतई पसंद नहीं कर सकता। और श्रीमती नागर एक किस्सा जोड़ देती हैं : "एक बार कहीं इनके प्ले में एक जगह लाल स्याही का निशान लगा दिया गया। बस नागरजी इतने नाराज़ कि अनेकानेक आग्रह के बावजूद उन्होंने उनके लिए फिर कुछ नहीं लिखा। स्वाभिमानी ये बहुत अधिक हैं... और मैं... मैं तो इनकी आलोचना ज़रा भी नहीं कर सकती। इनके गुस्से के सामने मैं थरथर काँपती हूँ। इनके इतने निकट होते हुए भी, इसी जगह मैं इनसे डरती हूँ।"

श्रीमती नागर बात बड़े सिलसिलेवार और सहज ढंग से रखती हैं। नागरजी की प्रथम या बाद की कौन-सी रचना कब और कहाँ प्रकाशित हुई, सन् और स्थान के

ब्यौरे के साथ उनसे सुन लीजिए। "लिखने-पढ़ने का शौक मैंने इनमें शुरू से ही देखा है। शादी समझिए हमारी बचपन में ही हो गई थी। तब मैं चौदह वर्ष की थी और ये सोलह वर्ष के। (गौना जरूर तीसरे साल हुआ था।) तभी से मैंने इन्हें लिखते पाया है और आज तक निरंतर लिखते आ रहे हैं। आश्चर्य होता है, इनके लिखने-पढ़ने की सामर्थ्य पर लिखने के लिए कोई भी चीज उठा लेंगे, तो उसे खत्म करके ही दम लेंगे। फिर कहेंगे कि 'अब महीने - दो महीने मैं आराम करूँगा, कुछ शुरू नहीं करूँगा।' लेकिन इन्हें चैन कहाँ और कुछ-न-कुछ शुरू कर ही देते हैं। अभी इन्होंने तुलसीदास पर एक उपन्यास लिख कर समाप्त किया है। और अब कह रहे हैं 'किसान आंदोलन' पर लिखने को।

" लिखने के लिए ये खूब सामग्री जुटा लेते हैं, तभी शुरू करते हैं जिस विषय और परिवेश पर ये लिखते हैं। उस स्थल पर जा कर वहाँ के लोगों का अध्ययन-निरीक्षण करने के बाद ही लिखते हैं, अब किसान आंदोलन पर जो उपन्यास लिखने की सोच रहे हैं, उसके लिए रायबरेली के गाँव देखने-परखने के लिए यह वहाँ जाने का कार्यक्रम बना रहे हैं। 'एकदा नैमिषारण्ये' की सामग्री जुटाने के लिए भी - नीमसार' में कई महीने रहे थे। इनके लेखन का परिवेश चाहे ऐतिहासिक हो, चाहे पौराणिक और चाहे वर्तमान, उसकी तह तक जाने के बाद ही ये लिखना आरंभ करते हैं। वर्तमान परिवेश पर आधारित इनके चरित्र जीवंत और वातावरण एकदम यथार्थ हैं।"

एक आदर्श गृहस्वामिनी होने के साथ-साथ श्रीमती नागर पति के लेखन में इतनी रुचि लेती हैं, जानकर बड़ी प्रसन्नता होती है।

" इतिहास से इन्हें विशेष मोह है और अपनी प्राचीन संस्कृति के ये पुजारी हैं। देखिए न। इनका यह संकलन इसका प्रमाण है।" और फिर वे नागरजी के सुरुचिपूर्ण दुर्लभ संग्रह की ओर इशारा करती हैं, जहाँ स्थापत्य कला से ले कर अनेक ऐतिहासिक दुर्लभ चित्र और इनके साहित्यिक मित्रों के बहुत पुराने चित्र रखे हैं, उनमें कुछ चित्र और पाषाण मूर्तियाँ तो ऐसी हैं, जो बड़े से बड़े संग्रहालयों में भी प्राप्त नहीं हैं। "संकलन के लिए ये न जाने कहाँ-कहाँ घूमते हैं और न जाने कितना - कितना खर्च करते हैं। वैसे घुमक्कड़ प्रकृति पाई है इन्होंने। लेकिन उस अर्थ में नहीं कि जिसे निरुद्देश्य घूमना कहते हैं। कभी-कभी कई-कई दिनों तक ये घर से नहीं निकलते। और जब लिखते-लिखते या अध्ययन करते-करते थक (ऊबते ये कभी नहीं) जाते हैं तो मित्रों को फोन करके घूमने के प्रोग्राम बनाते हैं या गप्पबाजी करने का। दिल खोलकर हँसने और कहकहे लगाने की इनकी आदत है।" और श्रीमती नागर मुस्कराने लगती हैं।

अचानक फोन की घंटी बजती है और श्रीमती नागर फोन उठाती हैं। अरे! वे तो गुजराती में बात कर रही हैं। मेरे आश्चर्य की सीमा नहीं रहती। जिसका परिवार ढाई सौ वर्षों से उत्तर प्रदेश में रह रहा हो, जो हिंदी अपनी मातृभाषा की तरह बोलता हो, जिसके लेखन ने हिंदी साहित्य का अक्षय भण्डार भरा हो, उसके घर के लोगों का गुजराती पर इतना अधिकार! और मैं श्रीमती नागर से पूछ ही बैठती हूँ :

" क्या नागरजी भी इतनी धाराप्रवाह गुजराती बोल लेते हैं।"

प्रत्युत्तर में वे गर्व से "हाँ" करती हैं और बताती हैं, नागरजी प्राय: कहा करते हैं कि "हिंदी और गुजराती दोनों ही मेरी मातृभाषाएँ हैं। गुजराती होने के बावजूद मेरे साथ यह नहीं है कि मैं पहले गुजराती में सोचूँ और फिर हिंदी में लिखूँ, मैं हिंदी में ही सोचता हूँ और फिर हिंदी में ही अभिव्यक्त करता हूँ।"

बातचीत में नागरजी को मैंने हमेशा अत्यंत सरल पाया है। उनके साथ बात करते समय कभी अनुभव नहीं होता कि यही वह व्यक्ति है जो इतिहास का प्रकांड ज्ञाता माना जाता है। उस प्रकार के लोगों की भाँति उनकी बात कभी इतिहास या पांडित्य पर आकर नहीं टूटती है। उनकी बात बड़े सरल ढंग से आरंभ होती है और कभी वह चुटकुलेबाज़ी पर समाप्त होती है, तो कभी उनके अट्टहास के साथ! तो क्या ऐसा व्यक्ति किन्हीं क्षणों में एकांतप्रिय भी हो सकता है? जिस समय मैं श्रीमती नागर से बातचीत कर रही थी, साहित्य का यह महान् प्रणेता अपने एकांत कक्ष में बैठा (नागरजी ने हाल में एक कमरा अपने लिए अलग ले लिया है, जिसे उन्होंने 'आश्रम' का नाम दे दिया है) साहित्य - साधना में जुटा हुआ था।

श्रीमती नागर बताती हैं : "पढ़ते-लिखते समय ये किसी प्रकार की बाधा बर्दाश्त नहीं कर सकते। कभी तख्त पर बैठ कर और कभी लेटकर लिखने-पढ़ने की इन्हें आदत है। लिखने का कोई विशेष मूड और समय इनके लिए नहीं है। जब लिखने के मूड में आते हैं, तो दिन-रात उसी में जुटे रहते हैं" और फिर मुस्कराकर वे एक राज़ की बात बताती हैं (वैसे इस बात को न तो नागरजी ने और न ही श्रीमती नागर ने कभी छिपाने की कोशिश की) कि - " असली लिखने के मूड में तो ये शाम को ही आते हैं, जब भाँग खा कर लिखने बैठते हैं। भाँग का इन्हें विशेष शौक है। जब रूस गए थे, तब भी भाँग का पाउडर बनवाकर ले गए थे।"

बात धीरे-धीरे नागरजी के खान-पान की रुचि पर आ रही है। " खाने में मिठाई का बेहद शौक है। पान भी खूब खाते हैं। हरदम पान की डिबिया तैयार रहती है, इनके साथ मुझे भी पान का शौक हो गया है" और श्रीमती नागर की पान - रंजित दंत - पंक्ति विहँस कर अपना राज़ खोल जाती है, आगे वे जोड़ती हैं: "हमारे यहाँ गुजराती और उत्तर प्रदेश का मिला-जुला खाना बनता है। हर चीज़ में मीठा नहीं

डालते, केवल विशेष चीज़ों में ही डालते हैं। कई वर्षों से शाम का खाना ये नहीं खाते। केवल दूध में खूब चीनी डालकर और एकाध स्लाइस डुबोकर खा लेते हैं।"

नागरजी सुरुचि और परिष्कृत संस्कारों के कायल हैं और वही हमें उनके बच्चों और घर में मिलते हैं। सभी बच्चों में कलात्मक और साहित्यिक अभिरुचि है, नन्हे नाती-पोते अभी से पेंटिंग का शौक रखते हैं, उनकी कृतियों का संकलन नागरजी ने अलग कर रखा है। " रहन-सहन में तड़क-भड़क इन्हें पसंद नहीं है। भड़कीले और चटक कपड़े तथा आभूषणों से इन्हें सख्त नफरत है।" बताती हुई श्रीमती नागर आगे कहती हैं "अपनी माँ की अकेली संतान हूँ शादी में तीन-चार सौ साड़ियाँ और अनगिनती आभूषण मुझे मिले थे। पर उनमें से क्या मैं कुछ पहन पाई! अभी तक उन्हीं में से मैंने बहुओं और लड़कियों को दिया है। इन्हें तो बस सफ़ेद साड़ी और एक दो हल्के आभूषण ही पसंद हैं। खुद भी सफेद धोती और कुर्ता पहनते हैं। कम उम्र में ही हमारी शादी हो गई थी सो नागरजी की अभिरुचि मेरे ऊपर थोपी हुई नहीं है। उनके संपर्क में रहते-रहते वह मेरा भी संस्कार बन गई है।

" वैसे भी हमारे विचार और मान्यताओं में कोई विरोध नहीं है, स्वभाव से हम दोनों धार्मिक वृत्ति के हैं। ईश्वर और पूजा-पाठ पर हमें विश्वास है। अतिशय व्यस्त रहने के बावजूद ये नियमित रूप से पूजा करते हैं। छुआछूत, पर्दा या इसी तरह के आडंबरों से हम दोनों को अरुचि है। हमारी बहुएँ घर में हमारी लड़कियों की तरह ही बोलती - घूमती हैं।"

मैं महसूस करती हूँ, श्रीमती नागर में भी विचार और अभिव्यक्ति की कम क्षमता नहीं है, मेरी जिज्ञासा प्रकट हो कर ही रहती है। " क्या लिखने के प्रति आप की भी रुचि रही थी?" हास्य बिखेरती हुई श्रीमती नागर बताती हैं, " शुरू में इन्हें देखकर मुझे भी लिखने का शौक हुआ था। पर यह सोच कर मैंने यह छोड़ दिया कि मेरा लेखिका बनना उतना ज़रूरी नहीं है, जितना इनके लेखन में मेरा सहयोग करना। धन वैभव से मुझे कभी मोह नहीं रहा। मेरी तो हमेशा यही अभिलाषा रही है कि ये अंतर्राष्ट्रीय ख्याति के लेखक बनें। इसलिए अनेक बार आर्थिक संघर्षों को मैंने सहर्ष झेला है।

"बिखराव और अव्यवस्था इन्हें बिल्कुल पसंद नहीं है। चीजें सुनियोजित ढंग से और व्यवस्थित रूप से रखी होनी चाहिए। इनकी रचनाएँ भी हमारे पास सुनियोजित और क्रम में रखी हैं। यद्यपि यह काम ये स्वयं नहीं करते, उसके लिए इन्हें समय भी नहीं मिल पाता। पहले यह काम मैं ही करती थी। अब 1962 से मेरा लड़का शरद इस काम को सँभालता है। 'धर्मयुग' की प्रतियाँ तो हमने क्रम से बाइंडिंग करा कर रख छोड़ी हैं।" श्रीमती नागर उन प्रतियों की ओर संकेत करती

हुई कहती हैं, "मैं महसूस करती हूँ कि नागर परिवार का प्रत्येक सदस्य नागरजी की साहित्य - साधना में सहयोगी है और प्रत्येक को सुरुचिपूर्ण संकलन का शौक है 1

"स्वच्छंद प्रकृति पायी है इन्होंने! विचार स्वातंत्र्य के कारण कुछ वर्षों को छोड़, ये नौकरी नहीं कर पाए। संवेदनशील ये अवश्य हैं। किंतु वैसी भावुक प्रकृति इनमें नहीं है जो अक्सर कवियों में पाई जाती है, इसलिए कविता इन्होंने कभी नहीं लिखी। (नागरजी में काव्यरचना की प्रतिभा भरपूर थी, किंतु कविताएँ और गीत आदि यदाकदा और छिटपुट ही लिखे - संपादक) उपन्यास, कहानियों के अलावा रेडियो रूपक और बच्चों की कहानियाँ इन्होंने खूब लिखी हैं। हास-परिहास इनमें बहुत अधिक है सो वह इनकी रचनाओं में भी खूब उभर कर आया है।" श्रीमती नागर में एक अच्छे समालोचक वाली विश्लेषण की क्षमता है, यह मैं बार-बार अनुभव करती रही।

" रिक्रिएशन की इनकी परिभाषा बड़ी व्यक्तिगत है। पढ़ना-लिखना और उसके लिए घूमना-फिरना भी इनके लिए 'रिक्रिएशन' से कम नहीं है और बच्चों के साथ हँसना-खेलना भी 'रिक्रिएशन' है। घर और मुहल्ले के बच्चों को इकट्ठा करके खूब हास-परिहास करते हैं। बच्चों से इन्हें विशेष मोह है, इसीलिए तो बच्चों की महाभारत लिखी है इन्होंने, अभिनय और निर्देशन का भी इन्हें खूब अधिक शौक रहा है। मित्रों के साथ बैठ कर गप्पबाजी और चुटकुलेबाजी में इन्हें खूब आनंद आता है। लेकिन इस सबके लिए ये वैसे बेचैन नहीं रहते कि बिना उसके खाना हजम न हो। न ही कॉफी हाउस जाने का मीनिया ही है इन्हें।"

और मैं महसूस करती हूँ कि नागरजी को 'मीनिया' किसी बात का नहीं है, यदि उनकी किसी बात को 'मीनिया' कहा जा सकता है, तो मैं कहना चाहूँगी कि उन्हें केवल एक बात का मीनिया है - वह है कहकहे लगाने और अट्टहास का। क्योंकि हमारी बातचीत अभी पूरी भी नहीं हुई थी कि नागरजी का स्वर सुनाई देता है, "करा ली न मेरी बुराई खूब!" और फिर वही कहकहा। वही अट्टहास।

धर्मयुग, वर्ष 23, अंक 34, 20 अगस्त, 1972

अमृतलाल नागर विकासपुरी में : कुछ झलकियाँ

रामशरण शर्मा 'मुंशी'

"हाँ, रामविलास, आज हम ताजा हो गए" - नागरजी ने कहा। और अपनी सुपुत्री आरतीजी तथा वाणी प्रकाशन के महेश्वरीजी के साथ कार में बैठ गए। विकासपुरी वाले मकान के गेट से बाहर सड़क पर रामविलास भैया, मैं, धन्नो, विजय, शोभा, संतोष, मुकुल, सोना, चीनू, सोनाली और सुकेत उन्हें विदा करने के लिए खड़े थे। नागरजी और आरतीजी ने कार के भीतर से हाथ हिलाए। ड्राइवर ने गाड़ी स्टार्ट कर दी।

उन दो- तीन घंटों की दास्तान क्या एक सीमाबद्ध लेख में अट पाएगी? इसलिए लेख नहीं। संस्मरण भी नहीं। मात्र कुछ झलकियाँ। ध्यान रहे, सब नहीं! मात्र कुछ।

लिपिक का लिखा, लेकिन पंडित अमृतलाल नागरजी द्वारा हस्ताक्षरित, दो लाइनों का एक कार्ड मुझे 19-20 अगस्त के आसपास मिला था। आशय था 24 अगस्त को सुबह 9-10 के बीच रामविलास के यहाँ मिलो।

लेकिन 24 तारीख। यानी, जन्माष्टमी का दिन। क्या ले चला जाय उनके लिए? फल!... पता नहीं उनके दाँत साथ दें या नहीं। रामविलास भैया के दाँत तो निश्चय ही साथ नहीं देंगे। घर की मीटिंग में तय हुआ कि बढ़िया बरफी मँगाई जाए। मैंने बताया कि जब हम लखनऊ गए थे, तो नागरजी ने चौक की बढ़िया मिठाई से हम लोगों की खातिर की थी, खुद भी खाई थी। हरिनगर घंटाघर में वैसी मिठाई तो नहीं मिल सकती, पर बढ़िया बरफी मिलती है। सो, आ गई बरफी।

बरफी का डिब्बा अब मेरे थैले में और मैं मुकुल के स्कूटर पर। मुकुल मुझे विकासपुरी में उतार कर फौरन लौट आए क्योंकि धन्नो को भी लेकर आना था। सोना, ऑलरूट पास होने के कारण, बस से आने वाली थीं।

विकासपुरी वाले मकान के ड्राइंग रूप में घुसा, तो बाएँ हाथ के सोफे पर एक नवयुवक बैठे दिखाई दिए। इन्हें मैं नहीं पहचानता था। सामने के दो कुर्सीनुमा सोफों में से बाएँ हाथ वाले पर एक युवती और दाहिने हाथ वाले पर शोभा बैठी थीं। (बाद में मालूम हो गया कि बाएँ हाथ के सोफे पर वाणी प्रकाशन के महेश्वरीजी थे। शोभा के बगल में बैठी युवती आरतीजी थीं।) अब मेरी नजर दाहिने हाथ को गई - उस तखत की तरफ जो सदा केदार भैया का प्रिय आसन रहा है।

अहा, यहीं। दोनों एक-दूसरे से जुड़े। साथ-साथ।

मैंने थैला पीछे की बड़ी मेज पर पटका। लपक कर दोनों से मिला। नागरजी ने प्यार से मेरी पीठ थपथपाई और पास बैठा लिया।

मुझे रामविलास भैया की षष्ठिपूर्ति के समय लिखा नागरजी का लेख याद आ रहा था। वह लेख नागरजी ने भैया के इस पत्र से ही शुरू किया है :

"प्रिय भैयो!

तुम्हारे और केदार के सब पत्र पढ़ गया हूँ। किसी अंग्रेजी पढ़े-लिखे मित्र से पूछना कि इंग्लैण्ड के दो (तीन तो बहुत हैं) साहित्यकारों का नाम ले जिनकी दोस्ती - सचमुच की दोस्ती, महज खत - किताबत वाली नहीं... उनके साहित्यिक जीवन के आरंभ से लेकर तीस साल तक एक बार भी जूतम - पैजार और मुँह - फुलौवल के बिना बनी ही न रही हो, वरन गढ़ियाई हो। यहाँ भी अंग्रेजी फौक्स हुई ...।"

अब तक धन्नो, मुकुल और सोना भी आ गए थे। विजय ने नागरजी के नाश्ते के लिए कई चीजें उपस्थित कीं, प्रायः नमकीन। चाय भी आ गई।

बातों-बातों में भैया ने महेश्वरीजी को बताया - "हमारी मित्रता को अब 53-54 साल होने को आए।"

मौका देखकर मैं उठा और थैले से बरफी का डिब्बा निकाला। खोला। " आपको साहित्य अकादमी ने सम्मानित किया है। (साहित्य अकादमी द्वारा उन्हीं दिनों नागरजी को महत्तर सदस्यता प्रदान की गई थी - संपादक)। लीजिए, इसी खुशी में मुँह मीठा कीजिए..." कहते हुए मैंने बरफी का डिब्बा उनके सामने पेश कर दिया।

नागरजी ने झट से एक बड़ा पीस उठाया और कहा 'अहा!'... कहते हुए मुँह में रखा। अब मैं डिब्बा दूसरे लोगों के सामने पेश कर रहा था।

तभी देखा, अचानक आरतीजी उठीं और नागरजी का हाथ रोकने लगीं। डाँटते हुए बोलीं, "आप क्यों खा रहे हैं? आपको मना है न मिठाई! शुगर जाती है न!"

मैंने मिठाई का डिब्बा अब सामने वाले नाश्ते वाली टेबिल पर रख दिया था।

तभी रामविलास भैया बड़े क्रोध से बोले : "हटाओ इस डिब्बे को यहाँ से। सोना, इसे ले जाकर अंदर रखो... नहीं तो यह खाते रहेंगे!"

मैं हतप्रभ था। पर गलती तो हो ही गई थी। सोना ने- या किसी और ने - डिब्बा वहाँ से हटा दिया।

रामविलास भैया अब भी क्रोध में थे, एकदम रुद्र रूप में। पर, नागरजी हँसे जा रहे थे। मैं देख रहा था, हाथ में पकड़ा टुकड़ा नागरजी जल्दी ही खत्म करने की कोशिश कर रहे हैं। लेकिन इस जल्दबाजी में बरफी के छोटे-छोटे टुकड़े बार-बार उनके दाँतों में चिपक चिपक जाते हैं। ...

डाँट तो मैंने खाई, पर जल्दी-जल्दी बरफी खत्म करने में नागरजी की वह सुप्रसन्न मुद्रा मैं कभी नहीं भूल सकता।

हाँ, दिल्ली आने पर अब उन्हें कभी मिठाई नहीं मिलेगी।

नाश्ता - चाय के बाद आरतीजी ने नागरजी की पान की डिबिया खोलकर उनके सामने कर दी! मैंने पूछा, "अब भी पान खाते हैं? "

"हाँ SS!" आरतीजी बोलीं।

पूछा।

"आज कल आप कितने पान खाते हैं, नागरजी?" मैंने कुछ जोर से वह दाहिने कान में हियरिंग एड लगाते हैं। (एक बार मैं उनके पास से उठकर सामने के सोफे पर जाने लगा था, तो हाथ पकड़कर रोक लिया : "यहीं बैठो, दूर से तुम्हारी बातें नहीं सुनाई पड़ेंगी।" सो मैं उनके पास ही बैठा था।)

बोले - " दिन भर में दस।"

मैंने आश्चर्य से पूछा - "दस? "

बोले - " क्यों, क्या हुआ! पहले तो पचास खाता था। "

मैं कुछ सोच रहा था। तभी बोले - " अरे पहले तो मैं गोला खाता था। अब तो सिर्फ गोली खाता हूँ।"

बातों-बातों में मालूम हुआ कि स्व. वृंदावनलालजी वर्मा के स्मृति समारोह में भाग लेने के लिए नागरजी 14 सितंबर को दिल्ली आ रहे हैं।

" रामविलास, तुम भी बोलो उस समारोह में।"

"मैं अब कहीं नहीं जाता।"

नागरजी बिफर उठे - आयोजकों पर। बोले - " अरे इंडिया इंटरनेशनल सेंटर से एक गाड़ी विकासपुरी नहीं भेज सकते वे लोग? बुलाने का तरीका ही नहीं मालूम बेवकूफों को। मैं तो रामविलास को वृंदावनलाल वर्मा पर जरूर सुनना चाहूँगा।"

रामविलास भैया चुप थे। वृंदावनलालजी के लिए भैया के मन में जो आदर है, उसे मैं जानता हूँ। अभी, कुछ दिन पहले ही तो विकासपुरी में उन्होंने वर्माजी के पत्रों के अंश बहुत भावुक मन से हम लोगों को सुनाए थे। लेकिन भैया अब कहीं भाषण देने, बोलने, नहीं जाते - पुरस्कार लेने तक नहीं। यह अडिग तथ्य है।

बहरहाल, नागरजी 15 सितंबर का दिन विकासपुरी में बिताएँगे और शाम की फ़्लाइट से लखनऊ जाएँगे, यह कार्यक्रम तय हो गया।

तभी न जाने कहाँ से 'सचेतक' का नाम टपक पड़ा। मैंने पिछला अंक मिल गया?"

बोले - "नहीं।"

"उसमें तो अवस्थी ने आपसे भेंट होने का हवाला दिया है।"

बोले - "मुझे तो अंक मिला नहीं।"

मैंने विजय से 'सचेतक' की प्रति लेकर अवस्थी वाला पत्र नागरजी को सुनाना शुरू किया। बड़े ध्यान से सुनते रहे। "... घर में घुसने पर सामने आँगन में छोटी पुत्री, जिन्हें मैं शायद पहली बार ही देख रहा था, मिलीं" पढ़कर मैंने आरतीजी की ओर इशारा करके कहा, "शायद यही होंगी।"

"तुम तो नहीं थी आरती।" नागरजी बोले।

"मैं ही थी," आरतीजी ने मुस्करा कर कहा। आरतीजी को देखकर मुझे प्रतिभा भाभी की बार-बार याद हो आती थी। आरतीजी शरीर में छरहरी ज़रूर हैं, पर मुखाकृति प्रतिभा भाभी से बहुत मिलती है। विनोदप्रियता में आरतीजी नागरजी से कम नहीं होतीं। मैं भी इन्हें - शायद - पहली बार देख रहा था। यह वायुसेना के एक विंग कमांडर की पत्नी हैं।

अवस्थी का पत्र खत्म होते ही नागरजी बोले - " लखनऊ आओ रामविलास, सच। बड़ा अच्छा रहे!"

रामविलास भैया कुछ देर चुप रहे। फिर बोले - "मुंशी, चलते हो लखनऊ?"

"चलिए," मैंने कहा, "अवस्थी के मकान के सामने मेरे एक पुराने दोस्त आबदी साहब हैं, उनसे भी मिल लूँगा।"

"ठीक है। तारीख तय करो कि कब चल रहे हो।"

बस यहीं तो मुश्किल खड़ी हो जाती है। अभी ही दफ़्तर के दो काम सिर पर हैं। जाने कब खत्म होंगे! कुछ सोचकर मैंने कहा, "बाई सेप्टेम्बर मिडिल।

" भैया बोले, "अरे 14-15 सितंबर को तो यह यहाँ होंगे। तुम्हारा मतलब है कि जब यह यहाँ आएँगे, तब तुम वहाँ जाओगे?"

खिंच गई न टाँग।

बोले - " अक्टूबर में चलो।"

तभी विजय बोले, "एकदम शुरू अक्टूबर में चलने से एक-दो रोज की छुट्टी ले- लेने से चार-पाँच दिन निकल आते हैं। दो तारीख की छुट्टी है ही। पहली को इतवार है। शायद मैं भी चल सकूँ।"

"ठीक है।" मैं इसके सिवा कहता ही क्या।

भैया बोले, "प्रोग्राम पक्का हो गया। शुरू अक्तूबर में चलेंगे। चार-पाँच दिन बहुत हैं लखनऊ में।"

नागरजी प्रसन्न हो गए। बोले, "मजा रहेगा। खूब गपशप लड़ेगी। आओ रामविलास, लखनऊ आओ। तब तक मेरी किताब भी खत्म हो जाएगी। वह इन्हीं के लिए है, मुंशी।... तुम लखनऊ आओ रामविलास को लेकर!"

अवस्थी का जो पत्र मैंने नागरजी को पढ़कर सुनाया था, उसमें हल्का-सा पुट रिपोर्ताज का भी है - बहुत हल्का-सा पुट, अनायास।

मुझे नागरजी के उस रिपोर्ताज की याद हो आई जो गढ़ाकोला में आयोजित 'निराला समारोह' पर उन्होंने 'हिंदी टाइम्स' के लिए लिखा था। लाजवाब रिपोर्ताज है वह बड़ा मर्मस्पर्शी और जीवंत रिपोर्ताज। मैंने बताया कि पी. पी. एच. निरालाजी पर 'बाल जीवनी माला' के लिए रामविलास भैया की लिखी पुस्तिका का नया संस्करण निकाल रहा है। यह भी जिक्र किया कि जिन फोटुओं से 'बाल जीवनी माला' की उस पुस्तक के लिए ब्लाक बनवाए थे, वे अब हमारे पास नहीं हैं। तभी भैया ने बताया कि उनके पास निराला की युवावस्था का भी एक ऐसा फोटो है जो उन्होंने एक ग्रुप में से अलग निकलवाया है। " दिखाओ, दिखाओ," नागरजी बोले। भैया उठे और अपने कमरे में से, थोड़ी-सी देर में ही, वह फोटो ले आए। हाँ, निरालाजी युवावस्था का वह फोटो हम में से किसी ने नहीं देखा था। पर फोटो पर 'ग्रेन्स' बहुत थे।

बात फिर रिपोर्ताज पर आ गई। मैंने पूछा, "नागरजी, वह आपके किसी संकलन में छपा है?"

उन्हें याद हो आई। बोले, "हाँ, वह है मेरे एक संकलन में।"

इस पर भैया बोले, " इनके सबसे बढ़िया रिपोर्ताज 'शदर के फूल' में हैं। गाँव-गाँव जाकर इन्होंने उन्हीं लोगों की बोली में उनकी कही बातें लिखी हैं। इतनी मेहनत अब कौन करता है?..."

"हाँ, उस किताब का जिक्र," नागरजी बोले, " डलहौजी के नाती ने भी अपने एक लेख में किया है।"

'रिपोर्ताज' और संस्मरणों पर बात होती रही। मैंने अपने मन की बात कह दी –" हिंदी में अब ऐसा जीवंत लेखन देखने को नहीं मिल रहा जिसे पढ़कर लगे कि

सब कुछ आँखों के सामने घटित हो रहा है। न वैसे संस्मरण, न रिपोर्ताज।" भैया ने 'पापा हेमिंगवे' पुस्तक का जिक्र किया। बोले, "उसमें हेमिंगवे खूब उभरा है। उसकी कच्ची-पक्की सब उसमें है। 'पापा हेमिंगवे' का लेखक उनके साथ लगा रहता था...।" "रामविलास, बढ़िया किताब होगी वह?" नागरजी बोले। "बहुत बढ़िया।" भैया का उत्तर था। "जरूर पढ़ूँगा उसे, जरूर।... रामविलास, तुम्हारी 'भारत के प्राचीन भाषा परिवार और हिंदी' किताब बहुत बढ़िया है। 'वार एंड पीस' की तरह पढ़ा है मैंने उसे! निशान लगा लगाकर। खूब खोज की है तुमने। वाह, वाह!"

"लेकिन भैयो, 'पढ़ीस' जी पर तुम्हारा लेख किसी संकलन में नहीं आया,' नागरजी को संबोधित करते हुए भैया बोले।

नागरजी चौंके। कुछ याद करते हुए बोले "ठीक कहते हो, रामविलास! वह किसी संकलन में नहीं आया। क्या बढ़िया अंक निकाला था 'पढ़ीस' पर तुमने (माधुरी का 'पढ़ीस' अंक - सं.)। वैसा अंक फिर किसी पत्रिका का नहीं निकला।... उसमें तो दो लेख थे मेरे - एक 'तसलीम लखनवी' के नाम से, दूसरा अपने असली नाम से। दोनों ही किसी संकलन में नहीं आए। ठीक याद दिलाई तुमने, रामविलास।" (उक्त दोनों लेख 'काकन जब राम घरै जायहु' तथा 'पढ़ीस : मेरे उर्दू के उस्ताद' 'जिनके साथ जिया' संस्करण 1991 में सम्मिलित किए गए हैं - संपादक)

'तसलीम लखनवी' नाम का जिक्र आते ही मुझे पीरू पहलवान वाली उनकी पुस्तक 'नवाबी मसनद' की याद हो आई। 'चकल्लस' पत्रिका में 'नवाबी मसनद' धाराप्रवाह छपती थी। पढ़ने में बड़ा मजा आता था। टिपीकल 'लखनवी' जुबान है 'नवाबी मसनद' में -- जैसे टिपीकल 'बांकेमलिया' (आगरे की) जबान 'सेठ बाँकेमल' में है।

'गदर के फूल' में बैसवाड़े की निखालिस अवधी, 'नवाबी मसनद' में चौक, लखनऊ, की लरजती - बलखाती तरह - तरह की अदाएँ दिखाती, दुपलिया टोपी वाली जुबान का मजा, और 'सेठ बाँकेमल' में आगरे की ऐसी दिलफेंक बोली कि मुर्दा गैंडे में भी जवानी का जोश भर दे।

रामविलास भैया बोले : "अंग्रेजी में डिकेंस और वाल्टर स्कॉट - ये दो लेखक थे जिन्होंने 'कॉकनी' (स्थानीय बोली- सं.) का अच्छा प्रयोग किया है। पर अमृतलाल नागर ने तो तरह-तरह की बोलियों पर मास्टरी हासिल की है और उनका तबियत से प्रयोग किया है।"

नागरजी की गद्गद मुद्रा देखने लायक थी। अपने दाहिने हाथ से अपनी पीठ ठोंके जा रहे थे - प्रसन्नता से विभोर (पता नहीं विजय ने उस समय कैमरा क्लिक किया या नहीं।) देखने लायक दृश्य था वह।

'चकल्लस' पत्रिका के संदर्भ में नागरजी से कहा, " 'नवाबी मसनद' के अलावा और भी तो टिट-बिट्स थे 'चकल्लस' में।" "वे कहीं छपे हैं या नहीं? "

बोले, "नहीं। अब तुम लखनऊ आओ तो मैं तुम्हें 'चकल्लस' की फाइल दे दूँगा। तुम टिट- बिट्स छाँट दो। मैं छपवा दूँगा। यही प्रोग्राम ठीक रहेगा... तुम अपने 'गाबदी - दोस्त (डा. वजीरहसन आबदी - मुं.) से बातें करना और 'चकल्लस' से मैटर निकालना। मैं और रामविलास अलग गपशप करेंगे।... क्यों रामविलास, ठीक है न?"

"ठीक।"

इस बीच संतोष ने भोजन का प्रबंध कर दिया था। यह पूछे जाने पर कि 'आप पूड़ियाँ खाना पसंद करेंगे या रोटियाँ' नागरजी ने रोटियों के लिए पसंदगी जाहिर की थी। सबने बड़ी टेबल पर बैठकर खाना खाया। (धन्नो हम लोगों के लिए हरिनगर में पहले ही भोजन की व्यवस्था कर गई थीं, अत: हम लोग साथ नहीं बैठे)। अन्य लोगों को पूड़ियाँ खाते देख नागरजी संतोष को लक्षित करके बोले : "अरे इस बेचारी को मेरे लिए रोटियाँ सेंकनी पड़ीं? मुझे ऐसा मालूम होता तो मैं भी पूड़ियाँ ही खा लेता।"

भोजन के बाद फिर सब लोग बतरस के आनंद में डूब गए। मैंने देखा, रामविलास भैया और नागरजी दोनों कुछ बुढ़ाए तो जरूर हैं, लेकिन इनकी जिंदादिली ने बुढ़ापा नाम की चीज को फौक्स कर रखा है।

नागरजी आरतीजी से कई बार कह चुके थे, "चलो, अब चला जाए आरती!"

आरतीजी भी कई बार अपना बैग सँभाल चुकी थीं। एक किताब जो मैंने नागरजी के लिए दी थी, सहेज कर रख चुकी थीं। भीतर जाकर शायद संतोष से विदा भी ले आई थीं। पर इधर भैया और नागरजी की बातों का सिलसिला ही खत्म नहीं हो रहा था। लिहाजा इस बार नागरजी ने जब आरती जी से चलने को कहा, तो वह उन्हें मीठी डाँट पिलाती हुई बोलीं, "आप मुझसे तो कई बार चलने को कह चुके हैं। मैं उठ कर खड़ी भी हुई। अब आप ही नहीं चल रहे तो मैं क्या करूँ? आप ही नहीं उठ रहे हैं...!"

नागरजी इस बार उठे। "क्या करें आरती?" डाँट खाए मासूम बच्चे जैसी आवाज में, सफाई देते हुए बोले, "इतने दिन बाद मिले हैं। मन ही नहीं भरता। जाने को जी नहीं चाहता।"

फिर हम लोगों की तरफ मुखातिब होकर चलते हुए बोले, "बड़ा आनंद आया आज। हम ताजा हो गए, रामविलास।"

पारिवारिक पत्र ' सचेतक' अंक 64 (15 अगस्त, 1989) से साभार

मानस का हंस

विष्णु प्रभाकर

फरवरी 23 की संध्या को सुना कि मानस का हंस उड़ गया, महामौन में दिव्य संगीत सुनने के लिए। जनता ने प्रियजनों ने नेताओं ने भी उनकी इस उड़ान को मृत्यु की संज्ञा दी और उसे साहित्य की अपूरणीय क्षति बताते हुए शोक प्रकट किया। स्वीकार करूँगा वह समाचार सुनते ही मेरा मन भी दर्द से तड़प उठा था, पर दूसरे ही क्षण मुझे याद हो आए गोर्की के उपन्यास 'मदर' के पात्र 'साशा' के ये शब्द-

'उनकी मृत्यु हुई यानी क्या हुआ? मृत्यु हुई का मतलब क्या है? मृत्यु यानी है क्या? मुझे उस व्यक्ति के लिए जो आदर था उसकी मृत्यु हुई या एक कामरेड के नाते उसके लिए मेरे मन में प्रेम था, वह मर गया या उसका अंत हो गया। मेरे अंत:करण में उसके लिए जो भावनाएँ थीं, वे मर गईं या उसकी मुझे जो पहचान थी कि वह एक ईमानदार पुरुषार्थी व्यक्ति है वह खत्म हो गई। आखिर हुआ क्या? मेरी दृष्टि में तो यह परिचय, यह ज्ञान, यह आत्मीयता इनमें से कुछ भी, कभी भी मरने वाला नहीं है। और मुझे लगता है कि किसी भी व्यक्ति के बारे में 'वह मर गया' यह कहने में हम बहुत ही उतावली करते हैं। उसके होठ निर्जीव और मृत हुए होंगे, लेकिन उसके शब्द अलबत्ता व्यक्तियों के अंत:करण में जिंदा हैं।'

'मेरा यह कहना शायद पागलपन ही लगेगा, लेकिन मेरा विश्वास है कि जिन लोगों ने मुझे जीवन का आनंद लूटते हुए जीने की कीमिया सिखाईं हैं, वे ईमानदार लोग सचमुच ही अमर हैं।'

सचमुच अमृतलाल नागर की मृत्यु नहीं हुई, मात्र देह का अवसान हुआ है। मानस का हंस देह से मुक्त होकर अपने सभी प्रियजनों और पाठकों के अंतर में रम गया है। सदा सर्वदा के लिए प्रेरणा का दिव्य संगीत बन कर। हर सच्चे सर्जक के साथ यही होता है। काल और देश की सीमाएँ भी बंधन नहीं बनतीं उनकी।

और फिर नागरजी जैसे 'दीवानगी' को जीवन की परमनिधि मानने वालेअन्वेषक

- सर्जक के लिए मृत्यु जीवन का विस्तार ही होती है। आत्मा न मरती है, न जीती है। वह तो बस निरंतर नए-नए लोकों की तलाश में आगे बढ़ती रहती है। नागरजी का समूचा साहित्य इसी 'तलाश' का प्रतीक है। और प्रतीक है 'मनुष्य' में उनकी अदम्य आस्था का।

मृत्यु से तीन सप्ताह पूर्व मेरे लिए 2 फरवरी का जो पत्र उन्होंने अपने परम मित्र (मेरे भी) श्री ज्ञानचंद जैन को बोल कर लिखवाया था, वह उनके स्वभाव, उनकी मान्यताओं और उनकी अदम्य जिजीविषा का महत्त्वपूर्ण दस्तावेज बन गया है। राम जन्मभूमि के विवाद को लेकर उनके किसी समाचारपत्र को दिए गए, किसी तथाकथित वक्तव्य के आधार पर उनके विरुद्ध दिल्ली के एक साहित्यिक वर्ग में कुछ भ्रम फैल गया था। मैं तो नागरजी को जानता था, तुरंत उन्हें पत्र लिखा। उन्होंने भी तुरंत उत्तर भिजवाया। उस पर हस्ताक्षर उन्होंने स्वयं किए हैं-

चौक लखनऊ - 226003

2.2.90

परम प्रिय विष्णु भाई,

आपका पोस्टकार्ड अभी मिला, जिसे चि. छोटी पौत्री से पढ़वाकर मैंने सुना। इस समय भाई ज्ञानचंद के हाथों से यह उत्तर लिखवा रहा हूँ मेरी आँखें अब बेहद खराब हो गई हैं। चलते-फिरते आकार को देख लेता हूँ परंतु आकृति तभी पहचान में आती है, जब आवाज़ सुनता हूँ। पढ़ नहीं पाता और न लिख पाता हूँ। अस्तु!

आपके पत्र से एक ऐसी बात मालूम हुई कि जिससे दिल्ली में चल रही हलचल का रहस्योद्घाटन हो गया। जब श्रद्धेय वृंदावनलालजी से संबंधित विचार गोष्ठी में सम्मिलित होने के लिए गया था, तब 'पांचजन्य' के एक रिपोर्टर मेरे पास आए थे। क्या प्रश्न पूछे और मैंने क्या उत्तर दिए, यह हड़बड़ी की उस भेंट में मुझे याद नहीं रहा, परंतु एक बात जानता हूँ और जिसे मैंने बार-बार कहा है। वही बातें अब मैं आप से निवेदन किए देता हूँ

(1) मैं अपने वंशगत संस्कारों से हिंदू हूँ, श्रीराम को भी ईश्वर का एक रूप मान कर उनमें मेरी आस्था गहरी है, पर मेरा हिंदुत्व किसी मस्जिद को तोड़कर रामजी का मंदिर बनाने की प्रतिक्रियावादी रूढ़िवादिता को अपना धर्म मानने से इनकार करता है। पहले भी इनकार करता रहा हूँ, आज भी इनकार करता हूँ और जब तक जिऊँगा इनकार करता रहूँगा।

(2) मैं मूलत: अपने हिंदू संस्कारों के कारण तथा अनेक बाहरी धार्मिक प्रभावों के कारण मनुष्य को ही ईश्वर मान कर साक्षात् पूजता हूँ। 'नाहीमानुषात् श्रेष्ठतरम् हि किंचित' का खुला पुजारी हूँ। कभी किसी से छिपाया नहीं। अब तक जो लिखा

वह भी उसी उद्‌देश्य से लिखा।

आपने यह पत्र मुझे लिख कर बड़ा उपकार किया है। लगता है मेरे चरित्र हनन का कोई भ्रम-भरा कुचक्र दिल्ली के एक वर्ग में चल पड़ा है। मुझे उसकी चिंता नहीं भाई! यह सब तो चलता ही रहता है। इनकी चिंता करूँ तो अपनी दीवानगी खो बैठूं। आजन्म सिद्ध की हुई परम निधि को इन्हीं सब बातों के लिए, खोने के लिए तैयार नहीं हूँ। आप खूब अच्छी तरह जानते हैं कि मेरा मन, मेरा आचरण, मेरा व्यवहार कैसा रहा है।

सदा आपका-

–अमृतलाल नागर

यह पत्र किसी टिप्पणी का मोहताज नहीं है। कितना अदम्य आत्मविश्वास है इस पत्र के शब्द - शब्द में! उनका समूचा साहित्य इस विश्वास का प्रमाण है। किसी भी विधा में लिखा हो, उनकी मूल चिंता सदा व्यक्ति और समाज को ले कर रही है। उन्होंने स्पष्ट शब्दों में घोषणा की है, 'चाहे इतिहास में गया हूँ चाहे आज के समाज में रहा हूँ, व्यक्ति और समाज का नाता किसी भी हालत में छोड़ा नहीं है।'

'इतिहास व्यक्ति और समाज के जटिल संबंधों के द्वंद्व से विकसित होता है।' इन संबंधों के सूत्रों को पकड़कर नागरजी जिस कुशलता से कथा का ताना-बाना बुनते हैं, वह उनकी सूक्ष्म और सहज दृष्टि का परिणाम है।

नागरजी शरच्चंद्र के परम भक्त रहे हैं। उनके देहावसान तक वे प्रतिवर्ष उनसे मिलने जाते थे। वे भी नागरजी को बहुत प्यार करते थे। अंतिम बार जब नागरजी उनसे मिलने गए तो शरत् बहुत प्रसन्न हुए। मृत्यु के पदचापों की आहट बहुत पास आ चुकी थी। बहुत बातें हुईं। मुझसे उन सबकी चर्चा करते-करते नागरजी न जाने कहाँ से बोल रहे थे, मैं जब उनके चरण छू कर जाने के लिए पालकी में बैठने लगा तो उन्होंने कहा, 'ठहरो अमरित! मैं इस समय तुम्हें रूपनारायण की शोभा दिखलाना चाहता हूँ।'

पालकी से उतर कर मैं उनके साथ किनारे तक गया। आकाश में तारे छिटक रहे थे। शायद पूर्णिमा थी। हाथ से इशारा करते हुए उन्होंने बतलाया, 'जब बाढ़ आती है तो पानी मेरे बंगले की सतह को छूता है। तब मुझे बहुत अच्छा मालूम होता है। जी करता है जहाज़ ले लें और घूमते रहें। कभी धरती पर न जाएँ।'

'मैं समझ गया था', नागरजी ने बताया, 'उस दिन अंतिम बार रूपनारायण के तट पर खड़े हुए उस महान् कथाकार के दर्शन कर रहा हूँ वह उस नदी से बहुत प्यार करते थे। अक्सर किनारे पर बैठ कर उसे देखा करते। मैं लौट आया, सोचता हुआ कि कितनी सीख दी है, मुझे इस महान् कलाकार ने। मैं तो 20-21 (वर्ष) का

नवयुवक था। एक दिन बोले, 'देखो अमरित, तुम अभी बच्चे हो, फिर तुम्हारे सिर से पिता का साया भी उठ चुका है। दुनिया ऐसे आदमियों को हर तरह से ठगने की कोशिश करती है। तुम्हारे साथ गृहस्थी भी है। इसी से मैं तुमसे यह सब कहता हूँ, इस बात को हमेशा ध्यान में रखना कि अगर तुम्हारे पास चार पैसे हों तो अधिक से अधिक इन्हीं चारों को खर्च करना, लेकिन कभी किसी से पाँचवाँ पैसा उधार मत लेना।"

शायद इसीलिए नागरजी ने यह भार पूर्णरूपेण अपनी सहचरी प्रतिभाजी को सौंप दिया था। अपने पास कुछ रखते ही नहीं थे। उनकी मृत्यु पर अपने मार्मिक संस्मरणों में उन्होंने लिखा है- मेरा हिसाब-किताब सब वही रखने लगीं। कहतीं, 'कल को बच्चे बड़े होंगे, अभी तो हमें जग जीतना है। तुम तो भोलानाथ हो, यह पैसा तुम्हारे बहाने से भगवान मुझे दे रहा है।'

और उसके बाद यह स्थिति आ गई कि स्वयं प्रतिभाजी को कहना पड़ा - 'कैसे आदमी हो? दो-चार रुपये अपने पास भी रखा करो। हरदम मेरे आगे हाथ फैलाते तुम्हें शर्म नहीं आती!'

लेकिन अभी तो हम शरत् की उस सीख की बात करेंगे जो साहित्य के बारे में उन्होंने नागरजी को दी थी, 'अमरित! मेरे प्रोफेसर ने मुझे दो बातें बताई थीं - एक तो यह कि कभी किसी की व्यक्तिगत आलोचना न करना और दूसरे जो कुछ भी लिखो वह तुम्हारे अनुभव के बाहर की चीज न हो। यही दो बातें मैं तुम्हें बतलाता हूँ भाई!'

नागरजी शरत्-साहित्य से प्रभावित नहीं हुए, पर ये बातें सदा-सदा के लिए उनके अंतर में कुंडली मार कर बैठ गईं। उनका समूचा साहित्य इसका प्रमाण है। अपने उपन्यासों के लिए अनुभव प्राप्त करने कहाँ-कहाँ नहीं भटके वे! उनकी वे ही रचनाएँ कालजयी हुईं जिनमें वे अपने पूरे अनुभव संसार के साथ रमे वे नहीं जो उन्होंने किसी फरमाइश पर सायास लिखीं।

शरत् अफीम के शौकीन थे, नागरजी भाँग के। शरत् प्रथम श्रेणी के अड्डेबाज़ थे, नागरजी भंग की तरंग में कहकहों के बीच महफ़िल को जीवंत बना देते थे।

लेकिन वे शरत् परंपरा के लेखक नहीं थे। प्रेमचंद के बाद हिंदी साहित्य में दो धाराएँ प्रबल वेग से उभरीं। एक धारा थी इलाचंद्र जोशी, जैनेंद्र और अज्ञेय की, जो मन के अंधकूपों में उतर यथार्थ के पीछे के सत्य को जानने का प्रयत्न करते थे। एक धारा प्रेमचंद की मूल परंपरा को साकार कर रही थी। यशपाल, भगवतीचरण वर्मा और स्वयं अमृतलाल नागर उसी धारा के पोषक थे।

नागरजी की विशेषता थी, उनकी कथा कहने की अद्भुत क्षमता। उतने ही प्रभावशाली थे वे घटनाक्रम का ताना-बाना बुनने में और इस सबके बीच में से

चरित्रों को उभारना उन्हें खूब आता था। यही उनकी सामर्थ्य थी, यही उनकी सीमा। उनके तेरह उपन्यासों में विशेष प्रसिद्ध हुए, वे हैं 'बूँद और समुद्र' (1956), 'अमृत और विष' (1966), 'शतरंज के मोहरे' (1959) और 'मानस का हंस' (1973)। दूसरे उपन्यास भी कम प्रभावशाली नहीं हैं, पर अधिकांशतः समीक्षक 'बूँद और समुद्र' को उनकी कला का सच्चा प्रतिनिधि मानते हैं। डॉ. रामस्वरूप चतुर्वेदी के शब्दों में, 'लखनऊ का मुहल्ला चौक, जो उनका अपना निवास स्थान भी है, पूरे उपन्यास में जीवंत हो उठा है और एक प्रकार से सामूहिक रूप से कथा का नायक कहा जा सकता है। उसके चरित्रों में पुराने शहर की संस्कृति से जुड़ी 'ताई' हिंदी कथा-साहित्य के अविस्मरणीय चरित्रों में से है। उपन्यास का शीर्षक, 'बूँद और समुद्र' समाज और व्यक्ति के संबंधों का ही प्रतीक है।'

साहित्य अकादेमी और 'सोवियत लैंड नेहरू पुरस्कार' से सम्मानित 'अमृत और विष' संक्रांति-युग के जीवंत चित्रण के लिए याद किया जाएगा। कविवर पंतजी के शब्दों में, 'उसमें विष की व्यापकता में छलकती अमृत की बूँदें उनकी जिजीविषा, मानवीय नियति में अडिग आस्था और रचनात्मक भविष्य के प्रति उनके तेवर जुझारू की परिचायक है।'

'शतरंज के मोहरे' को ठाकुरप्रसाद सिंह एक सशक्त उपन्यास मानते हैं, पर उन्होंने स्वयं नागरजी से कहा था - ' आपने अवध का विशाल कैनवास बीच ही में ईजेल पर से हटाकर और तरह की पेंटिंग्स बनानी क्यों शुरू कर दीं।'

इस तरह की शिकायतें तो हर किसी को किसी न किसी रचना के संबंध में हो सकती हैं। हर सर्जक की अपनी सीमाएँ होती हैं, पर वह अपराध तो नहीं हो जाता। वे समग्र रूप से बहुमुखी प्रतिभा के धनी थे। सामाजिक कथानकों के अतिरिक्त इतिहास, संस्कृति, कवियों और कथाकारों के जीवन पर भी उन्होंने उतने ही सफल उपन्यास लिखे। नाना विषयों पर निबंध, आत्मपरक लेख, यात्रा - विवरण, नाटक, हास्य-व्यंग्य, कविता के अतिरिक्त कुछ भी तो नहीं छूटा था उनसे।

व्यंग्य - लेखन के क्षेत्र में उन्हें वैसी ही सफलता मिली, जैसी उपन्यास के क्षेत्र में- 'सेठ बाँकेमल' एक अविस्मरणीय जीवंत चरित्र है। दीवानगी की यह हद थी कि 'ये कोठेवालियाँ' लिखने के लिए न जाने कितने कोठों पर गए और इसी तरह 'नाच्यौ बहुत गोपाल' के लिए मेहतरों की बस्ती में बार-बार जा कर अध्ययन किया।

तेरह वर्ष की आयु में 'साइमन कमीशन गो बैक' के शांतिपूर्ण जुलूस पर निर्मम लाठी प्रहार होते देख कर उस बालक के अंतर में से प्रतिक्रियास्वरूप कुछ पंक्तियाँ फूट पड़ी थीं। वही उनके साहित्यिक जीवन का आरंभ था जिसका अंत 74 वर्ष में अपना अंतिम उपन्यास लिखते हुए हुआ।

साठ वर्ष के इस संघर्षशील जीवन में विपुल साहित्य उन्होंने हमें दिया, जीवन को नाना रूपों में देखा, सिनेमा के रहस्यमय आलोक में रह कर फिल्मों के लिए लिखा ही नहीं, अभिनय भी किया। पंतजी के आग्रह पर सुप्रसिद्ध नर्तक उदयशंकर की फिल्म 'कल्पना' के संवाद उन्होंने ही लिखे थे। अपनी रचनाओं में विषय के अनुरूप ब्रज, अवधी, भोजपुरी आदि का सफल प्रयोग किया। दो रूसी तथा एक तमिल फिल्म की डबिंग भी हिंदी में की।

उनका जन्म एक गुजराती परिवार में हुआ था, पर वह सचमुच भारत के मानस के चितेरे थे। इसलिए उनका घर पूरे भारत के लिए तीर्थ रूप था। उनकी मस्ती, उनका सहज सौम्य स्वभाव सबको अपना बना लेता था। उनका आतिथ्य पाने का सौभाग्य मुझे भी कई बार मिला है। एक बार मैं अपने बड़े भाई और पत्नी के उनके इस तिलस्मी राजमहल में ड्योढ़ी और आँगन लाँघता हुआ उनके अध्ययनकक्ष में पहुँचा तो, देखता हूँ, वे घोड़ा बने अपने पोते को पीठ पर बिठाए कमरे के चक्कर काट रहे हैं। हमारे चेहरों पर गहरी मुस्कान उभरी पर अंतर में कैसा आह्लाद अनुभव किया, कैसा वात्सल्य, कैसा निर्मल स्नेह ।

हमें देखते ही वे उठे और गद्गद हो कर मेरी पत्नी और भाई साहब को बैठाया, सबसे परिचय कराया और प्रतिभाजी की सौम्य छवि तो मैं कई बार देख चुका था। वे तो आतिथ्य में जुट गईं।

सन् 1980 में मेरी पत्नी के देहावसान के बाद उनके साथ बिताए उन क्षणों को याद करते हुए उन्होंने मुझे सांत्वना भरे शब्दों में लिखा था, 'सुशीलाजी दो या तीन वर्ष पहले लखनऊ पधारी थीं। मेरे घर आ कर उन्होंने दर्शन दिए। एक झलक में व्यक्ति को पहचान सकने की सही सामर्थ्य यदि मुझमें आ गई है तो यह कह सकता हूँ कि आपके तपोनिष्ठ साहित्यिक व्यक्तित्व के निर्माण में उनका योगदान आधा या आधे से भी अधिक रहा होगा।'

कितना सही मूल्यांकन किया था उन्होंने मेरे निर्माण करने में सचमुच ही दो नारियों का हाथ रहा है, मेरी माँ और मेरी पत्नी का। नागरजी के निर्माण का तो सारा श्रेय 'बिट्टो' से 'बा' का विरूप पाने वाली उनकी जीवन - सहचरी प्रतिभाजी को ही जाता है। वास्तव में हर सफल व्यक्ति के पीछे नारी ही होती है। नागरजी के जीवन की तो वह संजीवनी थीं। उनकी मृत्यु के बाद नागरजी टूटते ही चले गए। 1950 में मुझे लिखे पत्र में जैसे सुन्दर और सुघड़ अक्षर चित्रित हुए, उनकी लेखनी से, 1988 में उसके विपरीत वैसे ही आड़े-तिरछे विरूप अक्षर बना सके वे।

उनके संस्मरण 'आज के बिछुड़े न जाने कब मिलेंगे' लिखते समय नागरजी ने अपने अंतर की समस्त करुणा और व्यथा को उड़ेल दिया है। अपने अपराधों को

भी नहीं छिपाया। ऐसे अवसर भी आए जब शक की दीवार ने उन्हें हाथ उठाने तक पर विवश कर दिया। तब कैसे रोए थे, दोनों एक-दूसरे से लिपट कर। जीवन में ऐसे क्षण ही तो प्रेम की सघनता के प्रतीक हैं। ठाकुर प्रसाद सिंह से कहे नागरजी के ये शब्द, 'मेरे पागलपन के लिए इसने बहुत कष्ट झेला है। यह न होती तो क्या मैं लिख पाता!' और प्रतिभाजी का अंतर के निश्छल प्रेम से छलकता यह वाक्य, 'बच्चों जैसे हैं नागरजी, उन्हें छोड़ दूँ तो कैसे रहेंगे?' बंबई से जब नागरजी का जी उचाट हो रहा था तो उन्होंने कहा था, 'तुम्हारा जी यहाँ नहीं लगता है तो लखनऊ चलो। कम आमदनी में भी हमारी गुजर-बसर हो जाएगी। तुम लिखो और खूब लिखो, बस यही मैं चाहती हूँ।'

और सचमुच जब वे उन्हें छोड़कर अपने असली घर चली गईं तो नागरजी बहुत दिन नहीं रह सके, पाँच वर्ष भी नहीं। उनके संस्मरणात्मक लेख की अंतिम पंक्तियाँ इसका प्रमाण हैं- " 26 मई (1985) की रात को घर से अस्पताल के लिए विदा हुईं और 28 मई को सुबह उनकी निर्जीव काया घर से सदा के लिए विदा होने को फिर आई। बड़े मान-सम्मान के साथ मेरी जीवन संगिनी ने अपनी जिंदगी पूरी की। प्रतिभा गई, अच्छा हुआ, पर मैं अकेला हो गया। अकेले में कवि नरेन्द्र की पंक्ति मन ही मन गुनगुना रहा हूँ, 'आज के बिछुड़े न जाने कब मिलेंगे।' नई देहों में कब मिलेंगे हम। अभी तो एक-दूसरे से न मेरा ही जी भरा है, न प्रतिभा का।"

इन शब्दों के पीछे की पीड़ा को कोई मेरा जैसा भुक्तभोगी ही अनुभव कर सकता है। उनके दोनों छोटे भाई, उनके साथी सर्जक यशपाल और भगवती चरण वर्मा सभी विदा ले चुके थे। कैसा मर्मांतक था यह अकेलापन पर नागरजी इस पीड़ा को पीते हुए अपने सर्जन में लगे रहे।

उनका कला-कृतियों को संग्रह करने का भी तो शौक था। जो भी व्यक्ति उनके पास जाता, उसे वे बड़े चाव से अपने उस अद्‌भुत संग्रह को दिखाते थे और उसके बाद भाँग की मस्ती में ठहाके लगाकर किस्सागोई करते थे। उस तिलस्मी महल में उनके पास जाना, उनसे मिलना एक अद्‌भुत अनुभव, एक अद्‌भुत उपलब्धि थी। पुरानी पीढ़ी के लिए ही नहीं, नई पीढ़ी के लिए भी, जिससे उन्होंने सदा रचनात्मक संबंध बनाए रखे। सम्मान भी उन्हें उन्हीं के अनुरूप मिला। अनेक पुरस्कारों के अतिरिक्त साहित्य अकादेमी ने फैलोशिप प्रदान की। भारत सरकार ने पद्‌मभूषण दे कर उन्हें सम्मानित किया।

लेकिन जैसा हमने शुरू में कहा था, नागरजी की मृत्यु नहीं हुई है मात्र देह का अवसान हुआ है। पिछली बार दिल्ली जब वे साहित्य अकादेमी के समारोह में आए

थे, तब मैं समझ गया था कि यह देह अब उनका साथ नहीं दे रही। देह उन्हें छोड़ गई, वे विदेह हो गए। अब वे हमसे जुदा नहीं होंगे। जीवित रहेंगे हमारी स्मृति में, कालजयी कृतियों में। वास्तविक नागरजी तो वही हैं।

स्मृति पीड़ा देती है तो शक्ति भी बनती है, पवित्र भी करती है। वही दिव्य स्मृति उन्हें सदा हमारे अंतर में जीवित रखेगी। वास्तविक जीवित रहना यही है।

साप्ताहिक हिंदुस्तान, 15 अप्रैल, 1990

अपने पैंसठ बरस के मित्र के नाम एक पाती

ज्ञानचंद जैन

ज्ञानचंद जैन
शिखर भवन,
टाट पट्टी, यहियागंज,
लखनऊ - 226003

प्रिय अमृत,

तुमसे ऐसी आशा नहीं थी। तुम तो मुझे अपना अभिन्न हृदय मित्र मानते थे। फिर मित्र को इस तरह निपट अकेला छोड़ कर चले जाना क्या तुम्हारा मैत्री - धर्म निभाना माना जाएगा?

तुम्हें कम से कम मेरे हैदराबाद से लौट आने की प्रतीक्षा तो करनी थी। तुम्हारी तो बड़ी ख्वाहिश थी कि मैं तुम्हें कंधा दूँ। फिर वह ख्वाहिश कहाँ चली गई? तुम्हें तो पता था कि मेरा हैदराबाद- प्रवास का कार्यक्रम किन परिस्थितियों में बना! इस बार की दूसरी अंटार्कटिका यात्रा में बड़े बेटे चि. शिखर के प्राणों का संकट आ उपस्थित होने का समाचार जब मैंने तुम्हें रुँधे गले से सुनाया था, तब तुम्हारी आँखें गीली हो गई थीं। फिर जब उसके अंटार्कटिका से न्यूजीलैंड होते हुए हैदराबाद वापस आ जाने की सूचना तुम्हें दी थी, तब तुमने स्वयं कहा था कि हैदराबाद जा कर एक महीने उसके पास रह आओ। मैंने तुम्हें याद दिलाया था कि तुम किस प्रकार अपने बड़े बेटे चि. कुमुद के घर नारायण नगर जाते हो तो एक सप्ताह बाद ही मुझसे मिलने की हुड़क में फिर चौक छोटे बेटे चि. शरद के घर वापस आ जाते हो। मैंने तुम्हें बता दिया था कि यदि चि. शिखर के स्वास्थ्य लाभ की प्रगति संतोषजनक पाऊँगा तो हैदराबाद दो सप्ताह रुकूँगा। इससे अधिक मन नहीं लगेगा। वहाँ तुम्हारी कंपनी मिस करूँगा!

तुमसे मेरी अंतिम भेंट 9 (फरवरी, 1990) को हुई थी। 10 को के घर नारायण

नगर जाने वाले थे, इसलिए फिर भेंट नहीं हुई। सिर्फ फोन पर हालचाल ले कर हम दोनों संतोष कर लेते थे। तुम्हारी तबीयत में कुछ सुधार भी था। 15 को सुबह हैदराबाद रवाना होने से पहले 14 को मैंने तुम्हें फोन पर बता दिया था कि मैं पहली तारीख तक वापस आ जाने की उम्मीद करता हूँ। इस बार हैदराबाद में अंटार्कटिका पर 'रीडर्स डायजेस्ट' द्वारा प्रकाशित एक बड़ी उम्दा पुस्तक पढ़ने को मिली। पाँचवें अंटार्कटिका अभियान की वैज्ञानिक रिपोर्ट भी पढ़ने को मिली, जिसमें सम्मिलित होकर शिखर अपनी पहली अंटार्कटिका - यात्रा पर गया था और जिस रिपोर्ट में अन्य वैज्ञानिकों के शोधपरक लेखों के साथ उसके भी दो लेख हैं। मैं सारी सामग्री के विस्तृत नोट्स यह सोच कर लाया था कि तुम्हें सुनाऊँगा तो तुम भी रस लोगे!

तुम्हें बताऊँगा कि अंटार्कटिका महाद्वीप कुछ शताब्दी पहले तक किस प्रकार सिर्फ हमारे देश के लिए ही नहीं, समस्त विश्व के लिए एक सर्वथा अज्ञातनामा लोक था। उसे सचमुच 'पाताल लोक' कहना अधिक उपयुक्त होगा, क्योंकि वह ठीक हमारे पैरों के नीचे है। वहाँ के जिस क्षेत्र में हमारे दो वैज्ञानिक अनुसंधान केन्द्र 'दक्षिण गंगोत्री' तथा 'मैत्री' नाम से स्थापित हुए हैं, वह अंटार्कटिका का पूर्वी क्षेत्र है और मोटे तौर से लंका के ठीक नीचे है

इस बार भारतीय अभियान दल दो जहाजों में गया था। एक जहाज इसी पूर्वी क्षेत्र में गया था, दूसरा एक नए क्षेत्र पश्चिमी क्षेत्र में गया था। यह क्षेत्र अफ्रीका और दक्षिण अमेरिका के नीचे है। तुमने अपने राम और अयोध्या संबंधी शोधपरक निबंध में जिन पुरातत्त्ववेत्ता विद्वान 'दि मेकर्स ऑफ सिविलाइजेशन' के लेखक वेड्डेल साहब को याद किया है, शायद उन्हीं के कोई सगोत्री 1819 और 1822 के बीच इस क्षेत्र से लगे समुद्र में गए थे। इसी कारण उनकी याद में यह 'वेड्डेल सागर' कहलाता है। शिखर इसी 'वेड्डेल सागर' के क्षेत्र में गया था। वह 2 जनवरी को वहाँ पहुँचा। 2, 3 तथा 4 को हेलिकॉप्टर से मुख्य भूमि पर जा कर काम किया। 5 को मौसम खराब होने के कारण जहाज पर रहा। 6 को उसके पेट में जोरों का दर्द उठा। सौभाग्य से उसके जहाज से करीब 300 किलोमीटर उत्तर एक जर्मन जहाज भी उसी क्षेत्र में था। 8 को जर्मन हेलिकॉप्टर आ कर उसे उस जहाज पर ले गया, क्योंकि हमारे जहाज के हेलिकॉप्टर केवल 150 किलोमीटर की उड़ान भरने की क्षमता रखते थे। जर्मन जहाज के सर्जन ने उसके पेट का ऑपरेशन किया।

वह तीन दिन जर्मन जहाज पर रहा और फिर आगे इलाज के लिए उसे जर्मन हेलिकॉप्टर से 'हेली वे' और फिर हेली वे से जर्मन वायुयान द्वारा 'साउथ पोल' और फिर साउथ पोल से अमेरिकी वायुयान द्वारा मैकमार्डो और मैकमार्डो से क्राइस्ट चर्च (न्यूजीलैंड) के अस्पताल पहुँचाया गया। मुझे संतोष है कि मैंने नहीं तो मेरे चिरंजीव

ने भले ही स्ट्रेचर पर लेटे-लेटे और उस अवस्था में जबकि एक नली उसकी नाक में लगी थी और तीन-तीन नलियाँ उसके पेट में लगी थीं, उसने साउथ पोल की ही नहीं, अंटार्कटिका महाद्वीप के आरपार की यात्रा भी कर डाली।

मैं सोच रहा था कि अंटार्कटिका पर जो सामग्री लाया हूँ, उससे तुम्हारा पर्याप्त मनोरंजन होगा और कई दिन की बातचीत का मसाला मिलेगा। तुम्हें सबसे अधिक रोचक यह बात लगेगी कि जिस गोंडवानालैंड का जिक्र हमारी बातचीत में अकसर आता था, किसी युग में अंटार्कटिका भी उसी का हिस्सा था। अंटार्कटिका महाद्वीप को अनार्कटिका पर्वतमाला ने दो भागों में बाँट दिया है- पूर्वी अंटार्कटिका और पश्चिमी अंटार्कटिका। भूगर्भशास्त्रियों का मत है कि कभी पश्चिमी अंटार्कटिका एक अलग द्वीपसमूह था और पूर्वी अंटार्कटिका दक्षिण भारत, अफ्रीका, दक्षिण अमेरिका, आस्ट्रेलिया और न्यूजीलैंड को मिलाकर बने विशाल महादेश गोंडवानालैंड का हिस्सा था। यह बात इन देशों की समुद्रतटीय रेखाओं को मिलाने से प्रमाणित होती है। उस समय अंटार्कटिका महाद्वीप संभवत: समशीतोष्ण क्षेत्र में स्थित था, जिसके प्रमाण अब से लगभग दो करोड़ वर्ष पहले पृथ्वी पर रहने वाले लिस्टोसारस नामक एक सरीसृप की प्रस्तरीकृत हड्डियों के अवशेषों से मिलते हैं। भूगर्भशास्त्रियों का अनुमान है कि गोंडवानालैंड का विखंडन संभवत: एक करोड़ नब्बे लाख वर्ष पहले आरंभ हुआ।

मैं सोच रहा था कि तुम्हें बताऊँगा कि इतिहास की पुस्तकों में जिन चार हिमयुगों के बारे में हमने इतना पढ़ा है, उन हिमयुगों के काल में पृथ्वी का रूप कैसा रहा होगा, इसका कुछ-कुछ अंदाजा आज के अंटार्कटिका महाद्वीप का दर्शन करके लगाया जा सकता है। इस महाद्वीप में 98 प्रतिशत भू-भाग पर औसतन डेढ़ मील मोटी बर्फ की तह जमी है इस महाद्वीप में ऐसी बर्फीली घाटियाँ हैं, जहाँ पिछले दो करोड़ वर्षों से कोई परिवर्तन नहीं हुआ। हमारे जीवनदाता जल का प्रधान स्रोत हिमशिखरों पर जमने वाली बर्फ है और संसार की 99 प्रतिशत बर्फ अंटार्कटिका में जमा है।

इस महाद्वीप का नाम 'अंटार्कटिका' कैसे पड़ा, इसकी कहानी भी रोचक है। ग्रीक विचारकों का तर्क था कि जब उत्तरी गोलार्द्ध में पृथ्वी है तो उसको संतुलित रखने के लिए दक्षिणी गोलार्द्ध में भी पृथ्वी होनी चाहिए। इसी के आधार पर अरिस्टाटिल ने उत्तरी गोलार्द्ध अर्कटोस (ऋक्ष) नक्षत्रपुंज के अंतर्गत स्थित होने के कारण दक्षिणी गोलार्द्ध की पृथ्वी का नामकरण उससे ठीक उल्टा - अनार्कटिकोस किया। सबसे पहले 18 वीं शताब्दी में जेम्स कुक ने अपनी समुद्री यात्राओं के द्वारा सिद्ध किया कि दक्षिणी महाद्वीप कपोल कल्पना नहीं, एक ठोस यथार्थ है। सबसे

पहले एक रूसी एडमिरल ने इस महाद्वीप की मुख्य भूमि का दर्शन किया, हालाँकि स्वयं उसे अपनी इस महत्त्वपूर्ण खोज का कोई पता नहीं था। उसी साल ब्रिटिश कैप्टेन ने भी भूमि का दर्शन किया। पिछले सौ सवा सौ वर्षों में जब इस महाद्वीप का विस्तृत अन्वेषण हुआ तो अरिस्टाटिल के दिए नाम के आधार पर उसका नाम 'अंटार्कटिका' प्रचलित हो गया।

मैंने सोचा था कि तुमसे कहूँगा कि इस बार जब तुम्हें कोई नया लखटकिया पुरस्कार मिले तो तुम भी अंटार्कटिका यात्रा का प्रोग्राम बना सकते हो। संसार के कई देश उसे पर्यटन उद्योग का नया आकर्षण स्थल बनाने की योजनाएँ बना रहे हैं। 1956 से वहाँ पर्यटकों का आना-जाना शुरू भी हो गया है। अभी वहाँ की सैर बड़ी महँगी पड़ती है। 25 दिन की सैर के लिए लगभग 200 से 600 डॉलर प्रतिदिन खर्च बैठता है। वहाँ पर पहनने के लिए विशेष पोशाक व जूते आदि खरीदने में भी कई हजार डालर का अतिरिक्त खर्च बैठता है। मैं शिखर के पास वहाँ पहनी जाने वाली पोशाक देख आया हूँ

मैं बड़ी उमंग के साथ हैदराबाद से लौटा था। तुमने कहा था कि जब तक हैदराबाद रहूँगा, तुम भी नारायण नगर रहोगे, 24 ता. को जब छोटे बेटे चि. सुधीर ने हैदराबाद फोन किया तो मैंने उसे बता दिया था कि मेरा रिजर्वेशन 28 का हो गया है और वह तुम्हें भी सूचित कर दे। तुम नारायण नगर में मिलोगे। सुधीर ने मुझे फोन पर इस बात का कोई संकेत नहीं दिया कि तुम महाशिवरात्रि के दिन शिवधाम के निवासी बन चुके हो। उसने शायद अपनी भाभी को बताया था, किंतु उसकी भाभी ने इस डर से कि मुझे शॉक लगेगा, मुझसे कुछ कहने को मना कर दिया था। टी. वी. न्यूज मैंने मिस की। वहाँ के अखबारों में कोई समाचार नहीं था।

जब मैं पहली तारीख को आया तो सुधीर स्टेशन पहुँचा था। उसने तब भी मुझसे कोई जिक्र नहीं किया। उसने समझा, मुझे न्यूज मिल चुकी होगी। गाड़ी लेट थी, इसलिए घर करीब 3 बजे पहुँचा। सोचा कि तुम अभी सो रहे होगे, इसलिए 4 बजे फोन करूँगा। साढ़े तीन बजे फ्रेश होकर पिछली तारीखों के अखबार पलटने के लिए नीचे बैठक में गया तो सबसे पहले नजर 'एक दैनिक पत्र' के पहले पेज पर तुम्हारे दो कालम के चित्र के साथ चार कालम की बाक्स न्यूज पर पड़ी। आँखों पर विश्वास नहीं हुआ। यह क्या से क्या हो गया? ऐसा लगा जैसे पैर के नीचे से जमीन खिसक गई हो! मैंने फौरन शेरवानी पहनी और तुम्हारे घर पहुँचा। वहाँ मुण्डित सिर चि. कुमुद तथा चि. शरद, चि. दीक्षा, चि. प्रचेता, सौ. सूर्यबाला और सौ. पूर्णिमा के अश्रुविगलित विषादपूर्ण और विवर्ण मुखमंडलों को देखा। उस समय मेरे मन की जो हालत हुई, उसका अंदाजा तुम भली-भाँति लगा सकते हो।

आँगन में सबसे भेंटने के बाद तुम्हारे कमरे में गया, जहाँ नित्य सायंकाल तुम्हारे साथ दो-ढाई घंटे बैठकर बैठकबाजी करना मेरा दैनिक कार्यक्रम बन गया था। कमरा जस का तस था। तुम्हारी मसनद भी वैसी ही सजी थी। सिर्फ जिन गावतकियों का सहारा लेकर तुम बैठे मिलते थे, उनके सहारे फूल-मालाओं से सजी तुम्हारी तस्वीर रखी थी। तख्त पर तुम्हारे बगल में जिस गावतकिए का सहारा ले कर मैं आराम से दोनों पैर फैलाकर बैठता था, वह भी उसी जगह था। किंतु उसका सहारा ले कर तख्त पर बैठने का साहस नहीं हुआ क्योंकि तुम्हारी तसवीर की तरफ देखने या तुम्हारी आँख से आँख मिलाने पर मेरे लिए अपने आँसुओं को रोकना कठिन हो जाता, इसलिए मैं सोफासेट पर बैठा।

तुम्हें याद होगा कि जैनेंद्र जी से जब हम दोनों अंतिम बार साथ-साथ हिंदी - संस्थान के द्वारा रवींद्रालय में आयोजित समारोह में मिले थे और जिसमें वे अपनी पत्नी भगवती भाभी के साथ आए थे, तब उन्होंने हम दोनों को साथ-साथ देखकर हँस कर पूछा था- अच्छा, यह बताओ, तुम लोगों की दोस्ती तो बचपन से है। बचपन में दोस्तों में अक्सर लड़ाई-झगड़ा भी हो जाया करता है, क्या तुम लोगों में लड़कपन में भी कभी कोई लड़ाई-झगड़ा नहीं हुआ? उन्हें अच्छी तरह याद था कि पचास बरस पहले जब हम उनसे पहली बार मिलने 7 दरियागंज, दिल्ली गए तब भी साथ-साथ गए थे। उनके प्रश्न का तुरंत उत्तर देना मेरे लिए कुछ कठिन हो गया था। हम दोनों कालीचरण स्कूल में पाँचवें दर्जे में सहपाठी बने। उस समय हमारी अवस्था 8-9 या 10 बरस थी। मुझे अच्छी तरह याद है, जब तुम पहली बार मेरे घर आए तो तुम्हारा पुराना बूढ़ा नौकर तुम्हारे साथ था। उस समय तक तुम दादाजी (नागरजी के पितामह) के अनुशासन - छत्र में थे और वे तुम्हें अकेले घर से बाहर नहीं निकलने देते थे। तुम किसी कारण से दो दिन स्कूल नहीं जा सके थे, इसलिए मेरे घर पूछने आए थे कि तुम्हारी गैरहाजिरी में क्या-क्या पढ़ाया गया और कोई होमवर्क तो नहीं दिया गया।

मुझे तुम्हारे घर पहली बार जाने की भी अच्छी तरह याद है। तुम उस समय भैंसोंवाली गली में जिस मकान में रहते थे, उसका नक्शा मेरी आँखों के सामने है। फटकिया के भीतर एक-दूसरे से मिले तीन-चार मकान थे। तुम्हारा मकान फटकिया के ठीक सामने था। उसकी कुर्सी ऊँची थी। दहलीज तक पहुँचने में तीन-चार जीने चढ़ने पड़ते थे। दहलीज के बाद दालान थी। दहलीज से मिला कुछ-कुछ अँधेरा आँगन था । दादाजी नीचे दालान में लेटे थे। शायद बीमार थे। उन्होंने आवाज दे कर तुम्हें बुला दिया था।

तुमने एक दिन स्कूल में मुझे उस समय चमत्कृत कर दिया था, जब तीन-चार स्कूली मित्रों की उपस्थिति में तुमने दावा किया था कि कहानी में पढ़ा हुआ अलादीन के चिरागवाला जिन्न सचमुच वर्तमान है और तुम उसे बुलाने की तरकीब जानते हो। वहाँ पर जो मित्र उपस्थिति थे, वे गवाह हैं। उस समय हम शायद छठे दर्जे में पढ़ते थे। अपने दावे को सच साबित करने के लिए तुम एक दिन इंटरवल में हम मित्रों को होस्टल के पीछे खलार में नाले से लगे बगीचे में ले गए थे। वहाँ तुमने पेड़ के नीचे खड़े हो कर जिन्न को बुलाने के लिए एक पुड़िया में से निकाल कर कुछ दाने वगैरह फेंके थे। किंतु जब जिन्न प्रकट नहीं हुआ था तो तुमने कहा था कि तुम्हारा दावा झूठा नहीं है। उसका आवाहन करने में कुछ गड़बड़ी हो गई है। तभी इंटरवल समाप्त होने की घंटी बज गई थी और जिन्न बुलाने का प्रयोग किसी दूसरे दिन के लिए स्थगित कर दिया गया था।

मुझे तुम्हारे टीले से लगे कटारी टोले वाले मकान की भी अच्छी तरह याद है। मकान तिखंडा था। नीचे के खंड में आँगन नहीं था। एक बैठक था। उस बैठक में मैंने अकसर सुबह के समय बाबूजी (नागरजी के पिताजी) को होम्योपैथिक दवाओं का बक्सा लेकर बैठे और मरीजों को दवा मुफ़्त बाँटते देखा है। बैठक के बगल के ऊपर दूसरे खंड में जाने का जीना था। जीने से निकल कर तीसरे खंड में तुम्हारे कमरे में जाने के लिए दूसरा जीना चढ़ना पड़ता था। बीच के खंड में परिवार के लोग रहते थे। ऊपर तुम्हारे कमरे के सामने की छत पर कई गमले रखे थे। तुमने गमलों में लगे अलग-अलग पौधों में अलग-अलग पर्चियाँ बाँध रखी थीं। उस समय तुम शायद सातवें दर्जे में पढ़ते थे, तुमने बताया था कि इन अलग-अलग पर्चियों पर तुमने अलग-अलग मंत्रों को सिद्ध करने की तिथियाँ लिख रखी हैं और किस तिथि पर किस मंत्र को सिद्ध करने से क्या-क्या अलौकिक शक्तियाँ प्राप्त हो जाती हैं।

मुझे याद है कि इसी मकान में तुम्हारा विवाह हुआ था। विवाह के बाद प्रतिभाजी की पहली झलक भी मैंने इसी मकान में देखी थी। माते (नागरजी की माताजी) मुझे बड़े मगन मन बहू दिखाने के लिए कमरे के भीतर ले गई थीं। प्रतिभाजी गुड़िया की तरह कीमती बनारसी साड़ी में लिपटी हुई बैठी थीं। सिर्फ उनके हाथ-पैर साड़ी के बाहर दिखाई पड़ते थे। रतन और मदन उन्हें घेर कर बैठे थे। तुम शर्माते हुए अम्माजी (नागरजी की दादी) की बगल में बैठ गए थे। अम्माजी फूली नहीं समा रही थीं।

इसी मकान में रहते समय तुम्हारी पहली कहानी 'अपशकुन' दिल्ली से प्रकाशित होने वाली 'रंगभूमि' में छपी थी। तुमने 'रंगभूमि' का वह अंक बड़े गर्व से मुझे दिखाया था और कहानी पढ़कर सुनाई थी। तुमने वह सच्ची घटना भी विस्तार से सुनाई थी, जिससे प्रेरित हो कर तुमने कहानी लिखी थी। उसके कुछ समय बाद

ही जब 'रंगभूमि' में मेरा पहला लेख छपने की सूचना अगले अंक के आकर्षण स्तंभ में निकली थी, तब तुमने ही सबसे पहले मुझे सूचना दी थी। हम दोनों का नाम छापे के हरूफों में आने के बाद हमारी मित्रता एक नई डोर में बँध गई थी।

'लखनऊ यूथ्स यूनियन क्लब' की स्थापना में हम दोनों ने उत्साह से भाग लिया था और उसकी गतिविधियों ने हमारी घनिष्ठता बढ़ा दी थी। हमने क्लब में ' सुनीति' नामक एक द्वैमासिक पत्रिका भी निकाली थी, जिसका एक ही अंक निकल सका था। उस पर प्रधान संपादक के रूप में तुम्हारे अंग्रेज़ी के अध्यापक हरीदास पकरासी और हिंदी के अध्यापक वेणीमाधव मिश्र 'माधव' का नाम दिया गया था और सहकारी संपादक के रूप में हम दोनों का नाम था। पकरासी साहब से मैंने तो नहीं पढ़ा, लेकिन केवल तुम ही नहीं, उनसे पढ़ने वाले सभी विद्यार्थी उनके पढ़ाने के ढंग से प्रभावित थे और वे बहुत अच्छे अध्यापक माने जाते थे। माधवजी से हम दोनों ने हिंदी पढ़ी थी। वे हिंदी इतने अच्छे ढंग से पढ़ाते थे कि छात्र में सहज ही विषय में रुचि उत्पन्न हो जाती थी। हम दोनों में हिंदी - प्रेम जाग्रत करने का श्रेय उन्हीं को है। स्कूल में हमारे एक और अध्यापक लाल साहब थे, जिन्होंने हम लोगों की इतिहास में रुचि पैदा की

तुम्हारे चूड़ीवाली गली के मकान का नक्शा भी मेरी आँखों के सामने है। इसी मकान में तुम्हारा गौना हुआ। गौने के बाद तुम्हारे कमरे की जो कायापलट हो गई थी, प्रतिभाजी ने परदे आदि लगा कर उसे जिस सुरुचिपूर्ण ढंग से सजा दिया था, उसका चित्र मेरी आँखों के सामने है। तुम्हारे कमरे के सामने रतन, मदन का कमरा था। जब भी कोई नई कहानी लिखता था तो सबसे पहले तुम्हें सुनाने जाता था और तुम्हारे गौने के बाद प्रायः उसी में बैठता था। उन दिनों का लिखा अधूरा उपन्यास आज भी मेरे पास सुरक्षित है, जिसमें शायद तुमने कोई टिप्पणी भी लिखी थी। तुम्हारी रचनाओं का पहला श्रोता भी मैं ही होता था। कहानी लेखक बनने के बाद हमने 'जैन श्वेताम्बर लायब्रेरी' लगभग पूरी की पूरी चाट डाली थी। प्रेमचंद, प्रसाद, विश्वंभरनाथ शर्मा 'कौशिक', पांडेय बेचन शर्मा 'उग्र', विनोदशंकर व्यास, जी. पी. श्रीवास्तव, अन्नपूर्णानंद, देवकीनंदन खत्री, किशोरीलाल गोस्वामी, गोपालराम गहमरी, दुर्गाप्रसाद खत्री, आदि -आदि की कोई भी रचना हमसे छूटी नहीं थी।

इसी मकान में रहते हुए बाबूजी का देहांत हुआ। तुम्हारे पितृविहीन होने पर तुम्हारे लिए मेरे हृदय में सहानुभूति का जो सागर उमड़ पड़ा था, उसने स्वाभाविक रूप से हमारे मैत्री संबंध में नई आत्मीयता उत्पन्न कर दी। अब मेरी बैठक तुम्हारे बैठके में प्रायः दिन-रात होने लगी। मेरा अधिकांश समय तुम्हारे साथ बीतता था। मन्नो, बन्ने मियाँ, लल्लू भैया आदि के साथ तुम्हारी जो मित्रमंडली जुड़ी उसका मैं

भी एक अभिन्न अंग बन गया। इसी मकान में रहते समय तुम्हारा पहला कहानी-संग्रह 'वाटिका' प्रकाशित हुआ और तुमने लेखक बनने का अपना जीवन-लक्ष्य निर्धारित कर लिया।

अमृत, किसी तीसरे व्यक्ति को यह समझाना बड़ा कठिन है कि कैसे हम दोनों एक अटूट मित्रता के बंधन में दिनोंदिन अधिकाधिक मजबूती से बँधते चले गए। इसका कारण शायद यही था कि हम दोनों की रुचियाँ समान थीं, हमारे स्वप्न एक थे, हमारी आकांक्षाएँ एक थीं, इसलिए हमारा व्यक्तित्व एक-दूसरे का पूरक बन गया था। लगभग 12 वर्ष मैं लखनऊ से बाहर रहा और तुम भी लगभग 8 वर्ष लखनऊ से बाहर रहे। लेकिन इस बीच पत्र-व्यवहार का सिलसिला बराबर जारी रहा और हम दोनों पत्रों के माध्यम से एक-दूसरे के निकट अपना हृदय उड़ेलते रहे। इसलिए इस अंतराल में भी हमारे बीच कभी दूरी नहीं आने पाई। 1947-48 से तो हम फिर लखनऊवासी और चौबीसों घंटे के साथी बन गए। 1948 से भगवती बाबू (भगवती चरण वर्मा) लखनऊवासी बन गए और हम तीनों का तिगड्डा बन गया।

तुम्हारी प्रत्येक रचना से मैं अत्यंत घनिष्ठ रूप से जुड़ा रहा हूँ। मेरे मानस पर चलचित्र के समान तुम अपनी चौक यूनिवर्सिटी में कब - किस मोहल्ले में कहाँ रहे और तुम्हारी कौन-सी रचना कब और कहाँ लिखी गई, इसका सिलसिलेवार दृश्य अंकित है। तुम स्टॉलिन का एक वाक्य अक्सर दोहराया करते थे - विल पैशेनेटली, अचीव (तुम किसी चीज़ की सर्वांग से इच्छा करो, तुम्हें अवश्य प्राप्त होगी)। तुमने इसे करके दिखा दिया। तुमने अपनी मसनद के पास छत्रपति शिवाजी के गुरु स्वामी समर्थ रामदास का एक आदर्श वाक्य टाँग रखा था–

यू
वह्नि तो चेतवावा रे चेतवी तांज चेततो,
केल्याने होत आहे रे आधीं केहांच पाहिजे।

(वह्नि (आग) तो चेतानी ही पड़ती है। (वह तो) चेताते रहने से ही चेतती है। करने से ही होता है रे। पहले आरंभ करना ही चाहिए।)

वस्तुतः इन वाक्यों में तुम्हारी साहित्य साधना की सारी कहानी, साहित्य के क्षेत्र में तुम्हारी सफलताओं का सारा मर्म छिपा है। तुमने अपने अंदर की साहित्य-सर्जना की आग को सतत चेताते रहने और प्रतिकूल परिस्थितियों में भी उसे बुझने न देने के लिए जो कठोर संघर्ष किया, जो कठिन तपस्या की और जिस तपस्या में प्रतिभाजी तुम्हारी सच्ची सहधर्मिणी बनीं, उसका मैं साक्षी रहा हूँ। में तुम्हारे जितना मनोबल नहीं जुटा पाया, तुम्हारी जैसी तपस्या नहीं कर पाया, इसलिए सृजनात्मक साहित्यकार की जो आग मेरे अंदर जागी थी, उसे मैंने जीवन संघर्षों में पलायनवादी

मनोवृत्ति अपना कर राख के अंदर दब जाने दिया। इसकी पूर्ति मैंने इस रीति से की कि मेरे अंदर का सृजनात्मक साहित्यकार तुम्हारे सृजनात्मक साहित्य लेखन से तुष्टि प्राप्त करता रहा और तुम्हारे सफलताओं के एक शिखर से दूसरे शिखर पर चढ़ते चले जाने से आत्मोपलब्धि का बोध करता रहा। शायद इसीलिए मैं तुम्हारे सृजनात्मक साहित्य लेखन से इतने घनिष्ठ रूप से जुड़ता चला गया और हमारे मैत्री संबंध की जड़ें हमारे व्यक्तित्व में बहुत गहरे धँस गईं।

इसलिए तुम अनुभव कर सकते हो कि तुम्हारे चले जाने से मैं अपने को कितना निपट अकेला और मित्र - विहीन अनुभव कर रहा हूँ। सिर्फ संतोष इतना कर सकता हूँ कि तुमने काम्य मृत्यु पाई। शिवरात्रि के दिन शिवधाम की यात्रा करके अपनी शिव भक्ति सिद्ध कर दी। वहाँ प्रसाद जी (जयशंकर प्रसाद) से अवश्य तुम्हारी भेंट हुई होगी। भगवती बाबू कहाँ हैं? प्रतिभाजी तो तुमसे पाँच बरस बड़ी होंगी! उनसे मेरी राम-राम कहना।

- तुम्हारा अभिन्न

- ज्ञान

साप्ताहिक हिंदुस्तान, 15 अप्रैल, 1990

नागरजी की याद में

भीष्म साहनी

चार-पाँच महीने पहले, गत सितंबर में नागरजी से भेंट हुई थी। हम लोग 'हिंदी संस्थान' के पुरस्कार समारोह के सिलसिले में लखनऊ गए थे। और दिल्ली लौटने से पहले, हम तीन व्यक्ति - अमरकांत, शेखर जोशी और मैं - उनसे मिलने चले गए थे। उनसे भेंट कर, बड़ा संतोष मिला था। मैं पहली बार उनसे उनके घर पर मिलने जा रहा था। पते के नाते मैं केवल 'चौक' शब्द ही जानता था। पर चौक पहुँच जाने के बाद उनके ठिकाने का पता मालूम करने में कोई दिक्कत नहीं हुई। एक ही पनवाड़ी से पूछा तो उसने गली की ओर संकेत कर दिया और साथ में कहा कि ऊँचे चबूतरे वाला मकान है, झट से नजर आ जाएगा।

पहले ड्योढ़ी, फिर चौड़ा आँगन लाँघ कर हम लोग उस खुले बरामदे में जा पहुँचे जो एक तरह से नागरजी का बैठने - उठने का कमरा था। पुरानी वजह का घर था, ऐसे घर मुगलों के ज़माने में बनाए जाते थे, बाहर तंग सँकरी गली, फिर घर के अंदर प्रवेश करो तो छोटी-सी ड्योढ़ी, फिर सहसा ही लंबा-चौड़ा आँगन और आँगन के पीछे दो-तीन खुली मेहराबों वाला बरामदा।

लखनऊ का वह दौरा एक तरह की बुढ़ापे की 'छत्रछाया' में बीत रहा था। चारों ओर हर चीज़ जैसे बुढ़ा गई हो। जिस होटल में हम लोग ठहराए गए थे, ईस्ट इंडिया कंपनी के ज़माने की इमारत थी, अभी भी वहाँ हर मंजिल पर भुस भरे शेर चीतों के पुतले, शीशे की अलमारियों में सजाकर रखे हैं। दीवारों पर अठारहवीं शताब्दी के जन-जीवन के चित्र। जर्जर दीवारें, उखड़े पलस्तर, होटल तो रोआबदार माना जाता है, पर है खस्ता हालत में अपने कमरे का ताला खोलने में ही मुझे आधा घंटा लग गया था, कहीं कुछ अटका हुआ था, अंदर ताली घूमती ही नहीं थी। कमरे के अंदर पहुँचा था तो ढेर सारे मच्छरों ने स्वागत किया था। और जो बाद में भी, सारा वक्त मेरे इर्द-गिर्द घूमते रहते थे। वेटर- खानसामे को बुलाने के लिए घंटी तो लगी थी, पर

दबाने पर बजती नहीं थी। या दूर कहीं बजती होगी, पर कोई कारिंदा उसकी आवाज सुनकर पहुँचता नहीं था। चाय मँगवाने के लिए खुद तीन बार किचन में जाना पड़ा था। यही एक ऐसा होटल बच रहा है, जिसमें खानसामा अपनी 'टिप' लेने के लिए आपके पीछे-पीछे सीढ़ियों के नीचे तक पहुँच जाता है और टिप मिलने पर दो सौ साल पुराने चलन के मुताबिक फर्शी सलाम बजा लाता है।

सड़क पर चलो तो जगह-जगह पुराने खँडहर या पुरानी इमारतों के गुंबद - मीनारें झाँकते हुए नज़र आते हैं। भव्य इमारतें, पर सभी को समय की काई ने ढक रखा है। रेज़ीडेंसी देखने गया था तो इमारतों के कंकाल गोलाबारी में छलनी सामने हुए खड़े थे। संग्रहालय के बाहर एक फलक पर उन बहादुरों की कुर्बानी का ब्यौरा तो दिया हुआ था जिन्होंने अंग्रेज शासकों की फरमाबरदारी में विद्रोहियों से लोहा लिया था और लगभग सत्तर दिन तक मुहासिरे की यातना सही थी, पर ऐसा एक भी फलक देखने में नहीं आया जो भारतीय दृष्टिकोण से लिखा गया हो, जिसमें उन विद्रोहियों के कारनामों का भी ब्यौरा दिया गया हो जो देश को आजाद करा पाने के लिए जूझते रहे थे। लगता है जैसे मुहासिरे के बाद इतिहास की गति थम गई हो।

एक दिन पहले पुरस्कार - समारोह हो चुका था। वहाँ पर भी बुढ़ापे का ही बोलबाला रहा था। मंच पर बूढ़े ही बूढ़े विद्यमान थे। किसी का जन्म 1904 का, किसी का 1903 का, किसी का 1910 का, यहाँ तक कि मोहनलाल मेहतो 'वियोगी' भी मौजूद थे, जिनका जन्म 1899 में हुआ था। और जिस महापुरुष के हाथ से पुरस्कार वितरण हो रहा था, वह इस मंडली में खूब फिट बैठते थे, पुरस्कार दे पाने के लिए उन्हें अपनी जगह से उठ पाने में भी दिक्कत महसूस हो रही थी।

और जब नागर जी के घर का दरवाजा खटखटाया तो मन में यही विचार था कि एक और बुजुर्ग के साथ कुछ देर के लिए मिल बैठना होगा। मैं अभी भी इस खुशफहमी में था कि मैं स्वयं अभी जवान हूँ और एक जवान आदमी की आँखों से बड़े-बूढ़ों को देख रहा हूँ।

नागर जी, अपने स्वभावानुरूप गले लगकर मिले, और देर तक गले से लगाए रहे। बड़ा आनंद आया। फिर बैठे तो पता चला कि मुझे वे मेरा नाम जान पाने पर ही पहचान पाए हैं। एक आँख में से रोशनी लुप्त हो चुकी थी। पास बैठे व्यक्ति की आकृति भी उन्हें धुँधली - सी ही नजर आती थी। पढ़ना उनके लिए नामुमकिन हो चुका था। अपनी पोती की मदद से, बोलकर लिखवाते थे। सुनाई भी कम देता था। इस पर बीमार रहने लगे थे

पर जब बातें होने लगीं और बीते दिनों की चर्चा चली, तो नागरजी सहसा कहने लगे - ' वाह, क्या बात है! क्या दिन थे!'

और फिर ऐसा चहकने लगे कि मैं दंग रह गया। मैंने जब उनकी 'गुंजन' नामक कहानी का जिक्र किया, जिस पर आधारित फिल्म आजादी के एकाध वर्ष पहले बनी थी और उसमें मेरे भाई बलराज साहनी ने काम किया था (यह फिल्म वीरेन्द्र देसाई ने बनाई थी जिसके हीरो बलराज साहनी और हीरोइन वीरेन्द्र देसाई की पत्नी नलिनी जैवन्त थीं, पटकथा और संवाद नागरजी ने लिखे थे - संपादक) और उन्हीं दिनों मैं नागरजी से पहली बार मिला भी था, तो मानो नागरजी फिर से उसी जमाने में जीने और साँस लेने लगे हों!

'वाह, क्या मस्ती के दिन थे, कैसा जुनून था!'

मैं उनकी बगल में, दाएँ हाथ बैठा था। उनके दूसरी ओर शेखर जोशी थे, सामने वाली कुर्सी पर अमरकांत थे। हम तीनों बड़े चाव से उनकी बातें सुन रहे थे। मैं उनके चेहरे की ओर देखता तो उनके दुखते शरीर की ओर ध्यान जाता, उनकी ज्योतिहीन आँखों की ओर, फिर झट से ध्यान उनकी बातों की ओर जाने लगता। सहसा वह हँस पड़े, शायद वह समझ गए थे कि मैं उनके अस्वस्थ शरीर की ओर देख रहा हूँ।

उसी रौ में बोले, जिस रौ में मस्ती के दिनों की चर्चा कर रहे थे-

'अब सेहत गिर गई तो क्या हुआ! इतने इतने बड़े गोले भी तो मैंने ही फाँके हैं।' और ठहाका मार कर हँसने लगे।

बातों का सिलसिला जारी रहा। उनमें सिलसिला कहाँ था, कभी पुरानी बातों की, दिवंगत मित्रों की, बलराजजी की, बन्ने भाई (सज्जाद जहीर) की, कभी लौटकर वह वर्तमान की बातें करने लगते। भाषा की, पुरस्कारों की, साहित्यिक गतिविधि की। उन्हीं दिनों 'भारत भारती' पुरस्कार को उन्होंने ठुकरा दिया था। बड़ी चर्चा चली थी। कहने लगे - ' चार-चार दिन भूखों भी रहा हूँ, भीष्म भाई, पैसे का लोभ न पहले कभी था, न अब है।'

और काँपती हुई सी आवाज में आगे बोले, 'जमीर बेचकर इनाम नहीं लूँगा।'

उस आवाज की गूँज अभी भी मेरे कानों में है मेरे दिल में है।

मैं जानता था भाषा - विशेषकर उर्दू के बारे में उनके विचार अलग हैं, जो मुझे अनूठे लगते रहे हैं। पर जब भाषा की बात चली तो मुझे लगा कि यह आदमी फार्मूलों में बात नहीं करता, न ही फार्मूलों में सोचता है। इनके लिए फार्मूले कोई मतलब नहीं रखते।

'जिस जबान में मैं लिखता हूँ, उसमें पच्चीस प्रतिशत के करीब शब्द उर्दू के रहते हैं... '

उनके इसी वाक्य पर सभी तर्क खत्म हो जाते हैं। उर्दू की क्या हैसियत हो, वह उत्तर प्रदेश की दूसरी 'सरकारी' भाषा बने, न बने, पर ये सवाल दूर कहीं पीछे छूट

जाते हैं, जब उर्दू उनकी अभिव्यक्ति का अभिन्न अंग है, और कौन ऐसा लेखक है, जिसे अपने शब्दों से प्यार न हो। जहाँ नागरजी की रचनाओं में यथार्थ जीवन बोलता है, वहाँ भाषा भी जनजीवन की भाषा होती है, कोई भी लेखक भाषाओं के बीच, अपने को व्यक्त करते समय रेखाएँ नहीं खींचता, वह उन्हीं शब्दों का प्रयोग करता है, जिनमें उसके पात्र बोलते हैं, जो उसके पात्रों के माहौल में गूँजते हैं जो उसकी अपनी सर्जनात्मक भाषा में रच-बस गए हैं। नागरजी लखनऊ में वर्षों से रहते आ रहे थे, लखनऊ की जबान ही उनकी लेखनी में उतर आई थी।

पर ये बातें तो जैसे चलते-चलते हुईं, न तो उनके चिंतन के केंद्र में थीं, न ही उन्हें वह विशेष महत्त्व देते थे।

बात आई भविष्य के मनसूबों की, निजी योजनाओं की, दिल में कुलबुलाती इच्छाओं की।

'अगली किताब कबीर के बारे में होगी।'

वह बड़े उत्साह से बोले, 'मैंने बहुत सी सामग्री इकट्ठा कर ली है। दो साल से कर रहा हूँ। बस, जमकर बैठने का मौका मिल जाए...।' कुछ देर चुप रहे फिर बोले, 'जरूर लिखूँगा। और भी अनेक योजनाएँ हैं... '

मैं किस भ्रम में था कि मुझे चारों ओर बूढ़े नजर आने लगे थे : शहर तो बूढ़ा, पुरस्कार प्राप्त करने वाले तो बूढ़े, नागरजी तो बूढ़े। बात यह थी कि मैं स्वयं बूढ़ा हो चला था। मेरा अपना दिल बुढ़ा रहा था। ऐसी योजनाओं के बारे में तो मैं अपनी जवानी के दिनों में भी बात नहीं करता था, जैसे यह आदमी मृत्यु के कगार पर खड़ा बोल रहा है, और अगर नागरजी का बस चलता तो वह यमराज को चकमा देकर भी कुछ साल जिंदगी के और छीन लाते और कबीर पर अपनी रचना रच डालते।

अबकी बार जब लखनऊ गया, दो ही दिन पहले, और शोक संतप्त परिवार से मिलने उसी घर में कदम रखा, जहाँ उत्साह, आत्मविश्वास और अपना स्नेह का वह दीया बुझ चुका था तो उनके भाई (शायद उनके भाई थे) (उनके भाई नहीं उनके दोनों पुत्रों कुमुद तथा शरद से लेखक की भेंट हुई थी - संपादक) उनके अंतिम दिनों की चर्चा करते हुए धीमी-सी आवाज में बोले, 'डॉक्टरों को कैंसर का भी शक होने लगा था...'

कैंसर शब्द तीर की तरह दिल में लगा। इस शब्द को सुनते ही दिल दहल जाता है। पर फिर, नागरजी जा चुके थे, बहुत-सी यातना भोग कर जा चुके थे, कम से कम इस अतिरिक्त पीड़ा से तो बच गए थे। पर तभी नागरजी का चेहरा आँखों के सामने घूम गया। वह किसी से हार मानने वाले का चेहरा नहीं था। शायद वह होते तो कहते, 'आ जाओ भाई कैंसर, तुम भी आ जाओ। पर कबीर पर किताब लिखने

की मोहलत तो दोगे?'

हम में से जिस किसी का नागरजी से संपर्क रहा है, जो भी उनके स्नेह का भाजन बना है, जो भी कभी उनकी छाती से लगकर उनसे मिला है, उसने अपने को धन्य माना है। जिस भाँति उन्होंने साहित्य के लिए अपनी जिंदगी लुटाई है उसी भाँति अपना प्यार भी लुटाया है। उनका नाम भी हिंदी साहित्य की विषपायी विभूतियों में आ जाता है। नागरजी अपनी धुन के पक्के, अपने ढंग के सोचने वाले, अपनी लीक पर चलने वाले, लेकिन अपने दुश्मन को भी अपना दोस्त मानने वाले व्यक्ति थे।

विदा होते समय, वह देर तक छाती से लगाए रहे। मैं करीब-करीब एक अस्थिपंजर से बगलगीर हो रहा था। पर एक ऐसे अस्थिपंजर से, जिसमें सृजन का दीया, टिमटिमाता हुआ भी चारों ओर अपनी लौ दे रहा था। जिसमें प्यार निछावर करने वाला दिल धड़क रहा था, जिसमें एक उदात्त, प्रखर व्यक्तित्व की महक थी।

'बड़े शौक से सुन रहा था ज़माना
तुम्हीं सो गए दास्तां कहते-कहते।'

साप्ताहिक हिंदुस्तान, 15 अप्रैल, 1990

कोहरे भरी ठिठुरती शाम... दरवाजे पर दस्तक ...

के. पी. सक्सेना

कोहरे से ढकी, ठिठुरती हुई जाड़े दिसंबर की शाम - तीन डिग्री तापमान, लखनऊ की ठंडी हड्डियों में बज रही थी। शाम सात बजे ड्राइंगरूम के दरवाजे पर परिचित सी ठक-ठक! मेरी पुत्रवधू ने घबराकर कहा - पापा इतनी ठंड में बाबूजी! मैंने उन्हें जल्दी से अंदर समेट कर दरवाज़ा बंद किया। रूम हीटर चल रहा था। बाबूजी ऊपर से नीचे तक पैक, छड़ी टेक कर सोफे में 'हे राम' कहते धँस गए! मैं थोड़ा सा करख्त हो गया। ' इतनी ठंड में क्यों निकले आप बाहर? फोन करके मुझे बुलवा लेते... शिवमंगल को भेज देते... कुल तीन घर का फासला ठहरा।' बाबूजी ने मुँह में दबे पान इधर से उधर घुमाए और गुड़गुड़ी आवाज में बोले - 'डाँट मत, यार। इतने तो कपड़े पहने हूँ। 20 गज चलने में ठंड लग जाएगी? दरअसल यार, शाम को मन नहीं लगता। बब्बन (श्री कुमुद नागर) का ठीक नहीं कि कब टी. वी. सेंटर से लौटे? अब सूर्यबाला पुत्रवधू या शोभना (पौत्रवधू) से क्या गप्प लड़ाऊँ? मगज चाटने को तू ही बचा है भैये! रोज चला आता हूँ।' आँखों में आई अपनेपन की झिलमिली पोंछकर मैंने चरण छू लिए और घुटनों पर उनकी शाल ठीक कर दी। मेरे सामने 'मानस का हंस' और 'खंजन नयन' का रचनाकार नहीं... पद्मभूषण नागरजी नहीं... मास्को यात्रा में जन-जन के दुलारे पंडित जी नहीं... मेरे बाबूजी बैठे थे! कई बार भंग की तरंग में उन्हीं ने मुझे तीसरा बेटा कहा था... बड़ा बेटा! (कुमुद और शरद उम्र में मुझसे छोटे हैं!) बहू चाय और कटोरी में पान रख गई! बाबूजी का चिरपरिचित आशीष '... अखण्ड सौभाग्यवती!' मैंने मज़ाकन बाबूजी के कपड़े गिन...शाल फिर कोट... फिर गर्म कुर्ता... फिर फुल स्वेटर ... फिर हाफ.. फिर बंडी.. फिर खादी की बनियान! मोटा ऊनी टोपा, मोजे अलग से! हँसी-हँसी में छेड़ा - 'बाबूजी, खुदा न खास्ता घर में चोर आ जाए तो आपका एक भी गर्म कपड़ा उसके हाथ नहीं लगेगा। सब तो आप पहने हैं।' बाबूजी ने ठहाका लगाया,

मगर उनमें हँसी कम, दर्द ज्यादा था।

28 मई 1985 को बा (श्रीमती नागर) के निधन के बाद नागरजी टूट गए। सारी चमक लुंज-पुंज हो गई जैसे। (इससे पहले मुझे चैलेंज देते थे कि मेरे सिर से सफेद बाल ढूँढ़ दे फी बाल दस रुपये दूँगा) बा के निधन के बाद बेसहारा से होकर बोले- 'उम्र के इस दौर में प्रतिभा (बा का नाम) तुम लोगों की ही नहीं, मेरी भी माँ जैसी थी! अब मुझे डाँटेगा कौन?'

. फिर सदमे पर सदमा। छोटे भाई मदनलाल नागर (प्रख्यात चित्रकार) का निधन... फिर मथुरा में दामाद (कथा लेखिका डा. अचला नागर के पति) नहीं रहे। एक खामोशी सी तारी हो गई बाबूजी के वजूद पर! लगता था कि जेरेलब शेर बुदबुदा रहे हों - 'अब कोई ठेस लगेगी तो बिखर जाएँगे... जिंदगी तुझको यहाँ तक तो निबाह लाए हैं।' अक्टूबर 88 में मेरी पत्नी का निधन हुआ। बाबूजी धीरे से बोले - 'यार सब छोड़े चले जा रहे हैं! यह वक्त तो ससुर लोगों के गोलोकवासी होने का होता है... बहू सावित्री क्यों चली गई?' फिर भी कितना साइस... कितनी केलोरीज शेष थीं उस बूढ़े तन में! आँखों की रोशनी बेहद धीमी पड़ चुकी थी। पर अपने अंतिम उपन्यास 'करवट ' और ' पीढ़ियाँ' डिक्टेट करके पूरे किए। आज अपने बुकशेल्फ में ये दो कृतियाँ देखता हूँ तो बेहद थका सा सामरसेट माम या हेमिंगवे के ' ओल्डमैन' की छवि तिर जाती है।... कौन-कौन जानेगा कि ये कृतियाँ कैसे पूरी हुईं? सिर्फ अंदर कहीं फ़र्ज़ और कमिटमेंट की एक चिनगारी थी। पैसे का लोभ नहीं। बेटे-बेटी सब सेटिल थे।

बरसों पहले लखनऊ के साहित्यिक तिगड्डे (अमृतलाल नागर, भगवतीचरण वर्मा, यशपाल) के नाम का पहला अक्षर लेकर मैंने अभय नाम दिया था । चर्चित हुआ। यशपाल जी के बाद भगवती बाबू गए। भगवती बाबू और श्री ज्ञानचंद जैन (प्रभु उन्हें शतायु करे) बाबूजी के हर शाम के साथी। वर्माजी के निधन से दुखी बाबूजी ने कहा था - 'के. पी. तेरा 'भय' तो गया... सिर्फ 'अ' ही बचा है।' मुझे उसी दिन लगा था कि बाबूजी भी अपने कागज पत्तरं समेट रहे हैं उम्र की आखिरी साँस तक खाने-पीने (बल्कि, सिर्फ खाने के ... भोजन हो या भाँग... पीने की बाबत छेड़ते थे कि बोतल बंद मामला तेरा और कुमुद का डिपार्टमेंट है... मेरा कोई शौक नहीं) के बेहद शौकीन। कई बार मेरी पत्नी को थाली परोसने का सौभाग्य मिला। हर बार एक ही फरमाइश - 'सावित्री, सिर्फ पूड़ी और रबड़ी... बाद में मिठाई।' वे कटोरियाँ आज भी मायूस सुरक्षित हैं जिनमें बाबूजी ने लक्ष्मणपुरी के पाल की रबड़ी सराही थी।

कलकत्ता प्रवास के दौरान बाबूजी और शरद बाबू (स्व. शरत्चंद्र चट्टोपाध्याय) का खूब साथ रहा। अपनी शाम की गपबाजी में शरद बाबू के किस्से। खुशबूदार हुक्का और बैठकबाजी के शौकीन शरद बाबू। नागरजी धूम्रपान नहीं करते थे, पर शरद बाबू के हुक्के को प्रसाद समझकर खूब खूब सूटे लगाए। बम्बई के फिल्मी जीवन में भी सिलौटा बजता रहा, भाँग घुटती रही। हर शाम के चार साथी - निर्माता महेश कौल, चरित्र अभिनेता पं. कन्हैयालाल, नागरजी और अभिनेता अशोक कुमार। दादा मुनि (अशोक कुमार) भाँग नहीं पीते थे मगर बकौल नागरजी बहकते भाँग से कई-कई दशकों का अटूट रिश्ता। बा ने कभी होंठ पर नहीं रखी, पर बादाम छीलने और बट्टा घोटाई में शाम चार बजे से ही बाबूजी के साथ लग जाती थीं। कोई दो घंटे बाद 'लोटा' तैयार होता था। उनकी 62 वीं वर्षगाँठ पर डॉ. भारती की फरमाइश पर मैंने धर्मयुग के लिए एक लम्बा फीचर लिखा था- 'भाँग भरा बासठवाँ साल।' बहुत सी तस्वीरें। बाबूजी ने धर्मयुग पढ़ा तो बोले यह लड़का मेरी भाँग के पीछे पड़ गया है। न खुद पिएगा न पीने देगा। फिर पीठ ठोंककर स्नेहाशीष 'अच्छा लिखा है। जियो यश पाओ।' 1989 में निधन से ढाई महीने पहले भारत भारती पुरस्कार (उ. प्र. हिंदी संस्थान का 1985 का 'भारत भारती' पुरस्कार उन्होंने 22 दिसंबर, 1989 को अपने निवास स्थान पर ही संस्थान द्वारा आयोजित एक विशेष समारोह में तत्कालीन शिक्षा मंत्री के हाथों से ग्रहण किया था - संपादक) से अलंकृत हुए बाबूजी। तब पड़ोस में नारायण नगर (कुमुद के साथ) में ही चाय सुड़प रहे थे। मैंने उछल कर खबर दी। शांत स्वर में बोले - 'चलो ठीक हुआ। लेखक तो थे ही लखपती भी हो गए यार।'

थोड़ी-बहुत बीमारी और मन की टूटन तो चल ही रही थी। 13-14 फरवरी 1990 से तबीयत बिगड़ने लगी। साँस की तकलीफ। डॉ. दवे और मेडिकल कालेज के अन्य डॉक्टरों ने घर पर आकर देखा। 18 फरवरी को दिन दस बजे एम्बूलेंस पर मेडिकल कालेज। हम लोग स्ट्रेचर उठाए थे।

बाबूजी ने आँखें खोलीं और बोले - 'के. पी. हे राम'। सफर के अंतिम पड़ाव तक उन्होंने के.पी. को याद रखा। कहाँ-कहाँ सहेजूँ इस पुरस्कार को।

मेडिकल कालेज में कोमा... और 23 फरवरी 1990 को शिवरात्रि की संध्या यह शिवभक्त शिवलीन हो गया। 24 की सुबह फूलों से लदी गाड़ी में शहरे लखनऊ को अंतिम विदा। पुलिस बैंड की मातमी धुन। मुख्यमंत्री सहित एक हुजूम साथ। (मुख्यमंत्री घर पर आए थे किन्तु शवयात्रा में सम्मिलित नहीं हुए थे - संपादक)। यादें इतनी हैं कि इकट्ठी करूँ तो ग्रन्थ बन जाए। मगर यादें ही तो इस उम्र में प्राविडेंट फंड जैसी शेष रह जाती हैं। खर्च करते डर लगता है। बाबूजी की कलम

का विवेचन हम जैसे छुटभैये भला क्या कर पाएँगे? बस उन्हें देखते रहे दशकों और उनकी जिंदादिली...उनके संस्मरण अंदर ही अंदर पीते रहे। तपते बुखार में भी रिक्शे पर सवार कहीं बच्चों की गोष्ठी में जा रहे हैं कहीं किसी तकरीर में। हम लोग नाराज होते थे तो समझाने लगते - 'यार मैंने सब कुछ इसी शहर से लिया है। यहीं अमृतलाल से उठ कर नागरजी के पद तक पहुँचा हूँ। अदा भी तो करना है मैं अहसान फरामोश नहीं हूँ।' आज यह जिंदादिली कितनों के हिस्से में आई है? कितना याद रखा लखनऊ ने नागरजी को? धुँधले नक्श जैसा समेट दिया चार ही साल में? सच है कि जो लोग अपनी जिंदगी के सबूत का प्रचार करना नहीं जानते, उन्हें कौन याद रखता? अलबत्ता उन नाट्य संस्थाओं को मेरा प्रणाम जिन्होंने नागर स्मृति को जीवित रखा है।

अंतिम दिसंबर की कोहरे भरी ठिठुरती कितनी ही शामें गुजर गईं। ड्राइंगरूम के दरवाजे पर छड़ी से किसी ने ठक-ठक नहीं की। संस्मरणों के वे रेशमी थान फिर नहीं खुले - कटोरी में पान फिर नहीं सजे... मगर हाँ एक आहट सी शेष है जो कह रही है-

'भुलाई नहीं जा सकेंगी ये बातें,
बहुत याद आएँगे हम, याद रखना।'

राष्ट्रीय सहारा, 17 अगस्त, 1994

दादू हैप्पी बर्थडे

ऋचा नागर

सुबह-सुबह दादाजी (नागरजी - सं.) की डाँट से नींद टूटी - वही सालों से चली आ रही डाँट : "इतनी ठंडक है ऋचू, और तू फैशन के मारे कुछ भी गरम नहीं पहनती। आ तो सही, तुझे लगाऊँ बड़े डंडे...!" परसों सुबह भी इस तरह दादाजी मुझसे फोन पर कह रहे थे। "बिटिया, मैं जाने वाला हूँ। अभी तो तेरी गर्मियों की छुट्टियाँ चल रही हैं न! फट से मिलने आ जा अपने दादा से।"

और, मैं अपने प्रोफेसर्स से छुट्टी माँग रही हूँ, एक के बाद एक एयरलाइंस को फोन करके अगली फ्लाइट पकड़ने की कोशिश कर रही हूँ। मन में डर समाया है। एक बार दादू बिना बताए चले गए थे, इस बार भी कहीं मिलने से चूक न जाऊँ। अजीब-सा तनाव, आँसू और सिसकियाँ। आँख खुलने पर चेहरा आँसुओं से गीला और बदन पसीने से लथपथ पाती हूँ। खुद का कमरा भी विदेशी और पराया बनकर चुभता है। स्वप्न में यथार्थ तक आने का साहस नहीं रहता मुझमें। वही चार महीनों पुरानी कचोट, छटपटाहट, शिकायतें - अपने आपसे, परिस्थितियों से और दादाजी से, जो जाने से पहले एक मुझसे ही नहीं मिले।

मिनियापोलिस (अमरीका)। मंगलवार 27 फरवरी, 1990 । रात के डेढ़ बजे मेरी हाउसमेट जूली की आवाज़ मुझे जगाती है : "ऋचा, फोन!" फोन भारत से है। आवाज परिचित होते हुए भी किसी घर वाले की नहीं है। मेरा पहला सवाल - " दादाजी कैसे हैं?" मन में जाने क्यों डर समाया है!... " चिंता न करो। बस होल्ड किए रहो बेटा। फोन न रखना।" फोन, टेलीफोन एक्सचेंज से सूरी चाचा के थ्रू आ रहा है।

बीस मिनट मैं फ़ोन को थामे रहती हूँ। लखनऊ से आवाज़ साफ नहीं आ रही। फिर बाबूजी (शरद नागर) और सिद्धी भाई की बारीक आवाजें पर मुझे प्रश्न का उत्तर नहीं मिलता। डर बढ़ रहा है, आवाज सुनाई नहीं दे रही। फिर दीक्षा (छोटी

बहन) फोन लेती है। मैं तीसरी बार चिल्लाकर वही प्रश्न दोहराती हूँ : "बबली दादू कैसे हैं?" और दीक्षा का शांत, संतुलित स्वर : 'जीजी, दादाजी नहीं हैं।"

मन की उथल-पुथल एकदम रुक गई। शब्द सुनती हूँ, पर महसूस नहीं कर पाती। "बबली, दादाजी गए?" "हाँ जीजी।" दो-चार मिनट, फिर हिचकियाँ, आँसू - ढेरों आँसू...। कल्पना करने की कोशिश करती हूँ-वह बड़ी हवेली, खाली पड़ा तख्त, बेजान आँगन और उनके हाथों के स्पर्श से अब सदैव वंचित रहने वाली किताबें... इस दृश्य मात्र की कल्पना की कोशिश। पाँच दिन हो गए दादू को गए और मैं रो भी न सकी सही वक्त पर।

मेरी आवाज और आँसुओं में मेरी अमेरिकनाइज्ड - इण्डोनेशियन रूममेट बंजू बिस्तर से उठ बैठी : "वॉट्स रांग?"

" माय ग्रैंड फादर डाइड" दादाजी के लिए 'ग्रैंड फादर' शब्द निहायत खोखला, नकली, अपरिचित और निर्जीव सा जान पड़ा। "ओह, योर ग्रैंड फादर? द वे यू वर क्राइंग!... मैं समझी कि तुम्हारे माता या पिता को कुछ हो गया।"

पहले-पहले बहे आँसू तुरंत सूखने लगे और फिर सूखते चले गए। अगले रोज भूगोल विभाग में मेरी ऑफिस- मेट बोली : "तुम सचमुच अपने ग्रैंड फादर की वजह से अपसेट जान पड़ती हो! क्या वह तुम्हारे साथ रहते थे?"

"नहीं, हम उनके साथ रहते थे। ही वाज अ वेरी इंपोर्टेंट पर्सन एन एक्स्ट्रा आर्डिनरी राइटर एंड ह्यूमन बीइंग।"

मन में आया आगे कहती जाऊँ कि वैसे ही हमारे यहाँ 'ग्रैंड्स' अधिकतर परिवारों के साथ ही रहते हैं, ईश्वर की कृपा से 'ओल्ड फोक्स होम' जैसे चोंचले हमारे यहाँ प्रचलित नहीं हैं जहाँ आप लोग अपने बड़ों को 'डिस्कार्ड' कर दिया करते हैं।

यूनिवर्सिटी ऑफ मिनिसोटा की 'एम्स लाइब्रेरी ऑफ साउथ एशिया' दुनिया की सबसे बड़ी दक्षिण एशियाई लाइब्रेरी है। यहाँ दादाजी की 17 पुस्तकें हैं। शायद इस लाइब्रेरी के कारण ही मैं अपने अकेलेपन को 'मानस का हंस' और 'करवट ' के साथ ही बाँट पाई। यहाँ के लाइब्रेरियन डॉन जॉनसन मेरे मित्र बन गए हैं। जावा और सुमात्रा तक की सैर कर चुके हैं। घर की सारी दीवारें गुजराती 'टेक्सटाइल्स' से ढकी हैं, घर भारतीय संगीत से गुंजित रहता है। मुझे दादाजी के उपन्यासों से घिरा देखकर चिढ़ाते थे कि मैंने ऐन फाइनल्स के समय भूगोल पढ़ना क्यों छोड़ दिया।

"डॉन, दादाजी नहीं रहे।"

डॉन शांत स्वर में कहते हैं- "आय एम सॉरी।"

मिनियापोलिस में जिस दिन मैंने पहला कदम रखा था उस दिन से ही डॉन को पता चल गया था कि जिन अमृतलाल नागर की 17 किताबें उनके पुस्तकालय में हैं, मैं उनकी ही पोती हूँ। मेरे मन का सारा गुबार डॉन के सामने उबल पड़ने को तैयार था। मैं बराबर बोलती जाती हूँ - कितना कुछ थे मेरे दादाजी! इतने सालों से उनकी शख्सियत की धुरी पर जिस घर में मैंने सबकी जिन्दगियों को नाचते देखा, क्या होगा, इस समय उस घर का नजारा? क्या होगी गली चलते लोगों की प्रतिक्रिया? और दादाजी के चहेते मोहल्ले के बच्चे? दादाजी के पात्रों को अपने भीतर समेटे पड़ा वह उदास 'चौक'?

डॉन पूछते हैं : "क्या तुम्हारी फैमिली के पास वी. सी आर है?"

"नहीं? क्यों?"

"अगर होता तो कम-से-कम तुम घर जाने पर लास्ट राइट्स और सेरेमोनीज तो देख लेतीं! "

लगता है जैसे किसी ने थप्पड़ मार दिया मेरे गाल पर।

"डॉन, मैं 'लास्ट राइट्स' की परवाह नहीं करती। मैंने अपने दादाजी को खो दिया है और हिंदी साहित्य ने अमृतलाल नागर को - दैट इज वॉट मैटर्स।"

क्या इन अमरीकियों के लिए हम भारतीय महज 'ओरियण्टल राइट्स' और 'रिचुअल्स' से भरे 'फैसिनेशन' के पात्र बनकर रह जाते हैं? क्या व्यक्तिगत दुःख और सोंस्टिविटी सिर्फ पश्चिमी सभ्यता की धरोहर हैं?

हम भारतीय हमेशा इसी भ्रम में रहते हैं कि अमरीका के लोग हमारी संस्कृति को पूजते हैं, जबकि यहाँ सिर्फ हमारी सभ्यता को 'तथाकथित सभ्यता' या पुरातन - प्रिमिटिव --संस्कृति के रूप में 'आब्जेक्टिफाइ' करके इसका विश्लेषण किया जाता है - वह भी कुछ यूनिवर्सिटीज के कुछ विभागों के बहुत थोड़े लोगों द्वारा। आम स्तर पर हम भारतीय नहीं रह जाते; मात्र 'पीपुल ऑफ कलर' भूरी चमड़ी वाले, पिछड़ी हुई तीसरी दुनिया के लोग, बनकर रह जाते हैं। यहाँ के आम लोगों की दृष्टि में हमारी कलाएँ, साहित्य, जनमानस - सब पिछड़े हुए हैं। और तीसरी दुनिया की पश्चिमी मूल्यों के पीछे अन्धी दौड़ इस विचारधारा को निरंतर मजबूत करती जाती है।

इसका मतलब यह नहीं है कि यहाँ बालों की तरह हम भी एथनोसेंट्रिक हो जाएँ। भिन्न परिवेश में जाने वाला वहाँ के मूल्य यदि नकारे, तो वह मूर्ख कहलाएगा। मिनियापोलिस के लिए लखनऊ से रवाना होने से पहले दादाजी से हुई लंबी वार्ता को टेप करके अपने साथ ले आई थी। दादू को अपने इर्द-गिर्द महसूस कर सकूँ इसलिए। अब उनके मायने बदल गए हैं। दादाजी ने तब कहा था- " मैं तेरे घर आऊँ, तो तेरे घर के कायदे तो मुझे लेने ही पड़ेंगे न! तेरी आत्मा भारतीय रहेगी, पर

अमरीकी वाचा और विचार, वहाँ की रीति, रस्म रिवाज तो तुझे ग्रहण करने ही होंगे। यदि उनके स्वभाव से परिचित होकर तू उनकी ही तरह बात नहीं करेगी, तो उनके मन में प्रवेश कैसे करेगी - वहाँ के जनमानस को कैसे टटोलोगी?" ...

"मिनियापोलिस में सात माह बर्फ गिरती है। यदि वहाँ की सर्दी से 'एडजस्ट' करेगी तो 'समाज' में भी तो 'एडजस्ट' करना होगा। देख, वातावरण तो भिन्न होगा ही, पर इंसान का मन हर जगह एक है- उसे तो देखना ही होगा। उस मन की रक्षा तो करनी ही होगी। बिना उसे माइन्यूटली आब्जर्व किए, तुझे मन की थाह कैसे मिलेगी?"

दादू का स्वर, वे शब्द - इतने परिचित कि अपने ही लगते हैं! कैसे मान लूँ कि 31 अगस्त 1989 की रात को जिन दादू से घंटों बतियाती बैठी थी, उनसे मिठाई छोड़ देने की जिद के कारण मीठी झिड़की खाई थी - उनकी आवाज़ बस टेपरिकार्डर पर ही सुन सकूँगी?

" बताइए दादाजी कि मेरे जाने के बाद आप मिठाइयाँ कितनी खाएँगे?"

" मिठाई तो मैं अब कम ही खाता हूँ, बहुत तो खाता ही नहीं।"

" दादाजी, आप हम सबसे ज्यादा मिठाई खाते हैं।" " तुम लोग तो मिठाई खाते ही नहीं हो।"

"वाह, खूब खाते हैं हम लोग मिठाई।"

" अरे हाँ SS... तुम लोग तो कभी-कभी होली - दिवाली खाते हो।" "हाँ, और आप तो रोज खाते हैं।"

"मीठा तो मुझे रोज चाहिए ही।"

"अच्छा, आप दूध और चाय में शक्कर बिल्कुल छोड़ दीजिए।"

"ये छोड़ने की क्या रट है? कौन-सा मैं बोरा भर चीनी डालता हूँ चाय में? बेकार की बातें।"

" अच्छा जैसी आपकी इच्छा। आज लड़ाई नहीं करेंगे। अगस्त 1990 में झगड़ा करेंगे दोबारा।"

दादाजी जीत गए। अब झगड़ा दोबारा नहीं होगा। 27 फरवरी से वह खटपटी की आवाज कानों में गूँजा करती है। सफेद बुर्राक धोती-कुर्ता और छड़ी की ठक-ठक। दादाजी का तखत खाली पड़ा होगा, कल्पना करते ही सिहरन होने लगती है। जब तक किसी यंत्रचालित जीव या टेपरिकार्डर की भाँति स्वयं को बताते रहो, दुनिया के समक्ष कहते रहो, "मेरे दादाजी ऐसे थे, वैसे थे" - पता नहीं चलता क्या खो दिया है मैंने। फिर घर की कल्पना करने बैठती हूँ, उस हवेली में समाए खालीपन को महसूस करती हूँ, तो दादाजी के नेमप्लेट लगे उस भारी-भरकम फाटक को पार

करके दहलीज पर ही ठिठककर रह जाती हूँ। मैं खाली घर में आ भी रही हूँ, तो कितनी देर से ...।

घर छोड़े मुझे तीन साल हो गए। पहले दो साल पूना में और तीसरा अमरीका में। पर दादाजी के जाने के बाद धुर बचपन की एक-एक याद इतनी साफ दिमाग की स्क्रीन पर उभरती है कि मैं उन यादों पर उँगलियाँ फिराकर उनको बहुत गहरे तक महसूस कर सकती हूँ, उनको पुन: जी सकती हूँ।

गर्मियों की छुट्टियों में तारों जड़े आसमान के नीचे दादाजी के बिस्तर पर उनकी बाँहों पर लेटे और उनके इर्द-गिर्द बैठे हम ढेर सारे बच्चे दादाजी के रचे पात्रों और तस्वीरों के सहारे अपना कल्पना - लोक रचते हैं; झाड़ पर बैठी जादूगरनी यागा, बेर के पेड़ के नीचे सोया मुन्ना खरगोश, बजरंगी पहलवान, नौरंगी स्वामी, चील महारानी और हमारे जैसे बच्चे; जिस जगह पर दादाजी भाँग घोंटते थे वहाँ से आती दादाजी के बदन, पान, चंदन और गुलकंद की मिली-जुली खुशबू और सिल पर भाँग घोटते वक्त मेरा उनकी पीठ की 'घुड़इया' पर लदकर सवारी करना;... दादाजी की वे लंबी, पतली उँगलियाँ जो उनके शब्दों की तरह बोलती थीं; और उनकी उँगली पकड़कर कंपनीबाग, मेले या रवीन्द्रालय जाना;... और फिर वह हाथ जो तीन-चार बरस से आँख की कमजोरी के कारण सड़क पार करते वक्त दादाजी मेरे हाथ में दे दिया करते थे; ... छोटी-छोटी यादें। सिर में तेल ठोंकते समय दादाजी के बालों में हाथ फिराना;... रात को दादाजी के दूध पी चुकने के बाद गीले हाथ से उनका मुँह पोंछकर उनकी रूखी दाढ़ी वाले गाल पर दी गई पप्पी : "दादू गुड नाइट।"

1985 में बा (दादी) की मृत्यु के बाद इलाहाबाद विश्वविद्यालय में 'जीरो सेशन' हो जाने के कारण एक साल तक घर ही मेरी यूनिवर्सिटी बन गया था।

मैं दादाजी की पोती-कम-रिसर्च-असिस्टेण्ट-कम-चीफ सेक्रेटरी बन गई थी। उनकी एस्कोर्ट बनकर महीने भर की बंबई यात्रा की। दो बार दिल्ली गई। समाज के विभिन्न वर्गों से उनको तरह-तरह से जुड़ते देखा, उनसे बराबरी से चर्चाएँ कीं, उन्हें लेखक, कलाकार और विद्यार्थी, प्यार से सराबोर दादू और ढीठ बच्चे की तरह मिठाई की जिद करते, या दवा छोड़ देने के लिए मचलते, साथ - साथ देखा, 1985 में 'सारिका' के कथा पर्व के समय दादाजी गुलाबदास ब्रोकर से बोले थे : "यह है ऋचा। मेरी पोती और मेरी माँ!"

अक्तूबर 1988 में मेरी माँ और दीक्षा जब पुणे आए तो मेरे लिए एक अनमोल उपहार लाए - घर की आवाजों से भरा कैसेट-टेप। और उन आवाजों में सबसे कीमती थी दादाजी की आवाज।

उनका भावनात्मक स्वर, रुँधा गला और भराई आवाज मैंने शायद पहले भी सुनी है पर इस बार वह मुझे याद करके, केवल मुझसे बात कर रहे थे।

" सूर्यास्त के समय आसमान जैसे रंग से भर जाता है, वैसे ही मेरा मन भी इस समय रंगीन है। कितनी तरह - तरह की बातें। जब भी कभी खाली बैठता हूँ तो पुरानी यादें, पुरानी बातें, मुझे घेर लेती हैं और मेरा मन दुखी भी होता है, रंगीन भी होता है - तरह-तरह से लहराता है।... तू जरा-सी थी कीड़ी कहूँ या (हँसकर) जूँ बराबर छोटी-सी। तुझे बा खूब लाड़ से ले जाती थीं। और भाई के बाद तू पहली लड़की आई थी न घर में! - तो तेरी बड़ी कीमत थी। बा और मैं तुझसे बड़े लाड़ लड़ाया करते थे - वह मेरी ऋचा अब एम. ए. में है, पूना में पढ़ रही है... इतनी दूर! इतनी दूर कभी भेज सकते थे हम लोग? आज तू कितनी दूर है हम लोगों से! फिर भी बराबर याद आती है तू। कोई दिन ऐसा नहीं जाता ऋचा, जिस दिन याद न करता हूँ। कभी-कभी तो आँखों में आँसू भर आते हैं। 24 घंटे सुनाई देने वाली तेरी वह चहल-पहल, तेरी आवाज, अब सुनाई नहीं देती। अब तो एम. ए. करके अप्रैल में ही आएगी न, बिटिया!... मेरा मन प्रतिक्षण तुम लोगों के लिए शुभकामनाओं से भरा रहता है, कि मेरे बच्चे तरक्की करें, अच्छे रहें, खूब उन्नति करें। मैं चाहे देख सकूँ या न देख सकूँ, बा चाहे देख सकी या न देख सकी - यह संतोष रहेगा कि मेरे बच्चे खूब उन्नति कर रहे हैं। तू खूब उन्नति कर, ऋचा।"

पुणे और लखनऊ की दूरी के कारण मुझे याद करके दादाजी को आँसू बहाए डेढ़ साल हो गया। मैं पुणे से भी बहुत दूर मिनियापोलिस चली आई । स्वयं से बराबर यही कहती रही कि शारीरिक दूरी से क्या होता है, जब चाहूँ मन पर पंख लगाकर कभी भी भारत जा सकती हूँ। पर दादाजी के न रहने पर अहसास हुआ, कितना झूठा था यह आश्वासन!

मेरे दादू तो इतनी दूर चले गए हैं कि मन के पंख लाख फड़फड़ाने पर भी उनके पास कभी नहीं पहुँच सकती। कैसे माफ करूँ इस तीन साल की दूरी को जिसने दादाजी के निरंतर सान्निध्य को टुकड़ा टुकड़ा यादों में बाँट दिया, जिसने अंत समय में भी मुझे उनके पास फटकने न दिया; जिसने अपने दादू के लिए जी भर रो लेने की भड़ास को आँसुओं के निकलते ही कुचल कर रख दिया।

पर सच, कोई रात ऐसी नहीं जाती जब दादाजी के गले में हाथ डालकर उनसे बातें नहीं होती हों। इतने सारे दृश्य, इतने सारे क्षण, इतनी असली और जीवन्त उनकी छुअन आँखों, ठहाकों और आवाजों से भरे। कैसे जा सकते हैं वह कभी दूर...?

हर साल दादाजी अपना जन्मदिन लखनऊ में मनाते थे। इस साल 17 अगस्त को वह लखनऊ में ही नहीं, मिनियापोलिस में भी होंगे, मेरे साथ, ताकि मैं सुबह-

सुबह उनके मुँह में अमरीकी मलाई की गिलोरी भरकर उनके गाल पर प्यार कर सकूँ :

" दादू हैप्पी बर्थडे! "

पारिवारिक पत्र ' सचेतक' : अंक 79 (15 फरवरी, 1992) से साभार

मेरी पीड़ा का आईना और मेरे दादाजी

दीक्षा नागर

25 जून सन् 83 की रात। प्रूडेंशियल कप में भारत की जीत के बाद प्रच्चू (दीक्षा और ऋचा का छोटा भाई, प्रचेता - संपादक), मैं और जीजी (ऋचा) कूदे जा रहे थे भारत ने वेस्टइंडीज को हरा दिया था।

और इस समय इंग्लैंड में कपिलदेव, रोजर बिन्नी, मदनलाल कैसे-कैसे जश्न मना रहे होंगे, यह कल्पना मात्र हमें खुशी से सराबोर करने के लिए काफी थी।

रात के दो बज रहे थे और जीजी और मेरी आँखों में नींद नहीं थी।

चारपाई पर मेरे पास लेटी जीजी उत्साहवश एकाएक अचकचा कर बैठ गईं। बोलीं, " ओह अगले वर्ल्ड कप में तो अभी पूरे पाँच साल हैं; 1987 में होगा। सत्तासी तो अभी कितना दूर है न बब्बू (दीक्षा का लाड़ का नाम - बब्बू अथवा बबली - सम्पा.)?"

" और उसके बाद 1992 में," मैंने गिनती की।

" और फिर 1997 में..."

" और फिर दो हजार ...में..."

वाक्य पूरा नहीं हुआ, एकाएक खुशी के ज्वार को सालों ने, समय की खाई ने, हमारे उन्मुक्त स्वरों को, सुरों में बाँध दिया। क्रिकेट के उत्साह में मिल गया अपने बड़े हो जाने का अहसास।

नजरें फिरीं। 40-50 फुट के बड़े-से आँगन में बिछी 8-8 चारपाइयों की दो कतारें। उस पर सोए लोग। और हर कतार के आगे घरघराता एक टेबल फैन।

आसमान में तारे - ही - तारे। घर की 22 - 22 फुट ऊँची दीवारें मानो आसमान बाँधे हुए थीं। एक आयताकार स्क्रीन की तरह। गर्मी में सात-साढ़े सात बजे उसमें सप्तर्षि मंडल आता था और रात डेढ़ बजे उसका आखिरी तारा भी गुजर जाता था। बीचोंबीच होता वह सितारा जो ढलती शाम को अमित के घर की छत पर चमकता था।

बचपन से ही आसमान का यह सीमित टुकड़ा हमारे लिए एक स्क्रीन-सा था जिसमें हमें केवल तारे ही नहीं बल्कि दादाजी की कहानियों के पात्र - झाड़ू पर उड़ती आ रही जादूगरनी यागा या फिर सात समुंदर, सात पहाड़ और डरावने जंगल पार करता आ रहा नन्हा राजकुमार - नजर आते। फिलहाल अभी तक स्क्रीन पर हमें जहाँ हर्षोन्माद से भरे भारतीय टीम के जश्न मनाते चेहरे दीख रहे थे, वहाँ सालों की इस गिनती ने आसानी से हमें बड़े हो जाने का अहसास करा दिया।

सत्तानवे में नहीं बानवे के वर्ल्ड कप के बाद हम सब क्या इसी परिवेश में होंगे, इसी तरह, जहाँ अभी इस समय हैं? हम होंगे भी या नहीं? मैं और जीजी, दोनों ही खाट पर लेटे चुप थे।

शायद दोनों का मन यही हाला मथ रहा था।

मन के किसी कोने से आवाज आई : हम, जीजी, प्रच्चू भाई, सिद्धि भाई, हम सब तो होंगे ही। पर क्या बा, दादाजी, और बाकी सब...?

एकाएक बड़े होने की कटुता से मन ने ठोकर खाई। हमारे बड़े होने का अर्थ है हमारे बड़ों का न होना; उनका बूढ़े होकर गुजर जाना। फिर हम क्यों बड़े होना चाहते हैं, अपने सपने अपने बड़े होने में क्यों सँजोते हैं? हम बड़े होंगे तो ऐसा करेंगे, वैसा करेंगे - आखिर क्यों? हम बड़े होंगे तो ये लोग निस्संदेह नहीं होंगे जिनको हम अपने 'बड़ेपन' के कारनामों से खुशी देना चाहते हैं।

सहसा दिमाग ने फिर पलटा खाया - " और अभी कितना कुछ देखने को बाकी है। बा हमेशा कहतीं - तुम लोग कितने भाग्यशाली हो जो तुम्हारे घर में दादाजी दादी हैं, ताऊ हैं, ताई हैं, वरना मैंने तो अपने पिता तक को नहीं देखा।"

पहली बार भरे-पूरे घर में पैदा होना दुर्भाग्य लगा। पैदा इन सबके बीच हुए, पर इन सब अपनों की मृत्यु भी हमें देखनी पड़ेगी। कैसे रहेंगे इन सबके बिना? सभी हमसे बड़े हैं। तार्किक दृष्टि से इसका अर्थ हुआ... असंख्य मृत्युओं को देखना, अपनों से बिछुड़ना।

' नहीं हम बड़े होना नहीं चाहते,' मन ने एकाएक तय किया। ' आगे से हम अपने बड़े होने का विचार दिमाग में नहीं लाएँगे।'

पर मन के किसी कोने में धूर्त भाव छिपा बैठा ही रहा कि : 'नहीं, हम बड़े होना चाहते हैं; उसी में सद्गति है; सुहावनापन है।' बार-बार यह विचार सर हिलाता ही रहा उस कुएँ के गिरगिट की तरह जिसमें मुहम्मद साहब छुपे थे।

मृत्यु और उसके विचार से मेरा यह पहला सबसे नजदीकी टकराव था। मैंने अब तक अपने होश में कभी मृत्यु नहीं देखी थी।

सन् 1989 में मैंने पाँच महीने की पिकनिक लखनवी और बंबइया अस्पतालों में मनाई। तब नए-नए मेडिकल कालेज में दाखिल हुए थे। मेरा अजब नया केस था। शाम से ही एम. डी. के दो स्टूडेंट्स घेरे हुए थे। बाबूजी जीना चढ़ नहीं सकते

मेरी पीड़ा का आईना और मेरे दादाजी : 223

थे, ऑफिस से आकर 'गाँधी वार्ड' के नीचे इंतजार कर रहे थे डॉ. दासगुप्ता का। कब वे नीचे आएँ और बताएँ मेरा हाल ।

एम. डी. के दोनों स्टूडेंट्स। नवीन चंद्रा, जो लामार्टिनियर गर्ल्स में कक्षा 4 तक पढ़े थे, मुझसे पुरानी टीचरों के बारे में सवाल कर थे। दूसरी लंबी स्मार्ट लड़की, मेरी आँख का 'फण्ड्स' चेक करते हुए, जूनियर रेजीडेंट डॉ. दासगुप्ता को चिढ़ा - चिढ़ा कर लाइन मार रही थी। डॉ. दासगुप्ता रीझी नजर से दाँत फाड़े खड़े थे। उनकी बगल में खड़ी नर्स बार-बार उनकी बाँह हिलाकर उनका ध्यान उस स्मार्ट लड़की की ओर से हटाने की कोशिश कर रही थी : डा. साहब डेथ बुक में साइन कर दीजिए।

मेरे बेड नं. 5 से मुझे बेड नं. 6 पर इसलिए लाया गया था क्योंकि मेरी बीम पर टंगा पंखा और ट्यूब, दोनों ही खराब थे। "कौन मरा? कहीं वह लड़की तो नहीं जो मेरे बेड के सामने थी और जिसको आज सबसे सुंदर वाली नर्स इंजेक्शन दे रही थी। "

उस रात मेरे पास घर में अरसे से काम करने वाली बूढ़ी 'रामप्यारी' की बेटी निर्मल रुकी। मुझे रात में बहुत तेज गर्मी लगी। निर्मल ने सलाह दी कि मैं सामने खाली बिस्तर पर सो जाऊँ, बेड नं. 9 पर। उसमें गद्दा बिछा था। कुछ दाग भी थे उस पर। हाँ उस बेड पर औंधे मुँह लेट कर उस लड़की की मर्मांतक पीड़ा झेल कर मरने की कोशिश की मैंने। मुझे देर तक लगता रहा, मैं डूब रही हूँ। मेरा दिमाग, चेतना, कहीं डूब रही है, उस गद्दे में ही।

गद्दे पर हाथ फेर-फेर कर मैंने उस मृत लड़की का स्पर्श पाने की कोशिश की। और पहली बार रोई उस लड़की के लिए जिसकी मृत्यु पर पता नहीं - कोई रोया क्यों नहीं, जिसकी डेथ - बुक पर डॉ. दासगुप्ता ने हँसते-हँसते साइन कर दिए थे और जिसके परिवार वाले इत्मीनान से उसका शव ढोते हुए चले गए बगैर आँसू या चीत्कार के!

तब मुझे वह सब बेहद अटपटा लगा था। इसलिए मैं रोई, खूब रोई, वही लड़की बन कर रोई अपने आप पर।

मुझसे चार बिस्तरों की दूरी पर पड़ी थी एक मुसलमान बुढ़िया माँ। तीन-चार रोज बाद गुजर गई। उसके तीमारदार उसके सिरहाने बैठे ही रह गए अगले सूर्योदय

व सूर्यास्त देखने। उससे मिलने वाले ढेरों लोग रोजाना आया करते और आश्वासन देते कि वह ठीक हो जाएगी। बदले में वह हमेशा अस्फुट घरघराती आवाज में जरूर कुछ कहती जो मुझ तक पहुँच न पाती।

अप्रैल की 5 या 6 तारीख को एक मुसलमान बुढ़िया मेरे बगल वाले बिस्तर पर दाखिल हुई थी। सलेटी रंग का गरारा पहने वह तीन दिन मेरे पास पड़ी रही। पहले दिन वह बिस्तर पर पड़े पड़े 'गर्मी - गर्मी - पंखा' चिल्लाती रही। उसके बेटे अपने घर से एक टेबल फैन उठा कर लाए और किसी तरह तार-वार जोड़कर उसे हवा पहुँचाई ।

दूसरे दिन की मुझे याद नहीं, पर तीसरे दिन सुबह - सुबह से ही वह 'ठंडा पानी, ठंडा पानी, ठंडा पानी ' बुदबुदाती रही। उसकी बहू अपनी बूढ़ी 'अम्मा' को पानी देने के लिए तड़प रही थी। पर डॉक्टरों की पानी न देने की हिदायत की वजह से वह हाथ रोके थी। तीन-चार बजे के लगभग, जब बूढ़ी चुपचाप पड़ी थी, तब 'इनटर्न' ने उसकी नाक में नली डालकर सिरिंज से पेट का गँदला पानी निकालना लाल रंग के गाढ़े खून से तसला भरता जा रहा था।

मुझे बा (लेखिका की दादी -संपा.) की याद आई। 27 मई 1985 की वह शाम। बा भी इस दौर से गुजर रही थीं। दूसरे दिन सुबह उनका निधन हो गया था। - तो क्या इस प्रक्रिया के मायने हैं - इस औरत की मृत्यु भी निकट है? दूसरे ही क्षण मेडिकल ऐथिक्स ने मन को झकझोरा। न-न, डॉक्टर तो बीमारी दूर करने के लिए होते हैं - यह औरत बच जाएगी; इसको बच जाना चाहिए। मैंने उसकी बहू को सांत्वना दी जो अपनी मैली चादर की कोरों से आँखें पोंछ रही थी।

शाम 7-8 बजे जूनियर रेजिडेंट डॉ. विजय आते ही उस बुढ़िया के पास पहुँचे जिसको टकटकी बाँधे मैं घंटों से निहार रही थी। बहू को वार्ड से बाहर करके उन्होंने बूढ़ी का दिल कई बार दबाया, ड्रिप बंद कर दी। उसके बिस्तर के बगल में रखे यंत्र में अभी भी बुलबुले उठ रहे थे। मैंने पास जाकर उसका चेहरा देखा। उसका मुँह खुला था, वह जीवित लग रही थी। मैं आश्वस्त हो अपने बिस्तर पर जा लेटी। और प्रचेता जब खाना लेकर आया तो मैं उससे बतियाने में मशगूल हो गई। प्रचेता जब नीचे जाने लगा तब मैंने अचानक वार्ड के बाहर देखा। उस बुढ़िया के घर वाले रो रहे थे। मैंने सोचा, अरे यह बूढ़ी ठीक हो जाएगी... यंत्र में अभी भी बुलबुले उठ रहे थे।

तभी वार्डब्वॉय बलबीर दाँत निकाले स्ट्रेचर लेकर आया और बूढ़ी को बिस्तर से खिसकाने की तैयारी करने लगा। पता चला, वह बुढ़िया कब की मर चुकी थी। मेरे सामने ही उसने आखिरी साँस ली होगी। कहाँ चली गई वह? अरे मेरे बाद आई

थी वह तो इस वार्ड में! कहाँ उड़ गई उसकी आत्मा?

मैं तब यही सोचती थी कि आत्मा कहीं आसमान में उड़ जाती है।

खिड़की के पास आकर मैं तारों को ताकने लगी। बचपन में मिले सपने, सांत्वनाएँ, कितने सुहावने, सहज और मासूम होते हैं। बिल्कुल बचपन की तरह। मर कर सब तारे बन जाते हैं। न तारों को कोई गिन सकता है, न मरे हुए आदमियों को। मैं अब इस बात पर क्यों यकीन नहीं कर सकती कि वह बुढ़िया तारा बन गई, 'बा' तारा बन गईं? क्यों अनुभूति हो रही है मुझे आत्मा रूपी एक हल्की पारदर्शी परत के शरीर से अलग जाते, खिड़की से आती हवा के झोंकों में इधर-उधर कपास के बीज की तरह बहते हुए?

उस बूढ़ी का शरीर यहाँ है, पर वह आत्मा रूपी 'पखेरू', उस औरत का पूरा जीवन, बचपन, जवानी, बुढ़ापा, अपने आप में समेटे उड़ा जा रहा है अनंत में। सहसा मुझे लगा मैं तो इस औरत का कष्ट इतनी देर से अपनी अनुभूति में समेटने की चेष्टा कर रही थी, यह कैसे हुआ कि वह मर गई और मुझे पता ही नहीं चला।

मुझे मेडिकल कालेज से घर लाया गया 30 अप्रैल को। 2 मई को फिर से हालत बिगड़ने के बाद जब 8 तारीख को तबीयत सँभली, तो मैंने मिस कार्निलियस से कहा कि पिछली बार जब-जब मुझे दर्द के दौरे पड़े तब मैं कितनी बार चीखी, चिल्लाई, कराही हूँ - पर इस बार तड़पती हुई हालत में भी बार-बार मैंने स्वयं से यही पूछा कि क्या यह दर्द, ये कराहें, मेरी 'आत्मा' को कष्ट पहुँचा रही हैं। पर मैंने हमेशा पाया कि पीड़ा मेरे अंगों को तो जर्जर कर रही है, मेरे Actions (कृत्यों) को तो प्रभावित कर रही है, पर मुझे तोड़ नहीं रही। कोई अंश तो मुझमें अवश्य है जिस पर पीड़ा का असर नहीं है।

इसके बाद मेरा यह अटल विश्वास बना कि केवल दूसरों के शब्द ही मन को, आत्मा को, जोड़-तोड़ सकते हैं; शारीरिक पीड़ा कभी नहीं। इसी वजह से शायद, बिस्तर पर तमाम असह्य दर्द के बावजूद, मैं दिन भर में जाने कितने हवाई किले बना लेती थी।

पर जब 15 मई को पी. जी. आई. में दाखिल हुई तब हालत कुछ और थी। पीड़ा और मैं, मैं और मेरी पीड़ा। इसके अतिरिक्त मैं कुछ

पीड़ा मुझमें समाहित तो थी, पर मैं पीड़ा नहीं थी।

मुझे लगता, यह कैसा रहस्य है मेरा शरीर है, मैं झेल रही हूँ और मुझे ही नहीं पता क्यों, कैसे हो रहा है मेरे अंदर? दवाई की गोली मैंने निगली, उसका असर कैसे-कैसे बिखर रहा है मेरे भीतर! अपने शरीर के बारे में कुछ नहीं पता है दूसरे कितने विश्वास के साथ मेरे बारे में, मेरे शरीर के बारे में बात कर रहे हैं और रही

हूँ जैसे मेज के कान हों।

तब से अपनी एक्स-रे रिपोर्ट, अल्ट्रा साउण्ड स्क्रीन पर उभरते चित्र, यहाँ तक कि सिरिंज से निकाला जा रहा अपना खून, सब पराया-सा लगता। अपनी ही नजर में एक 'आब्जेक्ट' बन गई मैं।

और, हर दर्दनाक दौर पर मैं पूछती, क्या यही 'परम- पीड़ा' थी? पर हर बार लगता था - नहीं अभी तो मुझमें और दर्द झेलने की गुंजाइश थी, इतने में मैं थोड़े ही मर सकती हूँ।

मेरे ख्याल से 'अहं' - स्वयं का बोध ही हमें जिलाता है जिसमें अपने कष्टों का बोध शामिल है। तबीयत और बिगड़ी। डॉक्टरों ने जवाब दे दिया। लगा मर जाऊँगी इस बार। जीना चाहती हूँ मैं, पर जीना इस शरीर पर निर्भर है।

मैं भूल नहीं सकती वे दिन जब लंबे अंतराल के बाद यह अहसास होता, " अरे मैं तो देख रही हूँ खिड़की के बाहर बादलों से घिरा आसमान।" फिर धीरे-धीरे याद आती सुबह... और माँ- बाबूजी की सिसकियाँ। पीड़ा, मर्मांतक पीड़ा, और कमजोरी बेपनाह। तब आस-पास की हलचल, नर्सों की भीड़भाड़, डॉक्टरों की आहट से होने वाला यह ज्ञान : "मुझे अब होश आ गया है। ...

मुझे लगता है जैसे गहन पीड़ा विचार श्रृंखला को बाधित, प्रभावित करते-करते उस हद तक पहुँच जाती है जब वह 'अहं बोध' को प्रभावित करने लगती है। पीड़ा और 'अहं - बोध' का एक स्केल-सा होता है। जब दोनों बराबर होते हैं, तब खाली 'मैं और मेरी पीड़ा' का अहसास रह जाता है। पर इस Balancing point (संतुलन बिंदु) को पार करने के बाद जब पीड़ा बढ़ती है, तब level of self consciousness (स्व - चेतना का स्तर) गिरने लगता है; जब 'अहं' का बोध पीड़ा में खो जाता है तब हम बेहोश हो जाते हैं। और जैसे-जैसे दर्द हमारी level of consciousness (चेतना - स्तर) पर हावी होता जाता है, हम मरते जाते हैं, शरीर होते जाते हैं। दर्द का अहसास भी मिट जाता है हमारी चेतना के लुप्त हो जाने के साथ ही। बेहोशी सारी टीस, पीड़ा और कमजोरी को हर लेती है। हरकत जो होती है वह दर्द से नहीं, जीवन से साँस रूपी instinct से होती है। उस स्केल पर, जब पीड़ा 'अहं बोध' से कम होती है, शायद हम छद्‍म तत्वज्ञानियों जैसे सवाल करने लगते हैं : 'क्या यह थी परमपीड़ा? क्या यह पीड़ा मन को जर्जर कर रही है... आत्मा तक पहुँच कर उसे तोड़ रही है?"

दादाजी की मृत्यु देखकर मेरा मृत्यु भय खत्म हो गया। दादाजी, मेरे अपने सबसे अच्छे दोस्त, जिनकी मृत्यु की कल्पना से ही मैं सिहर उठती थी। कैसे मैं रहूँगी उनके बिना! और, वह मेरी बाँहों में गए। अंतिम साँस तक मैंने उन्हें ग्रहण

किया, आत्मसात किया। मैंने शिव को शव बनते देखा। कैसे शरीर से व्यक्ति और व्यक्ति से शरीर बनता है, उसके साक्षात् दर्शन किए।

अगर साँस ही जीवन है तो उनके सिरहाने, उनके बालों में हाथ फेरते - फेरते, कितनी - कितनी देर मैंने उनकी साँसों की लय से अपनी साँसें मिलाने की कोशिश की। कितनी - कितनी देर अपनी विचार तरंगें उनमें पहुँचाने की कोशिश की, साँसों की लय मिलाने की कोशिश की। टेलीपैथी और टेलीपैथिक कम्युनिकेशन का केवल मुझे शाब्दिक अनुभव था; प्रामाणिक तो केवल इतना ही कि कितनी बार जब मैंने दादाजी से कुछ कहने की कोशिश की, मुझसे पहले उन्होंने मेरे शब्द दोहरा दिए। दादाजी और मेरी दोस्ती का बीज रूपी आधार हम दोनों का दो अलग-अलग छोरों पर व्याप्त एकाकीपन था। आश्चर्य है, दादाजी की मृत्यु के बाद यह सत्य जान पाई। हाँ, अस्पताल के उस केबिन नं. 2 में पड़े दादाजी के शरीर से मैंने पूरी ताकत से जीने के लिए कहा। पर बार-बार लगा मेरे शब्द उन तक पहुँच नहीं रहे। टकरा टकरा कर लौट रहे हैं

फिर पैरों को, पेट को, ठंडा पड़ते देखा। साँस अब कठिनाई से छाती तक आ रही थी...। अब गले तक। अब गले का केवल ऊपरी भाग हिल रहा था। अभी तेज, अब कम और कम, मंद और मंद। नाक से काला - पीला - सा पानी निकला। शाम 4-57 पर दादाजी ने आखिरी साँस ली।

बाहर आकर मैंने ताज़ी हवा में देखने की कोशिश की दादाजी की आत्मा को उड़ते हुए, अनंत में विलीन होते हुए! पर दादाजी की आत्मा - वात्मा कहीं कुछ उड़ा होगा, या डूबा होगा - झूठा - सा लगा। सब कुछ गिरती हुई level of consciousness और mechanical system of the body का खेल।

पर 'बा' की मृत्यु पूरे होश में हुई। मशीन, जवाब दे गई; पर जिजीविषा कुचले हुए साँप सी उभरती रही - " मैं जिऊँगी, मरूँगी नहीं।" पीड़ा आँखों की कोरों से आँसू बनकर बहती रही accident में तड़पते आदमी की तरह। मैं जा रही हूँ, कहाँ... मुझे नहीं पता। क्या भगवान के पास? नहीं भला इतनी पीड़ा भगवान तक हमें थोड़े ही पहुँचाती है।

अंततः हम जीते हैं अपने लिए, मरते हैं अपने लिए। जीते तो कुछ-न-कुछ करते रहते हैं जो मर कर नहीं कर पाते। जब तक हम जीते हैं तब तक अपने जीवितपने (living identity) का assert करते हैं। जहाँ तक अपनी मृत्यु का सवाल है, हम तरह-तरह से अपने मृत्यु भय को आश्वस्त रखते हैं- " मर कर भगवान के घर किसी स्वप्नीले स्वर्ग में जाएँगे।" पर मरते हुए लगता ही नहीं कि किसी ईश्वर

वगैरा की प्राप्ति होने वाली है हमको - इतनी पीड़ा के बाद ।

दूसरी ओर, जिससे हम स्नेह करते हैं, उसकी मृत्यु की कल्पना मात्र से हिल उठते हैं। पहला सवाल यही कौंधता है -- हाय, इनके बिना हम कैसे रहेंगे।

किसी की मृत्यु होती है, तंब कितनी आसानी से लोग सहानुभूति के चार शब्द कह देते हैं, "चलो, अच्छा हुआ, कष्ट से मुक्ति मिली।" कौन-सी मुक्ति? किससे मुक्ति?

क्या पीड़ा (ultimate pain) की अंतिम परिणति मृत्यु नहीं है।

पारिवारिक पत्र ' सचेतक' : अंक 85 (वर्ष 1993) से साभार